21世纪全国应用型本科电子商务与信息管理系列实用规划教材

移动商务理论与实践

主　编　柯　林　白勇军

副主编　陈　芳　肖　爽

内 容 简 介

本书系统全面地介绍移动商务整体框架及其主要内容，包括移动商务的基本概念、移动商务营销、移动客户关系管理、移动商务的安全与隐私权保护、移动支付、移动商务的发展与展望；讲述移动商务相关的技术，包括移动通信技术、移动定位技术、移动中间件技术、移动应用平台、移动通信终端等；提供目前典型行业移动商务的解决方案。

本书尽量引用最新的理论、观点、方法、技术和数据，力求深入、精炼、简洁，力求做到知识性、实用性和可讲性的有机结合。

本书可作为经济管理类本科生电子商务教学用书，也可作为系统开发、运营管理等移动商务工程技术人员的参考用书，还可作为广大信息专业技术人才知识更新用书。

图书在版编目(CIP)数据

移动商务理论与实践/柯林，白勇军主编. —北京：北京大学出版社，2013.7
(21世纪全国应用型本科电子商务与信息管理系列实用规划教材)
ISBN 978-7-301-22779-4

Ⅰ. ①移… Ⅱ. ①柯…②白… Ⅲ. ①电子商务—高等学校—教材 Ⅳ. ①F713.36

中国版本图书馆 CIP 数据核字(2013)第 146962 号

书　　　　名：	移动商务理论与实践
著作责任者：	柯　林　白勇军　主编
策划编辑：	李　虎　刘　丽
责任编辑：	刘　丽
标准书号：	ISBN 978-7-301-22779-4/TP · 1294
出版发行：	北京大学出版社
地　　　　址：	北京市海淀区成府路 205 号　100871
网　　　　址：	http://www.pup.cn　新浪官方微博：@北京大学出版社
电　　　　话：	邮购部 62752015　发行部 62750672　编辑部 62750667　出版部 62754962
电子信箱：	pup_6@163.com
印　刷　者：	北京大学印刷厂
经　销　者：	新华书店
	787 毫米×1092 毫米　16 开本　23 印张　522 千字
	2013 年 7 月第 1 版　　2015 年 11 月第 3 次印刷
定　　　　价：	43.00 元

未经许可，不得以任何方式复制或抄袭本书之部分或全部内容。
版权所有，侵权必究
举报电话：010-62752024　电子信箱：fd@pup.pku.edu.cn

21世纪全国应用型本科电子商务与信息管理系列实用规划教材
专家编审委员会

主　　任　　　李洪心

副 主 任　　　(按拼音顺序排名)

　　　　　　　程春梅　　　庞大莲　　　秦成德

委　　员　　　(按拼音顺序排名)

　　　　　　　陈德良　　　陈光会　　　陈　翔

　　　　　　　郭建校　　　李　松　　　廖开际

　　　　　　　帅青红　　　谭红杨　　　王丽萍

　　　　　　　温雅丽　　　易法敏　　　张公让

法律顾问　　　李　瑞

丛 书 序

随着电子商务与信息管理技术及应用在我国和全球的迅速发展，政府、行业和企业对电子商务与信息管理的重视程度不断提高，我国高校电子商务与信息管理人才培养的任务也不断加重。作为一个新兴的跨学科领域的专业，电子商务与信息管理的教育在快速发展的同时还存在着许多值得我们思考和改进的问题。特别是开办电子商务专业和信息管理专业的学校学科背景不同，有文科的、理工科的、经管类学科等，使得不同学校对核心课程的设置差异很大。另外，近年来有关电子商务与信息管理方面的教材出版的数量虽然不少，但适合于财经管理类知识背景本科生的电子商务系列与信息管理系列教材一直缺乏，而在开办电子商务和信息管理本科专业的高校中，财经管理类的高校占的比重很大。为此北京大学出版社于2006年11月在北京召开了"21世纪全国应用型本科财经管理系列实用规划教材"研讨会暨组稿会，会上出版社的领导和编辑通过对国内经管类学科背景的多所大学电子商务与信息管理系列教材实际情况的调研，在与众多专家学者讨论的基础上，决定成立电子商务与信息管理系列丛书专家编审委员会，组织编写和出版一套面向经管类学科背景的电子商务与信息管理专业的应用型系列教材，暨"21世纪全国应用型本科电子商务与信息管理系列实用规划教材"。

本系列教材的特点在于，按照高等学校电子商务专业与信息管理专业对本科教学的基本要求，参考教育部高等学校电子商务专业与信息管理专业的课程体系和知识体系，定位于实用型人才培养。

本系列教材还体现了教育思想和教育观念的转变，依据教学内容、教学方法和教学手段的现状和趋势进行了精心策划，系统、全面地研究普通高校教学改革、教材建设的需求，优先开发其中教学急需、改革方案明确、适用范围较广的教材。此次教材建设的内容、架构重点考虑了以下几个要素。

(1) 关注电子商务与信息管理发展的大背景，拓宽经济管理理论基础、强调计算机应用与网络技术应用技能和专业知识，增强教学内容的实用性，激发创新意识，突出创造能力的培养。

(2) 尽可能符合学校、学科的课程设置要求。以高等教育的培养目标为依据，注重教材的科学性、实用性和通用性，尽量满足同类专业院校的需求。

(3) 集中了在电子商务专业与信息管理专业教学方面具有丰富经验的许多教师和研究人员的宝贵意见，准确定位教材在人才培养过程中的地位和作用。面向就业，突出应用。

(4) 进行了合理选材和编排。教材内容很好地处理了传统内容与现代内容的关系，补充了大量新知识、新技术和新成果。根据教学内容、学时、教学大纲的要求，突出了重点和难点。

(5) 创新写作方法，侧重案例教学。本套教材收集了大量新的典型案例，并且用通俗易懂的方式将这些案例中所包含的电子商务与信息管理的战略问题传授给读者。

前任联合国秘书长安南在联合国2003年电子商务报告中说:"人类所表现出的创造力,几乎都没有像互联网及其他信息和通信技术在过去十年中的兴起那样,能够如此广泛和迅速地改变社会。尽管这些变革非常显著,然而消化和学习的过程却只是刚刚开始。"可以说没有一个学科像电子商务与信息管理这样如此完美地融技术与管理于一体,也没有哪一个人的知识能如此的全面丰富。参与本系列教材编写的人员涉及国内几十所高校的几十位老师,他们均是近年来从事电子商务与信息管理教学一线的高校教师,并均在此领域取得了丰富的教学和科研成果。所以本系列教材是集体智慧的结晶,它集所有参与编写的教师之长为培养电子商务与信息管理人才铺垫基础。

在本系列教材即将出版之际,我要感谢参加本系列教材编写和审稿的各位老师所付出的辛勤劳动。由于时间紧,相互协调难度大等原因,尽管本系列教材即将面世,但一定存在着很多的不足。我们希望能为开办电子商务和信息管理专业的学校师生提供一套尽可能好的教学用书,我们也希望能得到各位用书老师的宝贵意见,以便使编者们与时俱进,使教材得到不断的改进和完善。

2007年11月于大连

李洪心 李洪心博士现为东北财经大学教授,教育部高等学校电子商务专业教学指导委员会委员,劳动和社会保障部国家职业技能鉴定专家委员会电子商务专业委员会委员,中国信息经济学会电子商务专业委员会副主任委员。

前　　言

移动商务(Mobile Business)指通过移动通信网络进行数据传输，利用移动通信终端参与商业经营活动的一种新的电子商务模式，是新技术与市场结合的新电子商务形态。随着 3G 网络的普及、智能手机的广泛使用、企业接入 WAP 的成本不断下降，企业实施移动商务的意愿越来越强烈，SMS、MMS 已在企业中广泛使用，企业信息系统也在逐步向移动网络延伸。移动办公、移动营销、移动客户关系管理等的应用，使企业信息系统真正具备了无时无处不在的特点。此外，传统的 B2B、B2C、C2C 电子商务模式也有了全新移动客户群，询价、下单、支付不再一定需要计算机，一部智能手机就可以完成。无论从技术发展的角度看，还是从企业、消费者对新商务模式的接收程度看，移动商务的发展前景都是十分广阔的。

移动商务近两年才进入大学本科课堂，由于移动商务是移动通信技术与商务活动相结合的产物，技术是推手，所以学生要透彻地理解移动商务，特别是要理解企业实施移动商务的各个环节，在走向社会后才能胸有成竹地参与企业移动商务建设。

现有移动商务教材普遍存在两方面的不足：一是将电子商务的概念简单地搬到移动网络上，构成移动商务体系，缺乏自身的特色；二是忽视移动技术或对移动技术的讲解非常粗浅，把重心放在概念及应用上。

本书的编者多年从事系统开发和电子商务教学的工作，对网络通信技术的理解较为深入，力求做到两点：一是与时俱进，深入浅出，精炼、简洁；二是把理论和技术用朴实的语言表述出来，做到简明、易懂。此外，本书还具有知识点全面、实用的特点，从而引起学生的学习兴趣。

本书共分为 13 章，由柯林和白勇军担任主编。本书编写具体分工如下：柯林编写第 5 章、第 8 章和第 9 章、第 11 章～第 13 章；白勇军编写第 1 章和第 2 章、第 6 章和第 10 章；陈芳编写第 3 章和第 7 章；肖爽编写第 4 章。本书的整体规划与统稿工作由柯林完成。

本书在出版时得到了江汉大学的资助，同时北京大学出版社在本书修改过程中提出了大量中肯的建议，在此一并表示感谢！

由于时间和编者水平有限，书中疏漏或不足之处在所难免，恳请广大读者批评指正。

编　者
2013 年 3 月

目　　录

第 1 章　绪论 1

1.1　移动商务的兴起 3
1.2　移动商务的发展 6
　　1.2.1　移动商务的发展历程 6
　　1.2.2　移动商务的发展概况 7
1.3　移动商务概述 8
　　1.3.1　移动商务的定义 8
　　1.3.2　移动商务的内涵 9
　　1.3.3　移动商务的特点 11
　　1.3.4　移动商务的分类 13
1.4　移动商务带来的革命 16
　　1.4.1　移动商务使企业发展获得
　　　　　竞争优势 16
　　1.4.2　移动商务给人们的工作和
　　　　　生活带来的变革 19
本章小结 24
每课一考 24
技能实训 26

第 2 章　移动商务市场与移动商务模式 ... 28

2.1　移动商务市场概况 30
　　2.1.1　移动商务市场发展的阶段 ... 30
　　2.1.2　移动商务市场发展瓶颈 32
　　2.1.3　移动商务市场的发展前景 ... 33
2.2　移动商务的市场环境 35
　　2.2.1　应用环境 35
　　2.2.2　安全环境 37
　　2.2.3　信用环境 37
　　2.2.4　支付环境 40
2.3　移动商务的价值链 42
　　2.3.1　价值链理论 42
　　2.3.2　移动商务产业价值链 43
　　2.3.3　拓展移动商务价值链 44
2.4　移动商务模式 45
　　2.4.1　移动商务运作模式 45
　　2.4.2　资费结构和利润分配 46
　　2.4.3　移动商务盈利模式 47
本章小结 50
每课一考 50
技能实训 52

第 3 章　移动商务营销 54

3.1　移动商务营销概述 56
　　3.1.1　移动商务营销的含义及特点 ... 56
　　3.1.2　移动商务营销的产生和发展 ... 57
　　3.1.3　移动商务营销与网络营销、
　　　　　传统营销的比较 58
3.2　移动商务营销的应用模式 60
　　3.2.1　移动二维码 60
　　3.2.2　短信网址 60
　　3.2.3　移动商圈 61
　　3.2.4　移动搜索 61
　　3.2.5　移动网站 61
　　3.2.6　蓝牙互动 62
3.3　移动商务营销的传播 62
　　3.3.1　传播方式 62
　　3.3.2　移动广告 63
3.4　移动商务营销的策略 64
　　3.4.1　移动商务营销的 4I 模型
　　　　　分析 64
　　3.4.2　移动商务下企业的营销策略 ... 67
3.5　无线营销 71
　　3.5.1　无线营销的含义、特点与
　　　　　意义 71
　　3.5.2　中国电信："天翼"品牌无线
　　　　　营销实战 72
本章小结 75
每课一考 76
技能实训 77

第4章 移动客户关系管理 79

4.1 移动商务给客户带来的变革 82
4.2 客户关系管理概述 84
- 4.2.1 CRM 的概念 84
- 4.2.2 CRM 出现的原因 84
- 4.2.3 CRM 在技术上的实现 85
- 4.2.4 CRM 打造企业核心竞争力 87

4.3 移动客户关系管理概述 88
- 4.3.1 移动客户关系管理的概念及带给企业的竞争优势 88
- 4.3.2 企业实施 MCRM 的基本原则 90
- 4.3.3 MCRM 系统实施的方法论 92

4.4 移动商务环境下的客户信任、采纳和保持 92
- 4.4.1 移动商务环境下的客户信任 92
- 4.4.2 移动商务环境下的客户采纳 93
- 4.4.3 移动商务环境下的客户保持 96

本章小结 101
每课一考 102
技能实训 104

第5章 移动商务的安全与隐私权保护 107

5.1 移动商务的安全问题 110
- 5.1.1 移动商务安全问题的 4 个方面 110
- 5.1.2 企业移动商务安全策略 111
- 5.1.3 3 种主流电子商务模式实际使用的安全策略 115

5.2 移动商务涉及的法律种类 117
- 5.2.1 从"电子"和"商务"的角度分析电子商务涉及的法律 117
- 5.2.2 从"信息流"的角度分析电子商务涉及的法律 118
- 5.2.3 从"资金流"的角度分析电子商务涉及的法律 120

5.3 移动商务中隐私权保护 121
- 5.3.1 隐私权概述 121
- 5.3.2 网络侵犯隐私权的表现形式 122
- 5.3.3 电子商务隐私权保护原则 123

本章小结 125
每课一考 126
技能实训 128

第6章 移动支付 130

6.1 移动支付概述 132
- 6.1.1 移动支付的定义 132
- 6.1.2 移动支付的分类 133
- 6.1.3 移动支付的发展概况 134

6.2 移动支付的价值网络 136
- 6.2.1 价值网络概述 136
- 6.2.2 移动支付的价值网络 136
- 6.2.3 移动支付价值网络成员构成 139
- 6.2.4 移动支付价值网络特点 141

6.3 移动支付的运营模式 142
- 6.3.1 以移动运营商为核心的运营模式 143
- 6.3.2 以金融机构为核心的运营模式 144
- 6.3.3 以第三方支付为核心的运营模式 145

6.4 移动支付系统 146
- 6.4.1 基于 SMS 的移动支付系统 147
- 6.4.2 基于 WAP 的移动支付系统 147
- 6.4.3 基于 USSD 的移动支付系统 148
- 6.4.4 基于 BREW 的移动支付系统 149
- 6.4.5 基于 NFC 的移动支付系统 149
- 6.4.6 基于 RFID 的移动支付系统 151
- 6.4.7 基于 J2ME 的移动支付系统 152

本章小结 153
每课一考 154

技能实训 156

第 7 章 移动商务的行业发展与未来展望 159

7.1 移动商务在不同行业中的应用 161
  7.1.1 移动商务与制造业 161
  7.1.2 移动商务与金融业 162
  7.1.3 移动商务与娱乐业 169
  7.1.4 移动商务与旅游业 172
  7.1.5 移动商务与医疗卫生服务 174
7.2 移动政务 176
  7.2.1 移动政务的内涵 176
  7.2.2 移动政务的分类 177
  7.2.3 移动政务的发展概况 178
  7.2.4 移动政务发展展望 179
  7.2.5 我国移动政务的应用 180
7.3 移动商务发展中的问题与策略 180
  7.3.1 移动商务发展中存在的问题 ... 180
  7.3.2 我国移动商务发展策略 182
7.4 移动商务的若干发展趋势 183
  7.4.1 企业应用将成为移动电子商务领域的热点 183
  7.4.2 移动支付将成为最有潜力的支付手段 183
  7.4.3 安全性问题仍将是移动电子商务的巨大机会 183
  7.4.4 设备制造商中国产品牌成为主力 184
  7.4.5 3G 业务的发展方向 184
本章小结 185
每课一考 187
技能实训 188

第 8 章 移动通信技术 192

8.1 移动通信技术发展概述 195
  8.1.1 移动通信的诞生 195
  8.1.2 移动通信的基本概念 195
  8.1.3 移动通信的发展阶段 196

8.2 GSM 和 GPRS 系统简介 199
  8.2.1 移动通信系统的组成 199
  8.2.2 蜂窝移动通信的基本概念 201
  8.2.3 无线信道共享技术——多址技术 202
  8.2.4 GSM 系统简介 204
  8.2.5 通用分组无线业务 207
8.3 CDMA 通信原理 208
  8.3.1 扩频通信的基本概念 208
  8.3.2 CDMA 技术的发展演进 210
  8.3.3 IS-95CDMA 通信原理 211
  8.3.4 CDMA 系统的网络结构 212
  8.3.5 CDMA 2000 1x 无线网络技术简介 213
  8.3.6 CDMA 2000 1x EV-DO 简介 ... 214
8.4 WCDMA 和 TD-SCDMA 无线网络技术简介 217
  8.4.1 UMTS 与 WCDMA 217
  8.4.2 UMTS 的系统结构 218
  8.4.3 WCDMA 的主要技术特点 ... 221
  8.4.4 TD-SCDMA 无线网络技术 ... 221
本章小结 225
每课一考 226
技能实训 227

第 9 章 移动定位技术 231

9.1 移动定位技术概述 233
  9.1.1 物理位置信息和抽象位置信息 233
  9.1.2 相对位置和绝对位置 234
  9.1.3 定位精度和定位准确度 234
9.2 移动定位技术的分类 234
  9.2.1 定位原理与策略 234
  9.2.2 基于移动网络的定位技术 236
  9.2.3 基于移动终端的定位技术 241
  9.2.4 移动定位技术的比较 247
9.3 室内定位技术 247
  9.3.1 室内 GPS 定位技术 248

9.3.2 室内无线定位技术 248
9.4 定位技术的应用 250
 9.4.1 基于移动蜂窝网络定位系统的应用 250
 9.4.2 GPS 的主要应用 251
本章小结 253
每课一考 255
技能实训 256

第 10 章 移动中间件技术 260

10.1 移动中间件概念 262
 10.1.1 中间件 262
 10.1.2 移动中间件 265
10.2 移动中间件技术的分类 267
 10.2.1 基于传统中间件的扩展 267
 10.2.2 基于数据共享的移动中间件 268
 10.2.3 基于元组空间的移动中间件 269
 10.2.4 基于上下文可感知的移动中间件 273
 10.2.5 基于动态自适应的移动中间件 274
本章小结 276
每课一考 277
技能实训 278

第 11 章 移动应用平台 280

11.1 移动消息应用平台 284
 11.1.1 短信息服务——SMS 284
 11.1.2 多媒体信息服务——MMS 285
 11.1.3 建立企业移动信息应用平台 287
11.2 WAP 应用平台 288
 11.2.1 WAP 概述 288
 11.2.2 WAP 模型 289
 11.2.3 WAP 体系结构 291
 11.2.4 WAP 和 TCP/IP 体系结构的比较 294

 11.2.5 企业应用 WAP 的方式 295
11.3 IVR 应用平台 297
 11.3.1 使用 IVR 的好处 298
 11.3.2 IVR 的功能 298
 11.3.3 IVR 在各行业应用 298
本章小结 299
每课一考 300
技能实训 302

第 12 章 移动通信终端 305

12.1 移动通信终端机 308
 12.1.1 移动通信终端机概述 308
 12.1.2 手机的组成 308
 12.1.3 平板计算机 311
12.2 智能手机 316
 12.2.1 智能手机原理 316
 12.2.2 智能手机操作系统 318
本章小结 322
每课一考 323
技能实训 324

第 13 章 移动商务解决方案 327

13.1 企业移动商务平台建设 330
 13.1.1 硬件平台 330
 13.1.2 应用平台 332
13.2 行业移动商务解决方案 333
 13.2.1 移动 OA 办公系统解决方案 333
 13.2.2 保险行业移动商务解决方案 334
 13.2.3 用友时空流通企业移动商务解决方案 336
 13.2.4 可口可乐公司"数据空港"移动商务解决方案 338
本章小结 340
每课一考 341
技能实训 343

参考文献 347

第1章 绪　论

知识结构

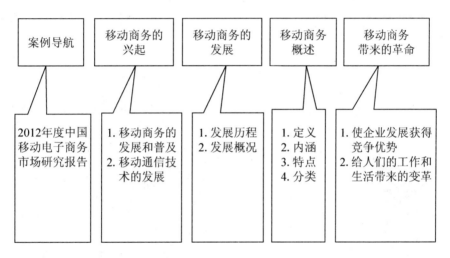

知识要点

1. 移动商务的发展动力。
2. 移动商务的基本概念。
3. 移动商务对现代社会的影响。

学习方法

1. 概念对比：移动商务与电子商务。
2. 核心知识掌握：概念、社会影响。

中国移动电子商务市场 2012 年度研究报告

3月18日消息,魔部网独家获悉全球领先的移动互联网第三方数据挖掘和整合营销机构艾媒咨询(iiMedia Research)今日发布的《2012中国移动电子商务市场年度研究报告》。截至2012年年底,中国移动电子商务用户规模达到1.49亿人,较上一年增长62.0%。预计到2015年年底,移动电子商务用户规模将达到3.52亿人。

艾媒咨询(iiMedia Research)分析认为,随着中国智能手机进一步普及以及用户对手机购物认可度加深,用户在移动端购物的习惯会逐渐培养起来。未来中国移动电子商务用户规模会不断增长。

2012年中国移动电子商务市场规模达到478.6亿元,较上一年增长205.4%。预计2015年中国移动电子商务市场规模将达到2 536.5亿元。

艾媒咨询(iiMedia Research)分析认为,2012年各大电商平台布局移动端不遗余力,同时纷纷利用各大节假日上演大促销活动,移动端交易额不断刷新历史,中国移动电子商务市场规模呈现爆发式增长局面。

2012年中国移动电子商务市场购物平台市场份额占比状况如图1.1所示。

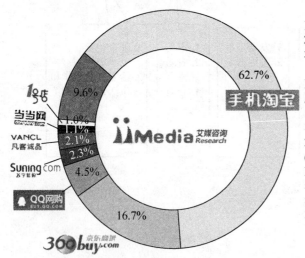

艾媒咨询(iimedia Research)数据显示,2012年中国移动电子商务购物平台市场份额占比方面,手机淘宝以62.7%占比远远领先于其他电商平台。手机京东商城占比16.7%,排在第二位。腾讯电商(拍拍网、QQ商城、QQ网购、易讯)占比4.5%。此外,苏宁易购、凡客成品、当当网、1号店分别占比为2.3%、2.1%、1.1%、1.0%。艾媒咨询(iiMedia Research)分析认为,淘宝借助PC端用户优势继续在移动端保持一家独大的地位,但随着其他电商平台的渗透,未来移动电商市场会呈现出百花齐放的局面。

图1.1 2012年中国移动电子商务市场购物平台市场份额占比状况

艾媒咨询(iiMedia Research)分析认为,淘宝借助PC端用户优势继续在移动端保持一家独大的地位,但随着其他电商平台的渗透,未来移动电商市场会呈现出百花齐放的局面。

2012年中国移动电商客户端用户手机操作系统分布方面,Android占比达到62.5%,位居第一;iOS以32.7%占比排名第二;Symbian系统占比继续下滑,仅有4.5%;Windows Phone操作系统占比0.3%,预计未来还会有所上升。艾媒咨询(iiMedia Research)分析认为,由于Android系统市场占有率占绝对地位,其电商用户占比也随之较高。iOS用户的移动电商转化率最高,其购买力和购买需求也是其他操作系统用户无可比拟的。

第1章 绪 论

2012 年中国移动电子商务用户使用服务的时间方面，iPhone 用户和 Android 用户在中午、晚上，以及上下班时段均出现使用高峰期；Symbian 用户在上下班时段使用服务表现并不明显，而在夜间 23~24 点出现较明显的使用高峰期，且远高于其他系统用户使用密度。

中国手机用户手机支付方式认知度方面，中国手机用户对手机支付整体认知度并不高，与农村手机用户相比，城市手机用户认知度略高一些。调查数据显示，城市手机用户中比较了解和非常了解手机支付用户共占比 31.1%，仅占三成左右；完全不了解手机支付用户占比 23.3%。在农村手机用户中，对手机支付完全不了解和了解一点的用户占比高达 62.2%，非常了解的手机用户仅占比 5.2%。

2012 年中国移动电子商务用户月均消费额度方面，中国移动电子商务用户月均消费额度整体水平在不断提高。50 元以下月均消费额度占比从 2012Q1 的 27.2%下降到 2012Q4 的 19.7%。从 2012Q2 开始，50~100 元、101~300 元、301~500 元的月均消费额度均有不同程度的提升，500 元以上月均消费额度变化不大，维持在 9.0%~10%。

艾媒咨询(iiMedia Research)分析认为，中国移动电子商务用户月均消费额度整体水平的提高是移动电子商务发展的必然结果，与人民的生活水平的提升直接相关。随着未来手机大额支付的成熟以及移动电子商务平台大额商品的丰富，中国移动电子商务用户月均消费水平额度还会继续提升。

2012 年中国移动电子商务用户不选择移动电商服务因素方面，支付安全问题成为用户最担心的问题，有 36.9%的用户担心支付安全问题。移动端购物体验相对 PC 端存在不足成为用户不愿意选择移动电商服务的重要原因之一。手机屏幕小和手机网络速度不够快因素分别占比 27.8%和 26.2%。紧随其后的是来自别人的负面评价，占比达 18.3%。艾媒咨询(iiMedia Research)分析认为，方便、快捷的手机购物用户体验和有保障的安全性成为移动电子商务发展的关键所在。

2012 年中国移动电子商务开始进入快速发展期。智能手机的普及和 3G 网络的提升为移动电子商务发展奠定基础条件。随着新老电商企业纷纷布局和发展移动电子商务，移动电子商务成为发展蓝海。

(资料来源：中国电子商务研究中心. 2012 中国移动电子商务市场年度研究报告[EB/OL].
(2013-5-3). [2013-5-12]. http://www.100ec.cn/detail--6098160.html.)

通过这个案例，我们应思考 3 个问题：
1. 移动商务与传统电子商务的区别是什么？
2. 推动移动商务兴起的根本原因是什么？
3. 移动商务的优势是什么？

1.1 移动商务的兴起

近年来，电子商务的发展已经给全球的商务活动带来巨大的影响。进入 21 世纪后，电子商务充分利用现代信息技术，创造了以 Internet 为基础的全新商业模式，改变了商业伙伴之间的合作方式，企业或个人可任意在 Internet 上从事丰富的商务活动。然而，当我们越来越依赖 Internet 时，才发现自己正在失去自由，已越来越被固定的显示器、键盘和鼠标等所禁锢。而这时，一直在飞速发展的无线技术将我们从这种不自由状态中解救出来。与使用计算机上网相比，无线技术上网几乎不受时间、空间、设备的限制。建立在无线通信平台上的电子商务——移动商务开始兴起。

信息传递从飞鸽传书到固定电话用了几千年时间，从电话时代到互联网时代用了近百年时间，而互联网兴起仅十几年，移动互联网、无线通信就应运而生。而且随着手机、PDA、便携式计算机等各类移动终端的普及，同时也借助移动通信网络的成功商业化，人类已经进入了移动商务时代。如今世界上移动商务发展非常迅速，尤其是在亚洲的韩国和日本、北欧的瑞典和芬兰等国家，人们不但可以随时随地用手机打电话、发短信，还可以支付购物、停车等各种费用，手机银行、移动互联网、移动定位和急救等应用更是早已进入人们的生活。相关数据显示，2011年美国移动商务零售市场规模达到67亿美元，相比2010年增长率高达91.4%，强劲的增长势头预计将一直持续到2015年，移动商务市场销售额将达到310亿美元；在国内，2012年移动商务交易规模达478.6亿元，较上一年增长205.4%，在整体移动互联网市场规模中的占比增至30.5%，成为第二大细分行业。

移动商务赋予了电子商务新的机遇、内容和动力。有人预言，移动商务将决定21世纪新企业的风貌，也将改变生活与旧商业的地形地貌。移动商务产生和迅猛发展的原因可归结为以下两方面。

1. 移动设备的发展和普及

随着移动通信和移动互联网的迅速发展和普及，移动设备无论从功能和种类到数量和质量都得到了飞速发展。移动设备由于体积小、携带方便，并且集中了计算、编辑、多媒体和网络等多种功能，极大地推动了移动商务的发展。

作为最常见的一种移动设备，手机的迅速普及带动了移动商务的高速发展。截至2012年年底，全球手机用户已超过68亿，手机普及率接近100%，全球移动通信渗透率已达96%，发达国家为128%，发展中国家的渗透率也高达89%；早在2004年，意大利、瑞典、英国和荷兰的手机拥有率就已经达到甚至超过100%，这些国家正是移动商务最发达的国家和地区。中国也是移动商务应用比较领先的地区。这得益于中国的手机普及率。早在2001年，中国的手机用户数量就已经达到世界第一。截至2013年3月底，中国手机用户数达11.46亿户，其中3G移动电话用户为2.7727亿户，手机普及率达84.9%。从2011年至今，中国手机用户数正以每月1 000万部的速度增长，这说明中国移动商务的发展有很大的潜力。

移动商务的快速发展尤其得益于智能手机的发展。自2000年以来，智能手机在全球迅速普及，越来越多的用户开始借助智能手机上网，增强了对移动购物的兴趣和实践，同时由于智能手机的便携性特点更方便用户在某些领域购物，如限时抢购、票务等。调查显示，欧洲五国移动购物网站用户在2011年翻了一番，1/6的智能手机用户用手机访问购物网站和APP，1/8的用户还用手机完成了交易。2012年5月，16.6%的欧洲五国智能手机用户访问在线零售网站和APP，同比增长4.6%。西班牙以141%的增长速度居首，有将近200万智能手机用户访问Amazon和eBay等网站；英国以650万人次的访客量在用户规模上位居第一，但增长速度为74%；德国以580万人次的访客量位居第二，移动商务普及率为22.6%。尼尔森新发布的美国数字消费报告的研究称，29%的智能手机用户用手机做过和购物相关的事情，这些人当中有38%的人会比较商品的价格，通过移动Web浏览器或应用程序查看商品信息的人有38%，查看商品评论的人有34%。在中国，59%的智能手机进行过商品购买，且45%的用户至少每月进行一次购买活动，9%的用户每天都在使用智能手机进行交易。

2. 移动通信技术的发展

移动数据通信和互联网技术的飞速发展为移动商务的发展提供了保障。相对于互联网的发展，移动通信领域是当前发展较快、应用较广和较前沿的通信领域之一，它的最终目标是实现可以在任何地点、任何时间与其他任何人进行任何方式的无线通信。移动通信目前已从20世纪80年代的第一代移动通信技术(the First Generation，以下简称1G)，发展到90年代初时分多址的第二代数字移动通信技术(the Second Generation，以下简称2G)，再到目前普遍应用的最新技术——第三代数字移动通信技术(the third Generation，以下简称3G)。

无线互联技术发展迅速，比较有代表性的主要有以下几种：①GPRS业务，充分利用现有的GSM(Global System for Mobile Communications，全球移动通信系统)网络，为移动用户提供高达171.2Kb/s的数据速率。由于GPRS是基于分组交换的，用户可以一直保持在线。②"天翼通"无线宽带业务，为用户提供与有线宽带相当的上网服务。③蓝牙，一种低成本、低功率的无线技术，可以使移动电话、个人计算机、个人数字助理(Personal Data Assistant，PDA)、打印机及其他计算机设备在近距离内无需线缆即可进行通信。

另外还有3G业务，不仅在于采用了码分多址(Code Division Multiple Access，CDMA)等技术，而且具备高速移动数据的传输能力，能够为用户提供出色的宽带多媒体连接。为推动移动宽带产业的发展，全球159个国家已推出3G网络。2009年1月7日14:30，工业和信息化部为中国移动、中国电信和中国联通发放3张3G牌照，此举标志着中国正式进入3G时代。其中中国联通使用的WCDMA技术已是当前世界上采用的国家及地区最广泛的、终端种类最丰富的一种3G标准，已有538个WCDMA运营商在246个国家和地区开通了WCDMA网络，3G商用市场份额超过80%，而WCDMA向下兼容的GSM网络已覆盖全球184个国家和地区，WCDMA用户数已超过6亿。近几年中国国内运营商3G用户的增长已悄然进入快车道。2012年6月，中国联通的当月新增3G用户再度突破300万户，中国移动、中国电信也成功逼近300万户。至此，移动、电信、联通2013年1月的新增3G用户数分别达到了705.1万户、301万户和366.9万户。截至2013年1月，中国3G用户总数已经超过2.24亿户，在手机用户总数的占比也超过了24%，这意味着3G发展在中国将全面进入爆发期，未来的增长速度将越来越快。有研究表明，消费者在使用基于3G网络的移动设备时有更强的购买欲，进行网页搜索所提供的关键词长度是使用桌面搜索时的两倍，而且购物也更为迫切，在得到搜索结果之后，高达88%的用户在24小时之内都会下订单。

移动商务是各种具有商业活动能力和需求的实体，为了提高商务活动效率，在移动互联网和相关无线通信技术平台上用电子方式实现各种商品交易和服务交易的一种贸易形式。移动商务的兴起得益于全球经济一体化的迅速发展，也得益于移动通信技术的迅速发展和成熟。同时，移动商务企业管理信息系统及移动金融业自动服务系统的形成和不断完善也为移动商务的形成奠定了基础，并为电子商务的进一步发展创造了更加有利的条件。移动商务将成为电子商务最重要的形式之一，并成为21世纪人们的主要商务模式和推动社会、经济、生活和文化进步的重要动力和工具。全球性的移动商务正逐渐渗透到每个人的生存空间，将对人们的工作方式、生活方式、商业关系和政府作用等产生深远的影响。

1.2 移动商务的发展

1.2.1 移动商务的发展历程

随着移动通信技术和计算机的发展，移动商务的发展已经经历了3代。

1. 第一代移动商务系统

第一代移动商务系统是以短信为基础的访问技术，这种技术存在许多严重的缺陷，其中最严重的问题是实时性较差，查询请求不会立即得到回答。此外，短信信息长度的限制也使得一些查询无法得到完整的答案。这些令用户无法忍受的严重问题也导致了一些早期使用基于短信的移动商务系统的部门纷纷要求升级和改造现有的系统。

2. 第二代移动商务系统

第二代移动商务系统采用基于 WAP(Wireless Application Protocol，无线应用协议)技术的方式，手机主要通过浏览器的方式访问 WAP 网页，以实现信息的查询，部分解决了第一代移动访问技术的问题。第二代的移动访问技术的缺陷主要表现在 WAP 网页访问的交互能力较差，因此极大地限制了移动商务系统的灵活性和方便性。此外，WAP 网页访问的安全问题对于安全性要求极为严格的政务系统来说也是一个严重的问题。这些问题也使得第二代技术难以满足用户的要求。

3. 第三代移动商务系统

第三代移动商务系统采用了基于 SOA 架构的 Web Service、智能移动终端和移动 VPN 技术相结合的第三代移动访问和处理技术，使得系统的安全性和交互能力有了极大的提高。第三代移动商务系统同时融合了 3G 移动技术、智能移动终端、VPN、数据库同步、身份认证及 Web Service 等多种移动通信、信息处理和计算机网络的前沿技术，以专网和无线通信技术为依托，为电子商务人员提供了一种安全、快速的现代化移动商务办公机制。

此外，针对当今世界正在激烈争论的第四代通信技术——4G，中国也在积极地参与该技术的研究与开发。国际电信联盟为 4G 制定了明确的时间表：2006—2007 年完成频谱规划，2010 年左右完成全球统一的标准化工作，而关于 4G 标准的征集、确定于 2008 年开始进行。我国正积极地参与有关技术的研发和标准的制定。与现有的移动通信技术相比，4G 的传输速度可提高 1 000 倍。早在 2001 年，我国"863 计划"就启动了面向第三代、第四代移动通信发展的重大研究计划——未来通用无线环境研究计划。2007 年年初，我国在上海地区对自主开发的 4G 移动技术进行了测试。上海 4G 实验网是为国际标准的提出而特设的。由于 4G 手机支持更高的传输速率，可提升影像质量及改善数据服务，还允许用户享受电视广播服务，因此，4G 时代的来临将极大地方便人们的生活。

1.2.2 移动商务的发展概况

近年来，移动商务的发展在全球范围内掀起了新的高潮：日本在移动商务方面处于领先地位，其建立的第三代移动通信具有可视电话、数码照相、数码摄像及高速上网等多媒体功能，构成了移动商务的高速信息传输平台；韩国正在进行有线和无线、电视网和电信网的融合；欧洲许多国家开发的用移动电话支付的自动售货机业务已受到广泛关注，用移动电话订票的应用正在逐步推广等。

在全球移动通信市场上，虽然日本手机所占份额不大，但从 3G 到 4G 的研发，日本一直处于领先地位。早在 2001 年，日本最大的移动电话供应商 NTT DoCoMo 就已着手研发 4G 手机，并且拥有一定的技术积累。在日本政府 4G 研发项目中，NTT DoCoMo 扮演领军角色，由日本总务省牵头，以 NTT DoCoMo、KDDI、J-Phone 三家公司为主导，联合富士通、NEC 等厂商，共同开发 4G 网络系统，并在 2006 年投入测试。目前，NTT DoCoMo 和该公司的 I-Mode 无线数据服务，在日本的普及率高达 90%。在 4G 手机研发的同时，NTT DoCoMo 还与三星公司合作，已经正式启动 5G 手机的研发，预计在 2020 年左右推出相关产品并投入商用。

在美国，由于受无线互联网接入、短信息及即时信息业务等拉动，2004—2007 年无线领域的规模以平均每年 9.1%的速度增长。美国花旗银行与法国 Gemplus 公司、美国 M1 公司于 1999 年 1 月携手推出了手机银行，客户可以用 GSM 手机银行了解账户余额和支付信息，并利用短信息服务向银行发送文本信息执行交易，还可以从花旗银行下载个人化菜单，阅读来自银行的通知和查询金融信息。这种服务方式更加贴近客户，客户可以方便地选择金融交易的时间、地点和方式。波士顿咨询公司的一项调查显示，60%以上的早期移动用户及潜在用户希望移动终端能在三五年内成为广泛使用的支付工具。最近一项调查表明，目前美国 18~24 岁的青年人最有可能成为拉动美国移动通信业务增长的主力军，而吸引这批人加入手机使用人群的主要力量就是目前美国各大移动通信公司正在力推的各种数据服务项目，其中最让年轻人为之向往的就是手机互动游戏。2004 年，美国电信运营商宣布在全国部署商用 3G 网络，采用 CDMA 2000 1x EVDO 技术标准，美国主要城市已经开始享受 3G 高速数据网络服务。

欧洲由于移动电话普及率及水平最高，正成为无线互联网及移动商务最大的试验场。英国最大的移动电话和互联网运营商 BT Cellnet 已在现有的 GSM 网络上成功地开发了 GPRS 业务，实现了 GSM 手机用户上网。该公司每个用户平均每月的收入为 11 美元，每年因无线互联网增值的收入为 5 000 万美元。世界上率先实现商业性运作的手机银行项目是由 Expandia 银行与移动通信运营商 Radiomobile 公司在布拉格地区联合推出的，其 GSM 网络由 1996 年 9 月 30 日开始使用，拥有 315 000 个用户，由德国 G&D 公司提供 SIM 卡技术及安全系统。至今，该银行系统已由最初支持一家银行业务发展为目前支持多家银行业务，其基于 G&D 的 STARSIM 平台，能运行在一系列的标准化手机上。

中国互联网络信息中心 2013 年 1 月发布报告称，截至 2012 年年底，中国内地网民达 5.64 亿，手机网民达 4.2 亿，较 2011 年年底增加约 6 440 万人，网民中使用手机上网的人群占比由 2011 年年底的 69.3%提升至 74.5%。根据 Morgan Stanley 的研究，全球未来移动互联网用户同样有望超过桌面互联网用户。截至 2012 年年底，我国移动商务实物交易用户规模达到 4 546.5 万人，同比增长 93.7%。

2007 年 6 月，中华人民共和国国家发展和改革委员会(以下简称发改委)、国务院资讯办印发《电子商务发展"十一五"规划》，规划提出要"发展小额支付服务、便民服务和商务资讯服务，探索面向不同层次消费者的新型服务模式"，规划明确提出要求建设移动商务试点工程。2008 年 2 月湖南成为首家"国际移动商务试点示范省"，这标志着我国移动商务的试点工程正式启动。2009 年 3 月 30 日，由我国电子商务协会主办，与我国商业联合会合作的十大行业共推的"移动商务行业应用工程"在北京正式启动。移动商务在产业振兴中被寄予厚望。

移动商务的发展前景，吸引着越来越多的电信运营商、软件商、终端厂商、银行、服务提供商进入移动商务产业链中。它们的加入推动着移动商务的向前发展。2005 年年底，买麦网正式宣布推出国内首个基于无线与互联网双重应用的移动商务平台。2009 年 1 月互联网 B2B 服务提供商——网盛公司对外宣布移动商务战略，与移动运营商合作，推出一款新的电子商务搜索工具"生意搜"。中国移动与商务部中国国际电子商务中心联合开发"商信通"，联通搭建如意商城。中国建设银行、农业银行、招商银行等多家银行都推出了手机钱包、手机银行业务，给用户的手机购物交易带来了方便。腾讯 QQ、优视动景等公司纷纷推出手机 QQ、手机浏览器 UCWEB、同花顺手机炒股软件等应用软件极大地丰富了移动网络的应用。

移动商务是通过移动网络为用户提供灵活、安全、快速的商务服务。移动商务的应用领域非常广泛，主要包括移动金融服务、移动网上商品交易、广告宣传、移动娱乐、信息提供服务、遥测服务、咨询洽谈、移动库存管理、移动商务重构、超前服务管理、交易管理、移动网上商品交易、内容提供服务等。

1.3 移动商务概述

1.3.1 移动商务的定义

电子商务是人类创造和应用电子工具与改造和发展商务活动相结合的产物，这产生的原动力是信息技术的进步和社会商业的发展。随着移动通信、数据通信和互联网的融合越来越紧密，整个世界正在快速地向移动信息社会演变，在商务领域，移动商务大大扩展了电子商务的应用范围和领域。

从宏观上讲，电子商务是计算机网络的第二次革命，是通过电子手段建立一个新的经济秩序，它不仅涉及商业交易本身，而且涉及金融、税务、教育等社会其他层面，而移动商务是继电子商务之后计算机网络的又一次创新，通过 Internet 和移动通信技术的完美结合将电子商务推向更高的水平，利用移动通信的各种终端将电子商务带给用户。

从微观上讲，电子商务是各种具有商业活动能力的实体(生产企业、商贸企业、金融机构、政府机构、个人消费者等)利用网络和先进的数字化传媒技术进行的各项商务贸易活动。然而，一次完整的商业贸易过程是复杂的，包括交易前了解商情、询价、报价、发送订单、应答订单、发送接收送货通知、取货凭证、支付汇兑过程等，此外还涉及行政过程的认证等行为。因此，严格地讲，只有上述所有贸易过程都实现了无纸贸易，即全部是非人工介入，使用各种电子工具完成，才能称为一次完整的电子商务。

因此，一般而言，电子商务应包含以下5点含义：①采用多种电子通信方式，特别是通过Internet；②实现商品交易、服务交易(包括人力资源、资金、信息服务等)；③包含企业间的商务活动，也包含企业内部的商务活动(生产、经营、管理、财务等)；④涵盖交易的各个环节，如询价、报价、订货、结算及售后服务等；⑤采用电子方式是形式，跨越时空、提高效率、节约成本是主要目的。

相比较而言，微观上移动商务指各种具有商业活动能力的实体利用网络和先进的移动通信技术进行的各项商务贸易活动。通过移动商务，用户可随时随地获取所需的服务、应用、信息和娱乐，他们可以在自己需要的时候，使用智能电话或个人数字助理、笔记本式计算机等通信终端查找、选择及购买商品和服务。可见，电子商务将商务活动网络化与电子化，而移动商务是将固定通信网的商务活动提升到移动网。移动商务的主要特点是灵活、简单、方便。它能完全根据消费者的个性化需求和喜好定制，设备的选择及提供服务与信息的方式完全由用户自己控制。通过移动商务，用户可随时随地获取所需的服务、应用、信息和娱乐。

综合以上分析，可以将移动商务定义为各种具有商业活动能力和需求的实体(各种形式的企业、政府机构、个人消费者等)本着跨越时空限制、提高商务活动效率及节约商务活动的成本，在电子商务的基础上利用计算机通信网络、移动通信技术和其他数字通信技术等电子方式实现商品和服务交易的一种贸易形式。更具体地，移动商务(M-commerce)就是利用手机、PDA及便携式计算机等无线终端进行的B2B(Business to Business)、B2C(Business to Consumer)或C2C(Consumer to Consumer)的电子商务。它将Internet、移动通信技术、短距离通信技术及其他信息处理技术完美地结合，使人们可以在任何时间、任何地点进行各种商贸活动，实现随时随地、线上线下的购物与交易、在线电子支付及各种交易活动、商务活动、金融活动和相关的综合服务活动等。

1.3.2 移动商务的内涵

1. 移动商务是人类社会发展的需求

人类社会发展的总趋势是由技术经济的低级状态向高级状态转变的。从人类技术发展历史看，以往的各种技术已经把人类社会的物质文明提高到了一个相当高的程度。但是，以往的技术发明和创造主要是针对开发和利用自然界的物质、能源资源的，而自然界的物质、能源资源是有限的，许多是不可再生的。以计算机为代表的电子信息技术的发明创造和利用，主要是针对人的知识获取、智力延伸，是对自然界信息、人类社会信息进行采集、储存、加工、处理、分发、传输等的工具。在它的帮助下，当代人类可以很好地继承前人的经验和智慧、吸取前人的教训，大大扩充了人类知识，从而走出一条内涵式、集约化发展的社会物质文化之路。所以，当今社会技术的代表应当是电子信息技术，它是开发和利用信息资源(充分共享、再生、整合、产生新的信息)的有效工具。

  按马克思的观点，人类社会的划分标志不是看社会能生产什么，而是看社会拿什么来生产，即生产工具的制造和利用既是人类区别于其他动物的标志，又是人类社会各发展阶段的标志。从这个角度认识，今天的社会应该被称为电子信息社会或信息时代。在信息时代，信息技术的广泛应用已经渗透到人类社会、经济的各个领域。在全球经济一体化的今天，各个国家的商务实体需要随时随地在全球范围内进行采购、订货、生产、配送、交易、结算等一系列的经济活动，所有的商流、信息流、资金流、物流等贸易要素都在全球范围内流动，因此，商务活动主体也要具备流动性。在这种情况下，用电子商务方式来获取这些流动的信息已不能满足人们的要求，这就使得移动商务在此基础上发展起来。现在，美国、日本、西欧等发达国家和地区在移动商务的研究和利用已初具规模，而新兴的发展中国家这几年也开始注重移动商务的开发利用；否则，永远不会摆脱在经济上对发达国家的依赖。

  2. 移动商务的关键是人的知识和技能

  首先，移动商务是一个社会性的系统，而社会系统的中心是人；其次，移动商务系统实际上是由围绕商品交易的各方面代表和各方面利益的人所组成的关系网；最后，在移动商务活动中，虽然十分强调工具的作用，但归根结底起关键作用的仍然是人，因为工具的发明、制造、应用和效果的实现都是靠人来完成的。所以，强调人在移动商务中的决定性作用是必然的。也正因为人是移动商务的主宰者，进而有必要考察什么样的人才是合适的。很显然，移动商务是 Internet 技术、移动信息技术和商务活动的有机结合，所以能够掌握移动商务理论与技术的人才是掌握 Internet 技术、现代化移动信息技术和商务理论与实务的复合型人才。而一个国家或地区能否培养出大批这样的复合型人才，就成为该国、该地区发展电子商务的最关键因素。

  3. 移动商务的工具是系列化、系统化、高效稳定的电子工具

  从广义来讲，移动商务重点强调主体的移动性。商务信息是客观存在的，并且具有很强的流动性，所有的商流、信息流、资金流、物流等贸易要素都在全球范围内流动，因而商务活动主体也要具备流动性，只要人们能随时随地进行商务活动，就可以称为移动商务。这里的移动商务工具不但包括适用于 Internet 的手机、笔记本式计算机、PDA 等，也包括电子商务工具，如在外人们可以使用手机上网，在家或公司仍可以用 PC 上网。可以看出，广义的移动商务所应用的商务工具具有广泛性，它保证的是人的移动性，而这里所研究的是狭义的移动商务，即具有很强的时代烙印的高效率、低成本、高效益、高安全性的移动商务。因而，重点研究的移动电子工具就不是泛泛而谈的一般性的电子工具，而是能跟上信息时代发展步伐的系列化、系统化的移动电子工具。

从系列化来讲，强调的移动电子工具应包括商品的需求咨询、商品订货、商品买卖、商品配送、货款结算、商品售后服务等，伴随着商品生产、流通、分配、交换、消费甚至再生产的全过程的移动通信工具，如移动电话、笔记本式计算机、PDA、商务通等，这些移动商务工具可以完成电子商务的所有商务程序，而且更具高效率、低成本的特性。

从系统化来讲，商品的需求、生产、交换要构成一个有机的整体，形成一个庞大的系统，同时，为了防止"市场失灵"，还要将政府对商品生产、交换的调控引入该系统，而达到此目的的移动电子工具主要有移动局域网(Mobile Local Area Network，MLAN)、移动城市网(Mobile City Area Network，MCAN)和移动广域网(Mobile Wide Area Network，MWAN)。而它必然是将移动通信网、计算机网络和信息网结合，实现纵横结合、宏微结合、反应灵敏、安全可靠、跨越空间的移动电子网络，以利于大到国家间小到零售商与顾客间的方便、可靠的移动商务活动。

1.3.3 移动商务的特点

移动商务的主要特点是灵活、简单、方便。移动商务不仅能提供在互联网上的直接购物，还是一种全新的销售与促销渠道，它全面支持移动 Internet 业务，可实现电信、信息、媒体和娱乐服务的电子支付。移动商务能完全根据消费者的个性化需求和喜好定制，设备的选择及提供服务与信息的方式完全由用户自己控制。通过移动商务，用户可随时随地获取所需的服务、应用、信息和娱乐，不受时间和空间的限制，这从本质上完善了商务活动。用户还可以在自己方便时，使用智能电话或 PDA 查找、选择及购买商品和各种服务。采购可以即时完成，商业决策也可以马上实施。服务付费可以通过多种方式进行，可直接转入银行、用户电话账单或者实时在专用预付账户上借记，以满足不同需求。对于企业而言，这种方式更提高了工作效率，降低了成本，扩大了市场，必将产生更多的社会效益和经济效益。

与传统电子商务相比，移动商务具有明显优势，主要表现在以下几个方面。

1. 不受时空限制

同传统的电子商务相比，移动商务的一个最大优势就是移动用户可随时随地获取所需的服务、应用、信息和娱乐。移动电话的特性就是便于人们携带，可随时与人们相伴，而且只要用户开机，一般都可以享受 24 小时的全天服务。这将使得用户更有效地利用空余时间从事商业活动。他们可以在自己方便时，使用智能电话或 PDA 查找、选择及购买商品和服务，也可以在旅行途中利用可上网的移动设备从事商业交互活动，如商务洽谈、下订单等。虽然当前移动通信网的接入速率还比较低，费用也比固定网高，但随着下一代移动通信系统的推出和移动通信市场竞争的结果，这些因素的影响将逐渐淡化。

另外，移动商务不受时空限制也体现在接入的便利性上。电子商务系统的接入必然受到地理位置的限制，而移动商务的接入方式更具便利性，它可使人们免受日常烦琐事务的困扰。例如，消费者在排队或遇到交通阻塞时，可以进行网上娱乐或通过移动商务处理一些日常事务。由于接入的便利性带给了消费者舒适的体验，这将使得顾客更加忠诚。因此，移动商务中的通信设施是传送便利的关键应用。

2. 更好的个性化服务

移动商务的提供者可以更好地发挥主动性，为顾客提供定制化的服务。例如，依赖于包含大量活跃客户和潜在客户信息的数据库，从而开展具有个性化的短信息服务活动。此数据库需要包含客户的个人信息，如喜爱的体育活动、喜欢听的歌曲、生日信息、社会地位、收入状况、前期购买行为等。

此外，利用无线服务提供商提供的人口统计信息和基于移动用户当前位置的信息，商家还可以通过具有个性化的短信息服务活动进行有针对性的广告宣传，从而满足客户的需求。总之，移动商务为个性化服务的提供创造了很好的条件。

3. 可识别性

与 PC 的匿名接入不同的是，移动电话利用内置的 ID 支持安全交易。移动设备通常由单独的个体使用，这使得商家基于个体的目标营销更易实现。并且，通过 GPS 技术，服务提供商可以十分准确地识别用户。随着时间和地理位置的变更而进行语言、视频的变换，移动提供了为不同的细分市场发送个性化信息的机会。

并且，正是由于移动商务中用户的可识别性，使得移动商务比 Internet 上的电子商务更具安全性。由于移动电话已经具备了非常强大的内置认证特征，因此比 Internet 更适合电子商务。手机所用的 SIM 卡对于移动商务就像身份证对于社会生活一样，因为 SIM 卡上储存着用户的全部信息，可以唯一地确定一个用户的身份，对于电子商务来说，这就有了认证安全的基础。

4. 信息的获取将更为及时

在固定网络的电子商务中，用户只有在向系统发出请求时，系统才会根据要求反馈一些数据信息。这无形中为用户获取信息附加了一些潜在的前提条件，如具备网络环境，要有时间、有意愿主动索取信息。这将导致信息不能完全及时地获取。

而在移动商务中，移动用户可随时随地访问信息，这本身就意味着信息获取的及时性。更需要强调的是，同传统的电子商务系统相比，用户终端更具有专用性。从运营商的角度看，用户终端本身就可以作为用户身份的代表。因此，商务信息可以直接发送给用户终端，这进一步增强了移动用户获取信息的及时性。

5. 基于位置的服务

移动通信网能获取和提供移动终端的位置信息，与位置相关的商务应用成为移动商务领域中的一个重要组成部分。不管移动电话在何处，GPS 都可以识别电话的所在地，从而为用户提供相应的个性化服务，这给移动商务带来有线电子商务无可比拟的优势。利用这项技术，移动商务提供商将能够更好地与某一特定地理位置上的用户进行信息的交互。

6. 支付更加方便、快捷

在移动商务中，用户可以通过移动终端访问网站、从事商务活动，服务付费可通过多种方式进行，可直接转入银行、用户电话账单或者实时在专用预付账户上借记，以满足不同需求。

从移动商务的特点来看，移动商务非常适合大众化的应用。移动商务能提供在互联网上的直接购物，这是一种全新的销售与促销渠道。它全面支持移动 Internet 业务，可实现电信、信息、媒体和娱乐服务的电子支付。不仅如此，移动商务不同于目前的销售方式，它能完全根据消费者的个性化需求和喜好定制，用户随时随地都可使用这些服务。互联网与移动技术的结合为服务提供商创造了新的机会，使之能够根据客户的位置和个性提供服务，从而建立和加强其客户关系。

1.3.4 移动商务的分类

移动商务可以从服务类型和商务形式等不同的角度进行分类。

1. 按服务类型分类

移动商务可提供的服务分为以下 3 个方面。

1) 推式服务

传统 Internet 的浏览是一种自助餐形式，容易造成浪费，虽然各取所需，但最后剩下许多。移动商务的推式服务(Push)就是客房式服务，根据用户的爱好，把所需的各种服务，如新闻、天气预报、彩票、股市、旅游、招聘等信息送到房间，这就避免了浪费。这是一种个性化的信息服务。

2) 拉式服务

拉式服务(Pull)类似于传统的信息服务，如查询电话号码、旅游信息、航班、影院时间安排、火车时刻表、产品信息等。

3) 交互式服务

交互式服务是移动商务能提供的最常用的服务方式，包括即兴购物；使用"无线电子钱包"等具有安全支付功能的移动设备在商店或自动售货机上进行预订机票、车票或入场券并能在票价优惠或航班取消时立即得到通知，也可支付票费或在旅行途中临时更改航班或车次；随时随地在网上进行安全的个人财务管理，通过移动终端核查账户、支付账单、转账及接收付款通知等；游戏或娱乐；信息查询等。

2. 按商务形式分类

按商务形式来划分，移动商务可分为 B2C、B2B、G2C(Government to Consumer)、G2B(Government to Business)、A2A(Any to Any)、P2P(Peer to Peer)等多种形式。从目前的国际移动商务的市场来看，B2C 业务与 B2B 业务仍占据着主导地位，在全球移动商务的销售额中所占比例达 80%以上。然而，从移动商务的发展未来分析，B2C 业务与 B2B 业务发展趋于平稳，A2A 业务与 P2P 业务作为移动商务的新型业务应在未来的移动商务市场上占有一席之地。

1) B2C

B2C 业务是企业对消费者的业务，又称直接通过移动通信终端对用户市场销售，相当于商业电子化的零售业务。主要包括有形商品的电子订货和付款、无形商品和服务产品的销售。其特点是能迅速吸引公众和媒体的注意。

2) B2B

B2B 业务是企业与企业之间通过移动 Internet 进行数据交换、传递，开展丰富的商业贸易活动。它主要包括企业与供应商之间的采购行为协调，物料计划人员与仓储、物流公司间的业务协调，销售机构与产品批发商、零售商之间的协调，为合作伙伴与大宗客户提供服务等。其特点是具有良好的稳定性，并迅速为企业带来利润和回报。

3) C2C

C2C 的移动商务是个人对个人的商务形式。C2C 模式的特点是消费者与消费者之间的讨价还价。例如，移动手机拍卖、全球性竞价交易网站，每天可以通过 SMS 形式提供数种商品，供移动用户和网上用户竞价，可拥有上万注册用户。C2C 模式的成功来源于它准确的市场定位。运营商可根据中国国情，建起一个拍卖交易移动网络，让消费者通过 SMS 自由交易或在该网站上议价。网站可以多客户类型、多交易形式、多拍卖品类型，以英式拍卖、集体竞价、标价求购等方式运营，通过提供交易平台和相关服务，收取交易金。

在 C2C 模式背后，目前仍存在物流不畅、信用不高的情况，有一些拍卖网站创造新模式对此有所改善，如本地网站鼓励人们在同一个城市进行网上交易或移动交易，交易者先竞价后通过网上支付或移动支付进行现金交易。

4) G2G

G2G 是上下级政府、不同地方政府、不同政府部门之间的电子政务。G2G 主要包括以下内容。

(1) 电子法规政策系统。对所有政府部门和工作人员提供相关的现行有效的各项法律、法规、规章、行政命令和政策规范，使所有政府机关和工作人员真正做到有法可依、有法必依。

(2) 电子公文系统。在保证信息安全的前提下在政府上下级、部门之间传送有关的政府公文，如报告、请示、批复、公告、通知、通报等，使政务信息十分快捷地在政府间和政府内流转，提高政府公文处理速度。

(3) 电子司法档案系统。在政府司法机关之间共享司法信息，如公安机关的刑事犯罪记录、审判机关的审判案例、检察机关检察案例等，通过共享信息，改善司法工作效率和提高司法人员综合能力。

(4) 电子财政管理系统。向各级国家权力机关、审计部门和相关机构提供分级、分部门历年的政府财政预算及其执行情况，包括从明细到汇总的财政收入、开支、拨付款数据及相关的文字说明和图表，便于有关领导和部门及时掌握和监控财政状况。

(5) 电子办公系统。通过电子网络完成机关工作人员的许多事务性的工作，节约时间和费用，提高工作效率，如工作人员通过网络申请出差、请假、文件复制、使用办公设施和设备、下载政府机关经常使用的各种表格、报销出差费用等。

(6) 电子培训系统。对政府工作人员提供各种综合性和专业性的网络教育课程，特别是适应信息时代对政府的要求，加强对员工与信息技术有关的专业培训，员工可以通过网络随时随地注册参加培训课程、接受培训、参加考试等。

(7) 业绩评价系统。按照设定的任务目标、工作标准和完成情况对政府各部门业绩进行科学测量和评估等。

5) G2B

G2B 是政府通过电子网络系统进行电子采购与招标，精简管理业务流程，快捷迅速地为企业提供各种信息服务。G2B 主要包括以下内容。

(1) 电子采购与招标。通过网络公布政府采购与招标信息，为企业特别是中小企业参与政府采购提供必要的帮助，向它们提供政府采购的有关政策和程序，使政府采购成为阳光作业，减少徇私舞弊和暗箱操作，降低企业的交易成本，节约政府采购支出。

(2) 电子税务。使企业通过政府税务网络系统，在家或企业办公室就能完成税务登记、税务申报、税款划拨、查询税收公报、了解税收政策等业务，既方便了企业，又减少了政府的开支。

(3) 电子证照办理。让企业通过 Internet 申请办理各种证件和执照，缩短办证周期，减轻企业负担，如企业营业执照的申请、受理、审核、发放、年检、登记项目变更、核销、统计证、土地和房产证、建筑许可证、环境评估报告等证件、执照和审批事项的办理。

(4) 信息咨询服务。政府将拥有的各种数据库信息对企业开放，方便企业利用，如法律法规及政策数据库、政府经济白皮书、国际贸易统计资料等信息。

(5) 中小企业电子服务。政府利用宏观管理优势和集合优势，为提高中小企业国际竞争力和知名度提供各种帮助。包括为中小企业提供统一政府网站入口，帮助中小企业同电子商务供应商争取有利的能够负担的电子商务应用解决方案等。

6) G2C

G2C 是政府通过电子网络系统为公民提供的各种服务。G2C 主要包括以下内容。

(1) 教育培训服务。建立全国性的教育平台，并资助所有的学校和图书馆接入 Internet 和政府教育平台；政府出资购买教育资源，然后对学校和学生提供；重点加强对信息技术能力的教育和培训，以适应信息时代的挑战。

(2) 就业服务。通过电话、Internet 或其他媒体向公民提供工作机会和就业培训，促进就业，如开设网上人才市场或劳动市场，提供与就业有关的工作职位缺口数据库和求职数据库信息；在就业管理劳动部门所在地或其他公共场所建立网站入口，为没有计算机的公民提供接入 Internet 寻找工作职位的机会；为求职者提供网上就业培训，帮助他们分析就业形势，指导就业方向。

(3) 电子医疗服务。通过政府网站提供医疗保险政策信息、医药信息、执业医生信息，为公民提供全面的医疗服务。公民可通过网络查询自己的医疗保险个人账户余额和当地公共医疗账户的情况；查询国家新审批的药品的成分、功效、试验数据、使用方法及其他详细数据，提高自我保健的能力；查询当地医院的级别和执业医生的资格情况，选择合适的医生和医院。

(4) 社会保险网络服务。通过电子网络建立覆盖地区甚至国家的社会保险网络，使公民通过网络及时全面地了解自己的养老、失业、工伤、医疗等社会保险账户的明细情况，有利于加深社会保障体系的建立和普及；通过网络公布最低收入家庭补助，增加透明度；还可以通过网络直接办理有关的社会保险理赔手续。

(5) 公民信息服务。使公民能够方便、容易、费用低廉地接入政府法律法规规章数据库；通过网络提供被选举人背景资料，促进公民对被选举人的了解；通过在线评论和意见反馈，了解公民对政府工作的意见，改进政府工作。

(6) 交通管理服务。通过建立电子交通网站提供对交通工具和司机的管理与服务。

(7) 公民电子税务。允许公民个人通过电子报税系统申报个人所得税、财产税等个人税务。

(8) 电子证件服务，允许居民通过网络办理结婚证、离婚证、出生证、死亡证明等有关材料。

此外，随着 P2P 技术的发展，P2P 也将慢慢发展成为一种成熟的商务形式。P2P 形式主要利用了 P2P 技术、网络即时通信技术，实现基于宽带网络的声音、文字、视频、数据、邮件的即时通信及文件共享和计算机远程控制。这种技术支持断点续传、MPEG 4 视频压缩，满足宽、窄带用户的使用要求，具有使网络更加安全的独特的身份认证和数据加密技术，从而使 P2P 的商务形式越来越受到人们的欢迎，这种形势下的服务包括在 Internet 上实现面对面交流、远程监控、集群通信、远程教育、互动办公、互动商务等。

1.4 移动商务带来的革命

1.4.1 移动商务使企业发展获得竞争优势

在市场经济环境中，任何企业都面临着竞争的压力，如何提升企业竞争力、创造企业的竞争优势是每个企业都关心的问题。移动商务的发展为企业提供了一个良好的机遇，因为移动商务能够有效地创造企业在移动商务环境下的竞争优势。

移动商务以现代化的电子技术和移动通信技术为基础，利用移动通信网络在信息传递和资源共享方面的特长，在创造企业成本优势和差异化优势等方面起到了积极的作用。具体体现在创造成本优势和创造差异化优势两个方面。

1. 创造成本优势

若企业进行所有价值活动的累计成本低于竞争者的成本，它就具备成本优势。移动商务中的移动通信技术影响企业的每一项价值活动及联系，其中均蕴涵着降低成本及费用的潜力。

1) 降低企业经营成本，提高企业利润，为企业持续发展提供动力

尽管开展移动商务需要一定的投资，但与其他销售渠道相比，其运营成本已经大大地降低了。根据国际数据资讯公司(International Data Corporation，IDC)的调查，利用移动商务进行广告宣传、网上促销活动，结果使销售额增加 10 倍的同时，费用只是传统广告费用的 1/10。一般而言，采用手机邮件和短信的促销成本只是邮寄广告的 1/10。

美国宾夕法尼亚州的安普公司曾花费 800 万美元印刷产品目录，而现在将其销售的 7 万种产品目录做成数据库的形式，放到移动 Internet 上展示，成本已经大大降低，而销售额却大大增加。除此之外，精心制作的数据库网页使客户可以准确、及时地查到所需要的

设备情况,而纸张印刷品却无法做到这点。

随着企业移动商务的展开,移动网络客户支持系统的使用受到厂家和客户的欢迎。企业提供有效的网上客户支持活动,可以大大地降低电话咨询的次数。例如,美国联邦快递公司(Federal Express)通过建立移动 Internet 咨询服务系统,使客户可以随时随地跟踪快递包裹的运输情况,而客户每次查询只需花费 0.1 美元,而用传统的咨询方式却要花费 7 美元。可见,移动通信技术支持服务的费用大大低于传统的电话咨询的费用。

每一项产品的生产成本都涉及固定成本的支出,固定成本并不随生产数量变化而变化,而是与产品的生产周期有关。移动商务的出现缩短了产品的生产周期,从而降低了企业的生产成本。

目前,网络技术和移动通信技术的应用为产品的开发与设计提供了快捷的方式。第一,开发者可以利用移动网络技术进行即时快速的市场调研,了解最新的市场需求;第二,开发者可以利用信息的传播速度,很快了解到产品的市场反馈,以对正在开发的产品进行适当的调整,从而取得竞争优势。而这一过程,在传统生产中,将是一个漫长的过程。现在,移动商务改变了这一切。

2) 降低采购成本,减少库存占用,大力发掘企业的第三利润源泉

传统的原材料采购是一个程序烦琐的过程。通过移动商务活动,企业可以加强与主要供应商之间的协作,将原材料的采购和产品的制造过程有机地结合起来,形成一体化的信息传递和处理系统。

目前,许多大公司纷纷通过移动商务增值战略方案,采用一体化的移动电子采购系统,从而降低了劳动力、打印和邮寄成本。采购人员也有更多的时间致力于合同条款的谈判,并注重和供应商建立稳固的供销关系。

美国通用电气公司的照明部自从由手工采购转向采用电子商务的采购系统,进而升级到移动商务采购系统以后,产生了积极的效应,既改善了服务,又节省了劳动力与原材料成本。通用电气公司的发言人说:"自从升级到移动电子采购系统后,公司的采购费已经降低了 30%。"

产品的生命周期越长,企业就需要越多的库存对付可能出现的交货延迟、交货失误,对市场的反应也就越慢。而且,库存的增多也会增加运营成本,降低企业的利润。何况,高库存量也不能保证向客户提供最佳的服务。

因此,适当的库存量不仅可以让客户得到满意的服务,而且可以尽量为企业减少运营成本。为了达到上述目标、提高企业库存的管理水平,企业可以通过提高劳动生产率,在提高库存周转率的基础上,降低库存的总量。

2. 创造差异化优势

若企业能够为顾客提供独特性的商品或服务,那么企业相对于竞争者来说就能赢得差异化优势。企业任何一种价值活动都是独特性的潜在来源。移动商务为企业创造的差异化优势有以下几个方面。

1) 提高服务质量,形成服务差异化优势

以移动通信网络和 Internet 为基础的移动商务将彻底改变企业旧的经营模式,它打破了

传统职能部门依赖分工与协作完成整个工作过程的惯例,形成了并行工程的思想。在移动商务构架中,除了市场部和销售部可以与客户打交道外,企业其他的职能部门也能通过移动商务网络与客户频繁地接触交流,从而大大提高了对客户的服务质量。

2) 提高买方价值,满足个性化的需求

移动通信技术和电子技术的发展与应用,使经营者迅速了解、分析顾客的个性化需求成为可能,并可以通过自动订货系统,随时满足顾客个性化需求,达到提高买方价值的目的。

3) 完善信息系统本身是差异化优势之所在

移动商务将信息传递数字化,使用标准的数据传输数据,形成即时沟通,能有效地改善企业的管理环境。企业的信息系统能实现企业内信息低成本共享,管理信息可以通过网络迅速传递到每个部门和责任人员,实现信息传递的扁平化,从而可以实现中间管理人员的裁减,降低管理成本,信息的传递也会更快、更准确。同时,移动商务系统可以使企业实现外部信息的内化,管理人员可以及时获得商务信息,加快决策速度。

4) 形成独特的地理位置优势

差异化优势可以来自地理位置优势。移动商务系统提供的移动定位系统是借助于最先进的移动通信技术进行位置查询、结合地理资源进行分析的管理系统,这种系统可以作为商机评估及选址条件的决策参考,使企业选定的店址能够最大限度地方便顾客,相对于竞争者来说具有独特性。

5) 推动产品创新

移动商务的创新作用有以下两个方面。

(1) 移动商务本身包含着传统商业服务和新产品服务。基于网络的商品销售属于传统的商业服务;移动通信网络信息服务、手机娱乐、短信息等是新产品,是基于移动商务的产品创新。现在,包括微软、戴尔等大公司的相当一部分产品都是通过移动商务的形式完成的,在国内像海尔、TCL 也都借助移动商务进行商品销售。

(2) 移动商务通过产品创新推动市场创新,并且带动了新型信息企业的崛起,成为经济新的增长力量。移动商务的发展要求有计算机硬件和软件的支持,要求更高级的信息处理器和网络传输速率,带动系列计算机硬件、软件和移动电子产品的发展。一批新生企业也在利用移动商务发展起来的商务活动新概念,率先进入市场,有望在不久的将来形成一个独立的新兴产业。

6) 树立企业的自身形象,推动企业更长远的发展

移动商务为企业提供了一个全面展示自己产品和服务的虚拟空间,良好的移动网络广告方案有利于提高企业的知名度和商业信誉,达到提高企业竞争形象的目的。如何通过移动通信网络这种低成本的新型媒体宣传企业,从而提高企业形象是决策者们必须考虑的问题。率先使用移动商务的企业将在同行中树立进取的形象,体现出容易接纳新事物的创新精神,将有助于企业树立健康、向上的良好形象。能够提供品种齐全的产品、灵活的折扣条件、可靠的安全性能、友好的用户访问界面、完善的技术支持是一个网络公司获得良好形象的关键。移动商务能够改变企业传统落后的价值理念,建立起创新、迅捷、严谨、诚信的企业文化,大大提高企业信誉,为企业的长远发展提供支持。

7) 为企业提供全球采购系统

目前，传统的采购模式存在六大问题：①采购、供应双方都不进行有效的信息沟通，出现典型的非信息对称博弈状态，采购很容易成为一种盲目行为；②无法对供应商的产品质量、交货期进行事前控制，经济纠纷不断；③供需关系一般为临时或短期行为，竞争多于合作；④响应用户需求的能力不足；⑤利益驱动造成暗箱操作，舍好求次，舍贱求贵，舍近求远；⑥生产部门与采购部门脱节，造成库存积压，占用大量流动资金。

移动商务采购模式有六大优势：①可以扩大供应商比价范围，提高采购效率，降低采购成本，突破传统采购模式的局限，从货比三家到货比百家、千家，大幅度地降低采购费用，降低采购成本，大大提高采购效率。②实现采购过程的公开化，有利于实现实时监控，使采购更透明、更规范。③实现采购业务操作程序化。由于必须按软件规定流程进行，因此大大减少了采购过程的随意性。④促进采购管理定量化、科学化，实现信息的大容量和快速传送，为决策提供更多、更准确、更及时的信息，决策依据更充分。⑤生产企业可以由"为库存而采购"转变为"为订单而采购"。在电子商务模式下，采购活动是以订单驱动方式进行的。用户需求驱动制造订单产生，制造订单驱动采购订单产生，采购订单再驱动供应商生产。该模式可以快速响应用户需求，降低库存成本，提高物流速度和库存周转率。参与采购的供需双方进入供应链，从以往的"输赢关系"变为"双赢关系"。同时，供需双方之间建立起长期的、互利的合作关系，使自己在供应链中成为不可替代的角色。⑥实现采购管理向外部资源管理的转变。由于供需双方建立起长期的、互利的合作关系，因此采购方可以及时将质量、服务、交易期的信息传送给供方，使供方严格按要求提供产品与服务。

移动商务采购为采购提供了一个全天候、超时空的采购环境，即 365×24 小时的采购环境。该方式降低了采购费用，简化了采购过程，大大降低了企业库存，使采购交易双方易于形成战略伙伴关系。从某种角度来说，移动商务采购是企业的战略管理创新。

综上所述，移动商务带给企业的优势是显而易见的。通过个人移动设备进行可靠的电子交易的能力被视为移动 Internet 业务最重要的方面。移动通信提供了高度的安全性，而且其安全性还可通过各种方式得到进一步增强，如电子签名、认证和数据完整性。互联网与移动技术的结合为服务提供商创造了新的机会，使之能够根据客户的位置和个性提供服务，从而建立和加强其客户关系。有了移动商务技术，就可以实现流动办公大大节约了成本，提升企业或个人的效率。移动商务作为对企业的新的推动力将对现存的商业模式、商务流程、竞争规则等产生深刻的影响，具体表现在：新经济向传统产业渗透、延伸，使产业界限由清晰变得模糊；以资本为纽带的实体企业向以契约为联系的虚拟企业发展；信息从独占走向资源共享；组织从正式结构向网络化非联盟转化；竞争模式从独立竞争向企业联盟、网络生态环境的竞争模式转化。

1.4.2 移动商务给人们的工作和生活带来的变革

移动商务对社会影响是多方面的，并且正改变着人们的生活、工作、学习、娱乐甚至思维方式，以及人们还没有想到的许多其他方面。目前，人们所能享受到的移动商务服务主要有以下几方面。

1. 信息传播的变革

移动商务主要通过移动 Internet 进行，这些网站能够更快、更直观、更有效地将信息或思想向全世界传播，实现了真正的大众传媒作用。通过移动通信网络查找新闻或信息将逐渐成为人们及时获得信息的方式。移动商务的交易过程通过遍及全世界的移动 Internet 传递电子邮件、短信息及各种语音数据业务，既快捷又便宜，使人与人之间的感情交流或企业之间的业务交往更加直接方便，使商家与消费者之间进行交易变得更为方便。

移动 Internet 上的出版物更为便宜，因为在网上建立网页并不需要纸张，任何人均可以方便地在移动 Internet 上建立自己的网页来宣传自己的主张。其生存的条件在很大程度上将不再是资金，而在于网页本身的内容。移动 Internet 作为一种具有私人和公共的双重功能的媒体，传播信息具有双向性的特点，人们可以根据自己的需要获取信息、提出疑问，没有时间和地域的限制。例如，利用 CDMA 手机、PDA 或其他可上网的移动通信终端进行股票交易和股市查询，查询实时的体育报道并发表自己的评论，通过网页寻找商机或就业机会，也可以发布招聘广告招聘职员。在移动通信网上刊登广告正成为大众所重视和喜欢的方式，并在很多方面比固定电子商务、电视、报纸和杂志等传统的媒体竞争更有优势。人们熟悉的各种饮食、服装、电话、汽车、房产等行业的公司逐渐将注意力转向在移动 Internet 上做广告。

2. 办公方式的变革

由于通过移动商务方式进行交易可以保证及时通信和进行大部分的业务处理，因此在移动商务环境下，办公的方式更为灵活，无论何时何地都可以进行办公处理。对于执行独立任务的管理人员来说，他们可以方便地选择自己喜欢的工作方式和工作地点。例如，公司派出的出差人员，就可以利用移动商务的办公方式和公司总部保持联系，取得信息并及时反馈给公司，从而以最快的方式作出决策。

在日常办公中，办公人员需要花费大量的时间进行讨论和交流意见，才能作出某种决策。而这种在群体中互相沟通、合作的工作方式就是"协同工作"。随着网络技术的发展，异步协作方式(如电子邮件、网络论坛等)，以及同步协作方式(如网络实时会议)正在逐渐成为除了面对面开会之外的新的工作方式，它们打破了时间、地域的限制，使人们可以随时随地参与到协同工作中去，大大提高了工作效率。

"移动办公"是提供办公人员在办公室以外的办公手段，他们可以远程拨号或登录到出差地的网络，通过电话线或广域网络，随时可以访问到办公自动化系统；为提高工作效率和减少费用，办公人员还可以选择"离线"工作方式，即将需要处理的信息先下载到本地便携计算机上，然后切断连接，"离线"地处理信息(如可以在旅途中批阅公文、起草电子邮件等)，待工作完毕再次登录网络，将自己的工作结果发出或再次下载新的待办信息。办公自动化系统作为网络应用系统应提供用户协同工作支持和移动办公支持。

移动商务环境下的办公方式包含大量的工作流。工作流是一组人员为完成某一项业务所进行的所有工作与工作转交(交互)过程。办公自动化应用系统的大多数应用，如公文审批、各类申请等。每一项工作以流程的形式，由发起者(如文件起草人)发起流程，经过本部门及其他部门的处理(如签署和会签)，最终到达流程的终点(如发出文件和归档入库)。工作流程可以是互相连接、交叉或循环进行的，如一个工作流的终点可能就是另一个工作流的起点，如上级部门的发文处理过程结束后引发了下级部门的收文处理过程。工作流程也可以是打破单位界限的，发生在机关与机关的相关单位之间。工作流自动化有 3 种实现模式，即基于邮件的、基于共享数据库的、基于邮件和共享数据库结合模式(群件模式)的。从信息技术的角度出发，群件模式结合了"推"、"拉"技术，充分发挥了不同技术的优点，克服了其缺点，是理想的办公自动化流程处理模式，也使办公自动化人员拥有了完整的信息技术工具。

3. 生活方式的变革

移动 Internet 实质上已经形成了一个范围广阔的、没有国界的虚拟社会，不同年龄的人都可以在网上找到自己的活动领域，发表自己的意见，参加聚会、购物、看电影、玩游戏、看书收藏、旅游等。例如，孩子可以在移动 Internet 上玩游戏，看少儿节目，学习少儿科普知识；青年人可以利用网络谈恋爱、交友，移动 QQ 就是一种很典型的手机交友方式；成年人可以通过移动通信网络随时收集信息，了解税收法律的改变情况，即时填写税收表格和缴纳税费；老年人也可在网上聊天，发表自己的言论，学习各种健康知识。移动商务在人们的生活中占据了越来越重要的位置。当然，在网络改变人们生活方式的同时，也带来一些如信息污染等负面影响。

同时，"手机钱包"业务的推出，使得银行与通信业间跨行业的业务合作成为可能，既推动了金融机构和中国移动核心业务的发展，又为双方增强客户服务创新带来了新的发展机会，更为广大客户带来新的支付渠道和方式。"手机钱包"业务必将成为中国移动商务领域一个新的亮点。

随着"移动梦网"、"联通在线"的建设，各电信增值服务提供商(Service Provider，SP)与中国移动、中国联通纷纷合作，短信息服务处于快速变化之中，正在兴起的数据业务为移动通信运营商带来了新的增长点。移动运营商通过为各 SP 提供一个公平、公开、透明的运营环境，向用户提供更多、更好的应用，达到市场主体的多赢格局。运营商与 SP 的合作，为我们提供了更及时、丰富、多元化和个性化的信息服务。从近来的移动秘书、手机炒股、定制信息点播、短信聊天、图片和铃声下载，到日渐流行的游戏业务，移动电话已成为同时为用户提供沟通、娱乐、金融、证券、新闻、商务助理等多种服务的贴身终端，成为人们生活中不可或缺的生活工具，移动电话给人们带来的不再仅仅是一种通信的便利，更是一种全新的生活方式。

4. 消费方式的变革

移动商务的推广已经使即时购物成为现实，消费者可以随时随地通过不同的移动通信终端进入网络商店，查看商业目录并从中挑选自己需要的商品，查看商品的规格和性能，填写订单，然后通过信用卡付款。在用户确认之后，商家几乎可以立即收到顾客的订单，尽快送出或寄出顾客所选定的商品。在网上，消费者只需要拥有一个网络账号，就可以随时随地不间断地与银行、证券、保险公司等进行储蓄、转账等各种业务联系。可以预见，通过移动商务的方式进行消费，将是21世纪的新热点。

移动商务将改变人们的消费方式。通过移动商务方式购物的最大特征是消费者的主导性，购物意愿掌握在消费者手中；同时消费者还能以一种轻松自由的自我服务的方式完成交易，消费者主权可以在网络购物中充分体现出来。

但人们对消费方式的固有认识和习惯一开始就给中国移动的"手机钱包"带来了一种局限性。在国内，大部分的交易依然是现金，尽管银行卡推广了十几年，但依然不是交易的"主力"。目前，通过手机进行大额的现金交易还不是人人可以接受的，毕竟在许多人看来，只有现金交易才是最安全的。其实，移动支付对消费者来说似乎已经习以为常。手机支付话费、手机缴纳水电气费、手机投注等业务的成功，不仅让通信运营商，同时也让产业链上的各个环节为移动支付业务的深度扩展苦苦寻觅。

移动支付是移动通信向人们的日常生活进一步渗透的过程，因此这个过程必然是从不成熟到成熟、从不被认可到认可的过程。试想，如果在没有商家和用户捧场的情况下，移动运营商将平台建设得再美轮美奂也是枉然。关键要让商家得到好处，让用户感到方便，让整个产业链完善起来，这样才能让"手机钱包"深得人心。

移动商务的安全保障、支付渠道完全可以通过技术和法规予以规范，最大的制约应该是如何发掘用户的真正需求。一旦顺应用户需求，习惯不需过多培养就会成为自然。随着移动通信技术的普及，移动金融服务的实时数据交换是金融业的发展方向，消费行为正从固定消费地点模式向各种不限地域、不限时间、不受固定通信线路限制、随时进行交易的模式发展，移动支付方式的出现日新月异地改变着人们的消费习惯。

5．教育方式的变革

随着移动通信事业和Internet的飞速发展，通过网络大学进行远程教育已经为国内外的众多大学采用，它以移动通信技术、计算机通信技术和Internet技术为依托，采用远程实时多点、双向交互式的多媒体现代化的教学手段，实时传送声音、图像和电子课件，使身处两地的师生能像现场教学一样进行双向视听问答。这是一种实现跨越时间和空间的教育传递过程。美国、欧洲和东南亚许多有名的大学在网上开设网络大学。国内的很多大学都开设了网络大学，学生可以通过便携式计算机进行远程登录，随时随地学习网络大学提供的各门课程。网络大学需要的管理机构和人员很少，进行网上教育成本低、效果好，可以很好地发挥师资和教材优势，可以低投入、高产出地完成高质量的教育。同时，现代社会要求对人们进行终身教育和培训，各个年龄层次、各种知识结构、各种需求层次和各个行业的从业者，均可以通过网络大学完成继续教育。

同时，教育的内容也随着移动通信事业和Internet的快速普及而发生着剧烈的变化。电子商务已经成为大学里的新兴学科，有很多大学开设了电子商务专业，而移动商务也逐渐成为各高校所关注的焦点，相信近几年会在各高校迅速普及。当然，移动商务对人类的工作和生活方式的改变并不仅局限于此，其对人类产生的影响是多方面、深层次的，因此，其重要性也是显而易见的。我们应该重视移动商务并积极投入其中，这样才能跟上时代的步伐并从中得到益处。

第1章 绪 论

研究前沿与探讨

相比电子商务的发展,移动商务仍处于起步阶段:手机屏幕较小,操作不方便;手机支付发展不完善,用户尚未建立在手机上大额支付的习惯;位置明确、身份唯一等手机的优势未被充分利用到移动电子商务之中……

面向未来,移动电子商务的扩展必须要突出移动优势、扬长避短,并与电子商务特征充分结合,才能作出特色业务,形成规模市场,以下3个方面有很大的扩展空间。

1. 发挥手机的精准优势:从广告到植入式产品销售渠道

手机广告给人的印象一直是群发的骚扰短信,手机广告的价格也因此比互联网广告便宜。从广告的角度来说,其价值是和对目标用户的覆盖面和精准度决定的。传统媒体覆盖面广,但因为缺乏对目标受众的全面跟踪,很难做到精准投放。因此广告界的鼻祖、奥美公司创始人大卫·奥格威(David Ogilvy)曾经说过:"我们都知道广告费里有一半会打水漂,但不知道是哪一半"。因此传统广告的决定权在广告主手里,由他们决定要往哪个渠道投放。

而手机应用一旦形成了一定的覆盖面,由于其良好的互动性和对用户行为可跟踪的特性,自然可以对其目标用户形成深入了解。因此在未来,有一定规模、有明确的目标用户的应用,很容易在业务内部植入其目标用户群需要的产品的广告和促销,也就很容易形成对某些对口产品的效率很高的销售渠道。

2. 发挥手机的实时操作优势:从位置相关信息到行为触发的许可营销

很多销售行为的发生是和具体的时间、地点和行为相关联的,如中午要吃饭、到旅游景点要买纪念品、搜索某个关键词的时候很可能要购买相关产品等。传统的产品宣传很难和用户的具体时间、地点和行为产生关联,因此宣传都是侧重在用户头脑中留下印象,希望当用户发生购买时这种印象能够起作用。

手机特色是具有实时、随身、定位等能力,未来的手机会植入更多的体感设备。未来的手机电子商务企业如果能深入分析用户购买行为与时间、地点和购买相关行为的关系,巧妙地将用户行为和产品购买结合,必然能形成很大的市场。

3. 发挥手机的聚群优势:基于影响力和好友关系的团购和C2C

团购是互联网领域最近的一大热点,但现有团购企业更多是利用热点吸引足够多的用户,将来向传统电子商务转型,因为在同一时间点以相对小量的可选商品吸引足够的销售量,必须要有足够大的用户群和足够有诱惑力的折扣。利用团购本身吸引足够大的有黏性的用户群难度很大,因此团购企业不向传统电子商务转型,结果必然是低价竞争。

然而在日常生活中,同类人群的购买相似性很强,所以当当网才专门有一个栏目是"购买了这本书的用户也购买了如下书籍"。随着SNS和微博的兴起,以影响力高端的号召力凝聚有相同需求的人群,以及利用SNS的好友关系过滤出共性的需求,都能够很好地解决有相同需求的用户群的规模问题,都会成为新型团购的基础。更进一步,因为大家需求相同,以共同需求为基础、以好友关系为信用的相互交易的C2C业务也有很大的空间。

由于手机的身份唯一性和随身性优势,以及手机的显示量少的劣势,这样以好友过滤的办法针对性地帮助用户缩小选择范围的业务在手机上就格外有市场。

本章小结

随着移动通信技术的发展,手机数据业务功能的拓展,"互联网随身携带"使移动通信具有做电子商务的基础,而且随着移动运营商服务的完善,计费和收费渠道的建立及认证体系的建立,信用问题的解决,手机将成为人们实现电子商务的最好终端。

从历史发展的角度来看,任何技术都是过渡技术,都是通向未来移动通信发展的道路,也都是过渡技术。现在争论技术的先进性已经没有什么意义,很多的事实都可以证明,如短信息的成功等。一项技术是否有生命力还是看市场的认可程度,只有市场接受的才是好技术。在竞争激烈的情况下,对于电信运营商来说,更应该比谁的服务做得好,谁能够把握用户的需求,谁能够开发出更多的应用。这才是发展的硬道理。

移动商务还是一个新兴的商务模式,其商务设计和实践是一个动态发展的过程,需要不断完善。传统的既有商务模式和消费者的生活习惯是移动电子商务发展的障碍,但只要在科学的战略指导下,充分利用强大的技术支持和先进的营销手段就可以确保移动商务逐渐地走向成功。当前,我国应该刻不容缓地发展移动商务,争取在全球新的移动商务革命中获得优势。

每课一考

一、填空题

1. 移动商务产生和迅猛发展的原因可归结为( )和( )。
2. 目前我国移动商务发展正经历( )阶段。
3. 微观上移动商务是( )。
4. 按服务类型分类,移动商务可分为( )、( )和( )。
5. 按商务形式分类,移动商务可分为( )、( )、( )、( )和( )等。
6. 移动商务使企业发展获得竞争优势主要体现在( )和( )两方面。
7. 移动商务给人们的工作和生活带来的变革主要体现在( )、( )、( )、( )和( )等方面。
8. 工作流是( )的过程。

9. 从广义来讲，移动商务重点强调(　　　　　　)。

10. 第三代移动商务系统采用了基于(　　　　)架构的 Web Service、智能移动终端和移动 VPN 技术相结合的第三代移动访问和处理技术。

二、选择题

1. 移动商务的内涵不包括(　　)。
   A．移动商务是人类社会发展的需求
   B．移动商务的关键是人的知识和技能
   C．移动商务是不受时空限制的电子商务
   D．移动商务的工具是系列化、系统化、高效稳定的电子工具

2. 天气预报属于移动商务提供的(　　)。
   A．推式服务　　　B．拉式服务　　　C．交互式服务　　　D．人工智能服务

3. 电话号码查询属于移动商务提供的(　　)。
   A．推式服务　　　B．拉式服务　　　C．交互式服务　　　D．人工智能服务

4. 即兴购物属于移动商务提供的(　　)。
   A．推式服务　　　B．拉式服务　　　C．交互式服务　　　D．人工智能服务

5. 电子公文属于移动商务提供的(　　)类商务形式。
   A．B2B　　　　　B．G2G　　　　　C．G2B　　　　　D．G2C

6. 电子采购与招标属于移动商务提供的(　　)类商务形式。
   A．B2B　　　　　B．G2G　　　　　C．G2B　　　　　D．G2C

7. 教育培训服务属于移动商务提供的(　　)类商务形式。
   A．B2B　　　　　B．G2G　　　　　C．G2B　　　　　D．G2C

8. 下列不属于移动商务为企业创造差异化优势的是(　　)。
   A．提高服务质量　　　　　　　　　B．提高买方价值
   C．提高企业利润　　　　　　　　　D．推动产品创新

9. 下列属于移动商务为企业创造差异化优势的是(　　)。
   A．为企业提供全球采购系统　　　　B．降低企业经营成本
   C．提高企业利润　　　　　　　　　D．减少库存占用

10. 移动电话利用内置的 ID 支持安全交易指的是移动商务(　　)的特点。
    A．可识别性　　　B．个性化服务　　　C．无时空限制　　　D．基于位置的服务

三、判断题

1. 微观上电子商务是指各种具有商业活动能力的实体利用网络和先进的数字化传媒技术进行的各项商务贸易活动。(　　)

2. 微观上移动商务是指各种具有商业活动能力的实体利用网络和先进的移动通信技术进行的各项商务贸易活动。(　　)

3. 移动商务是利用手机进行的 B2B、B2C 或 C2C 的电子商务。(　　)

4. 与电子商务相比，移动商务的成本更低。(　　)

5. 与位置相关的商务应用是移动商务领域中的一个重要组成部分。（   ）
6. 电子商务也能提供个性化服务，因此在这方面移动商务不具有特殊优势。（   ）
7. 移动商务由于使用无线网络，其安全性相比电子商务更弱。（   ）
8. 由于无线网络带宽的限制，移动商务的信息获取将不如电子商务及时。（   ）
9. 通过移动商务方式进行交易可以保证及时通信和进行大部分的业务处理。（   ）
10. "手机钱包"业务的推出使得银行与通信业间跨行业的业务合作成为可能。（   ）

四、问答题

1. 简述移动商务的定义和内涵。
2. 简述移动商务为企业发展带来的竞争优势。
3. 简述移动商务给人们的工作和生活带来的变革。
4. 试比较移动商务与电子商务的特点。

技 能 实 训

1. 选三家国内较大的 B2C 公司，分析它们是怎样实施移动商务的。
2. 对制造型企业而言，最能体现移动商务优势的环节是哪一个？对服务业而言，移动商务如何创造成本优势？

案例分析

根据以下案例所提供的资料，试分析：
(1) 在农村，与推广电子商务相比，推广移动商务有什么优势？
(2) 查资料，了解农村电子商务应用的主要方面。
(3) 比较农村与城市使用移动商务的特点。

湖南发力农村移动电子商务　建设"最后一公里"

"十一五"期间，我国电子商务保持了持续快速发展的良好态势，交易总额增长近 2.5 倍。电子商务发展的内生动力和创新能力日益增强，正在进入密集创新和快速扩张的新阶段。2012 年 3 月 27 日，我国发布的《电子商务"十二五"发展规划》，继续给电子商务运营商催生奋进的动力。《规划》指出，"十二五"期间的目标是电子商务交易额翻两番，突破 18 万亿元。网络零售交易额突破 3 万亿元，占社会消费品零售总额的比例超过 9%。移动商务交易额和用户数达到全球领先水平。电子商务的服务水平显著提升，涌现出一批具有国际影响力的电子商务企业和服务品牌。

政策的频频利好、市场的日益扩张，冲击着企业敏感的脉搏。在这轮号角的召唤下，电子商务运营商尤其是新兴的农村移动商务运营商显得尤为兴奋和警觉。

2011 年，湖南省被列为国家农业部进行农业电子商务试点的 5 个省份之一，而此前，湖南大成科技有限公司早已历时几年组队深入重庆、贵州等地对中国农村状况进行系统考察，探究和论证农村移动商务模式的可行性操作，积累了丰富的理论依据，并由此成为湖南首家倡导"建设农村信息化网络最后一公里"的企业，赶上了打造"智慧乡村"的班车。

然而，农村移动商务注定比普通电子商务更具有挑战性。湖南大成科技有限公司董事长李良伟在接受记者采访时说，"长期以来，由于中国农村人口多、经济基础差和底子薄，农村教育相对落后，传统思想根深蒂固，使农户对电子商务缺乏足够的信心，对网络经济的作用认识不足，这些都严重制约了农村电子商务的发展。"故此，依托党报的优势，让农民深入了解农村移动商务的重要性，树立网上营销与消费的新观念成了该项目至关重要的一环。制约农村电子商务发展的另一重要因素，是我国农村网络通信基础设施、网络技术、电子商务平台服务、信用服务、电子支付、现代物流和电子认证等支撑体系的欠完善。

2012年8月5日，"中国科学院湖南技术转移中心信息化产业示范基地授牌仪式暨大成科技'国家农村移动电子商务示范项目'推介会"在长沙举行。该项目总投资13亿元，分三期投入。采用独特的网络式通信销售方式——B2B2C，将商家、交易平台和买方信息整合，构建自己的物流供应链系统，为农产品网上交易、信息发布、科技咨询和服务提供一个便捷、实用、经济、稳定、高效的电子商务平台，以实现"农产品进城，工业品进村"。

与普通的网络交易平台不同，农村移动电子商务平台还提供专业的、强有力的农业生产技术支持。为了方便农民使用，大成科技特制了操作更直观、更简洁的移动终端手机——"惠农宝"，只需一键即可进入"大成科技·国家农村移动电子商务网"的服务窗口。当农民在养殖、种植过程中遇到疑难问题时，只需用手机以文字短信、语音短信，或者现场拍摄传输等多种便捷方式，将信息提交大成云计算商务平台农业专家的服务系统，24小时皆有专家解答难题，甚至专家还会视情况需要上门相助，真正做到农技服务到田到户。

(资料来源：中国电子商务研究中心. 湖南发力农村移动电子商务 建设"最后一公里" [EB/OL].
(2012-8-8). [2012-10-5]. http://b2b.toocle.com/detail--6051452.html.)

第 2 章

移动商务市场与移动商务模式

知识结构

```
案例导航    移动商务      移动商务的    移动商务的    移动商务
            市场概况      市场环境      价值链        模式

发力电子    1. 发展的阶段  1. 应用环境   1. 价值链理论  1. 运作模式
商务聚焦    2. 发展瓶颈    2. 安全环境   2. 移动商务产业 2. 资费结构和
移动互联    3. 发展前景    3. 信用环境      价值链        利润分配
                          4. 支付环境   3. 拓展移动商务 3. 盈利模式
                                           价值链
```

知识要点

1. 移动商务的市场环境。
2. 移动商务价值链。
3. 移动商务模式。

学习方法

1. 由一般到具体：发展概况—市场环境—价值链—商业模式。
2. 核心知识掌握：移动商务市场环境、移动商务价值链、移动商务模式。
3. 结合案例分析：移动商务市场环境案例、移动商务模式案例。

第 2 章　移动商务市场与移动商务模式

案例导航

发力电子商务聚焦移动互联

自 2009 年以来，成都作出"高端发展、产业倍增，奋力打造西部经济核心增长极"的战略部署，将电子商务纳入全市重点发展的战略性新兴产业强力推进。通过抓规划引领、政策支撑、平台集聚、应用推广，促进了快速发展。2011 年，成都市电子商务应用企业累计超过 7 000 家，全国电子商务示范平台企业 2 家；电子商务交易额突破 2 000 亿元，中小企业电子商务应用普及率达到 40%，电子商务企业高管人才超过 800 人，电子商务企业直接从业人员超过 4 万人，间接就业人数超过 36 万人。2011 年 11 月，国家发改委、商务部等 8 部委联合批准成都为"国家电子商务示范城市"。

在探索电子商务发展的道路上，成都选择了移动电子商务作为突破口，按照"建设国际一流的移动电子商务产业基地和国内领先的移动电子政务大厅"目标，大力整合各方资源，推动产业聚焦发展。

1. 发展模式逐渐成形

与中国银联建立了以支付结算功能为核心的合作模式，中国银联与成都本土企业中联信通联合开发了基于银联跨行交易清算系统的银联手机支付平台，创新移动支付模式，具有较好的兼容性，既能为全球银联用户提供手机支付服务，也能为三大运营商用户应用银联手机支付提供支持。

2. 产业链条逐步完善

与中国银联共同建设移动电子商务示范基地，聚集了青牛软件、艾普宽带、江波龙、华彩赢通等一批集研发、生产、服务、推广等功能为一体的移动电子商务产业链相关企业，集聚效应初步显现。

3. 应用领域不断拓宽

在以成都本土企业为核心支撑的中国银联手机支付平台上，加载了覆盖金融、便民、娱乐、商旅、电子政务、商城购物、惠农 7 大类 120 余项应用内容。

4. 市场规模持续扩大

2011 年，成都网民规模达到 740 万户，其中手机网民 561 万户，基于中国银联手机支付平台的成都用户累计超过 130 万户，以中国银联手机支付平台为结算中心的全国交易额累计超过 10 亿元。

5. 发展氛围日益浓厚

积极营造移动电子商务发展氛围，于 2011 年、2012 年连续举办中国(成都)移动电子商务年会，推动针对移动电子商务发展的行业论坛并在成都密集开展了多项电子商务交流活动；围绕移动电子政务大厅建设，全市各级政府部门以开放公共服务资源等多种形式积极参与；围绕扩大移动电子商务应用，平台企业、行业协会、专业咨询机构等对商家、用户和市民开展了各种实战培训与宣传推广活动，形成了全社会广泛关注、积极支持和参与移动电子商务的良好氛围。

(资料来源：罗紫健. 成都将打造国际一流移动电子商务产业基地[EB/OL]. (2012-10-12). [2012-10-13]. http://finance.sina.com.cn/roll/20121012/140313352839.shtml.)

通过这个案例，我们应思考 3 个问题：
1. 移动商务市场发展的瓶颈和前景如何？
2. 影响移动商务市场发展的环境因素有哪些？
3. 成都在打造移动商务产业基地时是如何解决这些问题的？

2.1 移动商务市场概况

2.1.1 移动商务市场发展的阶段

移动商务市场的发展是个循序渐进的过程，也遵循一般市场发展的普遍规律，即可以分为导入、成长、发展和成熟 4 个阶段。根据移动商务市场环境的成熟程度和相关技术的发展，大致可以把各时期的时间段表示如图 2.1 所示。

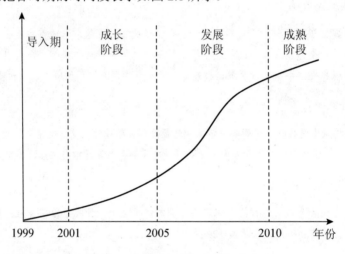

图 2.1 移动商务市场发展各阶段

1. 导入阶段

移动商务运营的前两年为市场导入阶段，即 1999—2001 年。该阶段主要具有以下特征。

(1) 移动网络方面：2G 用户及系统继续增长，但速度放缓；3G 网络覆盖不够完善，主要集中在城市市区等用户集中的地区；新建的 3G 网络需不断优化，逐渐由不稳定走向稳定；3G 应用从不够丰富到逐步增多。

(2) 移动客户群方面：只有一小部分领先时尚的人才会成为移动商务服务的尝试者，而且该阶段的服务品种和质量都有很大的局限性，移动终端的价格和电子商务服务的费用又偏高，所以广大的消费市场对移动商务服务的接受程度普遍偏低，很多人抱有观望态度。

(3) 移动参与者方面：该阶段对数据传输和安全性要求不高，通常在运营商、银行和内容提供商之间有简单的合作伙伴关系。移动商务的市场推动者以移动通信网络运营商和移动设备技术厂商为主，投资较大，近期内收益为负，其他的市场参与者在做积极的准备。

(4) 其他方面：移动商务在中国的发展起步要晚于世界移动商务发展的脚步。市场导入阶段中国联通的 CDMA 20001X 用户将逐步转移到 3G 用户，而中国移动的新增用户中则仍以 2G 为主。在该阶段中国移动运营商投入有限的精力进行低端服务推广，市场反应冷淡，用户需求不旺；服务不被认可，直接影响了后续推广和新服务的开发。

2. 成长阶段

经过两年的导入阶段后，移动商务市场发展进入成长阶段，即 2001—2005 年。其主要具有以下特征。

(1) 移动网络方面：2G 系统基本停止规模增长；覆盖全国的 3G 网络逐步形成；3G 用户开始高速增长；基于公钥的安全体系被广泛应用于各种交易中，网络的能力有所提高，且 WAP 终端更加普及。移动接入 B2B 应用成为接入内部网的一部分，B2B 交易由 PKI 支持，开始有移动商务服务，如旅游等。

(2) 移动客户群方面：使用移动终端进行电子商务活动的人除了新潮人物外，还包括大量商界人士。服务的品种和质量大大提高，主要服务对象针对高消费群体，费用也由于竞争而有所降低。

(3) 移动参与者方面：由于规模效应逐渐体现，网络运营商和其他先期投入者开始有所盈利，这样就吸引更多的市场参与者加入这一领域。

(4) 其他方面：2005 年短信使用是因为终端适用比较广泛，技术相对成熟可靠，通信成本比较低廉，用户有非常好的使用习惯，已经在人们生活开始普及，并由此在企业中形成新的电子商务模式——短信网址。短信网址是利用短信方式为移动终端设备快捷访问移动短信网而建立的寻址方式，是基于无线互联网的 IP 及域名体系之上的应用标准。短信的人性化和互动性可以实现以人为本的个性化服务。对于企业来说，4 亿多手机用户就是其巨大的潜在客户群。因此，帮助企业大范围拓展客户群体，无疑是短信网址的一大功效。同时，短信网址还可以使企业在向服务客户提供最基本的商业信息服务时，避免陷入额外的投入和成本支出，具有很大的灵活性，便于企业自行操作。

3. 发展阶段

移动商务市场的发展阶段大致是 2005—2010 年，该阶段的移动商务市场已经进入了深度运营的时代，主要表现为以下特征。

(1) 移动网络方面：市场上呈现技术应用多元化趋势，进入带宽更高，应用更丰富的多媒体阶段。3G 业务成为移动商务最重要的推动力量，也将成为未来移动商务发展的方向。

(2) 移动客户群方面：该阶段市场上的竞争将更为激烈，而以客户服务为先导的市场战略必将取代以营销为先导的旧的市场认识，移动商务被广泛接受，服务更加强调个性化，并且随着网络提速和价格下降，多媒体商务应用开始出现，从而使用移动商务的消费者数量大幅度增加，逐渐从早期市场向大众市场过渡。

(3) 移动参与者方面：在该阶段，品牌竞争和打包服务成为主流，经管市场规模得到相当程度的扩大,但竞争压力迫使很多市场参与者采取低价策略,所以造成部分参与者利润水平增长缓慢的情况。

(4) 其他方面:该时期的市场异常活跃,整个移动商务市场将出现拐点,拐点主要体现在经营收入模式和收入增长上。面对 3G 技术的广泛应用,中国的短信市场不会消亡,但短信一枝独大的格局将会改变,同时会带来更多的应用技术,如流媒体应用、企业的视频监控、物流的视频采集等都是 3G 将会带来新的体验。此外还有 WAP 应用在中国才刚刚开始,WAP 应用将会以更快捷的方式直接平移各种互联网应用到手机上,过去电子商务运用需要 PC 互联网访问,现在可以通过 WAP 访问,这样企业可以节省大量的投资。

4. 成熟阶段

2010 年之后,移动商务步入成熟阶段,移动技术进一步成熟,移动商务无缝地融入到我们的日常生活和工作中,其作为独立的市场现象有所淡化,同时人们开展商务活动的手段越来越丰富,各种信息终端的普及相对弱化了移动终端的特殊性。

2.1.2 移动商务市场发展瓶颈

虽然移动商务具有巨大的发展潜力,前景诱人,但目前其发展环境并不是很理想,面临着一些制约障碍,形成发展瓶颈。

1. 法律法规的完善

目前,几乎没有移动商务方面的法律法规,而传统的商务和电子商务的法律法规不能完全适用移动商务,如移动设备的实体认证、签名确认、账单、发票等。尽快完善相应的法律法规是移动商务发展的重要工作。

我国的法律环境和政府政策更是难以适应移动商务的发展。电子商务的法规体系还处于建设阶段,电子商务包括移动商务的法规框架体系尚在制定过程之中。国内市场经济还不完善,缺乏必要的信用制约机制,大众传统的消费观念深厚,对移动商务存在观望态度。移动商务运营涉及一系列行业经济利益的整合、重组和再分配,所以中国特色的移动商务发展道路本身就是一个探索的过程。

2. 安全保障、身份识别和隐私

用户身份认证、安全及隐私保护这些敏感问题目前并没有完全标准化、法律化,安全保障应当是最先考虑和始终保证的一个问题。移动设备特有的威胁就是容易丢失和被窃,而丢失意味着别人将会看到电话、数字证书等重要数据,拿到无线设备的人就可以进行移动支付、访问内部网络和文件系统;无线通信网络作为一个开放性的信道,给无线用户带来通信自由和灵活性的同时,也带来了诸多不安全因素,如通信内容被窃听、通信双方的身份容易被假冒及通信内容被篡改等。

移动商务与传统商务最大的差别是不进行面对面的现金、实物交易,所以身份识别就尤为重要。通过何种技术手段来识别双方的身份并保护各自的隐私,是移动商务能否健康发展的另一重要因素。

3. 速度和安全的技术瓶颈

目前移动网络存在传输速度慢、服务质量不够稳定及无线上网的安全隐患等。对于客户而言，无论网上的物品如何具有吸引力，如果他们对交易安全性缺乏把握，他们根本就不敢在网上进行买卖，企业和企业间的交易更是如此。在移动商务中，安全性是必须考虑的核心问题。随着技术的发展，电子商务的安全性也会相应地增强，并作为电子商务的核心技术。移动并安全地接入是移动商务的发展重点。

4. 技术上的局限

一方面，带宽资源紧缺和移动终端设计遭遇性价比抉择，无线频谱和带宽一直都是无线通信长期面临的问题。移动终端的设计必然向方便、可靠和多功能发展，带来了成本和设计复杂度高的难题。

另一方面，当移动设备丢失或被盗后，通过简单的方法可立刻挂失；获得信息的成本过高、效率过低的问题；相对于计算机来说，手机的显示屏幕太小，这使得用户在单位时间获得单位信息所需的支付达到了令人难以接受的程度；各电信运营商与相关部门业务的整合等问题。

5. 预付还是透支的消费模式

移动商务在配送、支付和信用上不仅没有跨越任何有线B2C瓶颈，甚至其地点的不确定性更是给配送和身份确认等方面增加了不小的难度。

让移动用户先付钱再消费(预付)显然不利于推动移动商务的发展，尤其在前面两个问题没有得到彻底解决之前；而如果采用先消费后结算(透支)方式，就必然要启用手机实名制、信用评估和担保体系，而且透支额度太小，也会阻碍交易的进展。

6. 消费者移动商务需求的规模

目前消费者对于WAP的认知程度相对较低，据近期一项调查表明，愿意体验网上购物的比例只有22%。绝大多数的使用者都还不习惯以手机观看大量信息，而缺乏形式的人性化操作界面和易于使用的输入工具，也使得消费者对移动商务望而却步，商业运作受到限制。只有消费者调整了消费习惯，建立起新的行为模式，开始产生以移动通信设备"走到哪，买到哪"的惯性行为，移动商务的赚钱模式才得以确立。

2.1.3 移动商务市场的发展前景

据美国Frost & Sullivan的报告显示，未来的移动商务市场将主要集中在以下几个不同领域：①自动支付系统，包括自动售货机、停车场计时器和自动售票机等；②半自动支付系统，包括商店的收银柜机和出租车计费器等；③移动互联网接入支付系统，包括商业的WAP站点等；④手机代替信用卡类支付及私人之间账务结算。在以上这些支付形式当中，通过手机互联网这种支付形式占整个移动商务的39%，私人之间的P2P支付占34%。

移动商务因其快捷方便、无所不在的特点，在未来一段时间必将成为电子商务的主流发展模式之一。移动商务具有移动性和直接性两大特点，并由此产生很多利润增长点，未来移动商务市场的前景颇为广阔，如图 2.2 所示。

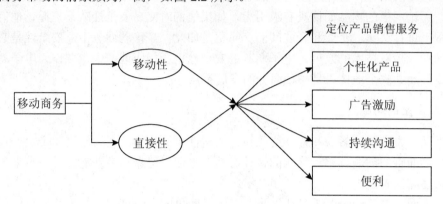

图 2.2　移动商务产生的利润增长点

最近 IDC(Internet Data Center, 互联网数据中心)的专家对移动商务今后发展的前景进行了预测，并总结了 10 个关键的发展趋势。

(1) 移动互联网的商业炒作将达到顶峰。移动运营商和通信设备制造商将围绕着移动互联网进行大肆宣传，因为它们已经在数据通信设备和运营许可证上投入了巨额资金。这些公司将倾尽全力唤醒用户的意识，并且使他们接纳这一通信方式。

(2) 企业应用将成为移动商务领域的中心和热点。无线客户关系管理、销售管理和其他企业应用将使得企业用户不论在收入和办公效率方面都获益匪浅。因此，移动商务企业应用将成为今年运营商宣传的重头戏，而消费者应用将转入幕后。

(3) 消费者使用移动设备主要是获取信息而不是进行事务处理和交易。对消费者来说，他们主要使用手机获取信息，如电子邮件、股票行情、天气、旅行路线和航班信息等。不过尽管这些服务并不代表直接的商业机会，但是在电子商务的引导下，这些业务有助于构建客户关系，并且创造间接商业机会。

(4) 移动电话中将集成嵌入式条形码阅读器。手机具备嵌入条形码阅读器的新功能将在传统商业和网络商业之间架起桥梁，嵌入条形码阅读器解决了数据输入的问题，这使移动商务迈向一个新的台阶。

(5) 智能手持设备的显示屏将有所改善，但是表格输入和原始数据输入依然成问题。分辨率较高的显示屏及具有条形码阅读的功能将会使移动设备增加用户的友善性。狭小的显示屏和烦琐的数据收入方法依然是限制移动 Internet 易用性和功能性的主要障碍，IDC 预测在近期数据输入方式和屏幕尺寸不可能有较大的改善。

(6) 移动安全性将成为一个热点问题。随着人们开始逐渐接受采用移动设备接入互联网，同时也开始日益关注类似于 PC 的安全性问题。当采用移动通信设备进行数据共享，以及移动设备功能的不断增加，这种安全性顾虑更加突出。尽管目前全球使用的具有数据传输能力的移动设备达到了数百万之众，但是这些设备几乎没有什么安全机制。

(7) 语音网络导航仍在研究之中。由于语音看起来是移动通信设备的最自然的接口，不过采用语音方式接入互联网这一研究工作在近期内不会获得突破性进展，更不会出现商用。

(8) 移动通信设备将多种功能集于一身，但依然将继续保持多种设备共存的局面。虽然今后的通信设备集成了越来越多的功能，但是不会出现某种设备一统天下的格局。PDA 厂商会将电话功能加入到它们的设备中，使 PDA 越来越像移动电话，而移动电话厂商则努力使得他们的设备更像 PDA，然而这样做不但会增加设备的体积、重量，更会增加设备的成本。

(9) 无线通信设备上的广告将继续增加。无线广告的兴起将成为一种时尚。虽然它不会成为运营商的重要收入来源，但是它为广告客户提供了一个新的宣传媒介。

(10) 移动通信运营商必须改变他们的业务销售策略。至今运营商将其业务销售对象定位于消费者，但是这一策略即将发生改变。随着大批商业应用服务投入运营，可以预见移动通信运营商会将其业务的销售对象从终端消费者转向企业用户，而那些能成功实现这一策略转变的运营商不但可以赢得市场份额而且可以提高其用户收入。

总地来说，移动商务的各种发展条件已经成熟或正在成熟，其发展前景将会是十分诱人的，而且具有独特的性质。表面上，技术的进步和安全性问题的解决促使移动商务沿着传统的电子商务一样的方向发展，但实际上两者是有区别的。电子商务是发展成电子商业，而其中 B2B 应用又要比 B2C 应用更普遍；而在移动商务中，却可能走另外不同的模式。银行服务、股票交易和各类订票将是驱动这个市场发展的主要因素。

2.2　移动商务的市场环境

2.2.1　应用环境

移动商务的应用环境主要涉及移动通信技术、无线通信协议及硬件设施的情况。

1. 移动通信技术

第一代移动通信技术采用美国贝尔实验室发明的小区理论开发的模拟蜂窝移动电话系统，主要采用的是频分多址(Frequency Division Multiple Access，FDMA)接入技术，以调频方式传输模拟语音信号。由于受到传输带宽的限制，不能进行移动通信的长途漫游，只能是一种区域性的移动通信系统。第一代移动通信有多种制式，我国主要采用 TACS(Total Access Communications System)。

第一代移动通信有很多不足之处，如容量有限、制式太多、互不兼容、保密性差、通话质量不高、不能提供数据业务、不能提供自动漫游等。

由于移动通信业务的激增，使技术人员发现模拟蜂窝网络有许多不足之处，需要寻求一种通信容量更大的新型蜂窝系统。同时，非语音通信业务的需求也越来越大，从而使模拟蜂窝网络适应不了移动通信业务发展的需求。

第二代移动通信以数字蜂窝网为基础，区别于第一代移动通信的模拟技术，出现了以 GSM 为代表的时分多址(Time Division Multiple Access，TDMA)技术和码分多址(Code

Division Multiple Access，CDMA)技术。第二代移动通信的主特性是提供数字化的话音业务及低速数据业务，它克服了模拟移动通信系统的弱点话音质量、保密性能得到大的提高，并可进行省内、省际自动漫游。

第二代移动通信替代第一代移动通信系统完成模拟技术向数字技术的转变，但由于第二代采用不同的制式，移动通信标准不统一，用户只能在同一制式覆盖的范围内进行漫游，因而无法进行全球漫游。由于第二代数字移动通信系统带宽有限，限制了数据业务的应用，也无法实现高速率的业务，如移动的多媒体业务。

第二代移动通信技术得到了广泛的应用，为提高数据业务的带宽，涌现了多种新技术，使数据业务的传输带宽得到了很大的提高。随着数据业务的需求越来越多，最初的 GSM 网络的传输速度 9.6Kb/s 已经不能满足数据业务的需求，利用 GPRS(General Packet Radio Service，通用分组无线业务)技术将 GSM 网络的传输速率达到 115Kb/s；利用改进数据率 GSM 服务(Enhanced Data Rates for GSM Evolution，EDGE)的应用将再次提升 GSM 网络传输速率达 384Kb/s，高质量图像传输成为可能。

3G 是宽带数字数据移动通信技术，与以模拟技术为代表的第一代和目前正在使用的第二代移动通信技术相比，3G 将有更宽的带宽，其传输速度最低为 384K，最高为 2M。目前国际电联接受的第三代移动通信系统标准主要有 3 个，即美国提出的 CDMA 2000，欧洲和日本提出的 WCDMA 及我国提出的 TD-SCDMA。

第三代移动通信网络能将高速移动接入和基于互联网协议的服务结合起来，提高无线频率，提供包括卫星在内的全球覆盖并实现有线和无线及不同无线网络之间业务的无缝连接，满足多媒体业务的要求，从而为用户提供更经济、内容更丰富的无线通信服务。高速无线 Internet 接入不仅可以随时随地地通信，更可以直接用手机上网下载信息，进行电子商务交易、支付、遥控、信息浏览和娱乐。

但第三代移动通信仍是基于地面、标准不一的区域性通信系统。目前欧洲、日本和韩国等已经推出的 3G 业务，主流增值业务大多都是基于多媒体信息的服务。中国移动通信公司正计划采用 WCDMA 技术实现对现有网络设施的升级、改造，为 3G 做业务准备，发展数据业务。

第四代移动通信系统可称为宽带(Broadband)接入和分布网络，具有非对称的超过 2Mb/s 的数据传输能力，是支持高速数据率(2～20Mb/s)连接的理想模式，上网速度从 2Mb/s 提高到 100Mb/s，具有不同速率间的自动切换能力。

第四代移动通信系统是多功能集成的宽带移动通信系统，在业务上、功能上、频带上都与第三代移动通信系统不同，将在不同的固定和无线平台及跨越不同频带的网络运行中提供无线服务，比第三代移动通信更接近于个人信息。第四代移动通信技术可将上网速度提高到超过第三代移动技术的 50 倍，可实现三维图像高质量传输。4G 移动通信技术的信息传输级数要比 3G 移动通信技术的信息传输级数高一个等级。对无线频率的使用效率比第二代和第三代系统都高得多，且抗信号衰落性能更强了，其最大的传输速度将是目前"I-mode"服务的 10 000 倍。除了高速信息传输技术外，还包括高速移动无线信息存储系统、移动平台技术、安全密码技术及终端间通信技术等，具有极高的安全性，4G 终端还可用作如定位、告警等。4G 手机系统下行链路速度为 100Mb/s，上行链路速度为 30Mb/s。

其基站天线可以发送更窄的无线电波波束,在用户行动时也可进行跟踪,可处理数量更多的通话。

4G 系统可以自动管理、动态改变自己的结构以满足系统变化和发展的要求。用户将使用各种各样的移动设备接入到 4G 系统中,各种不同的接入系统结合成一个公共的平台,它们互相补充、互相协作以满足不同的业务要求,移动网络服务趋于多样化,最终将演变为社会多行业、多部门、多系统与人沟通的桥梁。

2. 移动商务协议

移动商务实现了与 Internet 的有机结合,WAP 成为开展移动商务的核心技术之一。WAP 是一种通信协议,充分借鉴了 Internet 的思想,其应用程序和网络内容用标准的数据格式表示,使用与 PC 上的浏览器软件相类似的微浏览器,按标准的通信模式进行网上浏览。它提供了一套开放、统一的技术平台,用户使用移动设备很容易访问和获取以统一的内容格式表示的 Internet 或内联网信息及各种服务。WAP 提供了一种应用开发和运行环境,能够支持当前最流行的嵌入式操作系统。

通过 WAP,手机可以随时随地、方便快捷地接入 Internet,真正实现不受时间和地域约束的移动商务。

2.2.2 安全环境

安全性是影响移动商务发展的关键问题。各种安全问题给电子商务活动造成了巨大的损害,仅美国每年的信息安全问题和网络安全问题所造成的经济损失就达 75 亿美元。从移动商务的网络结构分析,有可能遭受攻击的地方主要有移动终端与交换中心之间的空中接口、移动网关与应用服务提供商之间的传输网络。

一方面虽然 GSM 采用了比较先进的加密技术,但是由于移动通信的固有特点,手机与基站之间的空中无线接口是开放的,这给破译网络通信密码提供了机会,而且信息一旦离开移动运营商的网络就已失去了移动运营商的加密保护,因此在整个通信过程中,包括通信链路的建立、信息的传输(如用户身份信息、位置信息、用户输入的用户名和密码、语音及其他数据流)存在被第三方截获的可能,从而给用户造成损失。另一方面在移动通信系统中,移动用户与网络之间不像固定电话那样存在固定的物理连接,商家如何确认用户的合法身份,如何防止用户否认已经发生的商务行为都是急需解决的安全问题。

移动商务的安全主要包括以下 4 个方面:数据传输的安全性、数据的完整性、身份认证、交易的不可抵赖性。相对于传统的电子商务模式,移动商务的安全性更加薄弱。如何保护用户的合法信息(账户和密码等)不受侵犯,是一项迫切需要解决的问题。除此之外,目前我国还应解决好电子支付系统、商品配送系统等安全问题,可以采取的方法是吸收传统电子商务的安全防范措施,并根据移动商务的特点,开发轻便高效的安全协议,如面向应用层的加密(如电子签名)和简化的 IPSEC 协议等。

2.2.3 信用环境

信用问题是人类社会长期存在的一个问题,良好的信用状况是社会稳定和经济发展的重要保障。移动商务信用风险实质是由网络交易的虚拟化和特殊性产生的，其主体的信用信息不能为对方了解所引发的信用风险。因此，网络提供的只是一个交易平台，双方无须见面，实质依赖的就是社会信用。由于移动商务涉及多个交易主体，其信用就转化为参与各方的信用。

目前，我国信用体系建设还处于初级阶段，与欧美发达国家相比还存在许多问题。我们要认识到信用体系建设的必要性，也要认识到我国与发达国家相比相对落后的现状。

1. 信用体系建立的必要性

对于移动商务这一新型的交易模式来说，信任将贯穿整个交易过程始终。例如，在网上购物时，消费者不只是要相信货物或服务的质量将令人满意，可能还必须相信消费者会接收它们。一方面，在进行商业交易前，消费者必须允许服务器管理员有其信用卡号码；另一方面，安全技术只是使 Internet 通信的路线安全，不能保证交易人的信誉。

鉴于电子商务的特性，信用成为电子商务的一种重要资源。作为资源它可以节约交易成本，提高效率。首先，电子商务的优势在于它能以最小的成本搜集最全面的信息且快捷灵活。有了信用这种资源的存在，交易者不必担心所收集的信息是否真实，不必再通过另外的途径收集信息，否则电子商务的本质优势也无从谈起。其次，由于信用的存在，降低了讨价还价的成本和违约风险，交易双方都会以最积极的心态促成交易的完成。此外，电子商务企业可以凭借良好的信用环境谋求额外收入，如广告费、服务费等。因此良好的信用环境可以使企业达到规模经济，即随着电子商务交易次数的增加，其单位成本下降。同时由于良好的信用，企业无须大量宣传，交易者、商品数量、交易金额都会日益增多。

对于电子商务在移动领域延伸的移动商务，信用依然起着极其重要的作用。从目前的形势看，移动商务在中国还是刚刚起步，许多用户对这个新观念还持观望态度，信用问题仍是阻碍把"移动门户"这块蛋糕做大的关键因素。业务种类的不同决定了风险程度的多样，而且对于物品的网上交易，由于物流和商流的分离，使得交易双方在地理位置和时间上并不一致，造成商务活动虚拟化，交易活动的不确定性增加，其风险成本也增加。这样在市场中寻求投机或者不重视商誉的交易者，就可以利用商流和物流的分离进行商业欺骗。

移动商务中存在的信用危机势必对移动商务的良性发展造成影响。对移动商务的信用管理，应针对不同的业务进行，其中的重点就是风险较高的移动购物和移动拍卖。

现代市场经济中的大部分交易都是以信用为中介的交易，因此信用是现代市场交易的一个必须具备的要素，在市场经济发展的历史中，信用交易取代传统交易，使交易的费用减少，还使得资金的流转得到更大的时间和空间的变化余地，因此，大大降低了交易成本，扩大了市场规模。然而，信用往往又会带来风险，当施信人(债权人)授信失当或受信人(债务人)回避自己的偿付责任时，风险就发生了。为了控制这种风险，任何社会都需要一整套严格的信用管理体系，只有在这一体系的基础上建立起稳定可靠的信用关系，现代市场经济才有可能存在。对于移动商务来说，也不例外。我们急需解决的信用问题是要建立一个比较完善的国民信用体系或者称社会信用体系，同时，在移动商务活动的解决方案中也应该针对现实的社会信用情况采取一些具体的措施。

2. 建立移动运营企业信用体系评价模型

我国现代经济市场长期社会信用体系的缺失导致客户和企业互不信任，而电子商务企业大多要求预先付款，这种明显有利于企业的支付方式导致了消费者承担过多风险的不平等局面，使移动运营商的发展受到制约，因此为了建立消费者的信心，促进移动商务发展，可以建立一个移动运营企业信用体系评价模型，结合企业的金融、工商、税务、海关等信用情况进行资信调查。

考虑信用评价主要包括以下几个指标。

(1) 经营者素质：专业知识和技能、可信任度、道德观、价值观等。
(2) 经济实力：固定资产、资金周转速度、市场竞争力等。
(3) 产品结构：多样化程度、技术研发、价值链整合程度等。
(4) 安全因素：第三方认证、安全措施等。
(5) 发展前景：未来发展前景预期。

根据以上评价因素分别给予不同的权重，可以把移动运营企业分为几个不同的等级，并通过移动门户向社会公布，从而有利于消费者根据信用评价等级决定所要选择交易的移动运营企业，在一定程度上降低了交易风险。相应地，消费者和移动运营商的每一次交易情况都会反馈到移动门户网站，作为该企业信用评价的考虑因素重新划分企业的信用等级，如图2.3所示。

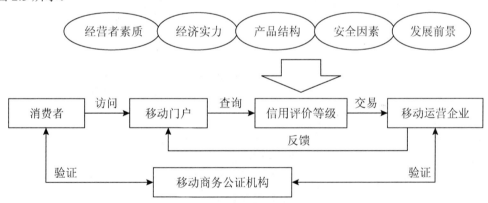

图 2.3　移动运营企业信用评价体系

移动运营企业信用体系的建立为消费者选择目标商家时提供了一定的参考依据，此外还应制定相应的措施规范移动商务交易市场，为移动运营企业和移动消费者提供一个健康良好的信用环境。

(1) 建立失信惩罚机制。对于用户的投诉和异议要及时调查处理，尽快记录于商户档案中并广泛传播，必要时可对商户进行行政处罚使其遭受经济上的损失。对于失信严重的商户可中止其在移动门户中的资格。

(2) 建立移动商务公证机构。验证交易主体的身份资格，对交易过程中出现的违约问题进行记录；作为双方主体都信任的第三方提供移动电子合同的支付，包括网上提供服务。

(3) 对移动商务交易参与者实行严格的注册登录体制，设计合理的信用分数计分模型。

例如，交易者每达成一项交易就增加一定分数，如果违约一次则信用分数就降为零。这样对交易主体来说信用分数越高，违约成本也越高，从而实现约束交易者行为的目的。

(4) 向交易主体征收一定的资金作为信用基金，主要用于购买者。一旦购买方付款后收不到货物或对货物质量不满意，可要求信用基金部门予以补偿。

2.2.4 支付环境

移动商务的发展需要一个安全的受信任的支付体系，如果没有这一体系，移动服务将只能停留在信息浏览这一层面上。对消费者而言，移动支付的便捷是毋庸置疑的。不用出门，只需发送短信便能支付话费账单，便能完成许多交易。完全不用为了买张充值卡而十万火急地冲向便利店，也不用为身边没有现金买不到充值卡而懊恼不已。这迎合了现代人追求便捷和简单生活的需求。对于银行及运营商而言，移动支付业务的开展能够丰富他们的服务范围，使其在如今竞争越加激烈的环境中比别人又多一个优势。而移动支付作为一种远程的交易方式，可以有效地减少手机账单用户每月到银行或移动营业厅支付账单的人数，从而也减轻了人们工作上的压力。

移动商务的支付方式一般可分为 3 类：直接支付、通过银行支付和利用第三方中介支付，如图 2.4 所示。

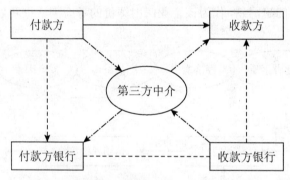

图 2.4 移动支付的 3 种模式

注：——— 表示直接支付；-------- 表示银行支付；—·—·— 表示第三方支付。

以上 3 种支付方式都需要某种钱包软件的支持，如随身携带的手机就可以成为消费支付的移动电子钱包。用手机缴纳电话费、水电气费，用手机购买电影票、火车票、用手机购买点卡、彩票投注，用手机支付网上购物等，这些手机支付的应用虽然人们已经不是第一次听说，但作为 3G 时代的基本功能模块，手机支付又开始被寄予厚望。

澳大利亚悉尼推出了"拨号得饮料"业务，用户只要用手机拨通某个特定号码，就能很快拿到凉爽的饮料，饮料的费用将直接从用户的手机账单中扣除；在英国，允许驾车人使用手机直接支付停车费；新加坡在咖啡屋或者酒吧可以用手机支付咖啡或点心的费用；中国移动和银联合作，在 2005 年联合 10 家银行，正式在北京全面推出通过移动手机管理银行账户的"手机钱包"业务。开通后享受通过手机钱包交纳话费、水、电、煤气、有线电视等费用的服务。中国移动还推出手机支付自动售货机。

作为货币电子化与移动通信业务相结合的产物，手机支付前景广阔。

1. 手机支付

手机支付作为新兴的费用结算方式,由于其方便性而日益受到移动运营商、网上商家和消费者的青睐。3G 到来后,基于手机的各种应用更加丰富多彩,对于支付的潜在需求很大。手机支付的成熟无疑会大大加快移动商务的进程。

手机支付又称移动支付(Mobile Payment),简而言之,就是允许移动用户使用其移动终端(通常是手机)对所消费的商品或服务进行账务支付的一种服务方式。一般说来,手机支付方式是将手机号码与银行卡账户绑定,通过移动网络作桥梁,在消费者、商家及消费者的开户银行之间实现货物的交易和资金的支付清算,其支付模式如图 2.5 所示。

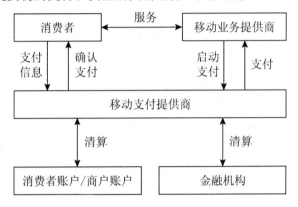

图 2.5　手机支付模式

当消费者选好一件商品,确认购买后,发出购买指令,系统首先连接到移动支付提供商,从中取出消费者的权限信息及账户金额信息,与其购买的商品的金额及所需的购买权限进行实时比对,如有不符之处则拒绝交易。这样,可避免传统背靠背的交易方式被欺骗的可能性。同时,由于消费者的个人资料及其他个人信息不是放在网上商家系统中的,可充分考虑消费者的隐私权,保护了消费者的利益。

射频识别(Radio Frequency Identification,RFID)是一种非接触式的自动识别技术,可以为每一件货品提供单独的识别身份,然后透过无线数据传输使计算机网络随时掌握各式各样货品的详细信息。这种自动识别技术如果与移动商务结合在一起,必将为其未来的发展带来更广阔的应用市场。

如果将手机做成 RFID 的阅读器,移动用户只需将手机接近 RFID 标签,就可以快速读取标签的代码和内容,手持移动端可以随时接入互联网,并利用读出的标签代码在移动商务服务平台中迅速查找相关的信息,由此获得详细的商品信息:功能特性、性能指标、价格指数、订购方法等,以此为用户带来各种便利服务。

2. 制约手机支付的因素

手机支付的一个重要方向是使手机成为真正的"电子钱包",如在交通运输、超市购物、餐馆消费等领域实现"手机支付"。但现实情况是,如果需要提供更多的手机支付功能,则手机要具备相应的强大功能和实现这些功能时的便利方式,而现有手机大多难以满足要求。

(1) 加密问题和即时性问题是手机支付普及的主要障碍。缺乏加密技术的普通手机在支付过程中信息容易泄露,而具有 WAP 功能的手机支付虽然能有效地保证安全,但其双重确认方式由于短信的中继问题,有可能造成短信不能及时到达。

(2) 身份识别也是手机支付不得不面对的一个问题。作为支付的工具,移动信息化提高了手机等手持终端的重要程度,而相应加密安全技术的缺失使得移动运营商在手机支付的平台业务中只支持非实物,包括电话卡和游戏点卡的支付。

(3) 信用体系的缺失同样给移动支付带来不少风险。在手机支付中,有一些小额支付业务可以捆绑在手机话费中,但手机话费透支、恶意拖欠并不少见,而有不少手机号并没有采取实名制,移动运营商要遏制这种现象意味着要对现有的放号思路进行重构。

2.3 移动商务的价值链

在由传统互联网转向移动互联网的过程中,电子商务的发展绝对不仅仅是简单地从固定接入到移动接入的改变,商业模式、产业链等方面都面临着重大的转变。企业要想在移动商务中获得成功,必须建立一个既重视互联网的力量,又重视市场需求变化的革新的战略,这需要创立一个新的商务模式,发明一种新方法把价值传递给客户。

在移动商务市场,市场主体除了买家、卖家及传统互联网电子商务网站之类的"中间商"以外,还出现了以运营商为代表的牢牢控制渠道的特色渠道商。从商业模式的角度来讲,这些渠道商可以利用自己巨大的客户资源优势,向电子商务商家提供个性化的客户信息,使其实现市场营销上的"精确打击",这对传统电子商务网络营销的影响将是巨大的。

2.3.1 价值链理论

1985年,美国哈佛商学院教授迈克尔·波特(Michael Porter)在其著名的《竞争优势》中提出价值链的概念。迈克尔·波特认为,企业的每项生产经营活动都可以创造价值,这些相互关联的活动便构成了创造价值的一个动态过程,即价值链。它可以形成企业最优化及协调的竞争优势,如果企业所创造的价值超过其成本,便有盈利;如果超过竞争者,便拥有更多的竞争优势。波特又把该理论推而广之,认为企业在整个行业中,处在一个动态开放的链条上,彼此之间相互依赖和竞争,企业必须在产业机制链中处于有利的地位才能获得持续的竞争力。

价值链理论发展到今天,出现了新的突破,即价值链可以进行分解与整合。传统的大而全、小而全的企业在竞争中发展困难,而另一些企业则另辟蹊径,它们从对整个价值链的分析中,放弃某些增值环节,从自己的比较优势出发,选择若干环节培养并增强其核心竞争力,利用市场寻求合作伙伴,共同完成整个价值链的全过程。但是这样的价值链是由许多相对独立的、且各自都有核心竞争力的增值环节组成的。这些原本属于某个价值链的环节一旦独立出来,就未必只对应于某个特定的价值链,它也有可能加入到其他相关的价值链中去,于是出现了新的市场机会——价值链的整合,即可以设计一个新的价值链,通过市场选择最优的环节,把它们联结起来,创造出新的价值。实现虚拟经营的企业能够充分意识到:价值链的分解与整合作为一种经营策略功效卓著,它能够保证企业获得最大的投入产出比。成功实现虚拟运作应该是这样的:价值链的分解＋找到核心竞争力＋培育核心竞争力＋价值链的整合＝成功实现虚拟经营。

2.3.2 移动商务产业价值链

移动通信服务领域技术和应用的发展异常迅猛,由传统的语音服务发展到今天多元化的数据增值服务,这一进程广泛而深入地影响和改变着我们的消费、娱乐、生活和工作方式。与此同时,作为支撑的移动通信服务产业正发生着急剧的变革,产业内的市场主体和商业模式都发生着显著而深刻的变化。从本质上讲,这一产业变革是要打破阻碍发展的垄断封闭的传统产业链,再造和优化新的价值创造与运作的机制与模式,从而构建起面向未来、开放合作与共生共荣的新的价值生态体系。

一般来说电信和移动通信行业价值链的形成方向是从消费者到运营商再到制造商,而移动商务却有一个完全倒置的产业价值链,如图 2.6 所示,从移动运营商和服务提供商等开始发端,直到逐步形成一个完善的移动增值服务运营模式和体系,最后到消费者,从根本上影响和改变了消费者原有的消费模式。

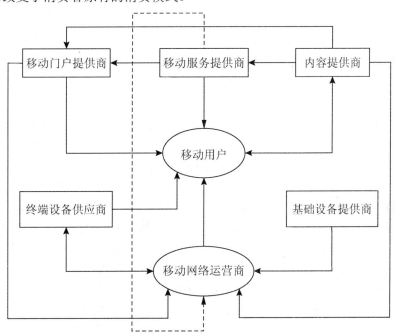

图 2.6 移动商务产业联盟价值链

移动商务各参与方为了最大地获取自己的商业利益,以移动用户的需求为中心在开展电子商务的过程中担当不同的商业角色,移动商务各参与方的介绍如下。

(1) 移动用户:最大特点是经常变换自己的位置,用户接收的商品或服务可能因为时间、地点及其使用移动终端情况的不同而不同。

(2) 基础设备提供商:提供核心网基础设施(包括无线接口、基站、路由器和交换机等),网络运营维护设施(包括网络管理系统、计费系统、应用和业务平台等),也提供网络演进、规划、优化和集成等服务,如爱立信、诺基亚和西门子等。

(3) 内容提供商：拥有内容的版权，是信息创造的源头。提供相关的数据和信息产品(如新闻、音乐、位置信息等)并通过移动网络进行实现分发，如新浪、网易等。

(4) 移动门户提供商：整个价值链的关键一环，向移动用户提供个性化和本地化的服务，最大程度地减少用户的导航操作，使信息、商品和服务最终到达消费者手中，实现价值转移的最终过程。

(5) 移动网络运营商：为移动用户提供各种通信业务，实现对运营商网络(包括其他运营商网络、Internet)的接入，也提供各种网络相关的业务，如位置信息和用户身份认证等。

(6) 移动服务提供商：针对不同的用户需求提供个性而多样的服务，如移动短信息、移动 IM 平台、移动博客平台、定制终端内置的业务菜单等。

(7) 终端设备供应商：提供移动终端设备，如爱立信、诺基亚、西门子等。

在这整个价值链商业模型中，实际上都是以移动用户为中心的，整个价值链上的企业所获得的利润都来自移动用户。谁能够在用户间获得充分的影响力，谁能够为用户创造良好的体验，谁将占据未来移动商务运营市场的主角。

2.3.3 拓展移动商务价值链

从市场的反应可以了解到，用户需要的是一个随处可用的无线接入环境，就像移动网络一样，否则很难愿意在服务提供商处登记为付费用户。移动商务市场对众多的参与者而言无疑是一块巨大的"蛋糕"，要想达到各方盈利的目的，关键要建立和维持成功的联盟与合作。

事实上，移动商务价值链是不能单独生存的，必须依赖已有业务的产业链，即构建于成熟的电信增值业务价值链和商业产业链之上。经验表明，绝大多数手机增值业务需要营销拉动，而手机媒体目前难以自己完成这项任务。并且落实到具体业务，也需要网页、单页广告、电视电台加强辐射范围，由于手机互动有限，对查询、定制等复杂且须返回大量结果信息的操作而言，还须通过 Internet 进行前期工作，然后手机落地开户收费，进行辅助、补充。正是由于移动增值服务的价值链过于复杂，以致任何一家或两家企业想要独自提供所有的服务是不可能的。例如，移动运营商有能力成功地提供基础的水平的应用服务，但并不具备提供客户化的垂直应用服务的核心竞争力。我国目前炒的最热的移动支付能否成功实现就取决于产业链各个环节能否各尽其职相互配合。

在上述移动商务产业价值链中，移动网络运营商作为提供信息交易平台的一方，与交易各方都有密切的联系，凭借其客户资源、品牌优势、网络实力成为该价值链的核心，如图 2.7 所示。它肩负着设立行业标准、控制价值链核心资源、协调价值链各环节之间关系等多项任务，决定整个价值链的竞争优势和发展命运，因此移动运营商必须有效地管理价值链上各个合作伙伴之间的关系，使各合作方都能够在整个价值链获益的基础上实现自身的发展。

首先，在网络体系建设上，运营商尽力建设一个可以支撑多层次、多服务的开放性网络平台，确保价值链上各个环节接入、计费结算的可靠性和便利性；在处理与产业价值链各环节之间的关系方面，营造出一种平等合作、多方共赢的良好合作环境，寻求产业价值链上每一个环节的价值提升和增值。运营商必须在事前经过充分论证，有明确的目标客户群，并形成清晰的业务模式和盈利模式。

第 2 章　移动商务市场与移动商务模式

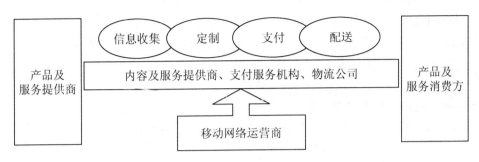

图 2.7　移动网络运营商在交易的核心作用

其次，运营商也必须关注用户需求，扩大用户群，形成消费趋势。在业务创新上首先要关注用户需求，以满足用户需求为业务创新方向，为用户提供多层次、分领域、差异化、个性化的服务。特别是在产业合作的情况下，产业链各个环节对用户需求把握的角度不同，则会有不同的设想。将这些设想结合起来，就能更完善地挖掘和满足用户需求，使业务创新获得成功。

不同群体的顾客，对于服务的需求是不同的。因此，移动运营商有必要进一步对顾客进行细分，联合产业链的相关主体为顾客提供差异化的服务。

同时，在服务上，各运营商也应该针对不同客户群体不同的消费能力和消费行为，设定不同的服务标准。电信运营商在更深入了解行业需求、细分客户特征的前提下，加强对价值链的不同资源进行重新整合及运营模式的创新。

2.4　移动商务模式

2.4.1　移动商务运作模式

移动商务商业模型是由移动商务交易的参与者相互联系而形成的，根据上述参与者相互的依赖关系，可以有以下不同的商务模式。

1. 内容提供商主导模型

内容提供商主导模型的商业原型是路透社、交通新闻提供者、股票信息提供者等，这些企业通过直接联系客户提供信息。在市场成熟阶段，这种商务运作模式会越来越流行，该模型中用户主要被方便有用的信息所吸引，其他参与者愿意付费给内容提供者，从而得到客户群。

2. 移动运营商主导模型

提供个性化和本地化的服务，目前市场上大部分都是运营商主导模型，所不同的是运营商在价值链中的控制能力的大小程度不同。运营商有机会引导用户的浏览经历，如果用户先登录到运营商的门户站点上，运营商就有盈利的机会。该模型中，运营商因为提供了移动网络的接入，所以能向所有人收费，运营商同时还可以提供内容集成和支付服务。

在最近的几年内,中国的移动运营商在移动商务中都将占据主导地位,因为中国移动和中国联通控制了网络资源和用户群,可以凭借其垄断地位制定游戏规则。

3. 服务提供商主导模型

服务提供商向客户提供服务的方式有 4 种:直接提供、通过移动 Portal、通过其他企业的 WAP 网关、通过移动运营商。它向客户提供的内容来自内容提供商。

4. 移动门户模型

移动商务相比于传统的电子商务在于它的特殊商业模型,而这个模型就是移动门户模型。移动门户是根据客户的移动特性而设计的一条最佳客户沟通渠道。移动门户主要是指移动网内容和服务的接入点。门户提供的各类特种服务聚集了众多客户和签约客户,它为网上交易、通信、信息内容等服务提供了一个现实环境。移动门户可以与固定的互联网门户相提并论,如新浪、搜狐等。NTT DoCoMo 由于其高得惊人的普及率而成为移动门户中成功商业运作的典型案例。图 2.8 是移动商务商业运作模式示意图。

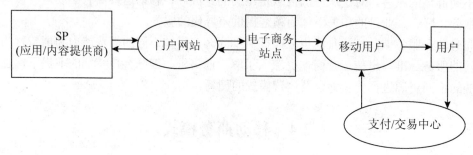

图 2.8　移动商务商业运作模式

移动门户网站的建立,为各种互联网应用搭建了一个核心平台,能够实现统一的用户管理,向用户提供自行开发的信息数据库应用服务,提供面向终端的综合管理及完整安全的端到端交易行为。

2.4.2　资费结构和利润分配

从前述分析可以看出,移动商务市场的发展需要众多的参与者,需要各环节相互合作共同实现价值链的增值,这就必须在价值链的管理上建立合理的资费模式和利益分配模式,做到权责分明利润共享。良好、科学的资费分成可以鼓励和刺激更多的价值链成员,如内容提供商和应用软件开发商等加入到产业价值链中来。

在移动商务市场的早期,系统集成商和软件厂商可以赚钱,因为他们给其他人提供了移动商务的基础,如果网络服务提供商和金融服务提供商共享客户和客户信息也能形成盈利点。随着市场的成熟,网络标准和技术将会进一步降低进入壁垒,竞争也会越来越激烈,银行、商家和内容提供商如能判明顾客需要什么服务和产品,盈利机会就会越多。对运营商来讲,某些应用可以很大程度地提高网络的使用,由此获得利润。

不同的参与者在不同的业务上都可能产生盈利点。盈利点是产生盈利的业务来源。在市场的早期对主要参与者来说，盈利点主要在于提供核心服务、广告、内容管理、应用管理和基于定位的服务。而真正能带来盈利的核心业务是那些能极大地方便用户，从而大家愿意花钱使用的服务。移动商务的挑战在于发掘这些提供方便的应用，并使人信服它们的确比原有的手段有优势。移动炒股就是一个很好的例子，它满足了股民对实时和方便的要求。

在移动商务价值链上各投资主体为共同的利益而结盟，处于互惠互利的地位，消费者居于核心地位，如图2.9所示。

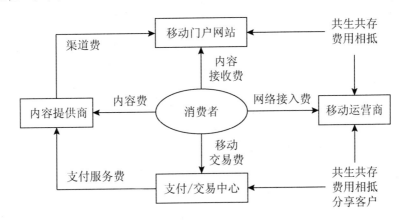

图 2.9　移动价值链盈利流向图

(1) 内容提供商：在移动商务过程中承担 ISP(Internet Service Provider，因特网服务提供商)和 ICP(Internet Content Provider，因特网内容提供商)的角色，由此产生的交易费用有提供移动增值服务的月使用费、移动网络接入服务费、提供广告服务的广告费等，在此过程中逐步形成品牌创建和拓展更多的经济销售渠道。

(2) 移动门户网站：主要职能是进行网页链接和站点搜索，与传统的互联网门户共同开拓市场，从传统互联网上获得收费，并提供广告服务的广告费。

(3) 支付/交易中心：用户在该实体上登记账户，由此进行交易支付，它承担的是现实生活中信用卡公司或银行的角色，通过用户移动交易获取收益。

(4) 移动运营商：基于定位的服务对运营商来说是非常重要的收入来源。提供定位信息，就控制了服务的关键参数，运营商可以从众多的内容提供商、广告商和其他参与者获得收益。

2.4.3　移动商务盈利模式

移动商务能否真正为企业和客户带来价值，最终还是取决于能否提供更为方便、快捷、有效、安全的服务，从而改变人们传统商务模式下的消费习惯。如果能在此基础上推出满足客户需求的应用服务，那么移动商务很可能会找到适合自己的盈利模式。

1. 短信模式

短信业务作为中国一个独特的盈利模式为中国移动商务带来了丰厚的利润,据统计,2013年春节期间,全国手机短信发送量为311.7亿条。目前,中国的移动营销、移动客户服务、移动办公自动化、移动客户关系管理、移动物流管理、移动监控等移动商务的潮流,正在兴起,数以万计的大中小型企业、政府机构,都在享受着移动商务的便利与效率。面向企业用户以满足其经营中沟通需求而提供的短信服务,正在日益为企业所接受。短信的即时、互动和随身等特点,决定了企业通过短信服务商提供方便、快捷、随时随地的服务特性。企业将短信服务作为一种物美价廉的通信方式,不仅可广泛应用于内部办公,而且可应用于外部服务及信息发布和定向宣传。

短信在移动商务中应用经历了3个不同层次的阶段,形成"金字塔"模式。

(1) 以纯粹的短信群发为主的,为企业提供促销、广告等信息群发的服务,产品功能简单,产品类同,没有差异性。

(2) 把企业短信应用上升到具体的解决方案,如亿美的满意通、数据通,此类产品相比第一类而言,在功能性上进行了一定的定位和扩展。

(3) 把企业短信应用与企业管理相联系,把移动商务产品逐步完善为一套简便的平民化的企业管理软件系统,进而真正实现把手机作为企业管理的遥控器,这一层次的代表产品为高维信诚公司的企业移动商务引擎。

在短信业务中,产业链和商业模式实际上设计了5个环节,分别是信息消费者、信息提供者、短信网址解析体系本身、短信服务内容提供商和短信网络提供者,其商业模式采用以运营商为龙头的纵向合作模式,依靠收取用户费为主,短信收入的50%~60%分给运营商,其余将在其他参与者中再次分配,这样就实现了各个环节的参与者都获得了实际利益,达到各方共赢的目的。

2. 彩铃模式

基于彩铃业务在韩国市场的成功,我国的移动运营商于2003年相继引进开通了彩铃业务,其中广州移动、深圳移动、上海移动、北京移动等省市移动公司均于2003年5月17日国际电信日推出了彩铃业务,前期采用移动用户免费使用的方式,让移动用户先亲身体验该业务,以培育用户市场群体。

彩铃业务收费方式包括基本月功能费用和内容使用费用,其中基本月功能费用保证了移动运营商的基本收益,内容使用费用提高了内容供应商的积极性。在合作模式上采取移动运营商和内容供应商合作分成的方式,通过引进彩铃业务,移动用户通过手机上网,拨打互动语音号码或互联网进行业务设置,增加了网络话务量和移动运营商的收入。良好的合作方式让内容供应商也加入业务的推广和运营,保证了业务价值链的正常运作。

目前国内做得比较好的是通过手机卖音乐产品的彩铃业务,其商业模式值得研究。它有4个特点:①具有"病毒式扩散"的特点,产品很容易推广。例如,一个人订了,来电的朋友听到都有可能去订,这样很快"一传十,十传百"。②与具体是哪一种终端没有关系,固定电话等其他终端也可以到运营商那里定制彩铃。③运营商非常上心,因为提供这项业务能盈利。中国目前手机用户超过 10 亿，按每个用户 5 元/月计算，是一个非常庞大的市场。④所有权与使用权分离，这是最重要的一点。

针对彩铃业务自身独特的新颖性和时尚性，其细分市场应该定位于年轻的移动用户，包括学生群体、时尚青年和白领人士，用户市场的发展和繁荣是运营商和内容供应商的工作重点。在用户市场成熟后，运营商的收益来自月功能费、内容使用费和新增的话务量收入，内容供应商也能通过和运营商的合作分成得到收益，从而形成良性循环促进产业的健康发展。

3. "X 三次"模式

在移动商务行业，"X 三次"仿佛成为一个基本的商业模式。2004 年 5 月，IDC 投资于创立仅 3 年的亿美软通，主要原因就是看中了亿美软通清晰、稳健、纵深的商业模式。亿美模式可以简单地概括为"产品(软件)＋服务(移动商务解决方案)＋运营(按企业短信流量计费，与移动运营商分成)"，区别于很多厂商要么只卖软件，或者只提供服务，或者只按短信流量参与移动运营商分成，亿美是在 3 个环节上分别给客户提供了产品和服务。亿美在帮助客户成功地降低成本、提高效率和开拓市场的同时，也成就了自身"卖三次"的三赢模式。

在这个商业模式的支撑下，亿美软通成功开发了 3 种级别的产品：适合中小企业的通用型产品、可对接的模块化的短信引擎、面向客户更高端要求的移动商务解决方案。目前，中国惠普即采用亿美提供的短信引擎，给分散在全国各地的两万名售后工程服务师下达服务指令，另外，如联想、神州数码、北京建设银行、斯伯丁篮球、海尔、生产德芙巧克力的爱芬食品等众多国内外领先企业都成为了亿美软通的客户。

在亿美推出"卖三次"模式后不久，高维信诚也宣布进入移动商务领域，并推出"挣三次"的商业模式："软件收入＋服务收入＋短信收入"，将企业应用、互联网和移动增值有效地整合，打造出高维"挣三次"盈利模式，帮助高维和其合作伙伴创造了新的盈利点。

研究前沿与探讨

商业模式对于企业的重要性不言而喻。一个企业业绩的决定因素主要有 3 个：商业模式、市场环境及商业模式与市场环境的契合程度。在这 3 个因素中，相对来说，市场环境是非企业自身可以控制的，因而构建合理而有效的商业模式，将直接影响到企业的业绩。目前关于商业模式的研究为数众多，且大部分集中在针对互联网经济下的电子商务企业，众多国内外学者大致从系统角度、价值创造角度及盈利模式角度给出了比较成熟的商业模式内涵及构成理论。但是由于商业模式指标体系的建立及评价相对困难，所以针对商业模式评价方法的研究相对较少。

基于对价值链理论的分析发现，价值链理论作为分析商业模式的有效工具，为建立、创新及优化商业模式提供了理论依据和实践基础。因此越来越多的学者和组织以价值链理论为基础及突破口，通过研究企业所处的行业价值链的位置及内部价值链的价值转移过程，分析企业现有商业模式的可行性及有效性，为企业的实践活动提供有价值的建议。

本章小结

　　基于移动通信技术与互联网技术的移动商务已经在全球范围内形成一种新的商业模式。移动商务在中国起步较晚,但拥有巨大的潜在客户群和世界上最大的移动通信市场,市场上升潜力很大,因此应该在正确认识所处的市场阶段的前提下,在充分认识影响我国移动商务市场发展的环境因素的基础之上,采取更有针对性的市场策略,全方位推进我国移动商务的发展。目前移动电子商务还处于发展的初期阶段,要想成为未来商务的主流,主要取决于是否有足够的客户和能否将移动电子商务的机遇变为可行和能持续发展的商务模式。

每课一考

一、填空题

1. 移动商务的应用环境主要涉及(　　　　)、(　　　　)和(　　　　)等。
2. 移动商务的安全主要包括4个方面:(　　　　)、(　　　　)、(　　　　)和(　　　　)。
3. 考虑信用评价的指标主要包括(　　　　)、(　　　　)、(　　　　)、(　　　　)和(　　　　)。
4. 移动商务的支付方式一般可分为 3 类:(　　　　)、(　　　　)和(　　　　)。
5. 移动商务价值链中,提供核心网基础设施的是(　　　　)。
6. 移动商务价值链中,拥有内容的版权,提供相关的数据和信息产品并通过移动网络进行分发的是(　　　　)。
7. 移动商务价值链中,为移动用户提供各种通信业务,实现对运营商网络的接入,也提供各种网络相关的业务的是(　　　　)。
8. 移动商务价值链中,针对不同的用户需求提供个性而多样的服务的是(　　　　)。
9. 移动商务价值链中,提供移动终端设备的是(　　　　)。
10. 服务提供商向客户提供服务的方式有 4 种:(　　　　)、(　　　　)、(　　　　)和(　　　　)。

二、选择题

1. 移动通信技术属于移动商务市场环境中的(　　)。
　　A. 应用环境　　　　B. 安全环境　　　　C. 信用环境　　　　D. 支付环境
2. WAP 属于移动商务市场环境中的(　　)。
　　A. 应用环境　　　　B. 安全环境　　　　C. 信用环境　　　　D. 支付环境

第 2 章　移动商务市场与移动商务模式

3．加密技术属于移动商务市场环境中的(　　)。
   A．应用环境　　　　B．安全环境　　　　C．信用环境　　　　D．支付环境
4．企业信用体系属于移动商务市场环境中的(　　)。
   A．应用环境　　　　B．安全环境　　　　C．信用环境　　　　D．支付环境
5．手机支付属于移动商务市场环境中的(　　)。
   A．应用环境　　　　B．安全环境　　　　C．信用环境　　　　D．支付环境
6．移动商务运作模式不包括(　　)。
   A．内容提供商主导　　　　　　　　B．移动运营商主导
   C．门户网站　　　　　　　　　　　D．服务提供商主导
7．移动商务价值链中处于核心地位的是(　　)。
   A．内容提供商　　B．移动门户网站　　C．支付/交易中心　　D．消费者
8．移动商务盈利模式不包括(　　)。
   A．短信模式　　　　　　　　　　　B．会员模式
   C．彩铃模式　　　　　　　　　　　D．"X三次"模式
9．移动商务价值链中向移动用户提供个性化和本地化的服务，最大程度地减少用户的导航操作，使信息、商品、服务最终到达消费者手中，实现价值转移的是(　　)。
   A．内容提供商　　B．移动门户网站　　C．支付/交易中心　　D．消费者
10．建立移动商务公证机构属于移动商务市场环境中的(　　)范畴。
   A．应用环境　　　　B．安全环境　　　　C．信用环境　　　　D．支付环境

三、判断题

1．直接支付、通过银行支付和利用第三方中介支付都需要某种钱包软件的支持。
　　　　　　　　　　　　　　　　　　　　　　　　　　　　　　　　(　　)
2．CDMA的主要特性是提供数字化的话音业务及低速数据业务。　　　(　　)
3．国际电联接受的第三代移动通信标准有 CDMA 2000、WCDMA 和 TD-SCDMA。
　　　　　　　　　　　　　　　　　　　　　　　　　　　　　　　　(　　)
4．第四代移动通信系统与第三代移动通信系统相比，只是宽带有优势。(　　)
5．移动商务的安全可以不考虑交易的不可抵赖性。　　　　　　　　　(　　)
6．加密问题和即时性问题是手机支付普及的主要障碍。　　　　　　　(　　)
7．手机具有身份识别功能，因此手机支付在身份识别方面不存在问题。(　　)
8．移动商务价值链是以移动用户为中心的，整个价值链上的企业所获得的利润都来自移动用户。　　　　　　　　　　　　　　　　　　　　　　　　　　　(　　)
9．移动门户是移动商务区别于传统电子商务的特殊商业模型。　　　　(　　)
10．短信模式采用以运营商为龙头的纵向合作模式，依靠收取用户费为主。(　　)

四、问答题

1．查阅资料试论述我国移动商务市场最新的发展概况及发展瓶颈。
2．简要论述价值链理论的核心思想。

3. 试论述移动商务价值链的组成及其相互关系。
4. 试比较常见移动商务运营模式的特点。

技 能 实 训

1. 试比较3种移动商务运营模式下运营主体盈利模式的异同。
2. 查阅资料论述传统的商务流程与运作方式。试就传统的商务流程与运作方式和移动商务流程与运作方式进行比较分析。
3. 查阅资料了解是否存在新的移动商务模式。

案例分析

根据以下案例所提供的资料,试分析:
(1) 影响移动商务发展的市场环境因素有哪些?
(2) 人人网的对策主要是针对何种因素的影响?
(3) 查阅资料,结合教材内容,对人人网提的新模式从运作模式和盈利模式两个方面进行定性分析。

人人网发力移动电子商务:试水 SNS+LBS 新模式

受困于潜在用户群不足的影响,Check-in 类 LBS(Location Based Service,移动定位服务)市场增长率一直无法突破。2011 年 7 月 28 日,拥有海量用户和强用户关系的 SNS 网站人人网进一步挖掘 LBS,并在人人客户端的位置功能中加入糯米网的团购和优惠活动信息,探索 SNS 网络服务和 LBS 结合的新盈利模式。

1. 借 SNS 用户累积规模效应

易观智库数据显示,2011 年第一季度中国 Check-in 类 LBS 市场累计用户达 655 万,环比增速大幅下滑至 26%。事实上,受困于潜在用户群不足及盈利模式不清晰,全球 LBS 的发展一直未取得突破性的进展。2011 年 2 月,凯鹏华盈合伙人约翰·多尔(John Doerr)首次提出将最热的 3 个互联网名词 social(社交)、local(本地化)和 mobile(移动)叠加在一起,形成全新的 SoLoMo 概念。

2011 年 7 月 28 日,国内 SNS 网站人人网提出,将在 2011 年推行 SoLoMo 概念,探索 SNS 网络服务与 LBS 结合模式及 SNS 新型盈利模式。据相关负责人介绍,人人网会将社交属性带到移动客户端上,并在此基础上加入 LBS 概念,从根本上改变了用户的上网和沟通方式,此外人人网本身的海量用户也能推进 LBS 的普及。

据了解,人人网 SoLoMo 提供的服务包括 Social+Local,即通过报到功能在位置一栏中,可以清楚地看到好友与用户之间的距离;以及 Local+电子商务,在报到功能中加入了糯米网的团购信息,基于用户的地理位置推荐团购商品。目前已扩展至优惠券及地点活动。

人人公司副总裁吴疆表示:"SNS+LBS 可以重新定义每个人,还有他发布内容的价值。LBS 给 SNS 应用增加了地点的'纬度',从此不但了解到你在做什么,还知道你在哪里,人与人之间的沟通变得更加真实,极大地增加了社交关系。"

2. SNS 新的盈利模式

目前，人人网每天有超过 30%的用户通过手机进行登录。吴疆认为，SNS 新的盈利模式也会是建立在 SoLoMo 的基础上，"例如，人人网旗下的团购网站糯米网并不是简单地依托人人网的用户资源，有效地利用用户的位置地点，提供更加贴近用户的服务。例如，通过人人网的移动客户端，到了某一地区，人人网就会显示附近有哪些糯米网的团购信息，用户可以在手机上实施这种购买，这是 SNS 网站向移动商务发展的方向。"

易观国际分析师董旭认为，目前 SNS 网站的盈利模式主要分为广告收入和用户服务两个部分，其中用户服务收入最主要的收入来源是"游戏"和"电子商务"。对于人人网来说，将 LBS、SNS 与团购进行结合，是基于本身内部资源的一种整合，也是未来 SNS 网站的发展趋势。这种发展模式，一是取决于 SNS 端的用户流量，另一方取决于电子商务端的商家资源，未来人人网需要打造一个更开放的移动互联网平台吸纳更多商业资源。

(资料来源：中国电子商务研究中心. 人人网发力移动电子商务：试水 SNS＋LBS 新模式[EB/OL].

(2011-7-28). [2012-10-5]. http://www.100ec.cn/detail--5865283.html.)

第3章 移动商务营销

知识结构

```
案例导航 — 移动商务营销概述 — 移动商务营销的应用模式 — 移动商务营销的传播 — 移动商务营销的策略 — 无线营销
```

- 案例导航：位置化服务，感受商家就在你身边
- 移动商务营销概述：
  1. 含义及特点
  2. 产生和发展
  3. 与网络营销、传统营销比较
- 移动商务营销的应用模式：
  1. 移动二维码
  2. 短信网址
  3. 移动商圈
  4. 移动搜索
  5. 移动网站
  6. 蓝牙互动
- 移动商务营销的传播：
  1. 传播方式
  2. 移动广告
- 移动商务营销的策略：
  1. 4I模型分析
  2. 营销策略
- 无线营销：
  1. 含义、特点及意义
  2. "天翼"品牌无线营销实战

知识要点

1. 移动商务营销的产生与发展。
2. 营销的基本理论与基本原理。
3. 无线营销的主要应用领域。

学习方法

1. 经典理论结合互联网应用：营销的基本理论、基本原理—移动商务营销模式与传播方式。
2. 透过现象看本质：移动商务营销的本质、无线营销的发展。
3. 企业实践：企业在移动商务环境的营销策略。

案例导航

位置化服务，感受商家就在你身边

几年前，人们就已开始感慨，"生活已完全离不开手机了"，几年后，感慨依旧，但内涵和外延却变得丰富起来。手机不再只是人们随时互联通信的工具，升级版的手机生活，更像一个无处不在的移动互联空间，以其及时便捷、应用服务的不断丰富成为了日常传播的中心，人们的休闲娱乐、生活工作，乃至市场营销，都与它紧密联系，人们不再只是信息的消费者，也成为这一时代信息的生产者。

据CTR调查发现，83%的手持用户都认识到，手机已成为生活中最不可缺的必需品，57%表示已养成用手机等移动终端上网的习惯，每天都要通过手持终端上网的人在手机用户中占比41%。有40%的手机用户承认移动互联网改变了自己的生活方式，而改变工作方式的比例更是高达57%。正如《湿营销》的序言中所说，不管你愿不愿意，变革都已来临，围绕着不断增多的手机和移动互联网用户数，不断丰富的应用数量和碎片化的媒介、时间趋势，以手机为代表的移动智能终端的媒体价值将被无限放大，移动营销的价值也将风生水起。

未来两到三年或者更短的时间，消费者获取品牌及产品信息的渠道和方式，都将发生革命性变化，移动应用的丰富，将使得云媒体下的终端接入成为人们主流信息接触渠道，围绕着用户体验而做的移动整合营销，也将让手机的贴身价值直接转化为用户的贴心体验。

基于位置的服务是当下十分火热的商业模式，O2O，这种线上揽客、结算，线下消费服务的商务模式，是与位置服务的最佳结合点，不仅能够让消费者更为亲切地感受到来自身边的商家服务，也是基于位置的服务探索商业价值的一个重要衔接点。例如，星巴克在全美七大城市推出的基于地理位置的Mobile Pour服务，用户只需要在手机上选好咖啡并下订单，踏着踏板的星巴克咖啡配送员便会根据你的位置将咖啡送到你的手中，如图3.1所示。另外，在美国，Sparkle平台上的手机优惠券应用Cellfire能够根据用户所在的位置，将该处店里正在参与活动的优惠券以短彩信的形式主动发送到你的手机，结账时出示便可获得折扣。这种主动的服务连同心动的折扣是否会悄然唤醒你的购买欲望，将尚未出现在购物清单里的物品放入购物车呢？想必答案还是肯定的。发挥位置化服务特色，将有价值的信息及时推送给消费者，贴心的提醒不仅不会让他们反感，反而能很好地体验到品牌的亲切和服务价值，刺激购买冲动，促进销售，拉近品牌与消费者之间的距离。

图3.1 星巴克基于地理位置的服务

(资料来源：移动营销案例"赏"：从"贴身"到"贴心"[EB/OL].
(2011-11-25). [2012-10-2]. http://www.wabei.cn/news/201111/681953.html.)

通过这个案例，我们应思考3个问题：
1. 移动互联网的先进技术和应用是怎样从"贴身"做到"贴心"？
2. 广告营销如何从"反感扰人"变得"亲切感人"？
3. 利用位置服务，移动营销还可以有些什么作为？

3.1 移动商务营销概述

3.1.1 移动商务营销的含义及特点

移动商务是利用移动通信网和 Internet 的有机结合而进行的一种电子商务活动，是电子商务从有线通信到无线通信、从固定地点的商务形式到随时随地的商务形式的延伸。它的最大特点是用户可以随时随地获取所需要的个性化服务、应用、信息和娱乐。目前越来越多的企业利用移动互联网做商务，营销作为商务非常重要的环节，已经走在移动商务最前沿。在移动商务中，移动营销被客户广为接受，也是企业在移动商务中应用最广泛的一个领域。

营销学大师 Philip Kotler(菲利普·科特勒)将营销定义为，个人和集体通过创造、提供并同他人交换产品价值，以获得其所需所欲之物的一种社会和管理过程。也就是说，营销是以满足人类各种需要和欲望为目的，通过市场，变潜在交换为现实交换的活动总称。

移动商务营销指企业以移动终端设备为载体，依托移动通信网络，并结合传统互联网开展的互动营销活动，具有即时、直接、互动、个性化及分众、定向、精准的特征和信息类别丰富、成本低廉、可以给受众更好的体验等优势，可以做到在需要的时间、需要的地点传递消费者需要的内容。其实，移动商务营销就是精准营销和无形营销，没有比这个更合适的定义。

移动商务营销具有以下十大优势。

(1) 速度奇快：传统媒体受时空限制，而手机媒体则可以随时随地发布，传播速度极快，手机用户分布全国各地都可以收到，一分钟即时发送，一瞬间万人传播。

(2) 到达率高：据相关市场调查统计，手机已经成为大部分人每日接触次数最多的物品，这就表明我们手机短信只要发送出去，就能被手机用户及时收到且及时阅读，可精确锁定潜在消费者。

(3) 收看率高：对宣传而言，第一重要的就是能被看到，第二重要的还是能被看到！手机是个人珍爱的随身媒体，收到短信时每个人都要看一眼，因此，短信的到达率和浏览是一致的，这是其他任何媒体都无法达到的。

(4) 成本极低：电视、报纸及户外等媒体，宣传浪费极大，成本较高；而短信成本低廉，性价比高，在相同的宣传费用下，短信的受众用户比传统媒体的受众用户要多出数倍。

(5) 形式新颖：手机媒体是基于现代移动通信的一种富于创意的全新直投式宣传形式，是不同于电话营销的一种非语音通信方式，内容时尚更容易被用户接受。

(6) 时间灵活：定向短信营销服务的发布时间极具灵活性，企业可根据产品特点，弹性选择信息投放时间，甚至具体到某个时间段内发布，以求尽可能地提升客户的服务质量。

(7) 定位准确：可发送"一对一"的营销通知等信息，通过收集会员手机号码，可以向本商家会员传送优惠及活动信息，使短信内容更具吸引力和说服力。

(8) 互动性强：当用户接收到信息后，或者咨询，或者购买，或者立即回复进一步查证详情，收集处理用户的回复，实现双向交流，及时解答客户疑惑，真正感受宣传效果。

(9) 传播高速：好的宣传或有用的信息，经常会被手机用户展示或告知、转发给亲朋好友，像病毒一样，快速传播扩散，当手机成为营销媒体时，信息传播速度之快就像病毒蔓延一般。

(10) 实用性强：用户收到短信后可以凭此短信享受购物服务优惠，既让客户感到实惠，又使商家得到更多客户，从而达到提升人气、刺激消费的目的。

3.1.2 移动商务营销的产生和发展

移动商务营销产生和发展具有以下动因。

1. 移动互联网为移动商务营销提供了技术支持

自从人类有商品交换以来，就有了以物易物的营销活动。不过随着个人与组织之间交流方式的变化，交易活动变得多样化和复杂化，营销活动不断发展。工业革命以后，商品的营销主要是以印刷品和口头的形式进行，收音机出现后，广播逐渐成为当时营销信息传播的主要手段。后来电视机的普及，极大促进企业利用电视进行营销活动，直到数字化信息问世，大量公众上网，计算机走进百姓家庭，互联网逐渐成为向消费者提供和传播信息的最佳媒介。而移动互联网技术的发展为企业和消费者之间架起一座无形的桥梁，使厂商和消费者之间的双向、互动、及时交流成为可能。正是由于技术的不断进步，才促成了新的营销手段的发展。技术是一个主要的推动力，如果没有移动技术，那移动商务营销便无从谈起。

2. 激烈的市场竞争推动了移动商务营销的发展

移动商务营销作为一种经营活动，其基本的动力在于市场经济发展的盈利动机和竞争压力。经济活动的全球化，使商品各要素的价格不再以某一地区为标准，而是以世界市场价格为标准，由于各地区、各个国家之间的自然条件不同，各地区劳动力成本不同，各种生产要素组合形式不同，导致各地区生产同一种产品的价格不同。在传统环境下，由于信息不对称、信息和时间差，产品信息和价格信息并不能得到有效利用。那些率先利用移动通信网和 Internet 的企业，更容易获取充分的信息，成为信息优势方，进而抢占市场先机，获得超额利润。企业追求利润最大化是移动商务营销得以快速发展的根本动因。而且，市场在资源配置中发挥着基础性作用，商品和服务的价格由市场形成，资本、劳动力、技术、信息等生产要素也由市场配置，随着市场化程度的不断加深，参与交易的各方对信息的需求不断增长,激烈的市场竞争,迫使企业要主动获取充分的市场信息,并有效利用信息去追逐最大化的利润。移动商务营销的及时性、互动性、便捷性,在激烈的市场竞争中逐步为大多数企业所接受。

3. 经济全球化趋势为移动商务营销奠定了现实基础

经济全球化趋势为移动商务营销奠定了现实基础,移动网络有利于打破地区分割,实现实时交易。

4. 消费观念的改变推动了移动商务营销的发展

市场正在由卖方垄断向买方垄断转变,消费者的消费主动性增强,个性化消费逐步成为消费的主流。

中国的移动商务营销目前处于迅速发展的状态中。2008年的3·15晚会对移动营销行业是一次比较大的打击,短信形式的广告遭到比较严格的监管,加上整体经济形势不佳,市场有一定萎缩。这一轮的盘整,除了政策是诱因以外,市场没有形成健康的发展态势是根本原因,广告代理商、运营商没有深挖广告主的需求,市场充斥垃圾短信。2009年3G发牌给整体移动互联网行业一个正面的刺激,将带动移动营销行业进入快速发展阶段。尽管移动营销市场在3G的刺激下会明显趋热,但是市场规模的大幅度增长还需要等待一个过程,大约还需要2~3年的时间。

目前移动商务营销主要面临以下障碍。

(1) 认知度不高,移动营销的初级形态——群发短信给用户造成的负面影响短期内难以消除,用户和广告主(尤其是传统行业广告主)的认知度和接受程度都不高,教育市场的成本需要由运营商和有实力的广告代理商承担。

(2) 缺乏成熟的商业模式,当前广告主、广告代理商和无线媒体等产业链参与者的不同组合构成了多种商业模式,其可行性和盈利前景都有待实践验证,市场需要一段时间进行摸索和实践。

(3) 标准化程度低,对于不同形态的移动广告,目前尚没有一套全国通用的标准,这将使得不同形态、不同提供商之间的广告互不兼容,加之手机型号、操作系统、屏幕大小千差万别,也会制约广告内容市场的发展,同时也直接影响用户体验。

(4) 资费制约,目前用户使用包括WAP在内的各类移动增值业务的资费普遍偏高,一定程度阻碍了一些广告的潜在受众增长,用户观看手机广告需要付出的流量成本不一定能得到补偿。

3.1.3 移动商务营销与网络营销、传统营销的比较

1. 移动商务营销与网络营销的比较

网络营销是借助联机网路、计算机通信和数字交互媒体实现营销目标的一种市场营销方式,有效地促成个人和组织交易活动的实现。它是企业整体营销战略的一个组成部分,视为实现企业总体或者部分经营目标所进行的,以互联网为基本手段,营造网上经营环境

的各种活动。传统的企业网络营销方式：①新闻软文营销，大部分企业开始采用软文营销进行推广，然后在大型行业门户或是大型网站进传播；②博客营销，主要目的是对公司及产品信息有效传递，向客户提供和传递有价值的信息；③搜索引擎营销，即 SEM，在用户使用搜索引擎时，尽可能将营销信息传递给目标客户；④电子杂志营销，以电子杂志为载体并融入图像、文字、声音，结合平面与互联网两大特点，以动态形式呈现给读者；⑤网络品牌营销，企业以互联网为媒介，借助各种推广手段在消费者心中树立良好的品牌形象，在满足客户或消费者需求的同时实现企业自身的价值；⑥数据库营销，企业广泛收集客户或消费者的信息，利用数据库相关技术，进行客户需求的深度挖掘，有针对性地使用电子邮件、短信、电话等进行关系维护的营销方式。

移动商务营销具有个性化、交互性、便捷性、参与性、服务性等特点，企业可对消费者或客户提供精准营销，这是网络营销所无法比拟的优势。首先，在移动通信技术与移动终端的支撑下，用户可逐渐摆脱固定设备和网络的束缚，能在任何时间和地点进行实时的沟通，可以大大提高用户的反应速度，实现从个体和小群体再扩散到大众的快速传播；其次，在移动商务环境下，用户的身份容易被识别，用户的信息也容易被收集和整理，企业能为用户提供个性化和差异化的服务；再者，移动商务营销能为客户建立数据库，还能主动地、智能化地进行客户分析、客户跟踪和客户关系管理，实现精准传播；最后，更低廉的资费和更快的网速使得移动营销的载体——移动增值业务及移动互联网业务形式更加丰富，同时广告的表现形式也更加多样，将使更多的人接受和认识移动商务营销，并主动利用移动技术，实现营销方式和渠道的创新。

移动商务营销与传统互联网营销最大的区别在于，移动营销对用户属性的识别更加精准。由于手机与用户的关系比 PC 与用户的关系更为紧密，同时手机用户还可以通过号码进行绑定追踪，因此对手机用户的行为、偏好、属性的分析可以做到更加精准，相应的广告投放可以更有针对性。

2. 移动商务营销与传统营销的比较

移动商务营销具有与传统营销不同的特点和优势，对传统营销产生了一定的冲击，但它并未抛开传统的营销理论，而是对传统营销的继承、发展和创新。由于技术、安全等种种原因，移动商务营销不可能完全取代传统营销。第一，移动商务市场仅是整个商品市场的一部分，从移动商务市场的交易金额来看，还仅仅占有整个市场交易金额的一部分；第二，所覆盖的消费群体仅是整个市场的一部分群体，利用移动互联网的人群主要集中在中青年，各国的老年人和落后国家的消费者等许多群体，由于种种原因还不能或不愿意使用移动互联网；第三，消费者具有不同的偏好和习惯，许多消费者喜欢享受逛商场的乐趣，或者喜欢亲自去体验商品的性能和特点，这是基于移动互联网的营销难以取代的；第四，有些消费者不愿意接受或使用新的沟通方式和营销渠道，他们更愿意采取传统的人与人之间的现实沟通方式。

传统营销是移动商务营销的基础。移动商务营销是传统营销在移动互联网环境下的发展和延伸，它依旧要遵从传统营销的基本理论和基本规律，即针对一个营销目标实施营销策略时，也要经过计划、分析、实施和控制等步骤，也要经历"市场分析与调研、市场细分、选择目标市场、市场地位、确定营销策略和总结"这一过程,移动商务营销要合理吸取和利用传统营销理论体系。

3.2 移动商务营销的应用模式

移动商务营销的应用模式主要有移动二维码、短信网址、移动商圈、移动搜索、移动网站及蓝牙互动营销等多种形式。

3.2.1 移动二维码

移动二维码是用特定的几何图形按一定规律在平面上从二维方向上分布的黑白相间的矩形方阵记录数据符号信息的新一代条码技术。它由一个二维码矩阵图形和一个二维码号及下方的说明文字组成,具有信息量大、纠错能力强、识读速度快、全方位识读等特点,可以印刷在报纸、杂志、广告、图书、包装及个人名片等多种载体上。它有主读和被读两种业务模式,在主读模式下,手机作为二维码识读设备,用户手机在安装二维码识别软件后,通过手机摄像头扫描二维码或输入二维码下的号码、关键字即可实现快速手机上网,称为条码识别。移动二维码几乎适用所有有信息释放需求的领域,如下载图文、视频、获取优惠券、参与抽奖、了解企业产品信息。移动二维码作为一种基于平面媒体又超越平面媒体的新媒体形式。能够实现传统纸媒体到网络媒体的平滑链接,使得传统媒体突破平面的界限。真正实现与网络媒体的互通与融合。而每一个移动二维码对应一个单一的 WAP 网站或页面,用最简单的操作就能实现精准信息的表达。通过移动二维码技术,用户进入 WAP 网页看到的是与产品密切对应或者说专属于产品的网页。这种内容上的专属性及消费者主动阅读的特点极大地提高了受众与企业之间的互动性。实现了企业与消费者之间的真正意义上的即时互动。

3.2.2 短信网址

短信网址也称信息名址或者无线网址,是移动互联网上用自然语言注册的网址,是利用 SMS 短信方式或 WAP 寻址方式,为移动终端设备快捷访问无线互联网内容和应用,而建立的寻址方式,是基于移动 IP 及域名体系之上的应用标准。

短信网址为企业用户提供了一个更加灵活的业务服务和营销接口,作为 3G 时代企业移动互联网的入口,短信网址是个人访问企业 WAP 最便捷的途径。移动用户通过企业的无线网站可随时、随地与企业进行互动沟通和各种业务往来,企业也可以更加方便地面向手机用户进行营销和服务。短信网址也如同互联网中的域名和网址,是企业在移动互联网上的"商标"或"名片",可以让普通手机用户通过发送短信到某个特服号访问"短信网站"的内容;还可以通过 WAP 的 PUSH(推)技术启动 WAP 网站的访问;针对高端的智能手机,可以通过下载 Java 插件启动手机内置的浏览器,直接访问企业的短信网站或 WAP 网站。

信息网址服务将移动通信和有线互联网两大领域的技术优势、网络优势、用户规模优势和应用服务有效地结合起来,为企业业务开展提供了更广阔的应用空间。

3.2.3 移动商圈

移动商圈也称移动商街,是一个以真实地理商圈为原型的在移动互联网上重构的虚拟商业环境。在这个虚拟商业环境中,商家可以继续发挥真实商圈的品牌力以及汇聚效应,在移动互联网上提供产品和服务,并且开展精准互动营销;而普通用户则可以高效、便捷地选择本地化产品与服务。

"移动商圈"实际上只是为商家和消费者搭建一个基于本地化的移动虚拟商业空间,而要将它真正转化给商家和消费者的价值,则还要依靠其中的具体应用。移商旺铺应用便是其中之一,它融合了 WAP 2.0 新技术。在移商旺铺上,商家和企业可以通过移动终端图文并茂地展示自己最新的产品与服务,发布优惠信息,开展与用户的实时互动,而移动电话则可以随时浏览产品,对比商品和价格,下载电子折扣券,享受购物优惠,并可以接受用户的移动电话预订,成为商家和企业 24 小时都营业的店铺。同时,移动商圈的移商采集系统为商家和企业提供了强大的后台服务。而移动支付的接入,使商圈中的交易变得更加快捷、方便和安全。移动商圈还可充分利用其平台应用特点,开展创新的项目合作、汇聚商家、提高人气。移动商圈这种可大规模普及的企业级移动应用服务,在体现服务精准互动性、本地化、个性化方面表现出了优势。而在这种运营模式上,移动商圈的 4 个参与者:移动运营商、商街运营者(服务商)、商家与企业、消费者之间构成了相对完整的价值链。

3.2.4 移动搜索

移动搜索指消费者利用手机等移动终端设备,通过 SMS、WAP、IVR 等多种接入方式进行搜索,以获取 WAP 站点信息、移动增值服务内容及本地服务等数据信息的一种方式,它能根据移动用户的需求特点提供个性化、地域化、智能化的信息搜索。移动搜索可以根据用户终端位置显示,通过与移动定位服务的紧密结合,为用户提供更有针对性的产品。在搜索方式上主要采用 WAP 搜索、SMS 搜索、语音搜索等几种方式。WAP 搜索支持高级终端进行浏览,因此这种方式用户体验好;短信搜索不利于用户体验;语音搜索是语音识别技术和手机搜索相结合的方式,符合用户习惯,使用方便快捷,但技术还不够成熟。移动搜索的互动模式主要是指消费者在利用移动终端进行相关搜索时,获得 Web、WAP 站点信息,进入企业站点,完成与企业的互动。

3.2.5 移动网站

移动网站也称无线网站,移动网站包括企业自建的 WAP 网站(包括 mobi 域名的移动网站),以及知名企业创建的 WAP 网(如移动梦网)。企业利用自建的 WAP 网站,能实现与消费者的互动交流,但消费者不太愿意在手机浏览器输入无线网址,因为无线网址的域名较难记忆;而企业利用知名企业创建的 WAP 网站,通过 WAP 的 PUSH 技术,企业的信息将被主动推送至消费者的手机之中,实现与消费者的互动交流。

全球许多知名品牌企业都创建了 mobi 域名的移动网站,这些移动网站已经成功地为客户提供了更直观的移动体验。

3.2.6 蓝牙互动

利用蓝牙技术，可以在商家与消费者之间形成互动，拉近两者的空间距离，缩短营销手段与购买行为的时间周期。而由蓝牙所主导的户外互动营销网络的精准互动，将移动电话、互联网、户外场所三者有机结合，对消费者行为进行全程分析，明确消费者在哪里，了解消费者所需并触发消费购买行为，让消费者与商家同时成为营销的主角，促进企业的发展。

3.3 移动商务营销的传播

3.3.1 传播方式

在现有信息技术水平的基础上，移动商务营销中应用最多的媒体传播方式主要包括 4 种：短信广告、彩信广告、WAP PUSH 广告和 WAP 广告。

1. 短信广告、彩信广告

1) 群发

短信群发是企业应用最广泛的一种营销方式，由于现阶段混乱的无线营销环境，使该种方式在为企业提供一对一、低成本、高覆盖率、精准营销模式的同时，也对目标手机用户造成了一定程度上的信息骚扰。

2) 信息定制

在用户许可(订阅主题、终端嵌入)的定制模式下进行广告传播，让用户自主选择广告种类，实现信息传播的高针对性与黏合度。

3) 电子折扣

广告提供商通过消费者主动索取、提供商主动推送两种方式推广电子折扣券。电子折扣能帮助企业避免无效的打折浪费、打折信息传播的地域与时间限制，移动商务营销的双向性也能为企业分析目标用户的消费行为，实现精准促销。

4) 互动游戏、调研

进行基于用户体验的手机互动游戏，开展市场调查、用户调研活动，根据互动广告的反馈，实现对消费者行为的动态跟踪，加强与消费者的沟通。

2. WAP PUSH 广告

1) 多媒体展示信息

由于 WAP PUSH 是一条带有 WAP 网站链接的短信息，因此它具有短信传递简洁顺畅、消费者打扰小、低成本等优势，还具备彩信内容丰富、信息承载大的特性。同时，WAP 网站的信息还可无限延伸，包含文字、图片、音乐、视频、游戏等多媒体信息，互动性强，可随时更新。随着 3G 的普及，WAP 网站的功能与界面将有更多创意、创新的表现，直逼现有的主流 Web 网站。

2) 电子商务与互动体验

WAP 网站的独特内容会吸引感兴趣的目标受众访问站点,能展现更多更具针对性、专业性的商业调查、电子商务与互动话题活动,精准、有效、深入地实现企业信息告知与营销目标。

3) 顾客关系管理

WAP PUSH 实现了短信和 WAP 业务的结合,用户单击其包含的超链接,即可访问 WAP 站点,查看更多信息或参与互动,节省了目标消费群在浩瀚的无线网络中寻找企业/产品/服务的 WAP 站点的时间,方便、快捷。

3. WAP 广告

1) 文字链接广告

以文字形式出现,在 WAP 网站广告位上进行展示的广告形式,用户可以单击广告文字内容跳转至广告主提供的广告页面。

2) Banner 广告

以图片或动画 Banner 形式出现,在 WAP 网站广告位上进行展示的广告形式,用户可以单击广告图片或动画内容以浏览获取广告信息。

3.3.2 移动广告

这是智能手机的时代,但要进入移动广告阶段才是智能手机的全盛时期,移动媒体的成长空间是巨大的。移动广告代替传统广告包括以下理由。

1. 推广渠道数量惊人

广告商有很多的移动工具选择投放广告信息,包括移动搜索、移动应用、移动网页、SMS 等,任何一个渠道都已被证明是有效的品牌宣传渠道。

2. 广告质量高

在 2012 年的设计和技术颁奖会上,Nike+FuelBand 产品展示了它的移动应用 Nike+FuelBand App 对移动设计、蓝牙集成、3D 动画高质量的影响力;最近戛纳广告节新增加的移动狮子奖项对提高移动广告的质量也添了非常漂亮的一笔。

3. 创新性强

每一个新移动产品都会引发一系列的新移动产品跟随,当 Uber、Clear、Path 都迅速崛起时,其他的开发者从地理定位、手势、UI 方面推出类似却有区别的应用。接着语音控制、应用个人化特点将继续跟进以提高移动产品的体验。广告商届时只担心自己如何好好利用这份创新资源来最大化广告宣传。

4. 敢于尝试、进步快

最近在影视音乐互动大会上亮相的 Highlight 和 Sonar 应用,两个都是社交挖掘应用,可以实时实地监控周围与你有共同爱好的人。一开始,这两个应用都在如何粘住用户,如何消除用户对社交交友的忌惮上遇到瓶颈,但随后与 GPS、开放图谱技术的结合,加上认识到社交网站人们结交的方式并不是全都直接明显的,这些社交发掘应用正在重建基于个人的"个人 Web"。

5. 社会影响力

美国人平均每天花 94min 在使用移动应用上,其中 2/3 的时间用在非通话活动上,而且它正在稳步超过观看电视的时间;我们体验生活、交友、娱乐、教育、锻炼的方式都在慢慢向移动平台靠拢,这样广告商就可以最大限度地利用移动社交影响力来渗透广告。

移动媒体的黄金时代才刚刚开始,目前非智能手机用户比智能手机用户多出了 5.6~8.3 亿。在接下来的 2~3 年,每个人手中都拥有一部智能手机时,移动媒体将不再是辅助媒体,而是主流媒体,那时移动广告的黄金时代也就真正地到来。

智能化手机激发了移动广告的发展。无论是苹果还是 Google 对移动广告市场都情有独钟,这也是为何苹果和 Google 都先后要收购一些移动互联网广告公司,目的很明确,这个市场虽然是起步阶段,但未来的市场预期是非常值得期待的。苹果在不断加大 iPhone 影响的同时,渗透进入到移动互联网广告市场的决心也非常大;而 Google 本身在互联网市场已经感受到广告带来的财富效应。当进入到移动互联网市场时,Google 依托自身的 Android 不断地布局整个移动市场,同时进行无线广告市场的并购,以做到未雨绸缪。

苹果 iPhone iOS4 在操作系统中集成了 iAd 广告平台。谷歌收购 AdMob 之后自然也是要在这个市场有更大的作为。苹果借助 iPhone 快速打开了手机市场,让传统的手机制造巨头感到捉襟见肘,这就是一种新兴模式带来的机会。当苹果 APP Store 以一种全新的理念进入移动市场之后,我们就看到手机巨头的发展模式开始发生了转变,这种转变是对既有市场的颠覆。当外界对 Google 质疑时,Google 发言人毫不客气地指出,如果有 10 亿用户开始使用我们的 Android 系统时,赚钱还难吗? 这就是移动互联网市场潜在的机会,而广告一直是可以率先而动的一种载体,自然不会放弃移动互联网带来的便捷机会。

Google 和苹果也激励了国内的移动互联网广告市场的发展。2010 年上半年,包括有米网、掌煤、捷步士、新网互联、汇海、挖棒等一批新兴公司开始崛起,带动了移动互联网广告市场的迅速发展。

虽然移动广告在国内还是起步阶段,但发展预期还是非常可期的。尤其是随着智能手机的快速普及,越来越多的商务开始移动化,当超级网银出现后,当手机银行、手机支付开始流行时,当淘宝都开始手机客户端布局时,移动广告市场也随之到来。

3.4 移动商务营销的策略

3.4.1 移动商务营销的 4I 模型分析

1. 模型概述

1990 年,美国营销专家劳特朋教授提出了整合营销理论,它是移动网络营销的基础。

其中心是"4C"组合,即 Consumer(消费者的需求和欲望)、Cost(消费者的成本)、Convenience(消费者购买的方便性)、Communication(企业与消费者的有效沟通)。组合"4C"理论是对市场营销观念所倡导的"4P"的补充和修正,即 Product(产品)—Consumer,Price(价格)—Cost,Place(渠道)—Convenience,Promotion(促销)—Communication。"4C"组合并不是要代替"4P"决策,企业最终还是按照"4P"组合制定营销策略。只有这样,才能真正满足消费者的需求,实现企业的目标。现在,市场营销理论又发展到4R:即关联(Relating)、反应(Respond)、关系(Relationship)、回报(Repay)。"4R"更强化了"4C"理论,更重视与顾客的关系营销。在营销模式从4P发展到4R的理论不断成熟和发展中,营销的理念中心已逐步由企业转向目标对象。而在此基础上4I模型的建立则是在移动设备和移动网络新技术优势的基础上以用户为中心,进行差别化的营销投入,实现企业营销推广的最终目的。市场营销理论的演变见表3-1。

表3-1 市场营销理论的演变

4P 理论	4C 理论	4R 理论
产品(Product)	顾客(Customer)	关联(Relating)
价格(Price)	成本(Cost)	反应(Respond)
渠道(Place)	便利(Convenience)	关系(Relationship)
促销(Promotion)	沟通(Communication)	回报(Repay)

2. 4I 模型分析

基于移动商务相对传统电子商务及市场营销独具的个人化、地域性、网络化的优势,移动商务的营销应首先在识别用户身份的基础上实现市场细分,差别化营销。在识别目标用户后提供个性化的服务和针对性的产品推广是移动商务营销的直接目的。个性化的实现必须基于即时性的用户位置定位及互动沟通。图3.2 所示为4I 模型。

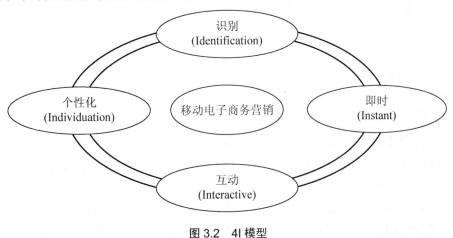

图 3.2 4I 模型

1) 识别

识别(Identification)沟通的分众对象并与其建立"一对一"的关系。分众的精细化就是目标个体，目标个体指目标消费者已经不是抽象的某一个群体了，而是差别化的个体，移动营销是利用第五媒体的手机与差别化的个体进行"一对一"的沟通。同时，这种目标个体是可识别的，即分众的量化。这种识别包括不同消费者之间的个性需求识别，以及同一消费者在不同地点不同时间段的特定需求。个体的可识别，就可对目标消费的个体进行量化管理。前面谈到的 3 种营销理论都假设消费者是一种抽象的描述，他们需求是一致的。实际情况是，每个消费者都是独一无二的。传统营销理论回避了到底哪个消费者是谁的问题，消费者的关系建立是模糊的，不可识别的，因为消费者有需求，但是"谁"的需求，"他"到底在哪里，却不能回答。消费者是"见利忘义"的，这种"见利忘义"体现在大量的促销活动可以轻易地使消费者转移品牌，消费者的品牌忠诚度更难把握和琢磨，所以移动营销可做到分众识别，个体锁定，定向发布广告。

2) 即时

即时(Instant)体现出了移动营销的随时性和定时性。移动终端的便利性使得移动营销可以及时地与目标消费者进行沟通。移动营销的即时性可快速提高市场反应速度。在相互影响的市场中，对经营者来说最现实的问题不在于如何控制、制订和实施计划，而在于如何站在顾客的角度及时地倾听顾客的希望、渴望和需求，并及时答复和迅速作出反应，满足顾客的需求，移动营销的动态反馈和互动跟踪为这种营销策略提供了一种可能。要强调的是移动营销的即时性对于企业来讲意味着广告发布是可以定时的。这是因为当企业对消费者的消费习惯有所觉察时，可以在消费者最有可能产生购买行为的时间发布产品信息，这需要对消费者的消费行为有量化的跟踪和调查，同时在技术上要可以随时发布信息的手段。另一方面也要求在识别用户地理位置后即时触发营销行为，主动推送营销信息。

3) 互动

互动(Interactive)就是参与。顾客忠诚度是变化的，他们会随时转移品牌。要保持顾客的忠诚度，赢得长期而稳定的市场，"一对一"的无线互动营销，可以与消费者形成一种互动、互求、互需的关系。在移动营销活动中，移动营销中的"一对一"互动关系必须对不同顾客(从一次性顾客到终生顾客之间的每一种顾客类型)的关系营销的深度、层次加以甄别，对不同的需求识别出不同的个体，才能使企业的营销资源有的放矢，互动成为相互了解的有效方式。

4) 个性化

手机、便携式计算机的特性为个性化(Individuation)、私人化、功能复合化及时尚化的实现提供了得天独厚的优势，这些也逐渐形成评价一部移动终端能否满足用户需求的默认标准。这使得利用第五媒体手机进行的移动营销活动具有强烈的个性化色彩。"让我做主"、"我有我主张"、"我的地盘我做主"，在消费生活中人们高喊的这些口号已经传达出市场的个性化特征越来越明显，这种消费诉求要求市场的营销活动也要具有个性化，所传递的信息也要具有个性化。人们对于个性化的需求将比以往任何时候都更加强烈。3G 时代的移动营销模式就是可识别的、即时的、互动的、个性化的。

3.4.2 移动商务下企业的营销策略

1. 创造"移动"需求

一个新的商业领域的开拓,最重要的是创造需求,而创造需求的关键是挖掘客户潜在的需求。对于移动通信用户来说,即时信息是用户使用移动通信设备的主要目的,但同时也有许多亟待开发的潜在需求。

在火车旅行过程中,熬过漫长的乘车时间是一个痛苦的阶段。许多坐得近的人在一起下棋、打扑克。但很多人出于安全的考虑,不愿意选择这样的活动。移动游戏的开发,使得人们有了独自消磨时间的工具,从而满足了人们消磨时间的需求。从网络游戏的开发情况看,这是一块非常巨大的"蛋糕",因为它具有了极强的互动性。目前,移动游戏迫切需要解决趣味性和传播性的问题。趣味性指移动游戏的内容必须具有吸引力,能够让用户感兴趣。只有"好玩"的游戏内容才能抓住用户,才能在移动网络中形成市场。而传播性则要求解决信息在移动网络上的传播速率问题。畅通的网络才能保证用户轻而易举地获得游戏快乐的感受。

超前(Proactive)服务管理也是移动电子商务的新领域。在这种服务中,服务提供者收集当前及未来一段时间与用户需求相关的信息,并预先发出主动服务的信息。例如,在汽车修理服务中,汽车修理商可以收集用户汽车零件的使用年限和故障等信息,并针对不同情况预先制定相应的服务策略。这样,一方面可以提高汽车修理商的服务质量,另一方面可以降低车主的事故发生率。从技术实现的角度讲,目前可以定期发送短信息,与客户保持联系;以便可以在汽车上装置一个智能传感器,通过它可以获取汽车零件的使用情况,然后利用无线网络将信息发送给汽车修理商。

类似的移动服务还有很多,需要企业和商家不断地思考、调查和发掘。未来的电信服务内容中,将包括大量各种各样的增值业务,其收入总和将大大超过基础业务收入。这些潜在的业务,归根结底,需要厂商进行发掘和推广。同 Internet 电子商务一样,正在起步的移动电子商务也是一块处女地,捷足先登的开拓者可能获得丰厚的商业利润。

2. 突出"移动"特点

移动电子商务有其自身的特点,抓住这些特点才能有效地开展网上交易。移动性是移动电子商务服务的本质特征。无线移动网络及手持设备的使用,使得移动电子商务具备许多传统电子商务所不具备的"移动"优势,导致很多与位置相关、带有流动性质的服务成为迅速发展的业务。例如,移动金融使得移动设备演变成一种业务工具,代替了银行、ATM和信用卡,成为一种强有力的金融媒介。利用移动金融工具,用户不再为携带大量现金而恐惧,也不再为找不到银行或 ATM 而烦恼。用户可以在任何地方、任何时候购买自己所需要的物品,并即时提供支付。而移动电子商务在股票交易上的应用更是体现了其移动性的优势。

移动电子商务的直接性大大加强了厂商与客户之间的联系。利用移动通信手段,买卖双方可以直接沟通,大大节约了交易时间。直接性的另一个重要应用是在移动物流领域,通过对货物、服务甚至人的位置跟踪,帮助决策者决定货物的送达时间和地点,直接将货物送达客户手中,从而缩短了送货时间,减少了库存,降低了运送成本。

但从目前的情况看,对于移动电子商务的开发,绝大部分还是移动通信公司的行为,其他领域的企业涉足较少。实际上,旅游、交通、运输、保险等流动性较强的行业都可以结合自身的特点,开发移动网络上的移动服务,发挥其时效性和个性化的优势,拓展自己在移动电子商务领域的业务。

3. 对消费者进行宣传

对消费者进行宣传,让消费者了解和接受移动商务营销。在改变市场参与者行为中,很重要的一点就是要改变消费者的行为。如果没有广大消费者对这一营销模式的了解和接受,移动互联网营销的市场是无法扩大的。当然没有市场的大规模普及,每个消费者都不使用移动设备,每个企业都不采用移动互联网营销方式,移动互联网营销也无法发展。因此,技术和市场这两个环节都非常重要,如果接触移动互联网营销的消费者非常有限,对企业来说也不具备吸引力,也不会采用移动互联网营销的方式进行宣传和销售,这是一个相互影响和相互制约的过程。

事实上,了解移动互联网营销方式的消费者并不多,尽管新的营销工具在业界闹得沸沸扬扬,然而消费者对它的认知度并不高。因此,各方对企业宣传的同时,也应对消费者进行宣传,应让消费者认识到这一创新产品的巨大价值,教会他们如何使用和消费这一创新产品。一旦消费者的潜在需求被激发出来,在短期内便可创造出巨大的市场。

4. 采取个性化的营销方式

采取个性化的营销方式,可以采用以下几种策略。

1) 产品定制化

移动商务时代消费者的总体特征为:有一定的网络知识,以中青年为主,有一定的消费能力。心理特征表现为:易于接受新事物、新观念,对商品求新、求美、求奇;注重个性化、注重服务周到、快捷,注重产品的价值,喜欢品牌消费,热衷网上购物。因此,企业开展营销活动时,有必要分析消费群的特征,根据消费者的不同特征,如年龄、性别、职业、收入、爱好等,把消费者划分为不同的目标市场,甚至把每一个消费者看作一个细分市场,针对不同目标市场开发不同产品,从而满足消费者的特殊需求。同时,企业可以鼓励消费者参与到产品的设计、制造、促销等活动中来;和消费者进行双向沟通,真正把握消费者的需求。

2) 塑造品牌个性

移动商务时代的消费者追求名牌,通过购买名牌来降低购买风险和满足其心理需求,但是缺乏品牌的忠诚度。针对这一特点,企业应大力塑造品牌的个性,挖掘品牌的深度和广度,给品牌赋予深刻的内涵。"海尔"这个品牌就是一个很成功的例子。尤其是在知识经济时代,企业应努力拓展品牌的文化内涵,提升品牌价值,塑造品牌个性吸引消费者,提高消费者对品牌的忠诚度。

3) 市场细分化

现代市场营销观念要求企业以顾客为导向，在顾客满意的基础上获得合理利润。但在通常情况下，企业不可能为市场上的每一个顾客服务，只能满足该市场上一部分顾客的某种需求。这是由顾客需求的多样性和变动性及企业拥有的资源的有限性决定的。因此，任何企业在进行经营时，都必须对现有市场进行分析，明确企业服务的顾客对象，这就是市场细分与目标市场选择竞争策略所要解决的问题。

4) 社会化配送

移动商务时代的消费者对购物的便利性要求很高，他们希望能够在最短的时间、花费最少的精力买到产品。对企业来说，进行移动营销时要保证商品及时地从分销网点到达消费者。而这一切必须依靠现代化的物流配送体系才能完成。目前，国际上比较流行的物流配送模式是"第三方物流"(Third-logistics)，是由发货人和收货人之外的专业企业即第三方来承担物流活动的一种物流形态。因此，企业可以利用专业的物流企业，满足消费者对于购物便利性的要求。

5. 开展精准营销

首先，精确定位受众。将信息传递给不需要的人，不仅是一种资源的浪费，尽管这个成本可能并不高，但是浪费却是惊人的。而且，传播会有负效果，当一个受众不断被不需要的信息所骚扰时，会对信息的传播者产生负面评价，这绝对不是传播者希望看到的。定义好受众之后必须对受众的行为进行分析。例如，商务人士，那么是不是周一的时候并不适合发送信息？因为对方可能会忙于一系列的会议。再例如，有车的人士在下班的时候可能正开车，并没有时间去查阅短信。如果能定义出某天的某个时段内受众可能是最空闲的时候，那么传播的效果自然会更好。

其次，受众决定了编码和渠道。无论是短信、彩信还是流媒体，和受众的终端密切相关。而编码形式更是直接决定了受众是否可以接受所传递的信息。现在的移动营销语言和20世纪80年代的广告没什么区别，大多数都是面无表情地说着同样的话，形式简单而且单一，因此编码形式上需创新。

6. 移动商务下的定价策略

1) 免费价格策略

免费价格策略指移动商务营销企业将产品和服务以零价格的形式提供给顾客使用，以达到某种经营目的的策略。免费价格策略是最有效的市场占领手段。

2) 顾客主导定价策略

在移动商务下，顾客可以通过充分的市场信息来选择购买或者定制自己满意的产品或服务，同时力求以最小的代价获得产品或服务，顾客的控制力得到空前加强。相应地，企业的定价策略更多地由原来的按照产品自身成本定价转为按照顾客理解的产品价值定价。

3) 个性化定价策略

个性化定价策略是利用移动商务的互动性，结合消费者的需求特征确定商品价格的一种策略。移动商务的互动性能使企业即时获得消费者的需求信息，使个性化营销得以实现。

4) 动态定价策略

动态定价策略指企业不仅根据不同顾客确定价格，而且根据购买时间及季节变动、购买数量、市场供求状况、竞争状况及其他因素，在计算收益的基础上，在网上设立自动调价系统，自动进行价格调整。动态定价法可以给企业带来竞争优势，竞争对手很难观察企业的价格变动情况，价格紧随的策略也行不通，因为彼此库存情况不一样，企图固定一个价格的策略也难以取胜。最优动态定价的对手早已把其他商家的定价策略考虑进来，通过观察销售量，运用数学模型计算出最优价格，商家能在每一轮销售周期调整商品价格使其达到最优，所以具有其他企业无法相比的优势。

5) 低价策略

低价策略指利用移动营销企业采取的对所经营的产品以低于传统营销定价的价格出售的一种定价策略。低价策略是对消费者最具有吸引力的定价方式。

7. 移动商务下的促销策略

1) 折价促销

折价亦称打折、折扣，是目前最常用的一种促销方式。由于移动商务下销售商品不能给人全面、直观的印象、也不可试用、触摸等原因，再加上配送成本和付款方式的复杂性，造成购物和订货的积极性下降。而幅度比较大的折扣可以促使消费者进行移动网络上购物的尝试并作出购买决定。

2) 赠品促销

一般情况下，赠品促销目前的主要应用在新产品推出试用、产品更新、对抗竞争品牌、开辟新市场情况下。赠品促销的优点：①可以提升品牌和移动门户的知名度；②鼓励人们经常访问移动门户以获得更多的优惠信息；③能根据消费者索取赠品的热情程度而总结分析营销效果和产品本身的反应情况等。

赠品促销应注意赠品的选择：①不要选择次品、劣质品作为赠品，这样做只会起到适得其反的作用；②明确促销目的，选择适当的能够吸引消费者的产品或服务；③注意时间和时机，如夏季不能赠送只在冬季才能用的物品。注意预算和市场需求，赠品要在能接受的预算内，不可过度赠送赠品而造成营销困境。

3) 抽奖促销

抽奖促销是应用较广泛的促销形式之一。网上抽奖活动主要附加于调查、产品销售、扩大用户群、庆典、推广某项活动等。消费者或访问者通过填写问卷、注册、购买产品或参加网上活动等方式获得抽奖机会。

4) 积分促销

一般设置价值较高的奖品，消费者通过多次购买或多次参加某项活动来增加积分以获得奖品。积分促销可以增加消费者访问移动门户和参加某项活动的次数，可以增加消费者对网站的忠诚度，可以提高移动门户的知名度等。

8. 移动网络服务策略

移动网络服务的内容包括售前服务、售中服务和售后服务。企业主要应采取的移动网络顾客服务策略应具体包括提供信息、反馈交互(重点是电子邮件和短信的运用)、顾客整合(如何通过多种方式激励顾客对话,将顾客整合公司的营销管理中)等。首先,注意 FAQ 在顾客服务中的运用,FAQ 页面主要用来回答顾客提出的有关企业产品、企业情况等常见问题;其次,注意短信息在移动网络服务中的运用。企业应当设置服务的专用信箱,并配备专门的人员来收发来自消费者求助的电子邮件。企业还应积极利用电子邮件主动地为顾客服务,包括主动向顾客提供公司最新信息及获得顾客需求的反馈。

3.5 无线营销

3.5.1 无线营销的含义、特点与意义

1. 无线营销的含义

无线营销也称手机互动营销或移动营销。无线营销(Wireless Marketing)是利用以手机为主要传播平台的第五媒体,直接向"分众目标受众"定向和精确地传递个性化即时信息,通过与消费者的信息互动达到市场沟通的目标。

"无线营销"是一个既涉及无线通信,又与市场营销有关的跨领域交叉学科,我们可以这样理解"无线营销"的概念:固定电话和移动电话是人们非常熟悉的两种常用的通信手段,它们的功能有些不同,但最根本的区别在于固定电话是有线通信,而移动电话则是无线通信。从技术层面考虑,移动电话与固定电话的根本区别主要是接入方式的不同,而通信网络本身却没有本质上的不同。因此,无线通信可以简单理解为有线通信的一个"无线"延伸。

同样,"无线营销"也可以理解为"网络营销"的一个技术性延伸,而"网络营销"已经是一个为大众所熟悉的领域,无论是以 Internet 为平台的电子商务网站(B2B 或 B2C),还是通过电子邮件开展的邮件推广,或者是企业网站宣传,它们的理论基础都是市场营销。

2. 无线营销的特点

"无线营销"是基于一定的网络平台实现的,这个网络平台既可以是移动通信网络,也可以是无线局域网络,而对应的接入手段或设备包括手机、个人数字助理、便携式计算机或其他专用接入设备等。

与固定互联网相比,无线互联网接入设备由于自身的特点限制,不可能将常规网络营销的方式全盘照搬到无线领域。不过,无线营销的方式在很多方面仍然可以参考网络营销的基本方法,无线网络营销提供了许多前所未有的直销和创收方式,移动设备的特性意味着接收到的任何信息都会被用户阅读,这为营销人员提供了获得用户注意力的创新和交互能力,并且提供了客户关系管理和建立顾客忠诚度的新方法。

无线营销和群发短信最大的几点区别在于:①目标受众,短信群发基本属于盲目发送,而这些信息对绝大多数用户而言是垃圾短信,甚至对用户造成不必要的骚扰;移动营销首选发送短信或彩信的对象是企业的潜在或意向客户,或者老客户,才能产生比较好的反馈

效果。②既然营销需要监测和评估绩效,短信群发出去以后是无法监测最终的营销结果的,只能靠等着用户打来电话或者上门之后,通过人工询问统计。这种方式显然是无法客观统计反馈效果的,按经验来看,盲目发短信带来的反馈率为万分之一左右。真正的移动营销,应该在制定完善营销策略之后,能够采用有效的监测反馈手段,如发送优惠券彩信到用户手机,用户消费时需要把手机上的二维码图片在 GPS 终端做识别,消费记录实时记录进系统后台,这样整个推广到营销的流程形成闭环,可以很好地监控管理促销活动的效果。

3. 无线营销的市场意义

(1) 收集目标用户手机号码实现精准营销。我国从 2010 年 9 月 1 日起正式实施手机用户实名登记制度,手机号码对应特定的手机用户,而且手机号码的使用周期一般较长,因此手机号码极具营销价值。企业通过收集目标用户信息可以有效地实施精准营销。

(2) 辅助市场销售分析。移动营销可以辅助市场调查、数据采集和市场分析。例如,赛拉图推出"我的车我命名,Cerato 中文名称有奖征集活动",通过手机媒体对潜在顾客进行数据采集与上市宣传。这点,中小企业应该借鉴,借此了解企业产品市场的实际情况。

(3) 加强广告效果,进行有效监测。其中的经典案例就是 2005 年的超级女声。其中蒙牛集团以 1 400 万元冠名费和 8 000 万元后续资金,通过手机短信投票互动的方式,吸引了多达 60 万人的参与。从而达到广告推广的效果。最终蒙牛的销售额由 2004 年的 7 亿元到 2005 年 25 亿元的超越。

(4) 增加消费者黏性。雀巢推出了消费者发送"积分密码"到手机短信平台,参与雀巢花心筒积分竞拍。市场活动设计巧妙,指明清晰的晋级方式,让参与者感觉大奖就是为其设置的。该活动应用了移动娱乐式营销,让参与者在对抗中放松对消费的警惕并持续关注此品牌,增加了消费者黏性。

(5) 分众和本地化做到极致。本地化移动营销传播可以拉近企业与客户之间的距离,使更多用户可以参与进来。福特区别于以往的活动形式,采用区域智能回复功能,实现服务本地化。直接互动翼虎的全国性活动"你需要的是最近的哪家 4S 店"平台号码直接导入 CRM 系统,进行潜在用户资料备份。

3.5.2　中国电信:"天翼"品牌无线营销实战

万千国人期盼的中国 3G 时代已经到来。天翼,作为中国电信主推的 3G 业务,已经看到无线营销对于目标群体巨大的促进作用。正如我们想传达的信念:3G 时代,天意就是天翼。

3G 时代的到来引发三大 3G 品牌大战。2009 年 1 月 7 日,工业和信息化部为中国移动、中国电信和中国联通发放 3 张第三代移动通信牌照,标志着 3G 时代的真正到来。随着三大品牌的陆续推出,营销战火愈演愈烈。中国电信的"天翼"之路是从一场惊艳的品牌塑造开始的,邓超手中的手机如此无所不能。电视 TVC、户外站牌等广告铺天盖地的密集宣传,也使我们对天翼品牌名称印象深刻了,为此当得知将为天翼品牌制定无线营销策略时,都非常兴奋。但随着双方进一步地沟通了解,对天翼产品的研读及天翼品牌在传统媒体上推广的深入研究,才发觉并非那么简单,主要遇到了以下几个难点。

1. 遇到的难点

1) 天翼目标用户群体的锁定

天翼的目标客户是中高端企业、家庭及个人客户群。但从价值需求来看，目前中高端群体里没有手机的几乎为零，那就意味着，中国电信要在其他运营商手中"抢夺"客户。面对几亿拥有手机的广大用户群体，将品牌理念、产品优越性传递至每一个人无疑是项艰巨的任务。所以关键在于如何将目标用户挖掘出来，以最高性价比的方式取得最佳的传播效果？这一直是我们思考的问题。3G品牌产品的最突出竞争力是手机的飞速上网功能。而作为中国第一手机门户的空中网，在短短几年的运营时间就积累了一大批黏性高的上网用户，而在NBA手机官网上，人气更为火爆。这些在2.5G时代积累起来并热衷于丰富上网体验的人群，对手机上网速度和品质也是有较高要求的。而3G产品的目标用户群也能清晰地锁定。

2) 天翼产品的深入解读

天翼户外广告，电视TVC的大力宣传，明星代言的强大号召力使得将品牌名称推广得无人不知无人不晓。但竞争对手依旧强大的宣传架势也促使3家3G品牌的名声同样响亮。目标用户群体对3G的理解也只是快速上网、查收邮件、娱乐体验等。用户也并不能详细比较3家3G品牌的优劣，这对于没有雄厚客户基础的中国电信天翼品牌显然是很不利的。只有使用户深入了解产品功能、资费等信息，才能和其他对手比较出优劣，抢占用户。短信、手机报、手机上网看新闻等新的资讯体验方式也使得人们养成了手机阅读的习惯。手机终端的几英寸小小屏幕更能有效获得用户的高关注度，在这一方天地中阅读产品资讯更能使用户了解产品。

2. 想法

攻克难点之后，空中网便开始着手无线营销的具体表现形式，形成了以下一些想法。

1) 3G体验馆

有了3G我能做什么？这是每个处于2.5G的用户都想过的问题。用2.5G手机进入天翼为你特设的3G体验馆，即可在线体验观看NBA的在线直播，不再将自己局限于文字直播间中，真正开始了NBA带来的视觉系篮球盛宴，摒弃了那种文字直播所带来的大脑联想赛事的观看球赛方式。NBA的精彩集锦视频也可瞬间下载，让一切精彩随身，这也是3G天翼带来的丰富体验。

2) 3G生活畅想

针对广大手机用户，不管目前是否使用3G，都不妨碍对3G生活的无限可能来大大畅想一番。每期打造一个如"接到老板的3G电话"、"最不可思议的上网方式"等事件处理的悬念故事激活白领人群对故事结局的畅想，实现内部口碑传播。趣味的话题讨论互动方式更能激起用户的关注度及参与热情。有别于传统媒体的单向传播的劣势，用户与品牌间的互动更能促使广告效果实现最大化。

3) 3G天翼商务生活

我们根据不同的目标人群将3G天翼的产品功能划分为商务和生活两大部分。自由驾驭你的世界,轻松享受生活,从容驰骋商务这也是天翼所突出的产品功能。在页面设计方面,也可谓充满时代感与现代感。在传统设计版面横向 Banner 的基础上设计出方形按钮模式,仿照时下流行的触屏手机采用的 weight 界面,带来整齐排列的功能图标。也使用户能简单明朗地了解 3G 功能。而商务和生活两大部分版块的刷屏切换方式也更增加了 WAP site 的时尚感。

4) 精细算盘

3G 推荐器为凸显天翼在资费方面所具备的竞争力,通过对目标用户进行 3G 体验度的调查,根据用户答案选择的不同,给出相应的反馈意见。当用户对 3G 有一定热衷度时,我们将指引用户前往电信营业厅办理 3G 业务,以促使业务量的上升。当用户的选择反映其对 3G 关注度不高时,则指引用户前往 3G 生活畅想板块,看看故事主人公如何畅享 3G 生活,来调动用户对 3G 的关注度与兴趣。

当无线推广的策略思路清晰显露时,如何将想法变为现实,需要的就是坚定的执行力。在专业团队的工作下,设计页面、搭建页面直至 WAP site 的完善,都在有条不紊地进行。

在项目的推广投放上,根据以往的运营经验,整合空中网的优势资源。选取了文字直播间进行投放。在人气聚集的文字直播间中,插播广告介绍天翼 3G 的特点,并在直播间上方设置天翼 WAP site 入口,指引用户前往品牌专区了解更详细的资讯。文字直播间的广告投放有效锁定目标用户,带来了较好的宣传推广效果。

空中网对天翼的无线营销策略,融合了无线媒体的诸多特性。相较于传统媒体,如电视、报纸,无线媒体更具有易传播性、易接受性及实时性等优势。几代国人期盼的 3G 时代,此时终于实现。天翼,作为通信领域巨头电信主推的 3G 领域品牌,其本身具有坚实的技术基础与广阔的市场应用前景。我们的策略完全符合天翼的品牌理念,并且达到了预期的营销效果。天翼的无线推广完善了产品营销策略的同时,有效地拓展了产品推广平面,更为发掘潜在用户提供了强有力的支持。

研究前沿与探讨

移动营销必将逐渐引领营销新潮流。借助精确营销、移动营销渴望有效提高消费者、代理商与营运商的共同利益,通过互联网、多媒体智能手机、计算机终端实现革命性的 B2B、B2C "移动经济"。广告代理商让广告商为通信用户的账单付费,而通信用户必须让渡时间价值观看广告,同时广告商实现了点对点的在客户细分基础上的精确营销,从而有利于广告效益最大化、投放人群精准化、观看人群收益最大化和广告交易促成显著化的四化特点。作为新兴"第五媒体",手机移动营销承载了太多的机遇和挑战,如何在这一小小屏幕上实现整合营销基础上的精确营销成为未来营销发展的主流方向。与互联网整合营销所不同的是,手机整合营销除了对营销方式的整合,还包括对传播平台的整合,包括手机传统功能、手机移动网络、互联网及线下系列营销活动。手机整合营销尚属新兴营销方式,但其发展前景非常良好。

移动营销区别于其他媒体的最大优势在于其可以真正实现点对点、精准营销。同其他精确营销方式一样,移动精准营销的基础是一个庞大的数据库,记录了所能找到的受众的全部信息,包括地址、教育程度、收入情况、购买记录和消费偏好等维度。信息的维度越丰富,营销的精准度就越高,营销的效果就越好。基于数据库的精准营销可以根据受众的特点为他们制定"窄告",而且能够和他们互动,为他们提供有用的消费信息,具有"针对性、互动性和及时反馈"等特点。作为"第五媒体"的手机,其个性化、精准性、互动性、实时性等特性都是其他媒体难以比拟的,手机用户基数远远高于互联网,这也是基于手机平台进行精准营销的优势所在。

移动营销产业价值链将逐渐完善,走向专业化、协作化。过去,运营商占据了整个移动通信产业的价值链系统。3G 的到来为用户提供了更加丰富的移动互联网服务,移动互联网产业链正朝着细分市场、差异化竞争和个性化服务的方向发展。内容服务提供商、软件服务提供商、芯片厂商等更多的新进入者,分割了原本运营商垄断的价值链系统。经过在各自领域的快速成长,新的竞争者已经发展成为最具活力和竞争力的领先企业。强大的品牌影响力、庞大的用户规模、高效的产品研发能力、重视用户体验并且了解用户需求增强了新竞争者的竞争实力。运营商、终端厂商和信息服务提供商三大博弈力量形成了移动互联网三向竞合格局。运营商一方面应对包括网络、终端和业务在内的全领域竞争,另一方面在应用服务、渠道拓展等方面展开广泛的产业合作。面对互联网模式的冲击,产业链各方需要借鉴互联网模式的最佳实践,在此基础上引领移动互联网的发展。构建开放式平台、集成互联网应用服务、创新商业模式、提高产业链服务能力成为亟待解决的问题,也成为未来的一个发展趋势。

本 章 小 结

移动商务营销指企业以移动终端设备为载体,依托移动通信网络,并结合传统互联网开展的互动营销活动,具有即时、直接、互动、个性化及分众、定向、精准的特征和信息类别丰富、成本低廉、可以给受众更好的体验等优势,可以做到在需要的时间、需要的地点传递消费者需要的内容。其实,移动商务营销就是精准营销和无形营销。

移动商务营销的应用模式主要有移动二维码、短信网址、移动商圈、移动搜索、移动网站及蓝牙互动营销等多种形式。现有信息技术水平的基础上,移动商务营销中应用最多的媒体传播方式主要包括短信广告、彩信广告、WAP PUSH 广告和 WAP 广告 4 种。智能化手机激发了移动广告的发展。当移动媒体成为主流媒体,移动广告的黄金时代也就真正到来了。

基于移动商务相对传统电子商务及市场营销独具的个人化、地域性、网络化的优势,移动商务的营销应首先在识别用户身份的基础上实现市场细分,差别化营销。在识别目标用户后提供个性化的服务和针对性的产品推广是移动商务营销的直接目的。个性化的实现必须基于即时性的用户位置定位及互动沟通。移动商务下企业的营销策略包括创造"移动"需求、突出"移动"特点、消费者宣传、采取个性化的营销方式、开展精准营销、采取合适的价格策略、促销策略及服务策略等。

无线营销也称手机互动营销或移动营销。无线营销(Wireless Marketing)是利用以手机为主要传播平台的第五媒体,直接向"分众目标受众"定向和精确地传递个性化即时信息,通过与消费者的信息互动达到市场沟通的目标。由于多种原因的局限,我国无线营销市场还处于初级阶段。

每课一考

一、填空题

1. 移动商务营销面临的障碍包括认知度不高、(　　　　)、(　　　　)和(　　　　)。
2. 传统的企业网络营销方式包括(　　　　)、(　　　　)、(　　　　)、(　　　　)、(　　　　)和(　　　　)。
3. 4C 理论包括(　　　　)、(　　　　)、(　　　　)和(　　　　)。
4. 4P 理论包括(　　　　)、(　　　　)、(　　　　)和(　　　　)。
5. 4R 理论包括(　　　　)、(　　　　)、(　　　　)和(　　　　)。
6. 移动商圈的 4 个参与者包括移动运营商、商街服务商、(　　　　)和(　　　　)。
7. 移动搜索的搜索方式包括(　　　　)、(　　　　)和(　　　　)。
8. WAP 广告包括(　　　　)和(　　　　)。
9. 短信广告的传播方式包括(　　　　)、(　　　　)、(　　　　)和(　　　　)。
10. 移动商务营销中应用最多的媒体传播方式主要包括短信广告、彩信广告、(　　　　)和(　　　　)。

二、选择题

1. "分众识别、个体锁定"体现的是(　　)。
   A. 4P 理论　　　B. 4C 理论　　　C. 4R 理论　　　D. 4I 理论
2. "一对一的互动关系"体现的是(　　)。
   A. 4P 理论　　　B. 4C 理论　　　C. 4R 理论　　　D. 4I 理论
3. 营销的个性化体现的是(　　)。
   A. 4P 理论　　　B. 4C 理论　　　C. 4R 理论　　　D. 4I 理论
4. 营销的即时性体现的是(　　)。
   A. 4P 理论　　　B. 4C 理论　　　C. 4R 理论　　　D. 4I 理论
5. 以下选项中,企业应用最广泛的一种营销方式是(　　)。
   A. 群发短信　　B. 信息定制　　C. 电子折扣　　D. 互动游戏、调研
6. 以下选项中,实现短信与 WAP 的结合的是(　　)。
   A. 短信广告　　B. 彩信广告　　C. WAP 广告　　D. WAP PUSH
7. 以真实地理商圈为原型的在移动互联网上重构的虚拟商业环境,指的是(　　)。
   A. 移动搜索　　B. 移动商圈　　C. 移动网址　　D. 蓝牙互动
8. 以下选项中,能够实现传统纸媒体到网络媒体的平滑链接,使得传统媒体突破平面的界限,指的是(　　)。
   A. 移动二维码　　B. 短信网址　　C. 移动商圈　　D. 移动搜索

9. 智能手机的全盛时期是进入(　　)。
   A．文字广告　　　B．移动广告　　　C．图片广告　　　D．动画广告
10. 以下选项中，可理解为"网络营销的技术性延伸"的是(　　)。
    A．无线营销　　　B．品牌营销　　　C．广告营销　　　D．杂志营销

三、判断题

1. 移动商务营销具有定位准确、时间灵活等特点。　　　　　　　　　　　　(　)
2. 移动互联网为移动商务营销提供了技术支持。　　　　　　　　　　　　　(　)
3. 标准化程度低制约了移动商务营销的发展。　　　　　　　　　　　　　　(　)
4. 传统营销是移动商务营销的基础。　　　　　　　　　　　　　　　　　　(　)
5. 移动商务营销就是精准营销和无形营销。　　　　　　　　　　　　　　　(　)
6. 超前(Proactive)服务管理也是移动电子商务的新领域。　　　　　　　　　(　)
7. 移动电子商务在股票交易上的应用更是体现了其移动性的优势。　　　　　(　)
8. 由于多种原因的局限，我国无线营销市场还处于初级阶段。　　　　　　　(　)
9. 移动营销产业价值链将逐渐完善，走向专业化、协作化。　　　　　　　　(　)
10. 手机整合营销除了对营销方式的整合，还包括对传播平台的整合。　　　 (　)

四、问答题

1. 移动商务营销与网络营销的区别是什么？
2. 移动商务营销有哪些优势？
3. 移动商务营销面临的障碍是什么？
4. 无线营销的意义是什么？

技 能 实 训

1. 了解移动商圈在企业的应用情况。
2. 以某一知名企业为例，分析移动网站在其营销领域的应用。

案例分析

根据以下案例所提供的资料，试分析：
(1) 二维码具有什么优势？
(2) 二维码在移动商务领域的应用情况如何？
(3) 除二维码外，还有哪些移动商务营销模式？

电商二维码：无处不在的生意经

北京，CBD，国贸三期旁，一幅巨大的地产广告吸引了来往人群的驻足围观。然而，吸引用户停留的

并不是10min直达城市中心等直白的广告文案，而是一幅硕大的二维码。通过手机读取该二维码，如图3.3所示，地产商为用户准备的丰富营销信息将即刻传递到手机终端上。

近日来，这些看似奇怪的由黑白两色组成的方形条码也以"商品墙"的形式出现在了京沪的部分地铁站里，用户仅预装软件在手机，便能利用手机拍摄商品图片下方的二维码，了解到商品信息、评价，喜欢还可以利用手机直接完成支付。实际上，它是"1号店"力求打造"身边超市"，借力移动营销的又一实践。据了解，这种"虚拟超市"已出现在了申城9条地铁线的70多个站点，在北京乃至全国都有大量的二维码广告出现，主要以公交站点灯箱广告的形式出现。而淘宝聚划算的"小白专团"也尝试了二维码的应用，实现了1min内200台iPhone瞬间抢空的团购奇迹。

图3.3　手机读取二维码

二维码近来是真火了，当然，"火"是有理由的，因为它输入速度快，准确率高，成本低，可靠性强，而且能容纳大量的信息，动静皆宜，可谓是人们网上购物、网上支付、网上浏览商品的方便入口，为移动商务的发展开拓了新的天地。与此同时，二维码的形态往往能激发消费者的好奇感和浏览欲，当消费者闯入这个神奇的世界，离订单的生成也就靠近了一步。如此便捷的营销渠道，大家都行动了，你还等什么？

(资料来源：Mark. 移动营销嫁接电子商务模式探索的四大案例 [EB/OL].
(2011-12-6). [2012-10-5]. http://www.iimedia.cn/23041_2.html.)

第4章 移动客户关系管理

知识结构

```
案例导航          移动商务给          客户关系          移动客户关系          移动商务环境下的
                客户带来的变革        管理概述          管理概述            客户信任、采纳和保持
```

| 中化国际
客户管理
战略——
"细分领先" | 1. 信息的交换性
2. 客户的消费方式 | 1. CRM 的概念
2. CRM 出现的原因
3. CRM 技术上的实现
4. CRM 打造企业核心
　 竞争力 | 1. 移动客户关系管理
　 的概念及带给企业
　 的竞争优势
2. 企业实施MCRM的
　 基本原则
3. MCRM系统实施的
　 方法论 | 1. 客户信任
2. 客户采纳
3. 客户保持 |

知识要点

1. 客户关系管理的基本概念。
2. 移动通信给客户带来的变革。
3. 移动商务环境下客户关系管理实施步骤。
4. 移动商务环境下的客户信任、客户采纳和保持的影响因子。

学习方法

1. 灵活学习基本概念：CRM 与 MCRM。
2. 传统知识新应用：MIS—CRM 系统构成—MCRM 实施。
3. 提升理论、学术探讨：客户信任—客户信任模型。

> **案例导航**

中化国际客户关系管理战略——"细分领先"

1998 年 12 月,脱胎于中化集团橡胶、塑料、化工品和储运业务的中化国际在北京成立,2001 年 7 月公司进行战略南移,总部迁到上海浦东。6 年来,中化国际坚持向产业上下游延伸的发展战略,努力从外贸代理型企业向具有市场营销能力和稳定盈利能力的综合服务商转变,橡胶、化工、冶金能源、化工物流四大核心业务的市场地位不断提升,客户遍及全球 100 多个国家和地区,销售收入已突破 19 亿美元。

由于公司业务的快速增长,中化国际向综合服务商转变的速度也逐渐加快,领导层意识到"为客户提供服务、为客户创造价值,才是企业的核心竞争力",因此决定采用 CRM 管理客户资源,进一步细分市场寻找优质客户。经过长期研究考察之后,中化国际决定采用微软 CRM 产品。由于该产品能提供信息快速共享平台、客户信息完整视图、电子邮件管理等功能,同时具备易开发、易集成、易操作等特点,短时间内帮助中化国际实现了第一期项目目标。在提高工作效率和客户满意度的同时,中化国际利用收集到的信息进行了"消费者行为研究",为市场销售指引了战略方向。

1. 面临的问题

中化国际需要建立自己的营销体系,然而现实却是企业对于客户的很多情况实际并不了解。当时,中化国际提出了"细分领先"的战略口号,这其中一方面是要建立更好的产品结构,另一方面就是要针对关键客户进行挖掘。在此背景下,中化国际决定通过 CRM 解决管理中面临的诸多问题。

(1) 缺乏科学手段管理客户资料。中化国际的客户遍布全球,分为供应商、贸易商、终端客户三大类,每一类客户的产能或需求信息对公司制定年度销售目标至关重要。但这些情况都掌握在销售个人手中,销售经理不能掌握确切的资料,因而无法作出切实的销售预测。

(2) 无法实时查询产品价格。石化类产品的价格随着原油市场价格波动时刻在变化,销售无法即时得到国际市场最新报价作为给客户的报价参考,常常为此给公司带来经济损失。遇到反复不定的客户,报价更是一日三变,经常引发不必要的争端。

(3) 销售绩效无法客观评价。作为行业特色,大宗原材料贸易的利润率不高,经常受到市场因素干扰。如果客观地评价每单业务的实际利润率,其实是考核销售人员水平的客观依据。在激烈的市场竞争环境下,公司经营模式必须由原先合同额评估转向利润额评估转变。

(4) 缺少客户关怀。贸易壁垒逐渐消失,如何在产品品质、价格一致化的市场大背景下,保留客户唯一的方式是在服务中产生衍生价值。如果缺少对客户的主动关怀及及时服务,终将导致客户的流失。

2. 解决方案

中化国际的高层管理者发现了营销体系中的问题所在,认为客户关系管理软件可以解决公司难题。在对国内 CRM 市场进行了长达 4 年的审慎考察后,中化国际对 CRM 解决方案的自身要求也逐渐清晰起来:首先 CRM 项目风险必须得到控制,项目不仅要成功上线而且顺利运行;其次 CRM 项目上线后可随需升级、匹配公司业务,并对业务产生带领、指导;第三合作伙伴必须具备很强的技术能力和实施能力。

带着这样的考虑，中化国际最终将目光落在了微软和其合作伙伴上。"微软是中化国际的长期合作伙伴。"据中化国际 CRM 经理陈佩新介绍，当时中化国际看中的是微软合作伙伴自 1998 年便开始在中国专注 CRM 领域，并且在 2004 年便将微软 CRM 解决方案引入中国市场，"经验丰富，实力也很强。"

微软合作伙伴向中化国际提供的微软 CRM 3.0 包括销售、市场、服务、采购、车辆等模块，涵盖公司日常业务的方方面面。

(1) 客户资料统一保存。微软 CRM 解决方案的重点是销售管理，销售模块的客户功能项按照供应商、贸易商、客户三大类分别管理中化国际的所有客户，将销售与其往来邮件全部保存在数据库内，销售经理只要输入客户名便能看到所有该客户的信息。

(2) 产品报价即时查询。销售模块将产品价格查询单独列为功能项，由产品经理输入公司制定的价格及库存信息，帮助业务员及时调整给客户的报价。系统还设置"市场交易价格"、"外部行情"两大功能项，直接链接销售平时浏览参考价格的网站，销售能及时汇报产品经理外部价格动态为产品定价做参考，真正实现整个销售团队协作共享。

(3) 销售更简便。对于中化国际，掌握有利的销售线索是工作的一个侧重点。客户的原材料年度需求、产能信息都是公司判断下一年度销售情况的重要依据，也是给客户授信额度的评判标准。以往这些资料都掌握在销售手中，使用微软 CRM 之后，产能信息、原材料年度需求信息、客户资料全部关联到一起。

(4) 报价单管理更高效。石油化工产品的价格受市场影响很大，一笔交易从洽谈到最后下订单之前定价时有波动。微软 CRM 报价单管理功能项允许业务人员多次报价并对报价单进行重复修改，报价单在正式提交客户之前系统会自动交由产品经理进行最后审批，避免错误报价发送给客户。

(5) 服务管理提高客户满意度。微软 CRM 的服务管理模块设置了客户投诉和咨询两大类别，帮助企业及时了解客户的反馈信息，提高销售与售后服务的质量，从而切实提高客户满意度。

通过 6 个月的快速实施，一期系统已经成功验收运转。解决方案各个模块符合中化国际日常业务的实际需求。由于微软 CRM 与微软 Outlook 具有相同的界面，业务员毫无陌生感，都能很快掌握操作技能并立即上手应用。

中化国际运用微软 CRM 构筑企业客户关系管理体系，在管理理念的转变上迈出了坚实的一步。微软 CRM 不仅提供了现代化的管理工具、理顺了业务流程，更重要的是将"以客户为中心"的理念深植于每个营销人员心中，从而提升了整个销售团队的综合素质。

3. CRM 给中化国际带来了众多利益

(1) 减少用于内部沟通的时间，工作效率提高近 80%。中化国际在实施微软 CRM 之前，企业内部沟通依靠电话或邮件进行联络，实时性比较差。信息渠道的不畅通给中化国际的业务带来一定影响。实施 CRM 之后，中化国际利用微软 CRM 系统作为统一平台进行信息收集与共享，员工可以在此平台上随时了解业务需要的信息，内部沟通时间大大减少，工作效率提升。

(2) 客户资料统一管理，降低客户流失风险。中化国际在实施微软 CRM 系统之前，客户资料都保存在部门公共数据库内，信息查询与管理不便。主管对销售掌握的客户资源并不能及时、全面地了解。实施系统之后，除导入原有客户的资料外，销售必须将新客户的信息也输入系统进行统一管理。中化国际通过 CRM 不仅降低了客户流失的风险，同时也通过系统挖掘了潜在客户。

(3) 售后服务理念加强，提高客户近95%满意度和忠诚度。中化国际在实施微软CRM系统之前，售后服务这一方面跟不上企业做大做强的要求，客户投诉的响应速度很慢。实施系统之后，客户投诉的电话、邮件都记录在系统中，主管能及时查看并安排人员跟进处理，响应速度大大提高，客户的满意度和忠诚度也得到了大幅提升。

(4) 进行消费者行为研究，为市场销售指引战略方向。中化国际利用微软CRM系统从报价、成交量、市场预测、客户潜在订单、价格预测等方面进行信息收集，并通过自行开发的销售追踪报表来统计分析其每一年度的前、后、中3个月的实际销售情况，从而进行消费者行为研究，为市场销售指引战略方向。

(资料来源：MS. 微软 Dynamics CRM 帮助中化国际实现细分市场[EB/OL].
(2011-10-25). [2012-10-12]. http://news.ctocio.com.cn/163/12186663.shtml.)

通过这个案例，我们应思考3个问题：

1. 客户细分的内涵是什么？
2. 企业不实施CRM系统，在客户投诉管理方面会存在什么问题，实施CRM之后，这些问题又是如何解决的？
3. 什么是客户关怀与客户保持，它们之间的关系是什么？

4.1 移动商务给客户带来的变革

移动技术显著地改变了商业环境，技术进步和低成本使移动电话更加普及，作为随身携带的产品，随着移动通信多媒体化和移动终端多用化趋势越来越明显，手机集合了越来越多的功能，如导航、搜索、娱乐等功能于一体，是海量信息的终端。据中国互联网网络信息中心第31次的中国互联网网络发展状况报告得知：截至2012年12月底，中国手机网民规模年增加18.1%，达到4.2亿人，占整体网民的74.5%。手机上网成互联网用户新的增长点。随着3G时代的到来，手机电视、手机电影、手机报、手机音乐、手机杂志、手机游戏等多种内容形式都发展起来。

移动商务是通过移动通信网络进行数据传输，并利用移动终端开展各种商业经营活动的一种新的电子商务模式。它能按照客户的个性化需求和喜好定制，设备的选择，提供服务与信息的方式完全由客户自己控制。移动商务的提供者能明确客户需求和喜好，在正确的市场发展正确的服务。移动商务给客户带来的变革主要有以下几个方面。

1. 信息的交互性

移动设备具有互动性，这个特点使移动商务的前途很光明，Kannan，Chang和Whinston认为这个特点就是互动。移动设备便于携带，而且便于回应，它的特点是屏幕小但互动性强，方便提供及时的回应(回电、短信)。这些特点使得公司和他们的客户用一种私人的、连续的、互动的方式沟通。移动设备具有无处不在的可用性，用户随时随地携带手机而且几乎都是开机状态。移动设备通常携带用户的身份信息，可以根据不同的时间和地点提供专门的个性化需求的信息和服务。移动设备还能及时响应，在手机上很难输入很长文本，但是简洁而快速的反应还是很容易的。例如，某公司的销售员小李，每次都是通过传单的方式告知客户促销活动，浪费时间金钱，效率低。自从应用了移动的客户关系管理系统后，比以前省时又省钱。该系统采用手机短信方式，能让小李与他的客户时刻保持联系。能让客户第一时间了解到有什么促销之类的活动。极大地方便了小李与客户之间的沟通与联系。

2. 客户的消费方式

灵活性与快速反应主宰的商业战场上，企业如何才能实时感知消费者迅速变化的需求并及时回应？信息科技(Information Technology，IT)带来的巨大冲击下，企业又如何才能在经济全球化(Globalization)和服务一体化大潮中竞争制胜？几乎所有的实践都表明，"谁不拥抱客户，谁就将必死无疑"。

无线终端设备的小巧便携使得移动商务比普通意义上的电子商务更有优势，移动互联时代消费者消费呈现以下特点。

(1) 选择的自主权。移动互联时代是消费者主权时代，他们不习惯被动接受，而喜欢主动选择。在获得大量信息的基础上，消费者对运营商进行比较分析的能力也越来越强，对运营商的选择和忠诚方面的自主性也越来越大。

(2) 选择的个性化。消费者自主独立的个性，要求运营商能生产出定制化的产品，他们会把自己对产品的要求直接传递给生产者，而不愿再接受商店内有限范围内的选择，故移动互联网络时代的消费者又被称为"产销者"。

(3) 选择的多样化。移动互联时代消费者强烈的求新、求异消费需求将获得极大满足。

(4) 选择的效用性。消费者非常现实，他们崇尚高科技产品，但没有以往消费者面对高科技所产生的畏惧感。他们更加注重产品所提供的价值及利益，包括获得尊重、理解和关怀。

(5) 选择的互动性。消费者在选择商品时，喜欢互动的选择方式。他们希望能够提供互动的环境，希望自己对商品的意见能够得到回馈，要求得到及时满足。消费者将会拒绝在信息沟通不充分、信息不对称性比较强的环境中购物。

客户可以随时随地不间断地与银行、证券、保险公司等进行储蓄、转账等各种业务联系。移动商务将改变客户的消费方式。例如，借助移动证券服务，客户可以获得实时股票报价，进行交易，并随时随地检查资产平衡情况。因为股票价格每时每刻都在变化，掌握实时行情信息在金融市场中非常关键，客户进行股票交易不再受地域限制，而且移动证券服务便捷地访问方式也能提高用户的效率。人们外出旅游或出差的时候，能利用手机等移动终端关注股市行情、进行证券交易。客户还可以通过移动商务购物，购物意愿掌握在客户手中；同时客户还能以一种轻松自由的自我服务的方式完成交易。

在日本，手机银行业务受到了银行业普遍的重视。从技术层面看，日本最大的电信商NTT DoCoMo 为手机银行改良和开发了使用 cHTML 系统的 I-mode，可以连接到以 HTML 语言表述的计算机网页上，同时保证了高度安全，手机终端可以直接对应 Java 和 SSL，发向 I-mode 地面网络中心的电波不可能被破获。从业务层面看，手机银行业务建立在对银行传统业务系统的改进上，功能简单实用、费用低廉、依托银行整体业务体系的集成性较高、与其他电子银行业务互补性强、风险较低、促销方式灵活。例如，东京三菱银行的"东京三菱直接服务",可以方便地实现网络银行、电话银行和手机银行的功能互补,促进了功能相对单一但灵活性十分突出的手机银行的发展,手机银行客户在注册后,在连接主画面选择手机银行的菜单,单击后就可直接切换到银行服务状态,省去了 PC 在网络银行上重复的操作,也没有电话银行要拨号的烦琐。

当新的客户偏好和期望出现时,会带来新的商业机会。而在未来,与客户之间的交互管理将会带来新的市场契机。目前,移动技术正以一种无法预见的方式改变着客户交互模式,并且使传统的利润和收入模式面临不确定性和潜在风险。移动商务给客户带来的变革很多,其对客户产生的影响是多方面、深层次的,因此,其重要性也是显而易见的。在移动商务时代,以客户为中心、提高客户满意度、培养和维持客户忠诚度显得日益重要。

4.2 客户关系管理概述

4.2.1 CRM 的概念

关于 CRM(Customer Relationship Management,客户关系管理)的定义,不同的研究机构有着不同的表述。最早提出该概念的 Gartner Group 认为:所谓的客户关系管理就是为企业提供全方位的管理视角;赋予企业更完善的客户交流能力,最大化客户的收益率。

Hurwitz Group 认为,CRM 的焦点是自动化并改善与销售、市场营销、客户服务和支持等领域的客户关系有关的商业流程。CRM 既是一套原则制度,也是一套软件和技术。而 IBM 则认为,客户关系管理包括企业识别、挑选、获取、发展和保持客户的整个商业过程。IBM 把客户关系管理分为 3 类:关系管理、流程管理和接入管理。

CRM 被描述为利用现代技术手段,使客户、竞争、品牌等要素协调运作并实现整体优化的自动化管理系统,其目标定位在提升企业的市场竞争能力、建立长期优质的客户关系、不断挖掘新的销售机会,获得稳定利润,正成为目前全球最炙手可热的市场之一。

综上所述,CRM 是企业在核心竞争力建设中,为求竞争致胜和快速成长,树立以客户为中心的理念,所制定的包括判断、选择、争取、发展和保持客户的完整商业战略;是企业以客户关系为重点,优化组织体系和业务流程,提高客户满意度和忠诚度,能有效提高效率和利润的业务实践;也是企业围绕客户价值创造,为最终实现电子化、自动化运营目标,在此过程中发明或使用的先进技术(软硬件)、管理制度与解决方案等的方法总和。

4.2.2 CRM 出现的原因

1. 需求的拉动

一方面,很多企业在信息化方面已经做了大量工作,收到了很好的经济效益;另一方面,一个普遍的现象是,在很多企业、销售、营销和服务部门的信息化程度越来越不能适应业务发展的需要,越来越多的企业要求提高销售、营销和服务的日常业务的自动化和科学化。这是 CRM 应运而生的需求基础。

2. 技术的推动

计算机、通信技术、网络应用的飞速发展使得上述想法不再停留在梦想阶段。办公自动化程度、员工计算机应用能力、企业信息化水平、企业管理水平的提高都有利于 CRM 的实现。电子商务在全球范围内正开展的如火如荼，正在改变着企业做生意的方式。通过 Internet，可开展营销活动，向客户销售产品，提供售后服务，收集客户信息。重要的是，这一切的成本是那么低。

客户信息是 CRM 的基础。数据仓库、商业智能、知识发现等技术的发展，使得收集、整理、加工和利用客户信息的质量大大提高。在这方面，我们可看一个经典的案例。一个美国最大的超市——沃尔玛，在对顾客的购买清单信息的分析表明，啤酒和尿布经常同时出现在顾客的购买清单上。原来，美国很多男士在为自己小孩买尿布的时候，往往还要为自己带上几瓶啤酒。而在这个超市的货架上，这两种商品离得很远，因此，沃尔玛超市就重新分布货架，即把啤酒和尿布放得很近，使得购买尿布的男士很容易看到啤酒，最终使得啤酒的销量大增。这就是著名的"啤酒与尿布"的数据挖掘案例。

在可以预期的将来，我国企业的通信成本将会降低。这将推动互联网、电话的发展，进而推动呼叫中心的发展。网络和电话的结合，使得企业以统一的平台面对客户。

3. 管理理念的更新

经过二十多年的发展，市场经济的观念已经深入人心。当前，一些先进企业的重点正在经历着从以产品为中心向以客户为中心的转移。有人提出了客户联盟的概念，也就是与客户建立共同获胜的关系，达到双赢，而不是千方百计地从客户身上谋取自身的利益。

现在是一个变革创新的时代。比竞争对手领先一步，而且仅仅一步，就可能意味着成功。业务流程的重新设计为企业的管理创新提供了一个工具。在引入客户关系管理理念和技术时，不可避免地要对企业原来的管理方式进行改变，变革、创新的思想将有利于企业员工接受变革，而业务流程重组则提供了具体的思路和方法。

在互联网时代，仅凭传统的管理思想已经不够了。互联网带来的不仅是一种手段，它触发了企业组织架构、工作流程的重组及整个社会管理思想的变革。

总之，CRM 的产生，是管理理念更新、市场需求变化及电子化浪潮和信息技术变革等背景所共同促成的。

4.2.3 CRM 在技术上的实现

1. 销售

在采用 CRM 解决方案时，销售力量自动化(Sales Force Automation，SFA)是早期的针对客户的应用软件的出发点，主要是提高专业销售人员的大部分活动的自动化程度。它包含一系列的功能，提高销售过程的自动化程度，并向销售人员提供工具，提高其工作效率。

2. 营销

作为对 SFA 的补充，它为营销提供了独特的能力，营销自动化模块与 SFA 模块的不同在于，它们提供的功能不同，这些功能的目标也不同。营销自动化模块不局限于提高销售人员活动的自动化程度，其目标是为营销及其相关活动的设计、执行和评估提供详细的框架。在很多情况下，营销自动化和SFA模块是补充性的。

3. 客户服务与支持

在很多情况下，客户的保持和提高客户利润贡献度依赖提供优质的服务，客户只需轻点鼠标或打一个电话就可以转向企业的竞争者。因此，客户服务和支持对很多公司是极为重要的。在CRM中，客户服务与支持主要是通过呼叫中心和互联网实现的，CRM系统中呼叫中心是与客户接触的中心枢纽。

4. 计算机、电话、网络的集成

企业有许多同客户沟通的方法，CRM应用有必要为上述多渠道的客户沟通提供一致的数据和客户信息。建立在集中的数据模型的基础上，统一的渠道方法能改进前台系统，增强多渠道的客户互动。

一个完整、有效的CRM应用系统中，由4个生态子系统组成，分别是业务操作管理子系统、客户合作管理子系统、数据分析管理子系统、信息技术管理子系统。在业务操作管理子系统中，客户关系管理应用主要是为实现基本商务活动的优化和自动化，主要涉及3个基本的业务流程：市场营销、销售实现、客户服务与支持。因此CRM的业务操作管理子系统的主要内容包括营销自动化(Marketing Automation，MA)、销售自动化(Sales Automation，SA)和客户服务与支持(Customer Service & Support，CS&S)。在客户合作管理子系统中，CRM的应用主要是为实现客户接触点的完整管理、客户信息的获取、传递、共享和利用及渠道的管理，具体涉及企业不同职能部门的管理信息体系、联络中心(电话中心)、移动设备、Web渠道的信息集成处理等问题，因此主要的内容有业务信息系统(Operational Information System，OIS)、联络中心管理(Contact Center，CC)和Web集成管理(Web Integration Management，WIM)3个方面。在数据分析管理子系统中，客户关系管理的应用主要涉及为实现商业决策分析智能的客户数据库的建设、数据挖掘(Data Mining)、知识库建设等工作，其内容因此包括数据仓库建设(Data Base/Warehouse，DB)、知识仓库建设(Knowledge Base，KB)及依托管理信息系统(Management Information System，MIS)的商业决策分析智能(Business Intelligence，BI)等。在信息技术管理子系统中，由于CRM各模块运行都必须由先进的系统来保障，因此技术管理也成为整体的有机组成部分。主要包括以下几部分。

(1) 其他子系统应用软件管理，如数据库管理系统(Database Management System，DBMS)、电子软件分发系统(Electronic Software Distribution，ESD)等。

(2) 中间件和系统工具的管理，如中间件平台(Middle Ware)、系统执行管理工具(System Administration Management)等。

(3) 企业级系统的集成管理，如CRM与企业管理系统的集成，乃至整个企业应用集成(Enterprise Application Integration，EAI)方案，以实现将企业的CRM应用与ERP、SCM等系统紧密集成起来。

(4) 电子商务技术和标准管理，如 Internet 技术及应用、EDI 技术及标准、通信标准管理等。

4.2.4　CRM 打造企业核心竞争力

CRM 能为企业带来的主要竞争优势在于，首先是提高客户忠诚度，客户忠诚度指客户对某一特定产品或服务产生了好感，形成了偏好，进而重复购买的一种趋向。维持既有客户的良好关系，避免发生宝贵的客户资料随销售人员离职而流失，提高客户重复购买行为等。其次是开发新客户，开发新的客户关系、了解客户需要、提高客户满意度，进而发挥最大的促销能力，增加营业额。而且精简成本，通过技术与商业流程的整合，精简了业务流程，节省成本。

CRM 由此被视作电子商务的主要推动力量，更被视为企业实现商务 E 化、客户服务和销售自动化的最佳途径。

在未来，企业实施 CRM，打造出的核心竞争力，将与传统的形式发生彻底的变化。

CRM 的出现，使企业真正能够全面观察其外部的客户资源，并使企业的管理全面走向信息化，从而促使企业全面的关注其核心竞争力的打造。企业想在瞬息万变的市场环境中立于不败之地，就必须依托现代化的管理思想和管理手段，有效地对企业的内部资源和外部资源进行整合。以 CRM 为代表的先进 IT 管理系统在企业的内部资源整合和外部资源的整合中，将不仅改变了企业的管理和运营模式，也直接地影响到了企业竞争能力建设。

CRM 将促进企业建设自身核心竞争力的速度和深度。CRM 的出现体现了两个重要的管理趋势的转变。

(1) 企业从以产品为中心的模式向以客户为中心的模式的转移。这有着深刻的时代背景，随着各种现代生产管理和现代生产技术的发展，产品差别越来越难以区分，同质化的趋势越来越明显，因此，通过产品差别细分市场，从而创造企业的竞争优势也就变得越来越困难。

(2) CRM 的出现还表明了企业管理的视角从"内视型"向"外视型"的转换。众所周知，Internet 的发展和经济全球化、国际化的趋势下，企业之间几乎变成了面对面的竞争，企业仅依靠"内视型"的管理模式已难以适应激烈的竞争，因此必须转换视角"外向型"地整合自己的资源。

通过 CRM 系统实施形成的统一的客户联系渠道和全面的客户服务能力，将同样成为企业核心竞争力的重要组成。

企业细心了解客户的需求、专注于建立长期的客户关系，并通过在全机构范围内实施"以客户为中心"战略强化这一关系，通过统一的客户联系渠道为客户提供比竞争对手提供更好的客户服务，这种基于客户关系和客户服务的核心竞争力因素，都将在市场和效绩中得到充分的体现。优质的服务可以促使客户回头购买更多的产品或服务，企业整个业务也将从每位客户未来不断的采购中获益。

CRM 还将保证企业核心竞争力的持续提高。

因为 CRM 在系统功能方面实现了销售、营销、服务、电子商务和呼叫中心等应用的集成，其目标是持续提高企业的运营和管理的先进化、自动化水平。

CRM 系统自身具有能动的持续进步的能力,将保证企业不断根据其资源状况和市场竞争情况,调整竞争战略、突出产品或技术优势,在拥有良好而稳定的长期客户关系的基础上获得不断的市场成功。这些能力对于企业核心竞争力中的相关构成要素将起到持续的推动和促进作用。

4.3 移动客户关系管理概述

4.3.1 移动客户关系管理的概念及带给企业的竞争优势

1. 移动客户关系管理的概念

随着拥有互联网接入功能的移动电话迅速普及,人们可以通过计算机与互联网连接获取信息,移动电话以无线通信方式方便地提供随时随地的交流与沟通。由此产生了基于 Web 的电子化客户关系管理(Electronic Customer Relationship Management,ECRM)和基于无线通信方式的移动客户关系管理(Mobile Customer Relationship Management,MCRM)。ECRM 是在互联网的普及促进下产生的,它是一个用于电子商务战略的客户关系管理应用程序,包括定制和个性化客户体验及其与网站、呼叫中心和客户与电子商务进行联系的其他方式;而 MCRM 是基于无线通信技术、无线 Internet 和电子商务战略下的客户关系管理,指通过电子移动装置及无线设备创造和交付高度个性化并具有成本效益的销售、营销、服务产品。MCRM 突破传统客户关系管理系统的局限,为客户提供定制的、基于现场的实时服务,使客户收到及时的、满足自己需求的信息,公司可通过无线设备了解其销售骨干和营销队伍。MCRM 的结构图如图 4.1 所示。

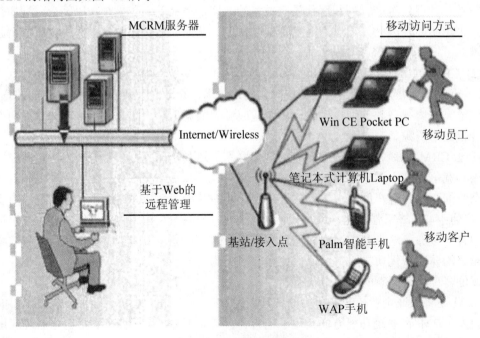

图 4.1 MCRM 结构图

2. MCRM 带给企业的竞争优势

越来越多的企业需要随时随地地利用应用软件帮助他们的决策者通过指尖就能轻松获得关键任务信息。员工则需要 24×7 的联络和实时的访问数据，而不管他们在什么地方。MCRM 能通过易于使用的为他们移动设备所定制的协同型应用软件帮助用户获得高效和富有成果的信息。

在移动商务的环境下，企业日益追求随时、随地、随心的客户交互能力，这也促进了 MCRM 应用的日益火热。移动客户关系管理方案将移动信息化应用与客户关系管理相结合，实现更先进、更有效的目标。无线通信技术与无线互联网的发展为客户关系管理系统插上了移动的翅膀。移动客户关系管理可以使客户收到及时的、满足自己需求的信息，而企业则可以通过无线设备了解、管理销售骨干和营销队伍。时间在销售周期里显得越来越珍贵。现在的销售专业人员用越来越多的时间在办公室以外的地方，同时还要处理多个交易，他们需要通过移动设备完成 CRM 中经常涉及客户信息的任务。企业中需要移动办公的员工越来越多，他们不在办公桌办公的时间超过周工作时间的 20%。一家实施移动客户关系管理的企业，不仅能在办公大楼中拥有深度挖掘客户资源的能力，而且业务人员在家、在客户办公室中、在旅途中、在异地他乡都拥有掌控并满足客户需求的本领，拥有不受局限的客户关系管理能力。

移动客户管理系统突破传统 CRM 系统的局限，为客户提供定制的、基于现场的实时服务，为企业争取新客户，留住现有客户。MCRM 的应用，愈加彰显了 CRM 的电子化和自动化特征。MCRM 不仅能够由内到外为企业提供自助服务系统，可以自动地处理客户的服务要求，实现"任务替代"；同时也意味着由外到内地带来低成本优势，满足了客户的实质性需求，自助服务提高了响应速度和服务的有效性，从而会增进客户的满意程度，进而帮助企业扩大市场份额、提高获利的能力。MCRM 的应用，无疑强化了企业实时响应的能力，促使企业向用户提供服务的方式，逐渐实现真正的"一对一"。MCRM 是以"客户关系一对一理论"为基础，借助移动通信设备实时获得客户信息，辅助企业经营决策，以提高客户满意度和企业竞争力的一种过程或系统解决方案。MCRM 系统为企业构建了一整套以客户为中心的有关客户、营销、销售、服务与支持信息的数据库，帮助企业了解管理渠道，建立和优化了前端业务流程。该系统可以进行深层次的分析和挖掘，从而发现最有价值的客户、新的市场和潜在的客户，创造业务良机。该系统可扩展、可连接的特性使它可以与企业的 SCM/ERP 系统无缝集成，实现实时的数据交换，增强企业与供应商、合作伙伴、客户间的关系，加快客户服务与支持的响应速度，增强企业在电子商务时代的竞争优势。将移动性与客户关系管理相结合，可以实现精准营销，更好地为移动营销服务。例如，某健身中心俱乐部使用会员卡方式与消费者联络，以持续积分及打折的方式吸引消费者二次消费，并提高消费者的忠诚度；以广告、传单等方式发布促销及优惠信息。但是，会员卡的特性导致该俱乐部只能"等待"消费者消费，而无法做到与消费者保持实时沟通，广告、传单只是随机分发，也无法将信息针对性地传递到潜在客户手中。而该俱乐部未能建立有效的客户资料数据库，更无法进行客户细分、客户关怀及针对性的客户营销。听说移动出了一套客户关系管理系统，然后办理了该业务。很快，该俱乐部以前所面临的种种问题得到了解决。该系统采用手机短信的方式，将会员卡与手机号码绑定，手机的双向功能保证了该俱乐部与消费者之间的沟通与联系，同时短信的普及与使用保证了该俱乐部可以将促销与优惠信息直接发布到消费者手中。同时，具有强大而简便易用的后台数据库及应用功能，可以方便地输入客户资料，定时进行客户关怀，从而帮助该俱乐部对消费者进行个性化的精准营销。

因此，通过移动电话与 SMS，随时随地与客户互动，充分掌握客户生命周期的每个阶段。

首先，MCRM 统一了客户互动渠道。MCRM 与客户的互动是无缝、统一、高效的。应用 MCRM 能增加企业的销售收入。MCRM 为销售人员提供了实时的访问能力，使销售人员对客户重要信息的访问不再受地域和时间的限制，从而更有效地管理客户关系和销售流程，最终提高工作效率。销售人员还拥有实时更新业务报告和进行销售预测的能力，回顾客户信息并及时响应潜在客户和合作伙伴的需求，这对销售指标的制定和完成起到了非常重要的促进作用。而且通过移动营销，广告等提升客户对企业品牌与产品的认知。

其次，MCRM 集成了工作流。MCRM 为跨部门、跨地区的工作提供全过程的支持，使这些工作能动态地、高效地完成。MCRM 通过可实时协调的工作流程将企业的各种业务紧密结合起来，把企业各项营销活动整合到统一的平台上，将个人的工作纳入企业规范的业务流程中，提升企业整体管理水平，建立规范的销售、市场、服务等部门的协同工作流程，有效地避免了销售组织和服务组织之间的壁垒，使原本各自为政的人员开始真正地协调合作，成为一支以客户为中心的强大团队。例如，销售代表在与客户的接触中，可以及时地将客户的服务请求和感受传达给服务部门，以便及时响应、解决问题并提高客户满意度。客服代表在与客户的接触中，迅速将新的商机转达给销售代表或直接受理，从而增加了新的销售机会。

另外，MCRM 应用将使客户信息的整合程度进一步提高，所有与客户接触的企业人员可获得实时的客户信息，而且使得各业务部门和功能模块间的信息能统一起来，通过客户信息情报的深度分析可以协调企业前台业务和后台管理决策的协同工作。MCRM 使得企业海量的客户信息、业务记录、进程、销售预期、反馈信息等关键信息，在统一的业务平台上得到了规范的管理，并在此基础上与现有的业务流程相适应，提供多项统计数据，显著减少错误信息可能导致的不完整和不准确的数据收集。MCRM 使交易可以瞬时完成，从而提高工作效率和客户满意度。利用 MCRM，可以较低的成本进行大规模的电子促销，通过发送短信迅速将产品信息传达给广大的潜在客户，节约广告开支。同时，还可以对市场活动的全过程进行跟踪，企业的工作人员可以在任何地方使用这些功能，系统的运行成本比较低，维护和升级比较容易。

最后，MCRM 支持企业开展移动商务。MCRM 应用，能够支持移动商务的销售方式，可以满足企业开展个性化一对一营销及基于移动设备的电子店面创建的需求。

4.3.2 企业实施 MCRM 的基本原则

1. 获得企业决策者的最大信任和支持

高层领导，如销售副总、营销副总或总经理，他们一定是项目的支持者。只有这样，他们才会在实施过程中起到不可或缺的重要作用：首先，由于 MCRM 的实施涉及企业组织结构的改造和业务流程的优化，因此需要这样的领导来为其设定明确的目标，并且推动工作的开展，化解工作过程中产生的矛盾；其次，他们可以为项目实施团队提供来自各职能部门的优秀人才，以及足够的财力、信息和实现目标所需的必要时间；最后，他们能够确保企业全体员工认识到实施 MCRM 对企业生存的重要性，并在项目出现问题时激励员工解决问题而不是打退堂鼓。

2. 建立以客户为中心的管理理念和企业文化

由于目前企业中有相当一部分人的管理理念依然停留在过去强调提高运营效率和创造利润的阶段，忽视建立和维持良好客户关系的重要性，缺乏全局观念，对部门间协同合作的重要性认识不够，在实际工作中忽视对客户信息的收集和整理，忽视对培养客户忠诚度作出努力，结果导致客户信息的缺失和客户的严重流失。由于上述原因，在实施 MCRM 的过程中，企业要培养各部门管理者协同合作的观念，打破部门壁垒，培育以客户为中心的企业文化。

3. 移动客户关系管理系统中的业务流程再造

业务流程是以客户需求为起点、输入各种资源，到企业创造出客户满意的产品或服务、以实现价值为终点的一系列活动。业务流程决定了企业运行的效率，是企业的生命线。在传统的企业组织中，分工理论决定业务流程的构造方式，但同时也带来了一系列弊端。应用 MCRM 系统实现业务流程的再造，因此具有特别的迫切性和重要意义。从整体流程出发进行改造所产生的效果，要远远优于仅从局部考虑个别作业效率提高的企业。

企业级的 MCRM 解决方案必须首先专注于业务流程，要研究企业现有的营销、销售和服务的策略和模式，发现其中的不足并系统地优化和重构。目前，实施 MCRM 的一些企业往往过分强调技术，认为只要有足够先进、成熟的 MCRM 技术解决方案，就足以解决企业的一切问题，企业业务流程的调整要适应 MCRM 技术解决方案。这种误区是导致当前企业实施 MCRM 系统失败的一个重要原因。要想成功实施 MCRM，一定要从一开始就关注企业的实际业务流程，花费时间和精力去研究现有的流程和服务策略，关注企业的人力资源、财力资源和信息资源，尤其要关注所处的移动商务时代所带来的复杂的生存环境，结合 MCRM 既定的功能结构提出相应的解决方案。实施 MCRM 系统是一项长期的、艰巨的、复杂的系统工程，企业必须做好长远的规划，分阶段、分步骤地实施。

4. 实施 MCRM 系统要加强系统的整合

很多希望实施 MCRM 的企业已经在信息化建设上投入了很多的资金，对是否还要继续投入资金来实现 MCRM，可能会感到犹豫。其实，企业实施 MCRM 要加强系统之间的整合与集成，要能够实现对客户互动渠道的集成，要注重对业务流程的整合，从而能够有效地整合企业的前后台资源，使客户资源价值最大化。MCRM 只要与现有系统或管理手段进行整合，就可以节约资源，收到很好的成效。

4.3.3 MCRM 系统实施的方法论

MCRM 具有一般系统的共性，同样是由相互联系和相互制约的若干组成部分结合而成的、具有特定功能的有机整体。具有整体性、层次性、相关性、目的性和环境适应性等特征。由系统的定义和特征决定了要正确认识、分析一个复杂的系统，必须运用系统的方法，这种方法包括以下几个基本观点。

(1) 系统的各个部分是为了某个或某些目标而集中起来的。

(2) 系统与外界环境之间有明确的边界，并通过边界与外界进行物质或信息的交流。任何一个实际的活的社会系统总是在一定的社会环境中存在着。它从环境中得到某些物质或信息，同时，它又给环境以某些物质或信息。系统的目标正是在这种不断进行的输入输出的流动中实现或体现出来的。由此可见，确定系统的边界是十分重要的，它区别了系统内部及外部的两个不同的领域，确定了系统功能。

(3) 系统可以划分为若干个相互联系的部分，并且使分层次的系统是可以分解的。即使是简单的系统，也存在着某种分工。各个子系统的人员和部门都起着不同的作用。从这个观点出发，对于一个复杂的系统可以采用分解的方法，利用系统的层次性由高到低、由表及里、由粗到细进行分析，这种方法是认识任何复杂事物的必由之路。每个子系统有其自身的目标、边界、输入输出及内部结构的各种流。由于客观事物的复杂性，往往不可能迅速地掌握系统全貌。按层次去认识事物提供了一种有步骤、逐步求精的手段。

(4) 在子系统之间存在各种物质或信息的交换关系，称为物质流或信息流，正是通过这些流，各个子系统的功能才能互相配合，联合起来共同完成整个系统的功能，这些流的状况反映了系统的运行情况。如果这些流的运转发生问题，那么即使各个子系统各自运转正常，整个系统也将处于混乱状态。从这个意义上讲，这些流是否畅通与正常运转对系统来说是生死攸关的问题。

(5) MCRM 系统是动态的、发展的。系统不断地从外界环境输入物质或信息，同时也不断向外界输出物质或信息。它自身的状态也按一定的规律发展变化，从一种状态变为另一种状态。系统是一个"活的实体"，为了其生存和发展的需要，依据客观现实与自身条件，不断地调整自己。要从"动态"的角度去分析、优化系统。只有这样才能够使得 MCRM 立足于千变万化的移动商务的环境之中。

总之，用系统方法解决问题主要包括的几个步骤：①定义问题；②收集描述问题的数据；③确定备选方案；④评估备选方案；⑤选择最佳方案并实施；⑥总结解决方案的有效性。

4.4 移动商务环境下的客户信任、采纳和保持

4.4.1 移动商务环境下的客户信任

不同的学科对信任有不同的解释，如心理学主要研究个体间的信任，视信任为个人特质的一部分，是一种主观信念。Lee 和 Turban 定义信任是植根于个性之中和在个人心理发

展过程中形成的一种信念、期望或感觉。在社会学领域中,将信任理解为社会制度和文化规范的产物,是建立在法规、道德和习俗基础上的一种社会现象。Barber 认为信任是一种通过社会交往所习得和确定的预期。其中最一般的预期是对自然的及道德的社会秩序能坚持并予以履行的信心。管理学研究中,Mayer 认为信任是愿意承担因另一方行为带来的影响,Hwang 等认为信任是某人与其他人或组织合作的可能,Venkatesh 等认为信任是个人所持有的对他人或组织善意的、有能力的、诚实的和可预见的方式行为的信念。市场学研究中,Sirdeshmukh 认为能力、善意和问题的解决是影响消费者信任的主要因素。可以看到信任具有以下几方面特性:主观性,信任是一种主观期望,不同的实体对同一个实体的信任存在差异;风险性,信任的本身代表了愿意承担风险;可依赖性,信任是一种心理预期,即有信心地认为对方未来愿意履行承诺;善意性,信任意味一方有信心地认为另一方未来不会欺骗自己。

Siau 和 Shen 研究了移动商务环境下的客户信任,把信任的发展看做一个动态的过程,最初,商家熟悉度、信誉、信息质量、第三方认证等是影响客户对移动商务产生信任的重要因素,在信任的持续阶段,网站质量、隐私保护、安全控制等起着重要作用。Siau 等通过价值焦点思维方法对移动商务信任的建立进行了分析,将影响移动商务信任的因素分为五大类:商家特征、网站特征、无线服务技术、移动设备技术和其他因素。Lee 研究了移动商务的交互性的感知对客户信任和交易意向的影响。认为在移动商务环境下交互性包括 6 个构件:用户控制、响应性、个性化、连通性、随处连通性和环境性服务。邓朝华和鲁耀斌基于价值焦点思维方法,建立了一个移动商务消费者信任的框架模型。周涛研究了基于感知价值的移动商务用户接受行为,将金融价值、质量价值、情感价值和社会价值作为感知价值的二阶因子,研究结果表明感知价值显著影响客户信任和满意度并决定了客户的采纳。

4.4.2 移动商务环境下的客户采纳

移动商务的客户采纳的研究文献主要为外文文献,芬兰、日本、韩国、中国台湾等也研究较多。在相关研究论文中,采用定量或实证研究的论文占大多数。在实证研究中,数据的收集很关键,为使获得的数据更准确,一般研究者会有些相关措施保证数据的有效性,通过分析这些数据来验证构建的模型和提出的假设,一般数据分析的方法有定性的探索性分析和定量的统计分析方法,如回归分析、因子分析、结构方程模型分析等,定量的统计分析方法主要借助于统计分析软件 SPSS 及结构方程模型分析软件 LISREL、AMOS 等。

对于客户来说,理解移动商务的使用动机能提高他们自己使用移动商务的动机意识,意识到自己的动机,消费者能更好地选择适合自己需要的移动服务,这样,消费者不仅更满意而且也能避免在不需要的移动服务上浪费自己的时间和金钱。

Davis(1989)指出理解用户采纳是重要的,因为可以帮助供应商获得用户新的需求,帮助管理者评估供应商的供给。Nysveen 认为研究技术采纳的另一个原因是因为新的和更复杂的信息技术设备的不断发展。此外,研究移动设备创造新的使用动机,日新月异的发展的移动商务客户采纳都是必需的。

为了解释用户的采纳行为,提出了几个理论模型。广泛应用的包括 Fishbein 和 Ajzen

提出的理性行为理论；Ajzen1991年提出的计划行为理论；Davis1989年提出的技术接受模型。Rogers 从创新的视角提出了一个使用行为模型去解释技术采纳的影响因素，他认为理解创新采纳的过程是非常重要的。许多研究者扩展了这些模型去研究移动商务的用户使用行为。Rogers 认为用户使用行为就是利用意向创新的决策。Davis 认为消费者态度对用户使用也有影响。Nysveen 等人使用更深入的使用动机研究来替代移动商务的用户使用行为的研究。主要有以下几方面。

1. 基于扩展的 TAM 的移动商务客户采纳研究

Changsu Kim 等人对用户的移动支付的使用动机进行了研究，提出了移动支付使用动机研究模型和假设，并用实证的方法对其进行了验证，结果显示感知的有用性和感知的易用性对使用动机有显著影响，移动支付的兼容性对使用行为的影响不显著，他们还发现早期的使用者对移动支付的易用性比较看重，很依赖他们已有的移动支付的知识，而后期的使用者对移动支付的有用性更看重。

Kleijnen 等人对用户的移动银行的使用行为进行了研究，构建了用户移动金融服务使用动机模型，如图 4.2 所示，认为感知的有用性和感知的易用性及成本、系统质量和社会影响对用户态度都有重要影响，并将用户的年龄、计算机使用技能、情景因素作为调节变量。

Nysveen 研究显示消费者可感知的有用性和易用性及消费者对移动服务的态度能直接或间接地影响用户使用移动服务。主观规范和感知的控制对消费者使用移动服务的动机有重要影响。感知的经验和感知的娱乐性在他们的研究中也有显著的效果。所有被提出的变量决定了消费者使用移动服务的动机。另外，他们也发现面向目标和经验在移动服务的驱动因子和消费者使用动机之间起到调节作用。面向目标服务，如通过移动电话发短信和支付，可感知的易用性和可感知的控制特别重要，同时，体验移动商务，如通过移动电话聊天或做游戏，可感知的表现和可感知的娱乐性是很重要的。

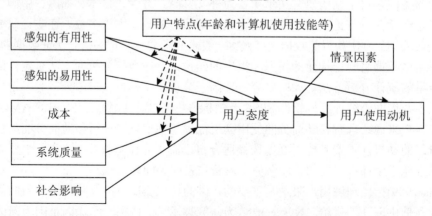

图 4.2　移动金融用户使用动机模型

Lexhagen，Nysveen 和 Hem(2005)研究显示可感知的娱乐性，使用移动技术的态度和可感知的有用性(通过态度间接影响)是使用移动服务动机的主要影响因素。

Pagni 对 3G 移动多媒体服务的意大利用户接受进行了研究，研究结果显示感知的有用性和感知的易用性是用户使用的最重要影响因子，感知的创新、使用速度和价格也是用户使用的重要影响因子。

Sally Rao 和 Indrit Troshani 研究了用户使用移动服务的动机，他们在基于扩展的技术接受模型的基础上提出了移动服务的用户使用行为模型，认为用户的易接受的体质、感知的有用性和感知的易用性及社会影响还有便利条件对用户、移动服务的态度都有影响，年龄和性别对这些因子有调节作用。

邓朝华、鲁耀斌、张金隆等利用技术接受模型和网络外部性理论，以移动环境下消费者普遍使用的短信服务为研究对象，研究了移动环境下影响消费者移动服务使用行为的因素，提出了基于技术接受模型(Technology Acceptance Model，TAM)和网络外部性的移动服务用户使用行为模型。

鲁耀斌、邓朝华等基于 TAM 和信任，构建了移动商务用户接受模型，研究结果表明 TAM 模型是有效的，同时感知的有用性对使用动机有重要影响，服务的可体验性对感知的有用性有直接影响，感知的信任对服务商的信任及用户使用态度都有直接影响。

凌鸿、夏力等人对内容传递类的移动商务用户采纳进行了研究，构建了内容传递类移动商务的用户采纳模型，并实证验证了模型和假设，结果表明 TAM 是适合解释内容传递类移动商务的用户采纳。

邵兵家和杨霖华以 TAM 为主要理论基础，结合网上银行的特点，在原模型的基础上增加了感知风险、对电子渠道的信任、结构保证和计算机自我效能 4 个因子，对移动银行的用户使用行为进行研究，结果表明对电子渠道的信任、结构保证、计算机自我效能及感知的易用性等因子对网上银行的使用意向有显著影响，其中电子渠道的信任因子对使用意向的影响最显著。

2. 基于整合模型的移动商务客户采纳研究

Dong-Hee Shin 对用户移动钱包的使用行为进行研究，建立了基于 UTAUT 理论的移动支付用户使用行为模型，结果显示感知的有用性和感知的易用性是用户态度的关键影响因子，同时，用户态度和使用动机受感知的安全和信任的影响。

Hung，Ku 和 Chang(2003)对移动服务的使用行为进行了研究，建立了 WAP(Wireless Application Protocol)服务采纳模型，如图 4.3 所示，使用计划行为理论和创新扩散理论，将链接的速度、用户的满意、个人的创新、感知的易用性和感知的有用性作为直接影响态度的重要因素。态度和主观规范及行为控制则作为影响行为意向的变量。同辈的影响通过主观规范来决定消费者使用移动商务的动机，自我效能和便利条件通过感知的行为控制决定消费者使用移动商务的动机。态度、主观规范和可感知的行为控制都是影响用户使用移动服务的重要因素。然而，在他们的研究中，态度和主观规范间接通过使用动机影响用户使用移动服务。可感知的行为控制和使用动机在他们的研究中是直接影响移动服务的用户使用。

Luran 和 Lin 基于整合的技术接受模型和计划行为理论研究了影响用户对移动银行服务的使用动机的影响因子，研究结果表明感知的自我效用、财务成本、可靠性、易用性和有用性都显著影响了用户对移动银行的使用动机。

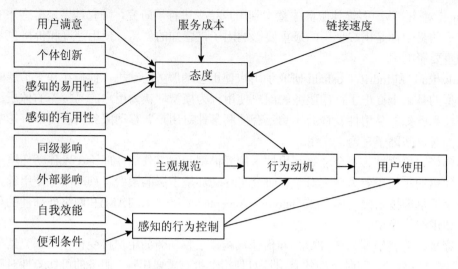

图 4.3 WAP 服务采纳模型

在 Nysveen(2005)的另一篇论文中,他们研究了性别对消费者使用移动聊天服务的动机的调节作用研究。他们基于 TAM 和 TRA(Theory of Reasoned Action,理性行动理论)对用户使用移动聊天服务的行为进行了解释,还通过跨服务的对比研究了哪些因子影响了移动用户的使用行为意向。研究结论显示社会规范和本能的动机,如娱乐性对女性用户使用移动服务的动机是很重要的。对男性用户来说,有用性和表现力是外在动机,同时也是他们使用移动聊天服务的主要驱动因子。易用性和态度对女性用户效果是一样的。统计分析表明涉及年龄时在使用移动服务上有大的变异。使用移动服务的平均年龄在不断下降,年轻人更愿意使用移动服务。使用模式在男女之间也是不同的。

Teo 和 Pok(2003)研究了无线应用通信协议的使用行为,使用理性行为理论和计划行为理论及技术接受模型,创新扩散理论作为文章的理论基础,去解释确定的行为和确定的技术的使用行为。结果证实正如 Hung 在 2003 年研究中提到的一样,态度和主观规范及可感知的行为控制影响客户 WAP 的采纳。

研究客户为什么采纳移动商务对消费者和移动商务的提供者都很重要。理解使用的动机和影响因素能帮助移动商务的提供者和设计者提供特定的服务以使顾客用得更好。服务提供商将能使自己从竞争对手中脱颖而出。供应商将能给客户提供更加个性化、更好的服务及为客户量身定制的体验,以满足客户的需要。这对客户保持和客户的忠诚度都是大有裨益的。

4.4.3 移动商务环境下的客户保持

MCRM 的一个基本要素是保持客户,实施客户关系管理的真正目标是实现客户的长期满意,而不是一次性的交易。移动环境下的客户保持,首先就要理解是什么促使客户重复选择它的产品,或者是什么使得客户不采纳,以及企业能够通过哪些手段来提高客户的满意度,从而达到保持客户的目的。因此这里提到的客户保持,并不仅仅指延长客户关系的维持时间，而是指以增强客户的忠诚度为目的，达到同时提高客户保持度和提高客户占有率的管理手段。

移动商务环境下，企业的竞争环境发生了天翻地覆的变化，大大缩短了以往企业在交易中与客户和供应商之间的距离。在这个一体化系统中客户成为了订单的起点，客户有了更为个性化的需求。所以移动商务环境下的企业必须能够向客户提供一对一的产品或服务。企业面临的是较以往更为激烈的全球化的市场竞争。企业不仅要抵抗来自高效率、反应灵敏的外国企业的竞争，还要能满足具有地方特色的客户需求。产品的生命周期继续缩短，企业必须能够准确、及时地预测客户未来的需要，设计和推出全新的产品或服务，并在工艺技术和产品性能上不断改进、创新。企业处于这种竞争态势下，所面临的最突出的问题就是单靠扩大市场份额无法保持持久的竞争优势。因为原有客户的流动性越来越强，而获取一个新客户的开支越来越大，因此，客户保持的重要性在移动商务的环境下显得更为重要。

客户保持所带来的不仅仅是客户保留，之所以会保持这些客户，就是因为客户对企业十分满意并忠诚。事实上，他们很愿意把自己的这种感觉告诉所认识的人，而这种"宣传"的效果绝对胜过花巨资拍摄的广告。客户保持比吸引更能够带来企业的低成本。

1. 客户保持管理的内容

移动商务环境下，越来越多的企业管理层越来越深刻地认识到保持企业老客户的重要性，可以从以下几个方面实施客户保持。首先，企业必须重视客户数据库的建立、管理工作，注意利用数据库开展客户关系管理，应用数据库分析现有客户的简要情况，并找出人口数据及人口特征与购买模式之间的联系，以及为客户提供符合他们特定需要的定制产品和相应的服务，并通过各种现代通信手段与客户保持自然密切的联系，从而建立起持久的合作伙伴关系。移动商务环境下应随时跟踪监测客户的反应，先进的数据仓库与数据挖掘技术为这一系列工作的开展提供了便利。其次，可以通过客户关怀提高客户满意度与忠诚度，客户关怀活动应该包含在客户从购买前、购买中到购买后的客户体验的全部过程中。购买前的客户关怀活动主要是在提供有关信息的过程中的沟通和交流，购买期间的客户关怀与企业提供的产品或服务紧密地联系在一起，包括订单的处理及各个相关的细节都要与客户的期望相吻合，满足客户的需求。购买后的客户关怀活动，主要集中于高效地跟进和圆满地完成产品的维护和修理的相关步骤。售后的跟进和提供有效的关怀，其目的是使客户能够重复购买企业的产品或服务，并向其周围的人多作对产品或服务有力的宣传，形成口碑效应。还可以利用客户投诉或抱怨，分析客户流失原因，为了留住客户，提高客户保持率就必须寻根究底地分析客户流失的原因，尤其是分析客户的投诉和抱怨。MCRM产品之中就有专门针对纠纷、次货和订单跟踪、现场服务管理、记录发生过的问题及其解决方案的数据库、维修行为日程安排及调度、服务协议及合同，以及服务请求管理等功能。借助于MCRM系统的协助，企业可以轻易随时随地查询客户历史资料、疑难处理经验库，并以电子化流程掌握客户投诉案件的处理进度、客户投诉问题的交叉分析等，以确保每一位客户确实被快速充分照顾，并提供产品或服务改善的方向，不断增强企业的竞争优势。

2. 影响客户保持的因素

陈明亮利用生命周期理论揭示出的客户关系的动态特征，得出了客户保持的 4 个决定因素，即客户价值、客户满意、客户信任和转移成本，以及其如何驱动客户关系不断从低级阶段向高级阶段发展，这里综合以前的研究得出影响企业客户保持能力的因素有以下几方面。

(1) 客户价值即相对于最好可替代供应商的、客户对收益成本比的相对评价。客户价值一直被认为是预测重复购买意图的重要因素。Reichheld 提出，客户保持的根本动力是客户价值而不是满意水平，他建议公司应该将客户满意的度量与重复购买的忠诚行为结合起来，以确定公司提供的产品或服务的相对客户价值。客户价值通过两种途径影响重复购买意图：直接影响；通过客户满意间接影响，客户价值与客户满意有正相关关系。企业可以从建立顺畅的沟通渠道、及时准确地为客户提供服务、提高产品的核心价值和附加价值等方面来提高客户的满意度，从而提高客户价值。

(2) 客户购买行为要受来自文化、社会环境、个人特性和心理等方面的影响。这部分因素是企业无法控制的，但是对于了解客户的个体特征有重要的意义。由于来自同一类社会阶层或具有同一种心理、个性的客户往往具有相似的消费行为，一方面，企业可以通过这些因素对客户进行分类，对不同种类的客户实施不同的营销策略；另一方面，企业可以将不同客户的销售结果与客户特性作对比，了解它们之间的关联。

(3) 客户对公司的信任度越高，重复购买带来的上述成本优势越大。客户关系具有明显的生命周期的特征，在不同的生命周期阶段中，客户保持具有不同的任务，一般来说在考察期客户的转移成本较低，客户容易流失。而随着交易时间的延长，客户从稳定的交易关系中能够获得越来越多的便利，这时企业需要一如既往地提供令客户满意的服务或产品。受重复购买成本节约的激励，客户在考察期建立起来的对供应商的信任，导致了形成期从同一供应商处的一系列重复购买，并且形成"信任—重复购买—满意—信任"的良性循环，因此，客户信任不断上升，以致客户对现供应商的信任高到在作重复购买决策时，几乎不考虑市场可替代供应商提供的产品，重复购买在概率上成了一个"确定性事件"，形成所谓的行为忠诚。

(4) 客户在考虑是否转向其他供应商时必然要考虑转移的成本。转移成本的大小直接影响客户保持。转移成本的大小要受到市场竞争环境和客户建立新的客户关系的成本的影响。

3. 客户保持的方法

首先，长期稳定的产品质量是保持客户的根本。高质量的产品本身就是优秀的推销员和保持客户的强力凝固剂，这里的质量不仅是产品符合标准的程度，更应该强调的是企业要不断地根据客户的意见和建议，开发出真正满足客户喜好的产品。因为随着社会的发展和市场竞争的加剧，用户的需求正向个性化方向发展，与众不同已成为一部分客户的时尚。一些企业为抓住市场，已经开始了针对不同的客户提供不同产品和服务的尝试，如海尔公司的按单生产。在这方面，企业必须紧跟现代科技的发展步伐，不断提高产品和服务的知识含量，更好地满足客户的需要，同时与客户构筑起竞争对手的进入壁垒，降低客户的流失率。

其次，提供优质服务。在激烈的市场竞争中，服务与产品质量、价格、交货期等共同构成企业的竞争优势。由于科技发展，同类产品在质量和价格方面的差距越来越小，而在服务方面的差距却越来越大，客户对服务的要求也越来越高。虽然再好的服务也不能使劣质产品成为优等品，但优质的产品会因劣质的服务而失去客户。在竞争焦点上，服务因素已逐步取代产品质量和价格，世界经济已进入服务经济时代。例如，浙江台州的一场50年未遇的台风，曾有一个大客户的仓库正好位于海堤内40m处，由于位置特殊连保险公司也拒绝接受投保。在台风紧急警报发布后，该经销商还存有侥幸心理，以为台风未必在当地登陆，某企业的客户经理曾一再对其告诫必须改变仓库位置并参加保险，该经销商一直未有动作，但这次情况非同小可，该企业的客户经理特地赶往台州，再次规劝他马上把货物转移至安全的地方，这次他终于听了劝告。随后发生的台风和伴随的海啸在当地历史上是少有的，在同一仓库放货的另一客户遭受了灭顶之灾，价值100多万元的水泥竟全部冲入了大海，顷刻倾家荡产。事后这个经销商非常后怕，同时也对该客户经理非常感激，庆幸接受厂家的意见，虽然当时花1万多元的仓储和搬运费，但保住了价值60多万元的货物。由此，提供的把客户当成自己人的服务，很好地维持了大客户的关系。

另外，品牌形象。面对日益繁荣的商品市场，客户的需求层次有了很大的提高，他们开始倾向于商品的品牌选择，偏好差异性增强，习惯于指名购买。客户品牌忠诚的建立，取决于企业的产品在客户心目中的形象，只有让客户对企业有深刻的印象和强烈的好感，他们才会成为企业品牌的忠诚者。

价格优惠也是影响客户保持的一个原因，价格优惠不仅仅体现在低价格上，更重要的是能向客户提供他们所认同的价值。单纯给予价格上的优惠还不能保持客户。例如，某企业客户经理经过与公司物流部门协商和讨论，在取得公司上层的支持后，决定在台风季节改船运为火车运输，这会相应增加公司一部分运输成本，但对大客户来说这样的投资是值得的，它比单纯降低价格和给折扣点要有利得多，因为以提高服务水平等附加价值的方式来保持顾客的忠诚度更安全更有效。当然客户对这样的处理也很满意。

最后是感情投资，一旦与客户建立了业务关系，就要积极寻找商品之外的关系，用这种关系来强化商品交易关系，如通过记住客户中个人客户的结婚纪念日、生日；产品客户的厂庆纪念日等重要日子，采取适当的方式表示祝贺。对于重要的客户，其负责人要亲自接待和走访，并邀请他们参加本企业的重要活动，使其感受到企业所取得的成就离不开他们的全力支持。对于一般的客户可以通过建立俱乐部、联谊会等固定沟通渠道，保持并加深双方的关系。例如，某企业，拜访大客户是客户经理最日常的工作，为了更有效地拜访，客户经理以固定的拜访线路，每周在固定的一天和固定时间，去拜访固定的客户，风雨无阻无须再与客户预约，这是一个不能轻易改变的约定，除非客户要求改变。由此规范了销售人员的行动；客户相信他代理的品牌的企业是一个遵守承诺的公司；对客户自身的工作安排也带来很多好处。

4. 客户保持效果的评价指标

一些企业通用的和相对重要的考核包括以下标准。

1) 客户重复购买率

考核期间内,客户对某一种商品重复购买的次数越多,说明对该产品或服务的忠诚度越高,客户保持效果越好;反之则越低。

2) 客户需求满足率

客户需求满足率是一定时间内客户购买某商品的数量占其对该类产品或服务全部需求的比例,该比例越高,表明客户的保持效果越好。

3) 客户对本企业产品或品牌的关注程度

客户通过购买或非购买的形式,对企业的产品和品牌予以关注的次数、渠道和信息越多,表明忠诚度和保持度越高。

4) 客户对竞争产品或品牌的关注程度

如果客户对竞争产品或品牌的关注程度提高,多数是由于客户对竞争产品的偏好有所增加的缘故,表明忠诚度有可能下降。

5) 购买挑选的时间

消费心理研究者认为客户购买产品都要经过挑选过程,但由于依赖程度的差异对不同产品客户购买时的挑选时间不尽相同。因此,从购买挑选时间的长短上也可以鉴别其对某一品牌的忠诚度。一般来说,客户挑选的时间越短说明他对这一品牌的忠诚度越高;反之则说明他对这一品牌的忠诚度较低。

6) 客户对价格的敏感程度

客户对企业产品价格都非常重视,但这并不意味着客户对各种产品价格的敏感程度相同。事实表明,对于客户所喜爱和信赖的产品,客户对其价格变动的承受能力强,即敏感度低;而对于他所不喜爱和不信赖的产品,客户对其价格变动的承受能力弱,即敏感度高。所以,可以根据这一标准来衡量对某一品牌的忠诚度。

7) 客户对产品质量问题的承受能力

任何产品都难免会出现质量问题,当客户对于某品牌产品的忠诚度高时,对出现的质量问题会以宽容和同情的态度对待,会与厂商合作解决问题,并且不会因此而拒绝再次购买这一产品;反之,若客户忠诚度不高,则会对出现的质量问题非常反感,有可能会从此不买该产品。

以上指标可以单独衡量也可以综合评估,每一项指标的改善都会对客户保持产生积极的影响。只有做好了客户保持,才能吸引更多的新客户,才能创造更大的利润。

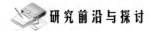

研究前沿与探讨

云计算将催生 MCRM 产业新变革

1. 云计算或将催生 MCRM 产业发生一系列新的变革

云计算的出现,为 MCRM 满足各种需求提供了可能。不管是在业务成本上还是业务敏捷性上都得到极大的满足,并开创出了新的商业模式和市场机会。可以说,云计算将催生 MCRM 产业发生一系列新的变革，MCRM 服务提供商将突破传统 MCRM 产品理念的局限，积极地向 SaaS、在线、托管、SNS 等新的领域扩展。

把企业 MCRM 系统迁移到云中是一个非常重要的趋势。对于大多数企业来说，云计算的最大好处就是它可以根据不同需要定制差异化解决方案，企业可以更灵活地部署 MCRM 应用。

与此同时，包括传统互联网巨头和新兴成长型企业在内的越来越多的公司开始涉足云计算领域。分析人士表示，云计算 MCRM 应用的快速增长将推动整个云计算产业的积极发展。而据多家市场调研机构的数据显示，基于云计算的 MCRM 应用需求也在迅速增长。未来几年云计算 MCRM 市场的年复合增长率将突破 60%，预计 2014 年云计算 CRM 应将取代传统 CRM 模式成为行业主流。

2. MCRM 的前景展望

一些专门提供 MCRM 的厂商和传统的 CRM 厂商已经开始探索提供可实现移动扩展的产品。总体来说，这些产品需要大量定制化，但并不能提供足够的易用性和简化的设备互通性。其结果是，大多数 MCRM 解决方案至今还没有在实践中提供所承诺的 MCRM。

阻碍 MCRM 发展的关键因素包括企业定制和部署 MCRM 所需要的人工和软件成本和风险；应用软件的易用性；该解决方案能否无缝地与各种移动终端进行工作，真正提供切实可行的价值。

大多数移动应用软件没有考虑到设备的独特性质，即移动工作方式不同于在办公桌前办公。现今大多数移动解决方案都是在模仿桌面办公的应用，而销售人员并不需要那些为移动设备设计的桌面应用软件，他们需要的是专门为移动设备和他们的移动工作方式设计的应用软件。但不幸的是，销售代表在使用现今许多移动工具时都遇到了挑战，结果导致这些移动工具的使用率和价值都很低。MCRM 工具应该通过提供一个标准化和直观的解决方案解决所有这些问题，该方案具有开箱即用的价值和可用性，专门为移动应用和设备而设计，而不是对桌面 CRM 简单的延伸。例如，

(1) 无须定制化的即时安装。

(2) 利用直观的图标驱动的方法，简化对常见销售活动的操作。

(3) 与移动终端之间无缝的互通性。

(4) 无须考虑数据存储位置。

需要说明的是，用户应该能够利用数据(联系人信息)和所有相同的电话功能(点击拨号)轻松地进行工作，不论数据是否在 CRM 或在设备上还是两者兼有；目标就是使用户不用考虑数据的位置，不必担心联系人是否仅存在设备中，或是仅在 CRM 系统中，还是同步存在两者中。这种方法解决了现今普遍使用的异步数据处理中常有的数据同步冲突和数据实时性的问题。

MCRM 应该具有为流行手机(如黑莓或 iPhone)特别设计的界面和操作模式。它应该根据销售人员的使用习惯进行优化，提供丰富的但简单、精简和非常直观的功能；在销售人员在外的时候，它能与同事和客户协同工作，完成日常任务并更快地完成交易。与基于浏览器的 MCRM 解决方案相比，该工具应该本身就拥有 Java 客户端应用软件，由于并不能保证总能顺利访问网络，所以它也能支持离线使用。

本 章 小 结

移动技术显著改变了商业环境，移动商务给客户带来的变革主要有信息的交互性及客户的消费方式。

在移动商务的环境下，企业日益追求随时、随地、随心意的客户交互能力，这也促进了移动客户关系管理应用的日益火热。移动客户关系管理带给企业的竞争优势：首先将移动性与 CRM 相结合，可以实现精准营销，更好地为移动营销服务；其次 MCRM 集成了工作流，而且其应用将使客户信息的整合程度进一步提高；最后 MCRM 支持企业开展移动商务。

企业实施 MCRM 的基本原则有首先获得企业决策者的最大信任和支持，建立以客户为中心的管理理念和企业文化，移动客户关系管理系统中的业务流程再造，实施 MCRM 系统要加强系统的整合。

MCRM 作为一个系统具有一般系统的共性，所以 MCRM 系统同样是由相互联系和相互制约的若干组成部分结合而成的、具有特定功能的有机整体。

移动商务环境下的客户信任具有以下几方面特性：主观性、风险性、可依赖性、善意性。

对基于扩展的 TAM 的移动商务客户采纳和基于整合模型的移动商务客户采纳进行了分析，理解使用的动机和影响因素能帮助移动商务的提供者和设计者提供特定的服务以使顾客用得更好。这对维持客户满意和客户的保持都是大有裨益的。

因为原有客户的流动性越来越强，而获取一个新客户的开支越来越大，因此，客户保持的重要性在移动商务的环境下显得更为重要。从以下几个方面着手来实施客户保持：首先，企业必须重视客户数据库的建立、管理工作；其次，可以通过客户关怀提高客户满意度与忠诚度。

影响企业客户保持的因素：首先客户购买行为要受来自文化、社会环境、个人特性和心理等方面的影响；其次客户满意与客户保持有非线性的正相关关系；再次客户在考虑是否转向其他供应商时必然要考虑转移的成本；最后客户关系具有明显的生命周期的特征。长期稳定的产品质量是保持客户的根本，提高对客户的服务。建立客户品牌忠诚，实施价格优惠和感情投资。

一些企业通用的和相对重要的考核客户保持的标准有客户重复购买率；客户需求满足率；客户对本企业产品或品牌的关注程度；客户对竞争产品或品牌的关注程度；购买挑选的时间；客户对价格的敏感程度；客户对产品质量问题的承受能力。

最后对移动客户关系管理的前景进行了展望。

每 课 一 考

一、填空题

1. 移动商务给客户带来的变革主要有(　　　　　)和(　　　　　)。
2. 移动互联时代消费者消费呈现的特点是：(　　　　)、(　　　　)、(　　　　)和(　　　　)。

3．CRM 的核心思想是以(　　　)为中心,提高(　　　　　　　),改善(　　　　),提高(　　　　)。

4．CRM 系统中(　　　　)是与客户接触的中心枢纽。

5．移动设备能及时回应,包括(　　　　　)和(　　　　)。

6．一个完整 CRM 应用系统由 4 个子系统组成,分别是(　　　　　　　)、(　　　　　)、(　　　　　　)和(　　　　　)。

7．CRM 的目标是(　　　　　　　　　)。

8．企业实施 MCRM 的原则有(　　　　　　　)、(　　　　　　　)、(　　　　)、(　　　　　　　　)和(　　　　)。

9．用系统方法解决问题主要包括的步骤是：(　　　　　)、(　　　　　　　)、(　　　　)、(　　　　　)、(　　　　)、(　　　　)、(　　　　　　)。

10．客户采纳可以简单地理解为(　　　　　)。

二、选择题

1．CRM 产品的应用对象不适合(　　　)。
　　A．市场营销人员　　B．销售人员　　C．仓库管理人员　　D．服务人员

2．EAS-CRM 系统属于(　　　)模式。
　　A．Client/Server　　B．B2B　　C．Brower/Server　　D．html/http

3．CRM 是(　　　)。
　　A．销售自动化　　　　　　　　B．客户信息管理
　　C．客户关系管理　　　　　　　D．客户关系营销

4．客户关系管理的概念最初由(　　　)提出。
　　A．IBM　　B．Gartner Group　　C．Siebel　　D．Microsoft

5．在日益激烈的市场竞争环境下,企业仅靠产品的质量已经难以留住客户,(　　　)成为企业竞争制胜的另一张王牌。
　　A．产品　　B．服务　　C．竞争　　D．价格

6．著名经济学的 2∶8 原理是指(　　　)。
　　A．企业 80%的销售额来自 20%的老顾客
　　B．企业有 80%的新客户和 20%的老客户
　　C．企业 80%的员工为 20%的老客户服务
　　D．企业的 80%的利润来自 20%的老顾客

7．(　　　)指客户对某一特定产品或服务产生了好感,形成了偏好,进而重复购买的一种趋向。
　　A．客户满意度　　B．客户价值　　C．客户忠诚度　　D．客户利润率

8．下面选项中(　　　)不是实施个性化服务所必需的条件。
　　A．拥有完善的基本服务　　　　B．良好的品牌形象
　　C．良好的企业盈利率　　　　　D．完善的数据库系统

9. 对于企业来说，达到( )是基本任务，否则产品卖不出去，而获得( )是参与竞争取胜的保证。

  A．客户忠诚 客户满意   B．客户价值 客户忠诚
  C．客户满意 客户价值   D．客户满意 客户忠诚

10．一个完整的客户关系管理系统应不具有的特征是( )。

  A．开发性 B．综合性 C．集成性 D．智能性

三、判断题

1．小企业也需要实施客户关系管理。( )

2．实施客户关系管理就是要购买一个 CRM 软件，并且在企业全面使用。( )

3．消费者是分层次的，不同层次的客户需要企业采取不同的客户策略，而客户可看做一个整体，并不需要进行严格区分。( )

4．忠诚的客户来源于满意的客户，满意的客户一定是忠诚的客户。( )

5．向顾客传送超凡的价值无疑可以带来经营上的成功，因此只要实现"所有客户100%的满意"就一定能为企业带来利润。( )

6．维持老顾客的成本大大高于吸引新顾客的成本。( )

7．"数据库营销"这个概念最早是从产业市场营销领域中的"直复营销"和"关系营销"这两个观念发展而来的。( )

8．数据挖掘是从大量的、不完全的、有噪声的、模糊的、随机的实际应用数据中提取人们感兴趣的知识，这些知识是隐含的、事先未知的、潜在有用的信息。( )

9．一个成功的客户交互中心应该是一个多渠道的客户信息交互枢纽。( )

10．企业核心竞争力是企业的一般竞争力，如产品竞争力、营销竞争力、研发竞争力等的统领。( )

四、问答题

1．设想一个具体的企业如何实施移动客户关系管理？
2．结合实际，你认为影响客户对移动商务产生信任的重要因素有哪些？
3．简述移动客户关系管理给企业带来的竞争优势。
4．简述移动商务环境下，保持客户的方法有哪些。

技 能 实 训

1．结合具体实例，讨论移动客户关系管理给企业带来哪些竞争优势？
2．设想一个具体的企业实施移动客户关系管理的驱动因素有哪些？
3．结合实际，你认为影响客户对移动商务的采纳的影响因素有哪些？

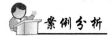 案例分析

根据以下案例所提供的资料,试分析:
(1) 什么是电子商务?结合案例分析电子商务对 CRM 系统提出了怎样的要求?
(2) eCRM 与销售客户管理的关系如何?
(3) 结合案例简要分析 eCRM 的主要驱动因素有哪些?

eCRM 营造温馨家园

——上海金丰易居客户关系管理

金丰易居为 A 股上市公司金丰投资旗下专业从事房地产策划与销售代理的企业。它是集租赁、销售、装潢、物业管理于一身的房地产集团。在电子商务之潮席卷而来时,很多房地产企业都在考虑用新的方式来吸引客户。

金丰易居在上海有 250 多家连锁门店的有形网点,以前如果客户有购房、租房的需求,都是通过电话、传真等原始的手段与之联系。由于没有统一的客服中心,而服务员的水平参差不齐,导致用户常常要多次交涉才能找到适合解答他们关心问题的部门。又由于各个部门信息共享程度很低,所以用户从不同部门得到的回复有很大的出入,由此给用户留下了很不好的印象,很多客户因此干脆就弃之而去。更让金丰易居一筹莫展的是,尽管以前积累了大量的客户资料和信息,但由于缺乏对客户潜在需求的分析和分类,这些很有价值的资料利用率很低。

金丰易居的总经理彭加亮意识到,在 Internet 时代,如果再不去了解客户的真正需求,主动出击,肯定会在竞争中被淘汰。1999 年 5 月,金丰易居与美国艾克公司接触后,决定采用该公司的 eCRM 产品。

经过双方人员充分沟通之后,艾克认为金丰易居的条件很适合实施客户关系管理系统,艾克公司的中国区产品行销总监张颖说:"首先,金丰易居有很丰富的客户资料,只要把各个分支的资料放在一个统一的数据库中,就可以作为 eCRM 的资料源;另外,金丰易居有自己的电子商务平台,可以作为 eCRM 与客户交流的接口。"

但是金丰易居还是有不少顾虑,因为客户关系管理在国内还没有多少成功的案例。另外,传统的 CRM 系统需要具备庞大的客户数据样本库,并且建设的周期长,投资大,不是一般的企业可以承受的。最后,eCRM 系统的特色打消了金丰易居的顾虑,eCRM 系统与传统的 CRM 有很大的不同,它是模块化的结构,用户可以各取所需;用户选定模块后,厂商只需做一些定制化的工作就可以运行,实施的周期也很短,很适合中小企业使用。经过充分沟通以后,为了尽量减少风险,双方都认为先从需求最迫切的地方入手,根据实施的效果,然后再决定下一步的实施。

通过对金丰易居情况的分析,双方人员最后决定先从以下几个部分实施。
(1) 金丰易居有营销中心、网上查询等服务,因此需要设立多媒体、多渠道的即时客服中心,提高整体服务质量,节省管理成本。
(2) 实现一对一的客户需求回应,通过对客户爱好、需求分析,实现个性化服务。
(3) 有效利用已积累的客户资料,挖掘客户的潜在价值。

(4) 充分利用数据库信息,挖掘潜在客户,并通过电话主动拜访客户和向客户推荐满足客户要求的房型,以达到充分了解客户,提高销售机会。

(5) 实时数据库资源共享使金丰易居的网站技术中心、服务中心与实体业务有效结合,降低销售和管理成本。

根据这些需求,艾克公司提供了有针对性的解决方案,主要用到艾克eCRM产品eNterprise I,该产品结合了网页、电话、电子邮件、传真等与客户进行交流,并提供客户消费行为追踪、客户行销数据分析功能,实现一对一行销。另外,结合艾克的电子商务平台e-ACP,与金丰易居现有的系统有效整合。

(资料来源:罗赛军. 房地产行业客户关系管理的新模式: eCRM应用[EB/OL]. (2009-5-18). [2012-10-12]. http://www1.ctiforum.com/factory/f06/www.akup.com.cn/akup09_0501.htm.)

第 5 章 移动商务的安全与隐私权保护

■■ 知识结构

```
┌──────────┐  ┌──────────┐  ┌──────────┐  ┌──────────┐
│ 案例导航 │  │移动商务的│  │ 移动商务 │  │ 移动商务中│
│          │  │安全问题  │  │涉及的法律│  │隐私权保护│
│          │  │          │  │ 种类     │  │          │
└────┬─────┘  └────┬─────┘  └────┬─────┘  └────┬─────┘
     │             │             │             │
┌────┴─────┐  ┌────┴─────┐  ┌────┴─────┐  ┌────┴─────┐
│超级黑客  │  │1.移动商务│  │1.从"电子"│  │1.隐私权  │
│看移动商务│  │安全问题的│  │和"商务"  │  │  概念    │
│          │  │4个方面   │  │的角度分析│  │2.网络侵犯│
│          │  │2.企业移动│  │电子商务涉│  │  隐私权表│
│          │  │商务安全  │  │及的法律  │  │  现形式  │
│          │  │策略      │  │2.从"信息 │  │3.电子商务│
│          │  │3.3种主流 │  │流"的角度 │  │  隐私权保│
│          │  │电子商务  │  │分析电子商│  │  护原则  │
│          │  │模式实际使│  │务涉及的法│  │          │
│          │  │用的安全  │  │律        │  │          │
│          │  │策略      │  │3.从"资金 │  │          │
│          │  │          │  │流"的角度 │  │          │
│          │  │          │  │分析电子商│  │          │
│          │  │          │  │务涉及的法│  │          │
│          │  │          │  │律        │  │          │
└──────────┘  └──────────┘  └──────────┘  └──────────┘
```

■■ 知识要点

1. 移动商务面临的安全问题。
2. 企业移动商务安全策略。
3. 移动商务涉及的法律种类。
4. 移动商务的隐私权保护。

■■ 学习方法

1. 厘清安全问题的因果关系：安全问题(黑客攻击的方法)—应对策略。
2. 由电子商务概念导出法律种类：电子、商务、商流、信息流、资金流—法律种类。
3. 由网络特点分析网络隐私权保护原则。

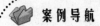

超级黑客看移动商务

在网络上随便搜(凯文·米特尼克)Kevin Mitnick,就会出现:十大超级老牌黑客、世界上最厉害的黑客、黑客之神、计算机神童等,简单地说,凯文(Kevin)从15岁开始进出公司、政府、军事、情报机构的各大内部网络系统如入无人之地,与当局斗智斗勇,几度沦为阶下囚,其故事的跌宕起伏可以不加任何渲染地写成一部美国超级通俗大片。假释出狱后好多年,法官都不允许他学习新的计算机知识,或者接触任何数字设备,包括程控电话、手机和任何计算机。

仿佛很多超级黑客的结局都是如此,在强制的修正下,从良!现在凯文拥有自己的安全咨询公司,很多大公司成为了他的大客户。前一阵子凯文作为全球IT总裁峰会的主题演讲嘉宾来到戴尔。布鲁斯·安德森(Bruce Anderson)对他进行了简单的访谈。让我们从一个黑客的角度,看看我们日常网络生活中有什么需要注意的安全事项!

问:我相信我们的读者中有很多都是移动商务人士。他们会周游世界,跟我们现在一样呆在酒店里。如果您此刻朝四周环视一下,您会发现有人正在使用笔记本式计算机。这里的网络可以支持他们上网。如果是您,您是否会担心在这附近遭受黑客的攻击?

答:当然会担心。在 Black Hat 和 Def Con 等黑客大会上,我会关闭一切可攻击目标。我会随身携带一台装有全新操作系统、空空如也的笔记本式计算机。这样做是为了避免系统受到任何可能性的攻击,因为黑客总有办法侵入你的系统。例如,他们可能会通过攻击无线卡驱动程序的弱点进入你的系统,在系统中植入一些复杂的恶意代码。我刚才看了一下四周,发现有人在通过酒店的开放式无线网络使用笔记本式计算机上网冲浪,而我一眼就找到了好几个可以进行攻击的目标。在大多数情况下,他们都不会使用加密手段,因此他们并不了解受到哪些高级攻击。首先,他们可能会遇到恶意接入点(Rogue Access Point)。当他们以为与酒店提供的无线网络连接上时,他们其实正在通过恶意接入点浏览网络。这时黑客可以通过跨站点请求伪造(Cross-Site Request Forgery)实施攻击。假使你已经通过网上银行或公共事业公司或网站的身份验证并呈登录在线状态,同时黑客也已找到你所登录站点的跨站点伪造漏洞,因此一旦接入无线网络,黑客便能看到你的访问流量,从而伪装成响应主机(他们可以通过Google搜索得到具体的主机名),只要启用了浏览器Java脚本,你与所登录站点之间便会产生一项交易。此时系统受到攻击都只是小事,你所遭受的金钱损失才是大事。无论是传统的攻击手段,还是新的攻击技术,无线网络都是它们施展攻击的温床。黑客还可以进行中间人(Man in the Middle)攻击。他们一般会依靠无线路由器劫持你正在使用的整个无线网络。许多酒店都无法抵御这类攻击。攻击者通常会告知使用无线网络的所有用户他们是路由器。所有的连接活动都必须经过攻击者。一旦伪装的环境成立,攻击者便可以进行中间人攻击了。也就是说,当有人前往采用安全套接字层的站点时,即使受害人会受到证书不匹配的警告,没人会把这太当回事,反而会单击"确定"按钮并继续接下来的活动。如果你登录银行或信用卡公司的网站,你的一切活动都会受到攻击者扮演的中间人的监控。要施展此类攻击十分简单,即使攻击者只有15岁,他/她也可以在酒店或机场利用可启动渗透测试工具套件 backtrack 3 发动攻击。一切真的很简单。

问:既然如此,您能对移动商务人士提出一些可以确保他们安全的忠告吗?

答:我稍后再回答这个问题吧。首先我要讲一点,即使你到了飞机上,你也不能觉得自己十分安全。这是因为，当你在飞机行驶过程中使用装有 Windows 或 Mac 操作系统的计算机时，一旦你启动该计算机，Windows 的无线零配置服务便会开始浏览位于你的优先列表上的所有访问点，同时一般会检查之前连接过的访问点。这时，飞机上的黑客可以运行一个简单的应用程序。一旦你的计算机询问有关 Linksys 或美国航空休息室访问点的问题，攻击者便会回答"是的，我这里就是访问点"，接着他/她会发给受害人一个 IP 地址，让攻击者和受害人处在同一个本地网络中。这样一来，当受害人启动 Outlook 撰写邮件时(希望飞机着陆后可以把这些邮件发出去)，Outlook 会每 15min 尝试与服务器进行一次连接。如果受害人使用的是 POP3 或 IMAP 服务器，而不是 spop 或 simap，则你所拥有的密码传输协议会受到攻击。即便你身处 3 万英尺的高空，仍然逃脱不了黑客的攻击。

问：我们应该采取哪些防御措施呢？世界上是否存在安全型笔记本式计算机？

答：我们可以通过全部加密手段来打造安全型笔记本式计算机。这也是我想对像我一样的移动商务人士提供的建议。因为就算有人潜入我的酒店房间偷走了我的笔记本式计算机，如果一切都经过了加密，他们将得不到任何关于我的信息。我们可以采用 TrueCrypt 和 PGP Folder Encryption 两种应用程序进行加密。它们都是数据加密工具，如果出现笔记本计算机失窃的情况，其中的数据将十分安全。利用这两种加密工具进行加密的数据一般很难被破解，除非所设置的密码十分容易猜到。可以说，我们能让数据处于相对安全的状态下。在无线网络中，我们可以配置非自动连接窗口，用于连接访问点。或者，在使用 WEP 或 Wepa 时，我们可以对连接窗口进行设置，使它只连接安全的访问点。我们也可以在飞机上关闭连接，只需轻松单击几下即可禁用无线接口。在使用开放式无线网络时我们应十分小心。这时我通常会建立一个与家庭服务器相连接的 VPN 抵御攻击。首先，我会将一个虚拟专用网与另一个系统连接，将我的访问流量加密到这个经过加密的渠道中。尽管这样做不能 100%确保我的系统安全，但安全程度还是能达到 80%。这样攻击者只能转而攻击其他容易得手的对象了。

总结下来，我们平时除了要对一些安全常识有所了解之外，养成比较好的使用计算机、网络的习惯，也是很重要的，"苍蝇不叮无缝的蛋"，应用、服务越多，漏洞的可能性就会越大，所以 Kevin 会带一台干净系统的计算机去大会。另外，加密连接和资料是一件保护你的重要资料，很值得推荐的一种方法；当然，如果你说，你忘记了加密密码怎么办？那么我将很无奈地告诉你，这个密码就像你家中的钥匙那样，自己家的钥匙都能丢？可见这个资料实在不值得你重视，当然，备份到一个四面无网络的地方，也是一个值得推荐的方式。

无数的黑客传奇小说，都不如实际的来一场实践玩得刺激，特别是美国，自由的土壤滋生了无数的幻想和可能。

(资料来源：寂静云海．看看超级黑客如何谈论移动商务的攻击和防范 [EB/OL]．
(2009-7-3)．[2012-9-26]．http://blog.cntv.cn/10594244-789200.html.)

安全是一个永恒的话题，自从这个概念兴起以来，攻、防两方就是在不断的"魔道互长"，在超级黑客的眼里，无线网络是其大显身手的场所，那么通过这个案例，我们应思考 3 个问题：

1. 对无线网络有哪些攻击形式？
2. 针对不同的攻击形式，有哪些防范技术？
3. 网络如果被攻击，用什么法律来保护网络？

5.1 移动商务的安全问题

移动通信技术的快速发展带动了移动商务在各行业的深入应用，企业(或组织，以下只针对企业)的核心信息通过移动网络传输，对移动商务的安全性提出了新的要求。一个企业的移动通信系统由应用平台、通信网络、终端设备3部分构成，应用平台包括企业内部网络和运行于内部网络之上的应用系统；通信网络是企业与外部进行信息交换的有线网络和无线网络；终端设备主要是最终用户使用的计算机，在移动商务中，主要是智能手持设备，现阶段主要是智能手机。

从移动商务通信的过程来看，其安全问题，也可以从3个方面来分析，即移动商务应用平台的安全问题、无线通信网络的安全问题和移动终端的安全问题。移动商务应用平台的安全问题主要是传统电子商务安全问题的延伸，后两者则是因为通信方式的变化带来的新问题。从商务交易的有效性看，安全问题还包括身份识别和对信息的完整性鉴别，这是所有借助网络平台从事商务活动都要考虑的安全问题。

5.1.1 移动商务安全问题的4个方面

1. 移动商务应用平台的安全问题

移动商务应用平台的安全问题主要包括以下5个方面。

(1) 非法登录系统。非法人员破译了或合法使用者泄露了登录账号和密码，导致系统被非法使用者进入，系统遭到攻击或导致经济损失。

(2) 病毒。这是一个普遍的问题，世界上总有一些人在设计计算机病毒，做这种损人不利己的事。

(3) 系统漏洞造成的黑客攻击。操作系统或应用系统漏洞，让攻击者找到攻击点。

(4) 内部管理中的安全问题。这是一个非技术问题，需要有详细的管理规章来规范。

(5) Wi-Fi使用中的安全问题。如Wi-Fi没有设置接入点密码，在Wi-Fi上传输的信息被窃取等。

上述(1)~(4)是在一般企业应用系统中均存在的安全问题，在无线应用环境下，这些问题变得更加复杂。(5)是无线应用环境下特有的问题，也是容易被忽视的问题。

2. 无线通信网络的安全问题

无线通信网络最初主要传输语音信号，即用来打电话，后来可以传输短信。无线传输带宽的提高，特别是3G网络的使用，使得无线网络传输的数据信息大大提高，无线网络已是Internet通信网络的一部分，在数据通信中，无线网络的安全问题主要包括以下两个方面。

(1) 传输的信息被窃听：无线通信媒体是非导向的，信息的传送是开放的，只要拥有合适频率的接收设备，便可以获取无线信道上传输的内容。一旦被窃听，则无线信道上传输的所有信息，包括语音信息、数据信息、身份信息、位置信息等都将泄露，甚至导致移动用户被追踪，这对于无线用户的信息安全、商务交易安全和个人隐私都构成了潜在威胁。

(2) 传输的信息被篡改，也称完整性攻击。攻击者在劫持了正常的通信连接后，在网络中窃听用户数据，进行非授权访问，并可以私自修改、插入、重传或删除合法用户的数据或信令，还可以假冒通信的某一方对通信的数据进行修改，甚至可以修改存储在网络单元中的数据。

攻击者还可以干扰用户在无线链路上的正确传输，造成网络拒绝服务，使合法用户无法使用正常的网络服务。

3. 移动终端的安全问题

移动终端以智能手机为主，安全问题主要包括以下两个方面。

(1) 移动终端设备的物理安全。移动终端体积小，便于携带，也容易被偷窃和丢失。一旦丢失，意味着用户的个人信息、重要信息有可能被泄密或被他人恶意盗用，这将会对个人或企业造成很大影响和损失。

(2) 病毒。虽然移动终端，特别是手机病毒还没有像电脑网络病毒那样泛滥，但随着智能手机的日益普及，手机病毒的危害性也将逐步显现，这个问题不能忽视。

4. 商务交易有效性的安全问题

商务交易有效性的安全问题主要包括以下 3 个方面。

(1) 身份确认。交易双方在网络上询价、谈判、支付等一系列商务活动的前提是双方都能确认对方的身份，所以身份确认是商务活动的前提。

(2) 防抵赖、防伪造。交易双方在发送电子报文后不能抵赖，任何一方不能伪造对方的电子报文。需要设计一种技术措施来防止这两个行为。

(3) 完整性控制问题。保证信息传输的完整性，防止被非法篡改。

5.1.2 企业移动商务安全策略

根据 5.1.1 节归纳的企业移动商务安全问题，在设计企业移动商务安全策略时也应从 4 个方面考虑，即企业移动商务应用平台——主要是企业内部网安全策略、通信安全策略、移动终端安全策略和商务交易安全策略。企业移动商务应用平台安全策略主要在以有线网络为主的内部网安全策略上增加无线网络安全策略，通信安全策略是针对无线通信网络设计的，移动终端安全策略则针对终端用户设计，商务交易的安全策略通过交易两端的技术措施来实现。

1. 平台安全策略

现阶段企业内部网络以路由器、交换机为主要联网设备，各种应用系统存放在服务器中，服务器可以是一台物理设备，也可以有多台，用户在客户端即终端设备上使用各种服务，结合企业内部网络安全需要，可以画出企业内部网络安全结构图，如图 5.1 所示。

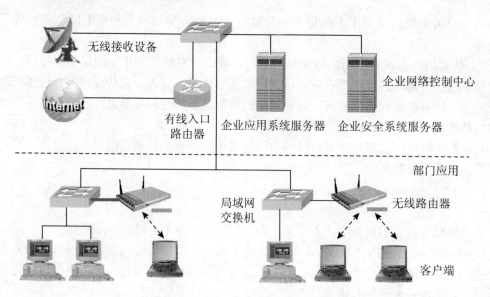

图 5.1 企业内部网络安全结构

企业内部网络分两个层次：企业网络控制中心和部门应用。控制中心负责有线和无线网络的接入，负责整个网络的安全体系构建，安全系统服务器主要用来完成整个企业网络系统的安全功能。企业各种应用服务器，包括企业端无线应用平台，视企业规模大小，可以放在控制中心，也可以分别放在各部门，图 5.1 放了控制中心，无论放在哪里，安全策略不会有很大不同；部门应用系统主要由局域网交换机和无线路由连接客户端设备而组成的局域网(Local Area Network，LAN)，因为有了无线路由，所以支持笔记本式计算机等移动终端上网，实际上部门网络是有线局域网和无线局域网(Wi-Fi)的综合。

企业内部网安全策略包括以下 6 个方面。

(1) 物理安全策略、数据安全策略。这部分内容主要是物理环境、硬件设备安全、数据备份等。

(2) 系统登录控制策略。对于企业各种应用系统，授权合法使用者密码和使用权限，保证系统不被非法使用。可以通过设置较长的登录密码以增加破解难度，提高保密强度。

(3) 防火墙策略。防火墙系统一般安装在企业网络控制中心的企业安全服务器上，对企业的进出信息，无论是通过有线信道还是无线信道，进行过滤，为此，企业安全系统服务器同时必须设置成为上网代理，即企业内部所有设备接入互联网都必须通过企业安全系统服务器，且防火墙系统软件要定期升级。

(4) 防病毒策略。防病毒软件应安装在企业所有服务器和客户端设备上，在企业安全系统服务器上安装防病毒软件的服务器端系统，由它定期获取病毒软件开发商升级包，并负责企业内部各设备防病毒软件的升级。

(5) 入侵检测策略。入侵检测系统只需要安装在安全系统服务器上，由它根据设定的标准检测入侵，对于小型企业可以不考虑入侵检测问题。

(6) 无线路由安全策略。无线路由器容易被附近的非法移动终端侦测，从而被非法接入网络，导致网络遭受攻击。无线路由的安全策略可以从下列方面考虑：①设置无线路由器管理员密码和用户名,不使用默认设置;②设置接入无线路由器密码;③修改无线路由器默认系统 ID;④设置 MAC 地址过滤,将企业内部移动终端的物理地址与 IP 地址捆绑,这样外来的移动终端就无法接入无线路由了;⑤关闭无线路由的网络广播功能,使企业外部的移动终端不能被动检测无线路由;⑥设置无线路由内置防火墙;⑦员工离开时关闭无线路由器。

2. 通信安全策略

首先是运营商提供的无线通信网络本身的安全性在不断改进,第一代模拟蜂窝移动通信以明文形式传送信息,移动网络本身没有安全性可言;第二代数字移动通信系统,在安全性方面有了较大的改进,通过加密方式传递用户信息,对移动用户的身份认证采用了单向下行询问—响应认证协议,保证了用户身份的真实性。2G 网络的不足在于,认证机制是单向的,即只考虑了网络对用户的认证,而没有考虑用户对网络的识别,攻击者可以通过伪装成网络成员对用户进行攻击;加密机制是基于基站的,只有在无线接入部分信息被加密,而在网络内的传输链路和网间链路上仍然使用明文传送。随着解密技术的发展和计算能力的提高,2G 中使用的加密密钥长度是 64b,现在已能在较短的时间内解密该密钥。在 2G 中没有考虑密钥算法的扩展性,只采用了一种加密算法,致使更换密钥算法十分困难。2G 网络也没有考虑信息的完整性鉴别。

3G 移动通信网络在 2G 的基础上进行了一些有效的改进:在用户身份保密方面,3G 网络解决了 3 个问题,在无线链路上不能窃听用户身份,不能获取当前用户的位置,不能获知用户正在使用的业务;在认证方面,3G 网络实现了网络和用户的双向认证,增加了数据完整性鉴别,并可以防止重放攻击;在数据加密方面,3G 网络采用的密钥长度为 128b,比 2G 网络多出 1 倍,且使用网络协商机制,增加了加密的扩展性和不同移动运营商网络的连通性。

鉴于现阶段 2G 移动网络和 3G 移动网络并存,而 2G 移动网络的安全性要明显低于 3G 移动网络,根据木桶原理,企业移动商务在通信安全策略方面需要兼顾现在与 3G 并行运营的 2G 网络,仍然要考虑以下两个问题。

(1) 信息在通信时被窃取的可能性。

(2) 有被窃取的可能性,就有被篡改的可能性。

这两个问题网络本身不能解决,必须通过通信两端采用技术措施来解决,属于交易安全性保障技术,在"保证商务交易有效性的安全策略"中作详细阐述。

3. 移动终端安全策略

移动终端安全策略包括以下 3 个方面。

(1) 防丢失、防偷窃、防通信内容被非法偷看。

(2) 终端软件安全策略。移动终端受计算能力的限制,不能使用太复杂的安全软件,需要在计算强度和保证安全性方面寻找平衡。

(3) 防病毒策略。安装杀毒软件,定期升级,定期查杀病毒。

4. 保证商务交易有效性的安全策略

1) 加密策略

通信双方无法保证甚至无法知道通过网络传输的信息是否被窃取，通信双方能够做的是，对信息进行加密，保证窃取者看不懂窃取的信息。加密就是对信息进行变换，将看得懂的信息变换成看不懂的信息。图5.2是加密的与解密的基本过程。

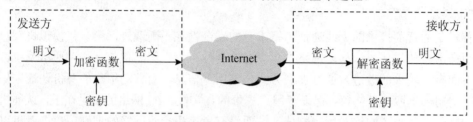

图 5.2　互联网上的信息加密解密模型

图中的概念解释如下。

(1) 明文，发送方要传送的文件，一般是看得懂的，所以称明文。

(2) 密文，将明文变换成不可懂的形式，即密文。

(3) 加密，将明文变成密文的过程。

(4) 解密，接收方将密文还原为明文的过程。

(5) 密钥，加密和解密过程中要用到的关键信息，在现代网络加密中，密钥是一串二进制数，而加密过程可以看做一连串的函数运算，密钥是其中一个参数。

2) 身份确认、防抵赖、防伪造策略

身份确认通过数字签名来实现。数字签名要完成3项功能，即对发送方进行身份识别；发送方事后不能抵赖；接收方或任意第三方不能伪造。

数字签名的实现技术概括起来就是一句话，A用自己的私有密钥对信息X加密，形成XM，就完成了数字签名的3项任务。

(1) 只有用A的公开密钥才能解密XM，还原出X，据此可以判定X是A用私有密钥生成的，完成了对发送方的身份识别。

(2) 因为生成XM需要A的私有密钥，只有A能够生成，所以发送方事后也不能抵赖。

(3) 接收方或任意第三方可以伪造X，但无法伪造XM，因为没有A的私有密钥。

因此，A用自己的私有密钥对信息X加密，就可以说对X实施了数字签名。又因为目前使用的公开密钥加密算法运算速度较慢，所以在实际使用中不对整个信息进行签名，而是对信息摘要签名，实际电子商务应用中，数字签名是与完整性鉴别一起实现的，所以在以下内容作详细讨论。

3) 完整性控制策略

完整性鉴别要用到杂凑函数，又称哈希(Hash)函数，这种函数的特点是，对于任何长度的自变量 X，计算出较短的长度固定的函数值 Y，且函数不可逆，即没有反函数，不同的 X 计算出来的 Y 不同，常常把这个计算出来的 Y 称作 X 的报文摘要。

图5.3所示的是完整性鉴别的和数字签名的实现原理图(不包括对信息的加密)。

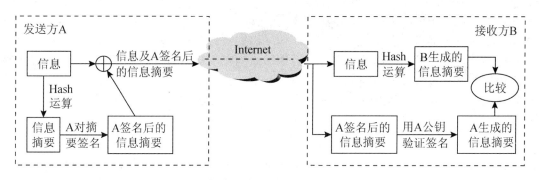

图 5.3 移动商务的数字签名和完整性鉴别原理

接收方 B 用同样的 Hash 算法生成摘要，同 A 的摘要比较，如果相同，则说明信息没有被篡改，即信息是完整的，否则信息不完整。

5.1.3 3 种主流电子商务模式实际使用的安全策略

1. 使用最广泛的安全协议——SSL

上面讨论的安全策略可以有多种不同算法去具体实现，在网络通信中，通信双方为实现安全通信，必须使用相同的算法进行加密、签名和完整性控制，必须有一些协议来完成这项任务，计算机网络中，协议就是通信多方应遵循的标准，这个标准主要包括两点内容：信息的格式和传递信息的顺序。SSL 是一种广泛使用的安全通信协议，SSL 的英文是 Secure Socket Layer，中文翻译为安全套接层。

每个网络协议都有其开发的目的，SSL 协议的目的是实现服务器和浏览器之间的加密通信，因为信息的格式太过技术化，在此不作讨论，SSL 协议传递信息的过程大致分为两步，即握手协议和记录协议，握手协议用于协商通信密钥，记录协议定义传输的信息格式并按握手协议协商的通信密钥进行加密通信。

在基于客户/服务器的安全通信中，多数是使用 SSL 协议，电子商务或移动商务也不例外。

2. 3 种电子商务模式使用的身份识别策略

1) B2B

在 B2B 模式中，平台运营商一般为信得过的机构承担，企业以注册会员形式加入网站，注册时企业必须提供相关的资料，网站进行必要的验证，如阿里巴巴的"诚信通"，验证通过后，企业获得用户名和登录密码，此后企业便可以随时登录网站，发布信息，与其他企业进行贸易洽谈等。没有注册的企业没有用户名和登录密码，不能进入网站。这时，网站实际上担当了身份识别的中介。在这个网站上进行交易的企业，相互之间是可以信任的。企业不需要其他的身份识别措施。

B2B 平台运营商如何认证企业呢，目前主要是通过工商行政管理机关，查看企业的营业执照，保证上网的企业在工商部门注册了的，是真实存在的。从交易的过程看，B2B 网站提供发布信息、查看商品图片、询价、洽谈、拟定交易合同等功能，而到了支付这一步，企业一般不再利用网站了，因为 B2B 交易多为大额交易，企业更愿意选择银行渠道支付，所以网站可以不提供网上支付这项功能。如果出现贸易纠纷，纠纷原因在身份问题上，网站理所当然地成了解决纠纷的第三方，若纠纷原因在于货物与合同不符，则按传统方法解决纠纷，与网站没有关系。

所以，在以 Web 网站作为交易平台的 B2B 模式中，网站运营商身份识别的角色，企业与企业通过网站运营商互相信任。

2) B2C

B2C 模式是广大消费者和企业参与的模式，现行主要的 B2C 网站都没有提供与客户进行身份识别的机制，所以有假冒网站存在，有消费者陷入购物陷阱。如果消费者信不过网站，可以采用两种措施保证安全：一是采用货到付款支付方式；二是对于不能货到付款的网站，使用第三方支付平台。总之在付款之前，要慎之又慎。

3) C2C

淘宝是我国 C2C 交易做得最成功的网络平台，淘宝上的身份识别主要通过对商家实名认证实现，保证了消费者看到的商家是真实存在的；此外"支付宝"为缺乏信任的交易双方达成交易提供了必要的限制与支持手段，采用支付宝的支付流程如图 5.4 所示。

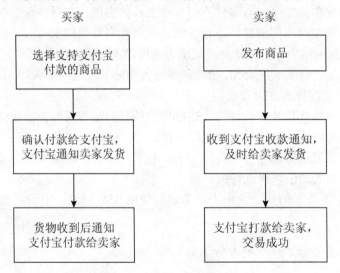

图 5.4　支付宝的支付流程

3. 网上支付的安全控制

不管是利用网上银行支付还是利用支付宝支付，都要保证支付安全。目前采用的主要技术措施是安装安全控件，安全控件实际上是一个运行安全协议(多数是 SSL 协议)的软件，它在支付时起作用，利用加密、签名和完整性鉴别三大技术保证资金信息的安全。

网上银行的安全控件由各个网银网站提供，在支付时还要使用一次一密的密码产生装置，有的银行提供密码卡，有的提供一个电子口令产生器，有的是一个 USB Key，总之都是为了保证密码只使用一次，下次支付要用新的密码，黑客要破解这种加密密码基本上是不可能的。

支付宝的安全控件由阿里巴巴公司提供，支付时也要使用单独的支付密码，但没有一次一密装置。

5.2 移动商务涉及的法律种类

移动商务是电子商务的延伸，属于电子商务的范畴，电子商务的法律适用于移动商务。

5.2.1 从"电子"和"商务"的角度分析电子商务涉及的法律

1. "电子"主要涉及刑法和各种行政法规

电子商务中的"电子"广义上指一切为商务服务的电子手段，如电话、传真等，狭义地讲，就是以互联网为主的计算机通信网络。

互联网是一个开放的网络，所谓"开放"，有两层意思：一是它的协议 TCP/IP 是开放的，计算机专业人员通过学习可以理解互联网的工作原理，可以编写网络程序，实际上互联网的许多协议程序最初的雏形就是计算机网络爱好者设计的；二是它是一个公用网络，可以被任何人使用，而不是专属某单位或某行业，所有的开放网络都存在不安全因素，互联网也不例外。

从用户的角度看，互联网由许多存放信息的服务器(Server)和许多使用者(Client 即客户)构成，互联网的核心功能是存储信息和传输信息，而这些被互联网存储的信息中有很多是企业、政府、团体及个人的秘密信息，是不允许泄露的，所以保证信息安全，防止网络犯罪的法律就成了互联网的基础性法律。

1994 年以来，我国已先后颁布和实施了一系列的行政法规和部门规章。如国务院于 1994 年 2 月 18 日发布的《中华人民共和国计算机信息系统安全保护条例》、1996 年 2 月 1 日发布的《中华人民共和国计算机信息网络国际联网管理暂行规定》，公安部、中国人民银行于 1998 年 8 月 31 日联合发布的《金融机构计算机信息系统安全保护工作暂行规定》。各地结合本地工作实际，相继制定了一系列地方法规或规章，如《辽宁省计算机信息系统安全管理条例》、《山东省计算机信息系统安全管理办法》等。应该说，我国已基本建立了较为完备的、与网络信息安全问题相关的行政法规体系。这些法规是可以对信息安全问题起到一定的或者初步的控制作用。危及国家、企业和个人信息安全的因素很多，但计算机犯罪危害最甚，它们是信息安全的最大杀手。虽然，在相关的行政法规中也出现了类似于"构成犯罪，依法追究刑事责任"等字句，但主要的法律责任条款主要集中在行政处罚上，这样就使得现有的法律、法规经常在计算机犯罪面前显得软弱无力。所以，对于网络信息安全问题的法律控制，不能仅仅限于行政法律法规的控制，还要借助于刑法的控制，否则就不能适应控制日益猖獗的计算机网络犯罪的需要。

一般说来，刑法作为一种规范性调整手段，它的运用具有滞后性的特点，即它通常总是在某一危害社会的行为已经不为其他法律所调整或者不足以调整的情形下，作为一种更为强制性的调整手段出现。由于刑法采用的是刑罚手段，所以对网络信息安全问题，刑法控制是最具强制性、最为严厉的手段，它在整个法律控制体系中起到一种保障和后盾的作用。

在我国，第八届人大五次会议于 1997 年 3 月 14 日通过，1997 年 10 月 1 日正式实施的新修订的《中华人民共和国刑法》(以下简称《刑法》)增加了 3 个法律条款：非法侵入计算机系统罪(第 285 条)，破坏计算机信息系统功能、破坏计算机信息系统数据或应用程序罪，制作、传播计算机病毒等破坏计算机程序罪(第 286 条)及属于广义计算机犯罪范畴的利用计算机实施的犯罪(第 287 条)等。这对预防和打击计算机网络违法犯罪起到了积极的作用。

2．"商务"角度主要集中在"商流"

"商流"是商品所有权发生转移的过程，适用于电子商务商流的法律主要有以下两个。

1) 《中华人民共和国电子签名法》

《中华人民共和国电子签名法》第十届全国人民代表大会常务委员会第十一次会议于 2004 年 8 月 28 日通过，2005 年 4 月 1 日起施行。这部法律重点解决了 5 个方面的问题：一是确立了电子签名的法律效力，从而保证数据电文的法律效力；二是规范了电子签名的行为；三是明确了认证机构的法律地位及认证程序，并给认证机构设置了市场准入条件和行政许可的程序；四是规定了电子签名的安全保障措施；五是明确了认证机构行政许可的实施主体是国务院信息产业主管部门。

2) 《中华人民共和国合同法》

《中华人民共和国合同法》(以下简称《合同法》)第九届全国人民代表大会第二次会议于 1999 年 3 月 15 日通过，1999 年 10 月 1 日起施行。《合同法》第十六条规定："要约到达受要约人时生效。采用数据电文形式订立合同，收件人指定特定系统接收数据电文的，该数据电文进入该特定系统的时间，视为到达时间；未指定特定系统的，该数据电文进入收件人的任何系统的首次时间，视为到达时间。"这一条明显是针对电子商务、电子合同而设的。

5.2.2 从"信息流"的角度分析电子商务涉及的法律

1. 知识产权方面的法律

知识产权法是一个学科概念，并不是一部具体的制定法。知识产权法律制度主要由著作权法、专利法、商标法、反不正当竞争法等若干法律行政法规或规章、司法解释、相关国际条约等共同构成，国内知识产权法律法规主要有以下 5 个。

(1) 知识产权法律，如《中华人民共和国著作权法》(以下简称《著作权法》)、《中华人民共和国专利法》、《中华人民共和国商标法》。

(2) 知识产权行政法规。其主要有著作权法实施条例、计算机软件保护条例、专利法实施细则、商标法实施条例、知识产权海关保护条例、植物新品种保护条例、集成电路布图设计保护条例等。

(3) 知识产权地方性法规、自治条例和单行条例，如深圳经济特区企业技术秘密保护条例。

(4) 知识产权行政规章，如国家工商行政管理局关于禁止侵犯商业秘密行为的规定。

(5) 知识产权司法解释，如《最高人民法院关于审理专利纠纷案件适用法律问题的若干规定》、《最高人民法院关于诉前停止侵犯注册商标专用权行为和保全证据适用法律问题的解释》。

《著作权法》第三条第(八)款规定计算机软件属于《著作权法》保护的作品范畴。对于网络著作权，2006年7月1日实行了《信息网络传播权保护条例》，在这个条例的第二条明确规定，网络著作权利人享有的信息网络传播权受著作权法该条例保护。该条例的出台，是著作权法为适应网络环境做出的补充，进一步完善了我国著作权相关法规，促进了我国信息化进程。

《中华人民共和国专利法》1984年3月12日第六届全国人民代表大会常务委员会第四次会议通过，1992年9月4日第七届全国人民代表大会常务委员会第二十七次会议《关于修改(中华人民共和国专利法)的决定》第一次修正，2000年8月25日第九届全国人民代表大会常务委员会第十七次会议《关于修改(中华人民共和国专利法)的决定》第二次修正，2008年12月27日第十一届全国人民代表大会常务委员会第六次会议《关于修改(中华人民共和国专利法)的决定》第三次修正，2009年10月1日正式施行。根据专利法，在实际专利审查中，在判断一项发明是否能够成专利法实施细则第二条第一款所述的技术方案时，主要有3个判断依据：①该发明是否是为了解决技术问题；②该发明是否采用了技术手段；③该发明是否采用了技术效果。

一项发明只有当这3个条件都满足时，才能构成专利法实施细则第二条第一款所述的技术方案，才能受专利法保护。

从我国专利审查实践的情况来看，对于电子商务的相关发明，专利申请人往往声称自己的发明所要解决的问题和所产生的效果都是技术性的，而专利审查员经过分析推导之后往往认为该发明所要解决的问题和所产生的效果都是非技术性的，专利申请人和专利审查员之间从而产生较大的意见分歧。例如，专利申请人往往声称，本发明能够提高效率、降低成本或保证安全等，因而和其他非电子商务领域的绝大多数发明一样，所要解决的问题和所产生的效果都是技术性的；而专利审查员往往认为，本发明的实质在于提供一种商业交易的规则，或者是提供一种劳动生产的管理方法，以解决如何进行交易或如何进行管理的问题，所产生的效果也仅仅局限于商业领域或管理领域，而并非在于技术领域，因此其所要解决的问题和所产生的效果都是非技术性的。

从目前为数不多的、被认为是属于中国专利法所保护的客体的涉及电子商务的发明专利申请来看，这样的发明往往是电子商务所使用的技术也发生了实质性的变化，而不仅仅是对现有技术的简单拼凑或简单叠加。例如，为保证金融交易的安全性而开发了一种新的金融交易设备及与该设备相配套的金融交易的安全验证方法。该金融交易设备的内部结构不同于现有技术中的金融交易设备，这种内部结构上的变化可以是硬件上的变化、也可以是软件上的变化。

就我国目前的专利审查实践而言，不少电子商务的相关发明被认为是不能构成专利法实施细则第二条第一款所述的技术方案，不属于中国专利法所保护的客体。其具体理由在于，该发明所要解决的问题、所采用的手段和所产生的效果都是非技术性的。

《中华人民共和国商标法》1982年8月23日第五届全国人民代表大会常务委员会第二十四

次会议通过，1993年2月22日第七届全国人民代表大会常务委员会第三十次会议第一次修正，2001年10月27日第九届全国人民代表大会常务委员会第二十四次会议第二次修正，现在实行的是2001修正版。

目前互联网上商标权保护面临的主要挑战之一就是网络域名与商标的冲突。域名是对应于互联网地址(IP地址)的层次结构式网络字符标志，是进行网络访问的重要基础。一方面，域名的构成，可以使用英文字母，也可以使用中文文字。另一方面，商标的构成要素可以是"任何能够将自然人、法人或者其他组织的商品与他人的商品区别开的可视性标志，包括文字、图形、字母、数字、三维标志和颜色组合，以及上述要素的组合"。文字商标、字母商标与域名的冲突自不待言，即使是其他形式的商标，使用人出于便于呼叫和宣传的需要，也几乎都有文字要素与其他要素进行组合。在这种情况下，用作网络域名的字母或文字倘若与他人在先注册的商标或者商标中的文字、字母要素发生重叠或者近似，就有可能导致网上用户对该域名的使用者同该商标的使用者发生混淆，从而损害商标权人的利益。

网络主页上的商标侵权是目前互联网上商标保护面临的另一主要挑战。这主要包括将他人商标移作自己网页的图标，或者将他人注册商标设计为自己网页的一部分，足以使人产生混淆，以及在自己网页上将他人的注册商标用作链接标志足以误导网络用户两种情形。擅自使用他人注册在先的商标当做自己网页上的图标，或者在自己网页上将他人注册在先的商标用作链接标志，使自己经营的电子商务与商标权人的商务足以造成混淆，势必会损害商标权人的利益。

目前域名与商标冲突现象较严重，商标制度与域名制度存在立法上的错位，要想尽可能减少域名与商标冲突，促进网络经济的发展，首要任务便是宣传、鼓励企业尽快上网，注册自己的域名。尤其中小企业对网络麻木者多，热情者少，如果不尽快建立自己的网站，便有他人将我们的商标抢注为其域名之虞，所以采取有效措施，推动企业上网迫在眉睫。

2. 互联网域名注册法规

1997年5月30日中国互联网络信息中心制定了《中国互联网络域名注册暂行管理办法》，1997年6月3日国务院信息办颁布了《中国互联网络域名注册实施细则》，对我国互联网三级域名的申请、审核、变更、注销、争议、管理和规范进行了详细规定，该细则的实施，对包括电子商务网站在内的各类网站域名命名与管理起到了规范作用。

5.2.3 从"资金流"的角度分析电子商务涉及的法律

"资金流"涉及两个方面，一是网上支付，二是电子发票。目前这两个方面都没有相应的法律，只有部门规定。

中国人民银行2005年发布23号公告：《电子支付指引(第一号)》，该指引对电子支付业务的申请、支付指令的发起和接收、电子支付安全控制、差错处理等进行了详细的规定，规范了电子支付业务，对防范支付风险，保证资金安全，维护银行及其客户在电子支付活动中的合法权益，促进电子支付业务健康发展，起到了非常及时和积极的作用。

2012年7月16日，国家税务总局发布了"关于《网络发票管理办法(征求意见稿)》公开征求意见的通知"，国家税务总局在《征求意见稿》》起草说明中指出："网络发票管理系统是以税收征管信息系统为依托，以数据管税为核心，应用在线数据传输技术的实时开票系统，对开票单位和个人网络发票的领购、开具、缴销、取得、查询和数据应用等环节进行实时监控，实现发票数据信息采集的实时性、唯一性、完整性和真实性，具有'在线开票、数字防伪、全面监控、查验便捷'的特点"。

《中华人民共和国发票管理办法》第二十三条规定："国家推广使用网络发票管理系统开具发票"，这是网络时代的电子商务的迫切需求，也是发展趋势。

5.3 移动商务中隐私权保护

5.3.1 隐私权概述

要了解隐私权，首先要了解隐私的概念。隐私是个人不愿为他人所知和干涉的私人生活，其内容主要包括公民财产状况、社会关系、住所、性生活及其他纯属个人私事而不愿为外界所知的秘密，也包括公民的内心世界及私人生活安宁。概括地讲，隐私包括私人信息秘密和私人生活安宁两部分内容。

与隐私的概念相对应，隐私权是公民依法享有的私人信息不被非法刺探、搜集和公开、私人生活安宁不被非法侵扰的独立的人格权。

隐私权是随着人类文明进步与发展而直到19世纪末才出现的一项人格权。它的出现具有重大意义。因为科学技术的发展，在促进人类发展的同时，侵扰个人的技术手段也日益发达，干涉他人生活秘密与安宁的案例也不断出现，严重影响了公民的生活质量，不利于公民的个人发展及个性的完美。而隐私权制度的确定，一方面保护隐私权不受侵犯；另一方面在隐私权受到侵害时，予以法律救济，从而极大保证了公民的生活安宁与幸福。

隐私权有以下内容。

1. 私人信息保密权

私人信息属于个人隐私的范畴，这是公认的，也是隐私权保护的重点内容。现代社会由于通信、交通、计算机及网络等技术的飞速发展，对个人隐私造成了很大威胁，而最易遭侵犯的私人信息。

私人信息秘密受隐私权保护，但一个重要的问题就是是否全部私人信息都受隐私权保护呢？从国外立法来看，很多国家的立法者只是笼统地将个人信息纳入其法律的保护范围，没有对私人信息作明确地分类。许多学者也主张，总体上所有的个人信息都归属个人隐私的范畴。然而，人是社会的人，私人信息不可能也没有必要完全保密，人与人之间的交往很大程度上也依赖于相互间私人信息的了解而进行。因此，所有私人信息都受隐私权保护没有必要。然而，由于社会环境、国家、民族文化等差别，对于哪些私人信息是个人隐私往往不易确定，法律也不可能列举所有应该受隐私权保护的私人信息，所以，哪些私人信息是个人隐私往往具体到个案由法官综合各种因素予以判定。但大体上讲，下列私人信息隐私权保护，不受他人非法搜集、刺探和公开。

(1) 公民有权保有姓名、肖像、住址、住宅电话、身体肌肤的秘密。

(2) 公民的通信、日记和其他私人文件不受法刺探或公开。

(3) 公民的储蓄、财产状况不受非法调查或者公开，但是依法需要公布财产状况者除外。

(4) 公民的社会关系，包括亲属关系、朋友关系等，不受非法调查或者公开。

(5) 公民的档案材料不得非法公开或者扩大知晓范围。

(6) 公民有权不向社会公开过去或现在的纯属个人的情况。

2. 私人生活免受干扰权

美国学者布兰迪斯(Brandis)和沃伦(Warren)认为，是"生命的权利已经变得意味着享受生活的权利"，因而私人生活免受干涉应受法律的认可与保护。的确，自己拥有一片私人生活领域，休养身心，免受他人干扰，是公民生活幸福的必备条件。这是隐私权保护的重要内容。一般来讲，私人生活免受干扰包括以下内容。

(1) 公民的个人活动，包括在公共场所的活动及住宅内的活动不受非法监视、监听、窥视、摄影、录像。

(2) 公民的住宅不受非法侵入、窥视或者骚扰。

(3) 公民的性生活不受他人干扰、干预、窥视、调查或者公开。

5.3.2 网络侵犯隐私权的表现形式

1. 个人侵权表现

个人的侵权表现：个人未经授权在网络上宣扬、公开、传播或转让他人或自己和他人之间的隐私；未经授权截取、复制他人正在传递的电子信息；未经授权打开他人的电子邮箱或进入私人网上信息领域收集、窃取他人信息资料。

2. 网络经营者侵权表现

网络经营者的侵权表现：某些网络经营者把用户的电子邮件转移或关闭，造成用户邮件内容丢失，个人隐私、商业秘密泄露；未经用户许可，以不合理的用途或目的保存或收集用户个人信息；对他人发表在网站上的较明显的公开宣扬他人隐私的言论，采取放纵的态度任其扩散，未及时发现并采取相应措施予以删除或屏蔽；未经调查核实或用户许可，擅自篡改个人信息或披露错误信息；未经用户许可，不合理的利用用户信息或超出许可范围滥用用户信息，将通过合法途径获取的信息提供给中介机构、广告公司、经销商等用来谋利，造成用户个人信息的泄漏、公开或传播。

3. 商业公司侵权表现

商业公司的侵权表现：某些专门从事网上调查业务的商业公司使用具有跟踪功能的Cookie工具；浏览、定时跟踪、记录用户访问的站点；下载、复制用户网上活动的内容；收集用户个人信息资料，建立用户信息资料库，并将用户的个人信息资料转让、出卖给其他公司以谋利，或是用于其他商业目的。

4. 软硬件设备供应商侵权表现

软硬件设备供应商的侵权表现：个别软硬件厂商在自己生产、销售的产品中专门设计了用于收集用户信息资料的功能，致使用户隐私权受到不法侵害，如 Intel 就曾在其处理器中植入"安全序号"，监视用户之间的往来信息，使计算机用户的私人信息受到不适当的跟踪与监视。

5. 其他形式侵权表现

其他形式的侵权表现：某些网络的所有者或管理者通过网络中心监视或窃听网内的其他计算机信息等手段，监控网内人员的电子邮件或其他信息，一定程度上也对网络用户的个人隐私造成了侵害。

5.3.3 电子商务隐私权保护原则

1. 电子商务中的隐私权

电子商务是采用电子方式开展的商务活动，包括在供应商、客户、政府机关及其他参与方之间，通过任何电子工具(如电子邮件、EDI 技术、电子公告板、智能卡和电子资金转账等)共享商务信息，来完成商务活动、行政活动和消费活动的各种交易。电子商务的主体主要有商业机构、消费者和政府管理部门，由于隐私权的主体只能是自然人，故电子商务中的隐私主要是消费者个人信息资料，消费者个人信息资料有两个主要来源：一是用户填写的个人信息；二是商家对个人数据的二次开发。电子商务的展开依赖于真实信息，要求交易者能提供诸如银行账号、身份证号、电子邮箱、家庭地址等资料，而侵权行为往往体现为对此类资料的非法收集、利用和泄露。个人数据的二次开发也是个人信息获取的重要途径。二次开发指商家对自己所掌握的个人数据资料经过分析整理后使用于其他某种用途。例如，通过 Cookies 收集用户的兴趣爱好，向其发送迎合口味的商业广告，或者将收集的个人数据进行买卖。在二次开发中，能够给用户隐私损害的是与用户有直接关系的数据信息。简言之，判断隐私资料的范围应当以真实性为标准，虚假信息在电子商务中不具有可保护性。

电子商务中的隐私权是用户对私人信息资料享有合法权利。具体而言，包括对私人信息的接触、修改、删除和异议的权利。接触权是用户有权利了解本人信息资料的状况，包括对信息收集、使用的确认和查询；修改权是对信息资料的内容进行变更；删除权是要求商家清除个人资料的权利；而异议权则是针对信息资料在未经用户同意的情况下被使用、修改、清除时的救济权利。以上 4 种权利构成了电子商务中隐私权行使的基本内容。

隐私权保护的实质在于控制个人资料的使用。电子商务的特征是方便、快捷，需要信息的流通、共享。如果商家每次收集或利用个人信息时都要告之信息主体，既不经济，也不可行，有违电子商务设立的初衷。因此，在强调网络隐私权保护的同时，也应当为电子商务发展保留必要的空间。

2. 我国电子商务中隐私权保护的基本原则

1) 公开原则

个人资料的收集目的应当在收集前公开,必须事先确定资料使用的范围,不得在目的外使用;如果要在目的外使用,必须履行特定的程序;资料应该在特定的载体上公示有关数据记录系统的存在及特征、资料系统的名称和保存地点、资料的内容和用途;此外,资料的开发、利用也应当公开。

2) 个人参与原则

个人应有权从数据库资料管理人或者其他人处取得其是否保有自己的数据资料的确认,并有权在合理期限内以可以理解的方式接触到有关自己的数据资料,并有删除、修改、补充资料的权利。如果个人的这种要求遭到拒绝,个人有提出异议的权利。个人要求接近数据资料和对数据资料提出异议是保护个人隐私的关键环节。

3) 安全保护原则

资料的收集和使用机构必须采用一切可能的措施,保障所收集的个人资料在存储和传送过程中的安全。例如,在存储的个人资料上安装防火墙;在资料传送过程中使用加密技术,以免个人资料遭受损失、不正当地接近、破坏、非法利用、篡改或披露。

4) 差别对待原则

差别对待是对不同的主体,隐私权保护的程度有所不同,对特殊主体应当予以更全面的保护。特殊主体,是指13周岁以下的儿童。儿童因为身心发育不成熟、自制能力比较差、容易受到外界的引诱。所以对于儿童的资料应当全面保护,不能随意收集和泄露。

5) 适当保护原则

适当保护原则是在个人隐私保护上,并非所有个人数据都是隐私权的保护范围,也并非所有未经消费者同意收集、处理资料的行为都属于侵权,只有敏感性资料并且对其收集、处理行为不符合正常的商业目的的行为才属于侵权。

从数据内容上看,个人数据包括一般性数据和敏感性数据。一般性数据往往只是反映个人的自然状况,如姓名、性别,他人无法通过这些数据直接识别具体的消费者;而敏感性数据直接反映了个人的社会地位、联系方法,如个人收入、联系电话、电子信箱、家庭住址等,通过了解这些数据很方便地将消费者具体化并能与之取得联系。

从侵权行为方式上看,只有对敏感资料的不正当的处理才构成侵权。这里的不正当处理,是从是否超出了一般的商业目的使用的角度考虑的。在电子商务中,商家利用电子邮件的方式进行商业广告和促销,虽然可能会干扰消费者正常的生活,但这应当属于消费者网上商业活动必须付出的交易成本。如果这种交易成本也作为隐私权的保护对象,那么商家将无法开展商业活动。但发送的垃圾邮件或是投放伤害社会风俗、影响民族情绪的商业广告,则完全不符合正常的商业目的,并且会对个人私生活造成严重影响,应属侵权。

第 5 章　移动商务的安全与隐私权保护

研究前沿与探讨

1. 云计算环境下用户身份认证系统的安全

在所有的云服务包括每个云服务的管理界面，都需要针对用户的身份管理、认证、授权和审计，确保"合法"的用户访问正确的服务器，在这种情况下，薄弱的用户验证机制，或者是单因素的用户密码验证很可能产生安全隐患。同时，针对公有云服务而言，按需的自助服务是其重要的特征，而这意味着云服务商需要提供一个自助服务管理门户，便于用户进行身份认证及访问权限管理。此时，认证管理系统本身的安全漏洞将导致各种未经授权的"合法"访问。一旦发生这种未经授权访问，黑客完全可以借助 HTTPS 加密等手段，逃避传统安全防护系统的检查，实现对用户后台数据的恶意访问。

2. 移动智能终端的安全

移动互联网的市场正在快速扩大，以苹果和 Google 为代表的移动操作系统智能终端也在快速流行。根据 Gartner 预测，截至目前全球已经有超过 4 亿的智能终端互联网用户，而国内三大运营商的 3G 智能终端互联网用户也已经达到千万级别。如此庞大的用户规模势必带来潜在的互联网安全风险，如手机被植入恶意代码导致进行恶意流量下载，恶意电话拨号产生高额电话费，或者是通过窃取用户手机聊天工具和网上支付的机密信息获取经济利益，从而对移动用户的互联网安全产生严重危害。

从另外一个角度看，现阶段移动智能终端大量的特色应用，如苹果或安卓应用商店，苹果的 iCloud 云共享服务，客观上更加刺激了黑客对移动互联网安全的兴趣。黑客可以通过发布带有恶意代码的应用程序侵入用户智能终端，一旦拿到用户在苹果云中的 ID 和登录密码后，将轻易窃取到用户在云中共享的各种数据并从中牟利。2011 年 3 月，由于发现了恶意应用，Google 被迫从其安卓应用商店下架了大约 50 个应用。同时苹果在 2011 年也发布了数十个危害严重的涉及 iPhone 和 iPad 的安全漏洞。2012 年针对移动智能终端操作系统的安全漏洞分析，以及针对移动应用商店应用程序的恶意代码检测，仍然是安全研究的工作重点。

本章小结

一个企业的移动通信系统由应用平台、通信网络、终端设备 3 部分构成。从移动商务通信的过程来看，移动商务的安全问题，可以从 3 个方面分析，即移动商务应用平台的安全问题、无线通信网络的安全问题和移动终端的安全问题。从商务交易的有效性看，安全问题还包括身份识别和对信息的完整性鉴别，这是所有借助网络平台从事商务活动都要考虑的安全问题。

移动商务应用平台的安全问题主要包括 5 个方面：非法登录系统、病毒、系统漏洞造成的黑客攻击、内部管理中的安全问题、Wi-Fi 使用中安全问题。

无线通信网络的安全问题包括传输的信息被窃听、传输的信息被篡改(也称完整性攻击)。

移动终端的安全问题主要有两个方面：移动终端设备的物理安全和病毒。

商务交易有效性的安全问题包括身份确认；防抵赖、防伪造；完整性控制问题。

企业移动商务安全策略是根据面临的问题而涉及的，包括4个方面：即企业移动商务应用平台——主要是企业内部网安全策略、通信安全策略、移动终端安全策略和商务交易安全策略。企业移动商务应用平台安全策略主要在以有线网络为主的内部网安全策略上增加无线网络安全策略，通信安全策略是针对无线通信网络设计的，移动终端安全策略则针对终端用户设计，商务交易的安全策略通过交易两端的技术措施来实现。

现行3种主流电子商务交易模式：B2B、B2C、C2C。它们都没有提供专门的身份识别措施，B2B和C2C可以通过网络平台实名认证完成身份识别，B2C只能靠消费者自己采取一些办法来解决安全问题，如货到付款、利用第三方支付平台等。

对于网上支付，不管是利用网上银行支付还是利用支付宝支付，目前采用的主要技术措施是安装安全控件，安全控件实际上就是一个运行安全协议(多数是SSL协议)的软件，它在支付时起作用，利用加密、签名和完整性鉴别三大技术保证资金信息的安全。

电子商务涉及的法律可以从不同的角度来分析，从"电子"的角度分析，主要有刑法和各种行政法规，以保证信息安全，防止网络犯罪的较多；从"商务"的角度分析，主要集中在"商流"，有电子签名法和国合同法；从"信息流"和"资金流"的角度分析，有知识产权方面的法律和域名注册方面的法规；从"资金流"的角度分析，主要是部门规章，包括中国人民银行2005年发布的《电子支付指引(第一号)》和国家税务总局发布了"关于《网络发票管理办法(征求意见稿)》公开征求意见的通知"。

隐私权是指公民依法享有的私人信息不被非法刺探、搜集和公开、私人生活安宁不被非法侵扰的独立的人格权，其内容包括私人信息保密权和私人生活免受干扰权两项。电子商务中的隐私主要是消费者个人信息资料，电子商务中的隐私权是指用户对私人信息资料享有合法权利，隐私权保护的实质在于控制个人资料的使用。

我国电子商务中隐私权保护的基本原则有5点：公开原则、个人参与原则、安全保护原则、差别对待原则和适当保护原则。从数据内容上看，个人数据包括一般性数据和敏感性数据；从侵权行为方式上看，只有对敏感资料的不正当的处理才构成侵权。

每 课 一 考

一、填空题

1．一般来说，企业的移动应用系统由(　　　)、(　　　)和(　　　)3部分构成。
2．从系统安全的角度看，企业内部网络分两个层次：(　　　　　)和(　　　　　)，前者负责(　　　　　)，后者负责(　　　　　)。
3．商务交易有效性安全问题包括(　　　)、(　　　)和(　　　)。
4．将明文变换成密文的过程称(　　　　)，将密文还原成明文的过程称(　　　　)。
5．在现代网络加密中，密钥是(　　　　　)，而加密过程可以看做(　　　　　)。
6．SSL协议的目的是(　　　　　　　　　)。SSL协议传递信息的过程大致分为两步，即(　　　　)和(　　　　)。

7. 安全控件是(　　　　　　　　　　　　　　　　　　)的软件,它在支付时起作用,利用(　　)、(　　　　)和(　　　　　)技术来保证资金信息的安全。

8. 电子商务商流的法律主要有(　　　　　　　　　　　　　　　　)和(　　　　　　　　　　)。

9. 知识产权法律制度主要由(　　　　)、(　　　　)、(　　　　)、(　　　　　)等若干法律构成。

10. 概括地讲,隐私包括(　　　　　　)和(　　　　　　)两部分内容。

二、选择题

1. 系统登录口令和密码属于(　　)策略。
   　A．身份识别　　　B．完整性控制　　　C．登录控制　　　D．入侵检测
2. 数字签名属于(　　)策略。
   　A．身份识别　　　B．完整性控制　　　C．登录控制　　　D．入侵检测
3. 哈希函数用于(　　)策略。
   　A．加密　　　　　B．完整性控制　　　C．登录控制　　　D．入侵检测
4. 防信息在通信过程中被篡改的策略是(　　)。
   　A．加密　　　　　B．完整性控制　　　C．登录控制　　　D．入侵检测
5. IDS的中文意思是(　　)。
   　A．防火墙　　　　B．加密　　　　　　C．数字签名　　　D．入侵检测
6. 数据电文的法律效力是由(　　)法律确认的。
   　A．商标法　　　　B．电子签名法　　　C．网上支付指引　D．消费者保护法
7. 《中国互联网络域名注册暂行管理办法》是由(　　)制定的。
   　A．信息产业部　　B．商务部　　　　　C．CNNIC　　　　D．教育与科研网
8. 下列(　　)不属于隐私权的内容。
   　A．个人学历　　　B．个人手机号码　　C．个人收入状况　D．社会关系
9. 某些网上银行使用USB Key,里面存放的主要是(　　)。
   　A．个人金融信息　B．个人数字证书　　C．银行证书　　　D．加密密钥
10. 数字签名技术需要使用(　　)加密体制实现。
    　A．非对称　　　　B．对称　　　　　　C．哈希　　　　　D．报文摘要

三、判断题

1. 目前还没有发现手机病毒。　　　　　　　　　　　　　　　　　　　　　(　　)
2. 防病毒软件需要定期升级。　　　　　　　　　　　　　　　　　　　　　(　　)
3. 无线路由器一般要设置接入密码。　　　　　　　　　　　　　　　　　　(　　)
4. 网络通信双方可以设法判断传输的信息是否被第三方窃取。　　　　　　　(　　)
5. 我国现行的B2C网站都有数字证书。　　　　　　　　　　　　　　　　　 (　　)
6. 我国最早关于互联网的法律法规是《计算机信息系统安全保护条例》。　　(　　)

7. 采用数据电文形式订立合同,收件人指定特定系统接收数据电文的,该数据电文进入该特定系统的时间,视为到达时间。（　　）

8. 网上支付和电子发票这两个方面都没有相应的法律,只有部门规定。（　　）

9. 在我国,制作、传播计算机病毒等破坏计算机程序罪,一般用《刑法》量刑。（　　）

10. 在 3G 无线链路上,用户身份是可以被窃听的。（　　）

四、问答题

1. 互联网是一个开放网络,怎样理解"开放"的概念？为什么说互联网不安全？
2. 简述数字签名的目的和实现原理。
3. 《中华人民共和国电子签名法》重点解决了哪几个问题？
4. 简述网络经营者侵犯隐私权的主要表现形式。

技 能 实 训

1. 下载一个加密软件,对一个文本文件进行加密,看看加密后的内容,能否看懂,再解密,体会加密与解密的过程？
2. 很多以网页为界面的系统,在用户登录时要求输入验证码,查资料,理解验证码的作用？
3. 你的隐私权被侵犯过吗,若有,请举出 3 个侵犯你隐私权的实例。

根据以下案例所提供的资料,试分析：

(1) 很多网站提供 MP3 音乐下载,分析一下,为什么 MP3 音乐下载不构成侵权？
(2) 你觉得下面案例中移动公司不对铃声下载承担侵权责任的理由成立吗？
(3) 查《数字签名法》,像移动公司这种网络运营商,对电子商务安全到底要承担哪些责任？

移动公司不对铃声下载承担侵权责任

原告：中国音乐著作权协会,住所地：北京市东城区东四南大街85号。

被告：广州网易计算机系统有限公司,住所地：广东省广州市环市东路362—366号,好世界广场36楼3601—3603室。

被告：北京移动通信有限责任公司,住所地北京市东城区东中街58号。

1. 案情

原告中国音乐著作权协会(以下简称音著协)与被告广州网易计算机系统有限公司(以下简称网易公司)、北京移动通信有限责任公司(以下简称北京移动公司)发生侵犯著作权纠纷,向北京市第二中级人民法院提起诉讼。

第5章 移动商务的安全与隐私权保护

音著协起诉称：苏越是歌曲《血染的风采》的曲作者，其已将该作品的公开表演权、广播权、录制发行权和信息网络传播权委托音著协管理。现发现网易公司在其开办的 www.163.com 网站铃声传情项目服务中，未经作者许可，将歌曲《血染的风采》提供给移动电话用户供音乐振铃下载使用。北京移动公司向移动电话用户提供增值服务项目，使任何一个移动电话用户均可以利用其收费项目下载涉案歌曲。二被告上述商业性使用行为，构成了对作者著作权的侵害。现音著协根据与作者签订的委托协议，以音著协的名义提起诉讼，要求二被告立即停止使用音乐作品《血染的风采》，公开向音著协和作者苏越赔礼道歉，共同赔偿因侵权行为造成的经济损失 113 182.50 元，以及原告为制止侵权行为所花费的合理支出 6 300 元。

2. 审理结果

法院认为，音著协依据双方在合同中约定的权利事项及相关法律规定，作为原告提起本案诉讼，对于其诉讼主体资格，法院予以确认。网易公司未经苏越许可，将其谱曲的《血染的风采》歌曲收录进其在网上开办的栏目中，供不特定的移动电话用户下载使用，这一商业行为构成了对著作权人信息网络传播权的侵犯，应承担停止侵害、赔偿损失的民事责任。在实施信息的接收和发送行为过程中，北京移动公司在主观接受程度上始终是被动的，仅是利用自身的行业特点和经营优势提供设备，对信息的接收和传送提供了链接平台，而责令侵权信息的提供者网易公司立即停止发布涉案侵权信息，足以制止侵权行为的继续。综上，法院判决：①广州网易计算机系统有限公司未经许可不得向公众传播歌曲《血染的风采》；②广州网易计算机系统有限公司向中国音乐著作权协会支付赔偿费 10 000 元，公证费 1 300 元；③驳回中国音乐著作权协会的其他诉讼请求。

3. 意见

本案的关键问题在于北京移动公司是否应该承担侵权责任的问题。

根据我国民事责任的归责原则，构成侵害著作权的行为人必须在主观上具有过错。本案原告要求北京移动公司承担侵权责任，须证明北京移动公司是涉案侵权作品的发布者，或者北京移动公司对接收的信息的法律状态具有审查义务却疏于审查，或者在权利人告知其传输了侵权信息后，北京移动公司有能力剔除侵权信息而不作为。在本案中，北京移动公司设置的短信网关为接收网易公司发送的信息及向移动电话用户发送该信息提供了短信平台，成为移动终端用户与互联网之间连接的纽带，从而实现移动电话到互联网、互联网到移动电话的双向沟通功能。北京移动公司接收的信息是由网易公司选择后发布的，北京移动公司并不对信息内容进行遴选。而网易公司向北京移动公司传输包括涉案侵权歌曲在内的生成消息是以二进制编码信息形式通过互联网发送至短信网关，在目前的实际运行中，短信网关无法对所传输的信息进行识别、记录和编辑等任何处理，亦无技术能力将已知的侵权信息予以剔除、过滤。在现有技术条件下，整个接收、传输过程均是在计算机之间进行的，在客观上是机械、全自动的。在实施信息的接收和发送行为过程中，北京移动公司在主观接受程度上始终是被动的，仅是利用自身的行业特点和经营优势提供设备，对信息的接收和传送提供了链接平台，北京移动公司因其向公众和网络公司提供基础设备服务并因此而收取费用的行为不能成为其承担侵权责任的依据。结合本案的实际情况，如责令提供基础设备的服务商停止相关服务，则对社会公众利益和网络技术的应用与发展都是无益的。而责令侵权信息的提供者网易公司立即停止发布涉案侵权信息，足以制止侵权行为的继续。因此，北京移动公司的行为不构成对苏越著作权的侵害，原告对该公司提出的诉讼请求，法院不予支持。

(资料来源：周晓冰. 移动公司不对铃声下载承担侵权责任 [EB/OL]. (2011-2-16). [2012-9-29]. http://china.findlaw.cn/info/qinquanzerenfa/qqal/wlqqal/20110216/176371.html.)

第 6 章 移动支付

知识结构

```
┌──────────┐  ┌──────────┐  ┌──────────┐  ┌──────────┐  ┌──────────┐
│ 案例导航 │  │移动支付  │  │移动支付的│  │移动支付的│  │移动支付  │
│          │  │ 概述     │  │价值网络  │  │ 运营模式 │  │ 系统     │
└────┬─────┘  └────┬─────┘  └────┬─────┘  └────┬─────┘  └────┬─────┘
     │             │             │             │             │
┌────┴─────┐ ┌────┴─────┐ ┌─────┴──────┐ ┌────┴─────┐ ┌─────┴─────┐
│移动支付：│ │1. 定义   │ │1. 价值网络 │ │1. 以移动 │ │1. 基于SMS │
│十年做不大│ │2. 分类   │ │   概述     │ │运营商    │ │2. 基于WAP │
│的蛋糕迎来│ │3. 发展概况│ │2. 移动支付 │ │为核心    │ │3. 基于USSD│
│转折点    │ │          │ │   的价值网 │ │2. 以金融 │ │4. 基于BREW│
│          │ │          │ │   络       │ │机构      │ │5. 基于NFC │
│          │ │          │ │3. 移动支付 │ │为核心    │ │6. 基于RFID│
│          │ │          │ │   价值网络 │ │3. 以第三 │ │7. 基于J2ME│
│          │ │          │ │   的成员构 │ │方支付    │ │           │
│          │ │          │ │   成       │ │为核心    │ │           │
│          │ │          │ │4. 移动支付 │ │          │ │           │
│          │ │          │ │   价值网络 │ │          │ │           │
│          │ │          │ │   特点     │ │          │ │           │
└──────────┘ └──────────┘ └────────────┘ └──────────┘ └───────────┘
```

知识要点

1. 移动支付的概念。
2. 移动支付的价值网络。
3. 移动支付的运营模式。

学习方法

1. 由一般概念到具体系统：移动支付分类—各类移动支付基本原理—具体的移动支付模式。
2. 核心概念掌握：移动支付的概念、价值网络、运营模式。
3. 基础理论支撑：以价值网理论为基础分析比对不同的移动支付模式。

案例导航

移动支付：十年做不大的蛋糕迎来转折点

最近一系列消息的出现似乎可以被视作关键转折点的出现。除了前文提及的"中移电子商务有限公司"外，2011年3月，中国电信支付公司正式成立，命名为"天翼电子商务有限公司"；2011年4月，中国联通宣布组建"沃易付网络技术有限公司"，注册资本2.5亿元。至此，国内三大运营商都成立了专门的手机支付公司，并正积极申请第三方支付牌照。

中国移动此前也在客户大会上宣布，新研发的TD手机要支持NFC，其终端部副总经理耿学锋强调中移动正与相关单位"紧锣密鼓地制订NFC标准"。这更被业界视为国内移动支付在技术问题上取得的重大突破。据内部人士透露，目前银联主导的13.56MHz标准已经基本敲定，中国移动和国民技术等主导的2.4GHz方案仅用于封闭应用环境，不允许进入金融流通领域。

笔者2011年8月23日登录北京移动手机支付官方网站的新闻中心，发现关于NFC的宣传文章明显多了起来，如"移动支付之争"、"2011年发展趋势：近场通信将是下一代移动支付"、"Visa移动支付战略的三大支柱集成NFC技术"等，其中意味耐人寻味。"我希望客户能尽快在两个标准中选择其一。"Owen强调说，"两个标准的同时采用会给客户带来非常大的困扰，更会制约NFC在中国推广的力度和速度。"

但来自人民网的消息则称，赶在大运前开通的"手机深圳通"对整个手机支付产业来说，将具有"破局"意义。"事实上，人们过去有一个误区，认为两种标准不能兼容。"深圳通公司总经理贾俊刚说，"手机深圳通正试图搭建一个公共的平台，你可以刷13.56MHz的卡，也可以刷2.4GHz的卡；你可以与运营商合作，也可以与银行合作。手机支付产业链需要大家的配合，每一家都应该有发展的机会"。

另一个重要推手则来自智能手机的迅速普及。继Google、苹果、RIM、Nokia等公司纷纷表示将在下一代智能手机中积极布局NFC功能外，首款中国银联移动支付智能手机HTC惊艳S715e也即将上市，它具备信用卡还款、缴费通(移动、联通、电信等)、游戏点卡、余额查询等各种功能，也可通过指定方式申请享受安全便捷的手机银行服务。它还支持远程账单支付和POS机台感应消费，更能通过手机商城购物。大批网友在微博留言，"彪悍"、"超给力"、"赞一个"、"能打电话的信用卡啊！心动么？"等语句充分反映出普通消费者对移动支付前景的期待。

记者在北京移动营业厅了解到，截至2011年8月23日，手机支付业务可向全球通、动感地带、神州行用户提供，手机钱包的适用用户包括北京移动全球通和动感地带。合作客户则包括京东商城、凡客、红孩子、99网上书城、莎啦啦、卓彩网等。用户开通手机支付业务时，系统将为用户开设一个手机支付账户，用户可通过该账户进行远程购物(如互联网购物，缴话费、水费、电费、燃气费及有线电视费等)；要开通手机钱包业务，用户需要在中国移动营业厅更换一张支持RFID功能的专用SIM卡，RFID-SIM卡费：150元/张(RFID-SIM卡可存储250个电话本，40条短信)，用户可以使用手机在布放有中国移动专用POS机的商家(如便利店、商场、超市、公交)进行现场刷卡消费。

中国联通北京分公司手机一卡通业务于2010年12月31日正式商用，主要采用工作在13.56MHz下的SIMpass技术。它将应用信息和RFID模块都集成到SIM卡中，用户无须更换手机终端，仅须更换SIM卡片。但其穿透能力有限，不同手机终端SIM卡的放置位置不同，因此需要进行适配。

(资料来源：邵东峰.移动支付：十年做不大的蛋糕迎来转折点[EB/OL].(2012-8-20).[2012-10-3].http://www.esmchina.com/ART_8800117205_1100_2201_3406_0_c8e35eef-02.HTM.)

通过这个案例，我们应思考3个问题：
1. 移动支付与传统电子支付的区别是什么？
2. 推动移动支付兴起的根本原因是什么？
3. 移动支付具有什么优势？

6.1 移动支付概述

移动支付产业属于新兴产业，基于移动互联网的电子商务，在移动网络之中实现传统固定网络的网络购物和电子支付。移动支付业务推出之初，被当做一种能够提升运营商收入、体现融合趋势的重点业务来发展。移动支付业务在全球许多国家刚开始发展时阻力重重，发展缓慢。近年来，全球移动支付市场呈现高速增长的发展态势。全球移动支付收入自2004年起实现成倍增长，平均年增长率超过100%。移动支付业务虽然最早出现在美国，但却是在日本和韩国繁荣起来的，并成为全球移动运营商的典范被竞相模仿，如移动钱包和移动信用卡等，都是最早在日韩正式实现商用。目前，移动支付产业正在世界范围内发展，其作为电子支付的另一种先进方式，势必会给互联网时代的经济带来巨大影响。研究数据显示：2012年中国移动支付市场交易规模达1 511.4亿元，预计2016年中国移动支付市场交易规模将突破万亿交易规模。在整个支付市场中，2012年移动互联网支付占比为51%，增速近300%，已经超过了短信支付和近场支付。此外，移动支付已经超过了PC支付，2012年12月中国典型第三方支付服务中PC端月覆盖人数为6 178.2万人，同比增长4.6%，月度总访问次数为47 153万次，同比下滑12.5%；APP月覆盖人数为6 947.8万人，月度总访问次数为149 008万次；WEB月覆盖人数为3 384.3万人，月度总访问次数为168 112.4万次。

6.1.1 移动支付的定义

由于涉及广泛的重叠式应用，移动支付的定义呈多样化。移动支付论坛对移动支付的定义为，"移动支付是进行交易的双方以一定信用额度或一定金额的存款，为了某种货物或者业务，通过移动设备从移动支付服务商处兑换得到代表相同金额的数据，以移动终端为媒介将该数据转移给支付对象，从而清偿消费费用，进行商业交易的支付方式"。基于此定义，移动支付是指通过移动设备进行的财物交易行为。

总体来看，移动支付描述的是通过移动终端设备完成商品交易的服务。从广义上讲，移动支付所使用的移动终端可以是手机，具备无线功能的PDA、笔记本式计算机、移动POS(Point of Sales)机等；从狭义上讲，移动终端就是用户具有支付功能的手机。通常，移动支付被等同于手机支付，而且被定义为是移动增值服务，即"允许用户使用移动终端(主要是通过手机等移动设备)对所购买的商品或者服务进行支付的一种服务方式"。

这里所阐述的移动支付是广义上的移动支付：移动支付是为了完成交易行为，通过移动介质，以无线通信方式，进行资金交换或者代表资金的数据交换的行为；移动介质可以是手机、PDA、笔记本式计算机、磁条卡、IC 卡等可以随身携带的移动设备；使用的无线通信方式可以是 WAP、GPRS、RFID、蓝牙、红外等。

6.1.2 移动支付的分类

1. 根据支付金额分类

移动支付根据支付金额的大小可以分为微支付、小额支付和大额支付 3 类。

(1) 微支付：支付金额很小，且呈现"小额多次重复"特点的支付活动，如乘坐公交车、食堂就餐等。

(2) 小额支付：指支付金额较小的支付活动，如游戏支付、下载视频等。目前在支付额度上还没有明确的规定，在欧洲国家通常是小于 10 欧元。

(3) 大额支付：支付金额较大的在线购物或近距离支付行为。

3 种支付方式虽然是以支付金额的大小命名，但是核心的差异是各自要求的安全级别不同，使用的技术手段也不同。大额支付由于单次交易金额较大，为了保证资金安全，需要通过可信任和安全性更高的金融机构交易鉴权；小额支付使用快捷，运作成本较低，使用一般性凭证(如手机号、邮箱等)和密码验证机制就可以实现；微支付由于金额小，对快捷性要求高，使用手机自带的 SIM 卡鉴别机制就足够了，不需要密码验证。实际应用中近场支付使用微支付较多，如交通一卡通。

2. 根据交易距离分类

移动支付根据交易距离划分可以分为远程支付和近场支付两类。

(1) 远程支付指账户信息存储于支付服务商后台系统，消费者在支付时需要通过网络(SMS/MMS、IVR、移动互联网)访问后台支付系统进行鉴权和支付的方式。在移动远程支付中，如果购物渠道与支付渠道不同，如购物渠道是互联网，而支付途径是手机；另外支付渠道与购物渠道相同，在移动支付业务中都是通过手机，如通过手机定制手机报或购买铃声等。

(2) 近场支付指账户信息一般存储在 IC 卡中，在支付时通过近场无线通信技术(RFID、蓝牙/红外等)在特定刷卡终端，现场校验账户信息并进行扣款支付的方式，如公交一卡通、ETC 卡等。

3. 根据资金来源分类

移动支付根据资金来源可分为话费账户支付、银行卡账户支付和第三方账户支付 3 类。

(1) 话费账户支付指手机号码与手机用户的话费或积分账户绑定，用户操作话费账户进行支付，支付产生的费用计入话费账单。

(2) 银行卡账户支付指支付金额从消费者指定的银行卡账户(借记卡或贷记卡)扣除。中国移动手机钱包、现阶段各家银行手机银行支持的支付业务等，均属于该分类的典型应用。

(3) 第三方账户支付指消费者开通一个第三方支付账户并充入一定金额，消费时，支付金额从第三方支付账户的余额中扣除。第三方支付账户可以通过网上银行直接充值，也可以通过购买充值卡或者网点现金支付的方式实现充值。支付宝的账户支付模式属于典型的第三方支付账户应用。

4. 根据运营主体分类

移动支付根据主导移动支付运营的企业的不同，可分为以运营商为主体的移动支付、以金融机构为主体的移动支付和以第三方专业支付提供商为体的移动支付 3 类。

(1) 以运营商为主体的移动支付，指移动支付平台由运营商管理、建设和维护，如代收费业务等。

(2) 以金融机构为主体的移动支付，指金融机构为用户提供交易平台和付款途径，通过可靠的金融机构进行交易鉴权，移动运营商只为金融机构和用户提供信息通道，不参与支付过程。

(3) 以第三方专业支付提供商为主体的移动支付，指移动支付平台由第三方专业地提供商管理、建设和维护。

6.1.3 移动支付的发展概况

移送支付最早在美国兴起，却是在日本发展起来的。日本移动运营商凭借其强大的优势和实力，一直稳坐移动支付产业的主导者地位，而且成为世界上移动支付的领跑者。日本移动支付主要运营商 NTT DoCoMo、KDDI、软银(原 VodafoneK.K)分别于 2004 年 7 月、2005 年 7 月和 2005 年 11 月推出了移动支付。其中，日本最大的移动运营商 NTT DoCoMo 占据了日本移动支付业务市场份额的 60%，与欧洲 24 个国家及 15 家移动运营商进行战略合作，在世界范围内推广其移动支付业务。

3 家运营商采用的都是索尼公司开发的 FeliCa 技术，这种技术在手机中内嵌了 FeliCa 卡芯片。这是一种非接触式 IC 芯片，它同时具备反病毒、电子认证、2D-Code 等技术。用户支付时，只要将手机在终端设备上轻轻刷一下，芯片便将身份认证信息和支付数据传送到读卡器，即使在手机关机状态下也可以实现支付。FeliCa 卡的便利性使其受到了广大商家和用户的欢迎。2005 年 4 月，日本就有 2 万多家零售店安装读卡器。日本最大的卡拉 OK 点唱机 Daiichi Kosho 公司就拥有 15.5 万 FeliCa 手机会员。从 2007 年开始，所有的日本机场都支持手机支付，而且支付的手机上还可以记录飞行里程点数。如今的日本移动支付依然在蓬勃发展，人们不断享受着移动支付带来的便捷，使用的领域也在不断渗透。

韩国的移动支付业务市场发展状况也表现出了广阔的市场前景。由于移动运营商、银行和硬件供应商之间激烈的竞争关系，不同于日本移动运营商主导的模式，韩国移动支付主要是以支付网关服务提供商为核心。2006 年，Visa Wave 和 Mastercard Pay PaSS 等发卡机构已经推出非接触式支付系统，将韩国零售业的移动支付解决方案纳入其中。Visa 还与 T-Money 提供商 Korea SmartCard Co.发卡行 Shinhan Bank 及 Korea Telecom Freetel 等合作，使通勤用户为其 T-Mobile 交通卡充值。

在韩国，目前几乎所有的零售银行都积极推进移动支付业务，每月在购买新手机的人中，超过 30 万人时会选择具备储存银行交易资料和交易信息加密功能的手机。在韩国有几万家餐馆和商店安装支持移动支付的终端设备，通过红外线读取用户手机上的信息，用户能够通过手机进行消费。

韩国移动支付的快速发展及公众的认可离不开韩国政府在政策上的支持与鼓励，政府出台了移动支付的鼓励性法律法规,规定支持用户利用手机支付的商户可享受消费退税 2%的优惠政策,一些行业,如宾馆、零售、餐饮的商户,若不支持移动支付方式,将被作为重点税务检查对象;韩国政府积极推动大型信息化项目、无线城市、u-City 等建设项目,为移动支付的普及提供了硬件基础设施。另外,韩国拥有世界上最高的宽带普及率,世界级水平的电子商务基础设施,手机用户占据全国人口的 82%,而这些都是韩国移动支付迅速发展密不可分的要素。

美国进军移动支付的步伐较日本韩国慢,自 2009 年开始,美国在移动支付领域开始有一些新的举措,如 Square 公司发明了一款手机刷卡产品,可以支持商家和用户的小额支付。与此同时,风靡全球的苹果公司也宣布下一代 iPhone 将会增加移动支付功能,并成为主要卖点之一。iPhone 手机用户可在手机上储存他们的银行账户、信用卡等信息,购物时只需要简单的操作就可快速完成商品交易。

即便如此,美国移动支付的发展较日本和韩国仍然较慢,主要有以下几点原因。

(1) 美国没有占据绝对地位和实力的运营商,其影响力不足以带领整个移动支付行业的发展。这一点与日本、中国具有巨大的差别,日本的 NTT DoCoMo 占据了日本 60%的市场份额,而中国移动也几乎处于垄断地位。在美国,最大的移动通信运营商 Cingular 和排名第二的 Verizon 相差不大,各占据大约 30%的市场份额。

(2) 在金融领域,美国的信用卡和个人支票发展已高度成熟,完全能够满足人们的日常需求。移动支付并没有比信用卡带来更大的便利程度,因此,无论是银行、消费者还是商家,都缺乏转换支付方式的动力。

(3) 就人们生活习惯而言,美国人的生活方式和亚洲人有很大不同,美国群众对手机的依赖程度较低。例如,多数日本人每天上下班都是乘坐地铁和公交车,对于这些人而言,手机成为消磨时间、处理事务最方便的工具,因而各种移动增值服务,无论是娱乐、游戏、音乐、电子邮件还是个人投资理财产品,消费者都很乐于接受。而美国人的交通方式却大大不同,主要以私家车为主。因此,在美国,手机的流行度较日韩有很大差距,同时,移动通信增值服务的种类也不是很繁多。这些要素都限制了移动支付的发展。

在欧洲,目前最知名的移动支付企业是 Paybox。Paybox 是德国一家著名的第三方支付服务提供商,其推出的移动支付解决方案已经在欧洲各国得到广泛实施,如德国、奥地利、瑞典、英国和西班牙等。为了推进移动支付业务,Paybox 提出了智能体系(或者 PIA)计划,该体系被设计成一个标准组件,包含所有 Paybox 服务和多种应用的全球应用基础设施。Paybox 可以全部或部分地针对移动支付技术的实施、运营和管理,给有兴趣的一方颁发技术许可和提供咨询服务。Paybox 还可以帮助他们把它的支付系统集成到消费者现有的基础设施中。银行、服务公司和利用 Paybox 系统促进客户忠诚项目的大企业集团会对以上服务感兴趣。PIA 技术对电信公司也具有吸引力,特别是第二代或第三代移动网络运营商。他们可以使用 PIA 技术共创 Paybox 产品的品牌。

Paybox 宣称在 2011 年正式运营后的规模和实力要比现有的 PayPal Alertpay 更加强大,从而成为另一个主流网络银行。

在国内,1999 年,由中国移动与几大银行展开合作,如工商银行、招商银行,在广东等地当做试点开展移动支付业务,意味着移动支付在我国最早出现。目前,经过十多年的发展，中国的移动支付取得了较快的发展，参与的从业机构不断增加，尤其是各大商业银行、移动通信运营商及众多的第三方支付企业都积极参与其中，有力地促进了我国移动支付产业的发展。用户数量、业务范围及市场规模不断壮大，目前的主要应用范围包括购买数字产品(铃声、新闻、音乐、游戏等)和实物产品、公共交通(公共汽车、地铁、出租车等)、票务(电影、演出、展览等)、账户查询和转账、转账和汇款等。但是目前移动支付的发展还没有达到预期的规模，参与方众多，利益分成标准不明确等问题还需解决，整个行业仍处于非盈利状态。

6.2 移动支付的价值网络

6.2.1 价值网络概述

迈克尔·波特的企业价值链理论诞生以来迅速风靡全球，成为人们研究企业经营的重要理论依据。然而环境变化带来了更新的思考，人们在实践中发现价值链理论有时并不能解决企业复杂的经营问题。价值链分析往往简单地、静态地看待问题，它强调时间、空间的逻辑顺序和连续性，而忽视了行业价值体系的复杂性和动态性。价值链理论中在某一环节具有独特优势的企业缺乏在价值链环节上移动的能力，当市场环境出现急剧变化时无法作出快速的反应。2000年，Mercer顾问公司的Adrian Slywotzky首次提出价值网的概念。他认为，由于顾客需求的不断多样化和个性化、国际互联网的迅速普及和对人们观念的冲击及市场竞争日益激烈，企业不能再依赖价值链理论设计其经营的事业，而是应该转变到价值网。这是最早的价值网络思想。

价值网是一个动态的网络，不存在固定的网络边界，处在网络中的组织成员的关系也没有固定的模式，而是根据客户的需求来组织自己的资源，并根据自己的需求和组织内的其他成员建立某种联系。一般来说，企业之间的联系存在两种类型：第一种是各个企业处于平等的地位；第二种是价值网络中存在一个核心企业，由一个企业或是多个企业组成的联盟组织构成，负责组织协调其他企业的资源。市场研究证明，越来越多的企业处于一个战略网络中，这个网络不仅只有合作的各方，同时还有竞争对手。维系网络存在的联系跨越产业甚至国界，包括战略联盟、合作伙伴、长期供方买方等合作关系，具有核心企业的价值网络比较稳定。

建立在传统价值链上的价值创造活动是机械的离散的形式，价值网思想打破了这种线性思维的限制，围绕客户需求出发，打破原有的价值链结构，并以网状的结构将各个部分衔接起来，形成一个复杂的动态的网络，网络在主体之间相互作用并推动整个价值创造的过程，使得整体价值最大化。各个环节和主体不只是关注自身创造的价值，更加关注各节点的联系及整个网络的运转。

6.2.2 移动支付的价值网络

价值网络最初的概念模型是商业生态系统，可以追溯到1993年穆尔(Moore)在《哈佛商业评论》上发表的 *Predator and Prey: A New Ecology of Competition*。穆尔的基本观点是：

"商业生态系统"这个概念比"行业"更适合描述企业所处的环境,因为商业生态系统可以包括跨越多个行业的企业,这些企业通过合作和竞争关系联系在一起。产品和服务是来自多个行业共同的价值创造,这个价值创造的过程未必是链条式的,有可能是同时发生的。穆尔所谓的商业生态系统是价值网络理论最初的轮廓。

如图 6.1 所示,移动支付商业生态系统包含众多行业参与者,包括金融机构、商户、芯片和设备制造商、移动运营商等,在这个生态系统中,客户始终是主要的利益关联方,金融机构、移动运营商和商户是核心参与者,另外还有各种支持性参与者和主要的推动者。

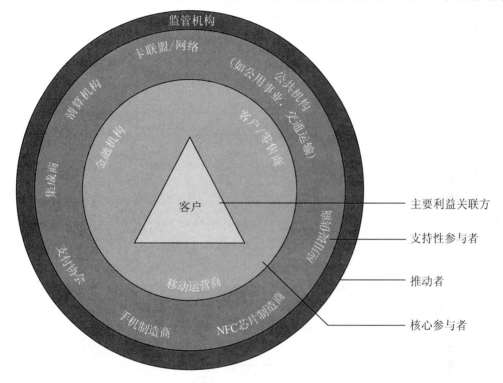

图 6.1 移动支付生态系统

随着技术的发展,不同的移动支付应用建立了不同的业务模式。移动支付生态系统在不同国家、不同服务提供商和移动网络运营商之间将以不同的方式发展。并不存在一种适用于所有市场的通用模式。所采用的模式取决于众多外部因素,包括市场构成、监管开放程度、相关行业成熟度、参与者的市场影响力及潜在合作情况等。

在移动支付生态系统中,各个参与主体之间并不是上下游之间的链条关系,而是不同的节点相互交叉形成的错综复杂的关系网络,如消费者是最终价值的享有者,可是消费者的需求和反馈直接或间接影响政府对于移动支付产业的干预与管制,影响其他参与者的战略调整;又如技术和业务之间的产生也具有相互促进作用进行业务的产生新的业务需求要求技术上的跟进,同样新技术的出现也会促进新业务的产生。

1. 用户界面的多元化

从图 6.2 可以看出,移动支付产业的价值网络的入口和出口都不是唯一的。各个参与者可以通过不同的途径进入该网络,向最终用户提供的界面也是不尽相同的。"界面机制"是价值网络理论中非常重要的一个概念,指价值网络中各组织成员之间的价值交换活动的流程和制度,再加之网络中,各个参与者之间都是通过"界面"联结的。由于价值传递的方式不同,价值网络中呈现的界面也具有多元化。例如,移动运营商可以和银行合作,共同向最终用户提供移动支付服务,也可以独自运营,而银行卡公司也可以和第三方支付机构合作来满足用户的多样化需求。同时,终端渠道商、行业运营商、技术提供商都可以选择不同的方式和最终用户发生交易。

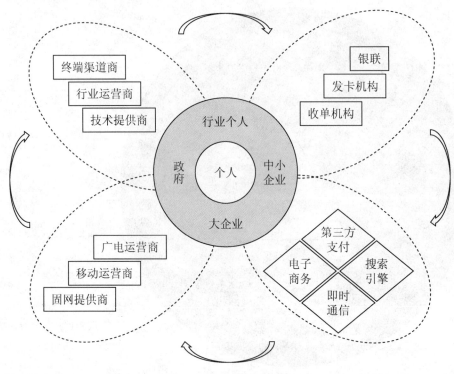

图 6.2　移动支付价值网络

2. 各参与者核心能力的开发

为了提高企业的盈利能力和核心竞争力,越来越多的企业逐步用业务聚焦战略或业务归核战略取代纵向一体化战略,即将主要资源逐渐集中于核心业务的发展。移动支付价值网络是由一个核心企业和众多节点构成的,要求各个节点具有不同的核心能力要素,核心企业将各节点的能力和资源协同组织在一个无形的网络平台上,各个环节通过紧密合作,全面满足用户的差异化需求;而价值网络对于成员能力的多元化没有很高的要求,但是需要各成员高度合作、共享资源,这样才能创造最大的价值。

3. 以价值整合者为核心的网络间的竞争

为了整个价值网络的协调运作,保持长久的合作关系,移动支付价值网络需要一个整合者,它将负责制定不同节点间的接口和相应的产业规则,以及设计各个不同的功能模块,并将这些功能分派给具有相应专业特长的节点企业,最后由核心企业设计与用户的借口,提供给用户一揽子的服务,用户只需要使用服务,而看不到提供服务的内部架构。这样一来,移动支付产业之间的竞争不再是企业与企业、行业与行业之间的竞争,而是价值网络和价值网络之间的竞争。

6.2.3 移动支付价值网络成员构成

1. 管理机构

移动支付业务覆盖范围广、牵涉行业多,行业间的利益关系及行业壁垒等都将影响其自身的发展,政府的政策杠杆能实现产业价值网的协调分工,为制定高效的共赢商业模式奠定基础。

在移动支付价值网络的构建中,管理部门需要制定产业的标准、通过相应的法律限定行业的市场准入。在运营过程中出现问题时,还需要管理部门规范市场秩序,调节利益关系等。有了管理机构的介入,用户更加放心使用移动支付,所有的这些都能够有效地营造移动支付产业的使用氛围,从而促进移动支付更好更快地发展。日本和韩国的移动支付产业发展迅速,与其政府制定较完善的配套法规政策密不可分。

2. 技术提供商

技术提供商既包括终端设备提供商,也包括移动支付技术提供商。移动支付业务日新月异,对移动通信技术不断提出新的需求。移动支付技术提供商需要向市场提供移动支付业务的数据业务平台和业务解决方案,这为核心企业向用户提供服务奠定基础。设备提供商主要向市场提供移动通信设备,如带有支持红外功能的 POS 终端和手机,或者具有 STK 功能的 SIM 卡等,这为移动支付业务的不断发展创造了条件。

移动支付很有可能成为未来 3G 时代的杀手级应用,技术提供商虽然未处于价值网络的核心位置,但也是不可或缺的一员。技术提供商的价值增值主要体现在与移动运营商的合作上,谁的产品更能满足运营商的期望,或者为运营商开展新业务提供包括设备、技术、安全在内的解决方案,谁将会在移动支付产业受益无穷。

3. 金融机构

盈利并非金融机构开展移动支付业务的主要动力所在,而是希望通过移动支付业务补充其传统业务,以此来强化其日益削弱的支付功能,从而不被新兴的移动支付解决方案所替代,同时移动支付也可以作为银行的一种手段,向客户提供差异化服务。显然,与移动运营商相比,银行拥有众多的个人用户和商家用户,而且拥有强大而安全支付专用系统。

金融机构获得的收益来源有 5 个方面:第一,用户想通过银行账户支付就要先预存一定的额度,这样无疑会增加银行的储蓄额;第二,每笔交易结束后,银行应该能收到服务和内容提供商的利润分成;第三,移动支付业务能够帮助用户习惯使用银行卡,从而对银行其他业务的普及具有间接的推动作用;第四,银行通过营业网点的减少而达到降低成本的目的,因为很多需要到营业网点办理的业务在手机上就能轻松实现;第五,通过为用户提供新的支付渠道，有助于保留已有的用户和吸纳新的用户群，从而提高银行的市场竞争力。

4. 移动运营商

移动运营商是连接移动支付各个参与者的重要桥梁，在移动支付业务的发展中具有非常关键的作用，同时移动运营商是用户手机号的唯一管理者，在开展手机支付上具有先入为主的优势。

在移动支付业务中，移动运营商主要收益来源有4个方面：第一，用户使用移动支付时可能会产生其他的业务需求，从而间接地拉动移动运营商其他业务的推广；第二，服务提供商一般要给予运营商3%~20%利益分成；第三，用户使用移动支付业务时，会带来数据流量，移动运营商会向用户收取一定的数据流量费；第四，通过向用户提供便捷安全的支付服务，移动运营商巩固现有客户并拓展新的客户，提高客户满意度。

5. 第三方支付平台

第三方支付企业凭借其对互联网用户的了解及强大的整合能力进驻移动支付领域。第三方支付可以作为银行和运营商之间的衔接环节，也可以独立开展移动支付。第三方支付企业的优势在于其拥有庞大的互联网用户群体，更加了解互联网用户的购买行为。另外，可以协调银行和移动运营商的资源和能力，协调各方面的关系。第三方支付企业不在乎用户使用哪一家移动运营商作为手机账号的管理者，也不在乎支付时用哪一家的银行账号，只要在第三方支付企业登记注册有效信息后，就可以在该公司的平台上享受丰富的移动支付服务。第三方支付在移动支付领域实施最成功的案例是德国的Paybox，在欧洲，最早提出和推广移动支付的像PayBox这样的第三方支付企业，而不是传统意义上的移动运营商。在国内，也已涌现出了一批第三方支付企业，他们致力于整合金融机构和移动运营商资源，为用户提供丰富多彩的移动支付服务，如北京泰康亚洲科技有限公司、上海捷银信息技术有限公司及广州金中华通讯公司。

第三方支付企业开展移动支付的收益主要来源于两个方面：一是移动运营商或服务提供商的利润分成或佣金；二是向移动运营商、银行和商户收取设备和技术使用许可费。

6. 商家

商户即接入移动支付服务的商家，使用移动支付价值网成员提供的服务向自己的客户收取交易资金。移动支付的商户现阶段主要是通过移动互联网提供虚拟物品和服务的厂商。

7. 用户

用户是移动支付价值网络最终的利益来源，是移动支付业务的最终使用者，用户的数量越多，则移动支付的影响力就越强，那么这个产业就能有更大的吸引力引入更多的商户加入合作，从而促进移动支付产业的良性循环。因此，了解用户的需求并给予满足，是移动支付发展的关键。

6.2.4 移动支付价值网络特点

1. 结构复杂但更加灵活

移动支付产业价值网络是一个复杂的协作整体,各部分相互牵制、相互交织、相互依存,被信息技术联结在一个多层次的网络结构中,相互交换大量的信息、资源、资金和传递价值;移动支付产业中的中心参与者,包括移动运营商、金融机构和第三方支付企业,他们都有各自独立而庞大的产业链,或者属于其他价值网络的成员,3个巨头行业之间合作可以有力地促进移动支付的健康发展,需要把各自的核心能力要素整合在一起,这样一来他们各自的产业链将发生相互融合,通过紧密合作与其他的价值网展开竞争。各组成部分不是简单的上下游的关系,而是基于对行业整体影响,建立紧密的竞争与合作关系。

但价值网络又是一种关系更为灵活的价值体系,价值网络的成员构成及价值传递的方式根据需要可以不断地进行调整和优化组合,组合的方式不一致,传递的价值也许会发生很大的变化。价值网络使成员间的联系更加多样化,并根据环境的变化灵活地扩展和进化,扩大了企业的动态发展空间,从而改进价值识别体系,促进价值创造,扩大资源的价值影响。

在移动支付价值网络中,移动运营商并不是终端客户的唯一接口,银行、设备提供商、第三方支付企业都可以向客户最终传递价值。

2. 长久的合作关系难以维持

移动支付价值网络中的各个主体处于一个非线性的价值体系中,而吸引这些要素就必须拥有一个富有竞争力的价值创造方式,只有对利益相关者构成强烈的吸引,才能保持良好持久的合作关系。由于价值网络中的参与主体关系比较复杂,相互之间的价值交换和接口较多,因此相对于价值链来说,各个节点对最终价值的贡献量难以衡量,直接导致利润分配制度模糊。因此,在构建移动支付价值网的过程中,价值创造的模式及利润分配机制都是要重点研究的内容。这也是为什么各个参与者都争当运营主体的原因,为了在利润分配上具有更多的话语权。只有保证了公平的利润分配机制,才能保持长久的合作关系。

3. 标准需要统一

为了更加有效地合作,价值网络内需要形成业内的标准,包括设备之间的接口,包括网络通信的协议等。而对于标准制定权的争夺一直是产业内的热点话题,因为具有标准制定权的企业,在一定程度上拥有技术和经济竞争的主动权,整个产业价值网中,标准制定、设备开发、终端制造3个层次之间技术衔接要求严格,设备和终端产品都应在一定的标准之下进行开发。统一移动支付标准的建立和实施将是一个非常困难而且牵扯层面异常复杂的行为,政府、通信运营商和银行业在标准制定方面都扮演着重要的角色。

6.3 移动支付的运营模式

运营模式是决定产业内利润分配最重要的因素，同时也是决定移动支付是否被市场接受，是否发展迅速的关键所在。由于各国政治经济、人文环境的不同，各个国家的移动支付在发展过程中形成了不同的模式。

同其他产业一样，欧洲国家的移动支付在欧洲多国同时兴起，所以欧洲的移动支付品牌大多是多个国家的运营商联合运营的。由于用户的手机要在欧洲各国通用，所以身份的验证尤为重要，但是相应的技术却没有及时满足业务上的需求，目前验证身份操作比较烦琐，因此目前欧洲的移动支付多用于对及时性要求不高的业务，而尚未能满足更广更多样化的用户需求。于是欧洲的各个品牌也开始向日韩模式发展，如巴黎启用的电子地铁票。

在日本，由于移动运营商的实力雄厚，因此多数移动支付业务是由运营商主导，但是日本的移动支付也会整合多方资源，让各个行业都会因其受惠。例如，除了日本移动运营商 NTT DoCoMo 这个市场主导者和主要利润享有者之外，作为手机制造商和智能芯片开发商的索尼公司，由于移动业务的发展而增加了芯片和手机的销量。目前索尼已投入更多智能终端设备的研发上，以更好地支持寻求移动支付的发展。同时，参与移动支付的金融机构主要受惠于被拓宽的支付渠道，同时可以作为保持客户的一条途径；另外，移动支付为各种支付端的商户拓宽了客户来源和支付渠道。当然，消费者也是移动支付的受惠者，省去了携带现金和银行卡不便的同时，又可以享受到手机带来的娱乐、购物、理财等多功能的集合，对于对手机依赖性很强的日本人来说，移动支付为其带来了巨大的便利性。因此，无论是移动运营商、金融机构及卡组织、设备提供商、用户，日本移动支付在各个层面都得到了广泛拥护，业务推广成功也就理所当然了。

韩国移动支付的主要特色是银行独自运营。由于银行具有安全通道和专有技术方面的优势，不需要 SMS、WAP 等方式的反复身份验证，可以提供类似信用卡的支付方式。这种方式操作环节相对简单，但是对支付终端就有了更高要求。首先消费者的手机设备需要支持红外线功能，商家也同样需要购置支持红外线功能的终端，从而可以读取用户的手机银行卡信息。韩国之所以能成为世界上移动支付发展最为成功的国家之一，要归功于政府的支持、韩国银行业强大的实力，以及人们的消费习惯、观念、电子货币的普及等多方面因素。同时，也因为韩国的这种模式实现了各环节的利益共享，才会为移动支付的其他参与者所接受。

我国的移动支付虽然起步较晚，但由于人口基数大、手机用户多，所以发展较快。国内的移动支付品牌多数是由移动运营商单独发起的，并借助于银行等金融机构的资源，这种方式与最初的欧洲模式很类似。后来各大银行推出了本行的手机银行，不断介入到移动支付中来，竞争也变得越来越激烈。但是移动支付在中国的绝大多数城市还没有启动，或者只停留在非现场支付，远远未使大众体会到移动支付带来的便利，不属于主流的支付形式，中国电子货币的未能广泛普及也是制约移动支付发展的另一个因素。所以，国内移动支付市场的培育仍是一个长期而艰巨的过程。

纵观国际，移动支付目前主要存在 3 种运营模式：以移动运营商为核心的运营模式、以金融机构为核心的运营模式和以第三方服务提供商为核心的运营模式。

6.3.1 以移动运营商为核心的运营模式

在互联网时代，随着资源的整合，竞争边界越来越模糊化，电信行业已不满足于通信管道的角色，而是不断延展和升级业务范围，向综合信息服务提供商演变，移动支付产业的运营商主导模式正是这场演变的产物。

在这种模式中，移动运营商会为手机用户专门地建立小额账户，用户事先向这个账户中充值，每次用户使用手机进行支付时，支付费用都是从这个小额账户中扣除；另一种方式是移动运营商允许用户直接从手机话费账户中支付。如图 6.3 所示，在这种运营模式下，移动运营商处于价值网的核心，与用户直接接触，并与金融机构、设备提供商、内容和服务提供商紧密合作。金融机构处于价值网的边缘，可以选择与移动运营商的合作或者竞争关系。

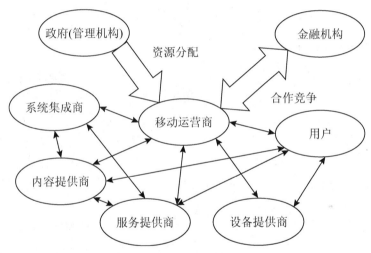

图 6.3 以移动运营商为核心的移动支付运营模式

移动运营商主导移动支付主要有以下 3 点优势。

(1) 移动运营商拥有规模庞大的用户群。据工信部统计数据，截至 2013 年 3 月底，我国手机的用户数量已达 11.46 亿，这个数据超过了互联网用户的使用数量，这些用户对于移动运营商具有一定的忠诚度和依赖性，为移动运营商开展移动支付提供了前提条件。

(2) 移动运营商掌控通信网络和手机终端。移动运营商不但掌握着移动支付的空中通道，而且还具有遍布各处的代理点和营业厅，更加贴近百姓的生活，经营手机类业务是移动运营商的专长。人们在日常生活中已离不开手机，而在人们的传统观念里，移动运营商永远是他们手机账号的大管家，所以移动运营商的品牌形象已深入人心。

(3) 移动运营商具备一定的品牌影响力和信用优势，社会认可度高。在中国，移动运营商具有国企背景，其在安全性上为用户提供了一定的保障，另外，由于移动运营商具有多年的运营经验，具有可靠的社会影响力，满足用户对于安全性和品牌的要求。

移动运营商最大的劣势在于非金融机构的组织性质,限制了一些大额支付业务的拓展。这类运营模式又可以分为两种情况。这两种情况在 NTT DoCoMo 的实际运营中均有实施。

(1) 以手机钱包为代表。在这种情况下没有银行的介入,用户在移动运营商那里申请一个手机钱包账号,并预存一定的金额就可以进行移动支付了,或者购买移动运营商发行的支付卡,移动运营商自己建设受理市场,成为收单机构,实际上已经转型为半开放半封闭的银行卡公司。

(2) 以借记卡业务为代表。这种形式下是由移动运营商掌握主导权,但是并不是单独运营,而是联合银行共同开展业务。首先是移动运营商利用现有的通信网络搭建支付平台,然后吸引各个银行机构加入到这个平台中,银行只起到资金结算的作用,不会向用户直接提供移动支付服务。在这种情况下,由于移动支付平台可以容纳多家银行的加入,所以用户可以实现在多个银行账户之间转接。但是这种形式需要移动运营商较高的协调能力。

一般而言,运营商为主体的运营模式普遍具备一些特点:直接和用户发生交易关系,技术实现简便;发生大额交易时,运营商需要部分扮演金融机构的角色,这在大多数国家与金融政策相抵触;由于无法对非话费类业务出具发票,所以税务处理复杂。

6.3.2 以金融机构为核心的运营模式

如图 6.4 所示,在这种运营模式下,金融机构处于价值网的核心,与用户直接接触,并与移动运营商、设备提供商、内容和服务提供商紧密合作。移动运营商处于价值网的边缘,可以选择与移动运营商的合作或者竞争关系。在这种商业模式中,金融机构将移动运营商接入到银行的系统内部,可以通过专有通道进行通信,并将用户的手机号码和银行的账户绑定,用户需要支付时,金额是从银行账户中扣除的,银行是用户资金管理的平台。移动运营商在整个过程中不参与支付环节,但发挥为银行和用户提供通信渠道的作用。

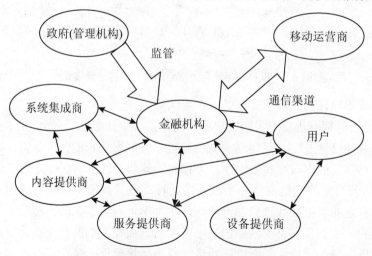

图 6.4 以金融机构为核心的移动支付运营模式

金融机构开展移动支付的优势在于它是国家权威机构认证的,唯一具有金融结算资质的组织,受国家政策的保护和监管,多年的经营使得金融机构建立了健全的支付体系,形成了强大的品牌效应。另外,银行作为发卡机构和用户资金的管理者,掌握着庞大的用户群,尤其是中高端用户,他们更依赖银行的管理。另外,银行具有安全性方面最先进的技术,具有专门的结算通道。

金融机构经营移动支付业务也具有劣势,如金融机构不熟悉移动通信领域,不了解互联网用户,在利用互联网发展客户资源方面经验不足。另外,金融机构不掌握手机卡的发行,对于用户的手机也没有控制权,这在很大程度上使得金融机构在和移动运营商的竞争中处于弱势。

从组成上看,这种模式又可以细分为以下 3 种形式。

(1) 商业银行独立运行。如中国工商银行推出中国工商银行手机银行(WAP),依托移动通信运营商的网络,基于 WAP 技术,为手机用户提供账户查询、转账、缴费付款、消费支付等金融服务的电子银行业务。

(2) 商业银行+移动运营商。中国建设银行携手移动运营商推出了建行手机银行,向用户提供新一代电子银行服务,用户只需将手机号与建设银行的账户绑定,就能让手机成为一个掌上的银行柜台,随时随地体验各项金融服务。

在这两种模式下,各个银行只能为本行的用户提供手机银行服务,用户无法在各个银行账号之间转换,不同银行之间未能互联互通,并且特定的手机终端和银行卡换置会造成用户成本的上升,操作比较烦琐,很大程度上限制了移动支付的推广。

(3) 银行卡联盟企业+商业银行+移动运营商。中国银联推出了新一代移动支付就是这种三方都参与的模式,这种模式需要用户在手机内插入一种金融智能卡,这种卡是由银联发行,但可以在各大银行和移动运营商处购买到,用户事先往金融智能卡中存入一定的金额,需要消费时只要将此卡插入手机便可完成支付。

中国银联是国内唯一的全国性银行卡联合组织,与运营商相比,它的优势在于可以在各个银行之间协调,并且具有金融结算资质,没有额度上的限制;其弱势在于,它本身不具备发卡功能,金融智能卡的发行要借助银行的力量,同时银联在通信技术上要依赖运营商的现有通信渠道。

移动支付的全面成功离不开各方的支持和推动,目前在中国,移动运营商在制定相关的行业标准和业务规范,研发新技术等方面都有较积极的举措,但目前各大银行并没有真正地大力投入,更多地是将移动支付作为一种补充形式的客户服务,比较边缘化。而且各大银行之间合作松散,各自为政,严重影响了用户体验,并且在移动运营商的谈判中也不具备较强的议价能力。因此,银行要想从移动支付中获利还需要进一步的投入和合作。

6.3.3 以第三方支付为核心的运营模式

第三方支付企业是独立于移动运营商和银行之外的经济实体,它具有整合金融机构的各种卡资源和移动运营商的通信网络资源的功能,进行支付的身份认证和支付确认,从而完成移动支付。如图 6.5 所示,该模式下,第三方支付企业处于价值网的核心。第三方支付提供商作为桥梁,与银行、通信运营商、设备制造商、应用集成商、商户等协商合作创造客户价值。第三方支付提供商可以协调银行和移动运营商之间的利益关系,使用户可以在不同银行卡之间实现转换;移动支付产业价值网中各组成部分之间的责、权、利明确,关系简单,但是对第三方支付企业的技术研发、市场及资本运作能力,以及在移动运营商和金融机构之间的话语权等,都具有较高要求。

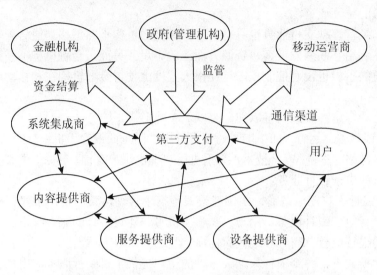

图6.5 以第三方支付为核心的移动支付运营模式

第三方支付企业一直是互联网电子商务领域中的奇葩,目前已取得了一定程度的知名度,汇集了大量的互联网用户。具有比较灵活的运营模式,为用户提供多样化和个性化的服务,另外,对于内容服务商和服务提供商,第三方支付一直都是首选的合作组织。

第三方支付企业的劣势也是显而易见的,由于只是在互联网上进行经营,却没有实体渠道,因此不能吸引很多非互联网用户。毕竟目前还存在很多手机用户只相信眼见为实,还不习惯电子支付的方式。而实体渠道的铺设需要大量的资金和漫长的时间积累,这些对第三方支付企业提出了新的挑战。

在这种运营模式下,银行、移动运营商、第三方支付平台提供商及服务提供商之间分工明确,责任到位,能使整个移动支付流程运行通畅,第三方支付只起到插转器的作用,将价值网络成员间多对多的关系变为多对一的关系,从而达到将错综复杂的关系简单化的目的,大大提高了移动支付运转的效率,也使银行和移动运营商之间交叉推广各自的服务;另外,对于用户而言,第三方支付企业为其提供了多种选择,并可以轻易实现交易平台的转换,降低了成本,简化了流程。这其中,第三方支付企业需要处理各种复杂的关系,在整个价值网络中的工作量比较大,需要其自身具有高度的行业号召力和认知度,包括市场推广能力、技术研发能力、资金运作能力等方面都有较高要求。

6.4 移动支付系统

移动支付的广泛应用需要良好的软件系统(包括一般的应用系统和操作系统)支撑,即移动支付系统。移动支付系统根据其依据的核心技术可分为基于SMS的移动支付系统、基于WAP的移动支付系统、基于USSD的移动支付系统、基于BREW的移动支付系统、基于NFC的移动支付系统、基于RFID的移动支付系统和基于J2ME的移动支付系统7类。

6.4.1 基于 SMS 的移动支付系统

SMS(Short Message Service，短信息服务)是 GSM 阶段 1 的一部分，一条短消息能发送 70～160 个字符，但限于欧洲各国语言、中文和阿拉伯语。该系统在欧洲、亚洲被广泛使用，美国不支持 GSM。SMS 是通过移动网络用手机收发简短文本消息的一种通信机制，它通过存储转发、实时监测的机制，提供可靠的、低开销的无线数据业务。与普通的寻呼机制不同的是，SMS 是一项有保证的双向服务。发送方可以在将短消息发送出去之后得到一条确认通知，返回传递成功或失败的信息及不可到达的原因。SMS 系统可以支持短消息与语音、数据、传真等业务的同步传输。目前基于短信的智能 SIM 卡技术开发出了新的短信业务，如手机银行、手机钱包、电话卡充值等，用户可以通过加密了的短消息进行移动支付，实现移动商务应用。

在 SMS 系统中费用是从用户的话费中扣除的。账户的处理是由支付服务商/金融服务商完成的。通常情况下，支付服务商/金融服务商指移动运营商，即 SMS 系统一般不会涉及银行的参与，并且 SMS 系统适合于小额的信息服务。SMS 系统的安全性取决于短消息的安全性。该系统的优点是费用低廉。移动金融服务通过发送一条短信完成一笔交易一般只需花费 0.1 元，而使现有手机带上银行服务的功能，只要将原先的 SIM 卡换成 STK 卡，成本也很低，并且还能保留原有的电话号码。这符合现阶段手机使用群体期望以低成本享受高质量金融服务的心态。SMS 系统框架图如图 6.6 所示。

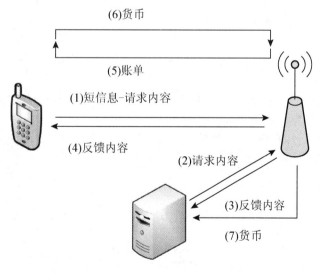

图 6.6　SMS 系统框架

6.4.2 基于 WAP 的移动支付系统

WAP 是开展移动商务的核心技术之一。通过 WAP 手机可以随时随地、方便快捷地接入互联网，真正实现不受时间和地域约束的移动商务。WAP 是一种通信协议，它的提出和发展是基于在移动中接入 Internet 的需要。WAP 提供了一套开放、统一的技术平台，用户使用移动设备很容易访问和获取以统一的内容格式表示的 Internet 或企业内部网信息和各种服务。它定义了一套软硬件的接口，可以使人们像使用 PC 一样使用移动电话收发电子邮件及浏览 Internet。WAP 架构有着不同于普通 Web 网站的地方，首先，WAP 技术是基于目前的 Web 架构之上的，并且延伸到无线网络环境，它使得业界所开发的产品能够具有无线网络独立性、设备平台无关性、相互操作性。WAP 沿用了目前的 Web 架构，从而使得目前投放到 Web 的资金、设备、人力等，都能够继续保留并且沿用。WAP 不同之处在于它多出了一个 WAP Gateway。以 Internet 设备来讲，Gateway 就类似于 Proxy，当客户端要取得某个网站的页面时，都是由 Proxy 代理取得的，再交给 Client 端。而 WAP Gateway 除了代理手机取得所需要的网站的 WML 文件之外，还要充当转换 HTTP 协议和 WAP 协议的角色，从而使得手机顺利取得资料。WAP Gateway 大都由电信局或者 ISP 所设立，而一般的网站，只要在 Web Server 中加入相关的 MIME 格式设定即可，用户就可以直接进行手机访问。图 6.7 所示的是 WAP 系统结构图。

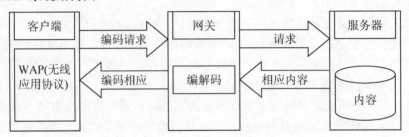

图 6.7 WAP 系统结构

6.4.3 基于 USSD 的移动支付系统

USSD(Unstructured Supplementary Service Data)即非结构化补充数据业务，是一种基于 GSM 网络的新型交互式数据业务，是在 GSM 的短信息系统技术基础上推出的新业务。USSD 业务主要包括补充业务(如呼叫禁止、呼叫转移)和非结构补充业务(如证券交易、信息查询、移动银行业务)两类。

USSD 是一个特定网络应用中的移动终端(MS)和网络实体(MSC/VLR 和 HLR)之间的应用协议。USSD 的系统结构如图 6.8 所示。

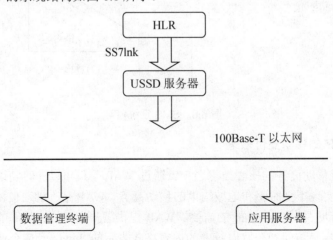

图 6.8 USSD 的系统主要结构

其中，USSD 服务器有两个网络接口分别对应于 HLR 和局域网：一方面通过七号信令 SS7(Signaling System No.7)的 MAP 部分与 GSM 系统的 HLR 相连；另一方面，通过 100Base-T 以 TCP/IP 与应用服务器连接。

应用服务器则提供各种应用接口，与股票交易所、银行等应用中心连接在一起。GSM 系统及 USSD 均起着透明通道的作用，USSD 业务的处理主要在应用服务器上完成，然后将处理结果传到手机上。

数据管理终端则向运营商提供一个易用的基于图形的系统管理维护界面，具有应用管理、用户维护、用户活动跟踪、错误警告等一系列功能。USSD 系统采用这种结构，对原有的系统结构影响较小，保持了原有系统的稳定性；还可以针对本地网的具体情况灵活地推出功能业务，方便地为移动用户提供各类数据业务。

USSD 系统目前支持的应用包括移动银行、金融股票交易、手机话费查询、气象信息预报和查询、收发电子邮件、航班查询、网上订票、民意测验等。

6.4.4　基于 BREW 的移动支付系统

BREW(Binary Runtime Environment for Wireless)即无线二进制执行环境。BREW 是高通公司专为 CDMA 手机数据业务开发的业务平台，具有系统安全性高、运行速度快、程序小的特点。BREW 是强调安全、高效的手机金融业务的理想的实现平台，实现并在 API 级提供了 RSA 1024 非对称加密算法、RC4 对称加密算法、MDS 算法、SHA1 摘要等算法，支持 HTTPS(SSLV3.0)、支持 X.509 证书(可自行导入)、支持对服务端的认证、具有较强的数据处理能力，软件认证：手机操作系统、定制手机端软件均经过中国联通、美国高通公司认证，确保手机客户端无病毒、无后门。对基本的层面而言，BREW 平台就是手持设备上嵌入式芯片操作系统的接口或抽象层。BREW 平台是一组用于本地执行而编译并链接的二进制库，优化后能使应用程序利用无线服务和资源。它控制流出或流入应用程序的事件流，能根据相应的事件启动、停止、中止或恢复应用程序。BREW 执行环境在运行时可以发现应用程序和任何相关的扩展。

BREW 平台是无线应用程序开发、设备配置、应用程序分发以及计费和支付的完整端到端解决方案的一部分。BREW 解决方案包括以下组件：面向设备制造商的 BREW 应用程序平台和移植工具；面向应用程序开发者的 BREW 软件开发包(SDK)；由网络运营商管理和控制的 BREW 分发系统(BDS)，利用该分发系统，运营商可以轻松地将开发者开发的应用程序投入市场并协调计费和支付过程。

6.4.5　基于 NFC 的移动支付系统

NFC(Near Field Communication，近距离非接触技术)是一种短距离的无线连接技术标准，可以实现电子终端之间简单安全的通信，只需将两个 NFC 兼容终端互相靠近至几厘米的距离，或者让两个终端彼此接触。NFC 的应用包括非接触交易(如支付和交通票务)、简单快速的数据交换(包括日历同步或电子名片交换及存取在线数字内容)。NFC 标准得到了 ISO/IEC(国际标准化组织/国际电工委员会)、ETSI(欧洲电信标准化协会)和 ECMA(欧洲信息及通信系统标准化协会)等国际标准化组织的认可。NFC 兼容终端在处于 NFC 读/写模式时支持以下无线射频要求：150/IEC 14443A，150/IEC 14443B 及在 ISO 18092 中有关部分描述的 FeliCa 标准。

NFC 终端具备互操作性，因为 NFC 正是基于现有的非接触支付和票务标准研发，这些标准在世界范围内已得到了广泛应用，每天都有数百万人在使用基于这些标准的产品。这些标准不仅规定了非接触运行环境(如天线的物理特性)，而且包括数据的传输格式及传输速率。

借助于 NFC 技术，我们能够从环境中"提取"信息。NFC 技术允许移动终端读取存储在日常物体中"标签"里的信息。这些标签能够粘贴在物理对象之上，如海报、公交标示、街道标示、药品指示、证书、食品包装及其他物品。

通过 NFC 技术，能够将非接触的票证和卡片放置于日常终端，如移动电话中。用户可以选择把部分或所有卡片都放置在一部个人终端里，如一部具备 NFC 功能的手机，而无须随身携带几张卡片实物。NFC 技术有助于非接触业务的普及，因为它基于国际标准，可应用于全球范围内任何地点的任何业务。

支付和票务业务是应用最早的 NFC 业务，因为 NFC 可以借助目前大量普及的支持非接触卡片的基础设施。首先出现的 NFC 应用将在具备支付和票务的非接触基础设施的城市中进行。

(1) NFC 技术可以增强在商场结账处或无人支付终端(如泊车时间表)的非接触支付手段。用户可以虚拟支付卡或者用电子货币支付。

(2) 非接触票务所具备的高速和灵活性给公共交通和大型活动的入场环节带来革命性的变化，通过使用具备 NFC 功能的终端，如移动电话，用户可以购票，并将其存储在终端当中，然后就可以通过快速通道进入，而其他人还不得不排队等待，此外用户还可以在查询余额并更新电子票。

(3) 用户还可以通过把 NFC 手机或 PDA 靠近 NFC 可读信息源，快速下载信息(如公交时间表)。

(4) 一项成功的 NFC 试验已成为主流应用。在德国哈瑙市，公交乘坐者在购票时有了一项新的选择。德国公交网络运营商 RMV 正在通过移动电话进行日常交易，如购买交通票和路线选择等。超过 90%的测试用户肯定了该系统的方便易用性，认为值得继续使用。现在该业务已对哈瑙市的所有居民开放。支付和票务应用程序将存储在 NFC 终端中的一个安全模块中。该安全模块可以是 NFC 终端中的能够存储多个应用的智能卡芯片，如 SIM 卡或安全的内存卡；也可以是 NFC 终端中的一个额外的内置智能卡片。支付和票务应用程序可以通过空中下载技术(Over-the-Air-Technology，OTA)下载并植入 NFC 终端中的安全模块内。安全性和开放性对 OTA 下载至关重要。一旦某个应用，如信用卡，被可靠地安装在 NFC 手机中后，客户就能简单地把手机在 POS 机阅读器上挥动片刻，即可完成支付。这种方便、快速的交易有赖于内置于手机的 NFC 技术，它将世界各地已广泛应用于非接触信用卡和公交卡中的功能整合到移动电话中。

除了与现有的非接触卡片受理基础设施保持兼容之外，一部 NFC 手机还能为消费者提供其他便利，如通过手机屏幕显示交易数据，在任何时间、任何地点都能购票。NFC 手机还能快速存取服务信息，只需把手机与内置 RFID 芯片的业务海报接触即可。

NFC 基于现有的遍布于世界各地的非接触基础设施，NFC 并非一种锦上添花的技术，而是一种能让人们生活更加方便快捷的技术，更容易支付商品和服务，更容易使用公共交通，更容易存取用户周围的业务信息，更容易在终端之间彼此共享数据。

6.4.6 基于 RFID 的移动支付系统

RFID(Radio Frequency Identification，无线射频识别技术)是非接触式自动识别技术的一种。RFID 技术是一种无接触自动识别技术，其基本原理是利用射频信号及其空间耦合、传输特性，实现对静止的或移动中的待识别物品的自动机器识别。

移动通信终端＋RFID 读写模块＋IC 卡的移动支付模式的体系结构如图 6.9 所示。

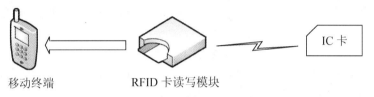

图 6.9 RFID 移动支付模式的体系结构

在该结构中，IC 卡是独立的，该卡既可以接受 RFID 读写模块的操作，又可以接受商户终端的操作。RFID 读写模块主要作用是查询 IC 卡上的余额，将来期望能够扩展到充值操作，而商户终端的操作主要是消费类操作。IC 卡的独立性保证了 IC 卡发行方的利益和积极性。

RFID 读写模块将保持与移动终端相对的独立性，实现以下功能。

(1) 对外接口。该模块提供 UART(Universal Asynchronous Receiver/Transmitter，通用异步收/发送装置)、SPI(Serial Peripheral Interface，串行外围设备接口)等接口方式，实现与移动终端的连接，将来将进一步提供 USB(Universal Serial Bus，通用串行总线)、SDIO(Secure Digital Input/Output，安全数字输入/输出)等接口方式。

(2) IC 卡操作。模块中包含符合 ISO 14443 标准的 IC 卡读写功能以及 MCU(Microcontroller Unit，微控制器)处理功能，完整地实现了对 IC 卡的各种操作功能。

(3) 安全特性。模块本身还自带安全处理功能，实现了对 IC 卡的安全、可靠操作。

(4) 工作模式。模块具有读写模式、低功耗模式以及断电模式，分别适应于不同的需要。

(5) 天线。天线被内置在移动终端中。

在移动通信终端＋RFID 读写模块＋IC 卡的移动支付模式下，各部分相应的技术指标如下。

(1) 可以根据需要和所选定手机的具体情况定制 IC 卡，定制的 IC 卡满足以下技术指标：外部商户终端对 IC 卡的操作距离>2cm；IC 符合 ISO 14443 TypeA/B 的标准。

(2) RFID 读写模块具有以下技术指标：工作频率为 13.56MHz；读写模块与 IC 卡之间的通信速率为 106Kb/s；供电电压范围是 3.3～5V；工作时的功耗<450MW；对外部 IC 卡的读写距离>2cm；典型交易流程时间<100ms；通信速率为 38 400b/s，其他可选；标准支持：ISO 14443TypeA/B。

6.4.7 基于 J2ME 的移动支付系统

面对巨大的移动商务开发市场，国内外的 IT 厂商纷纷推出各种各样的应用平台，最具有代表性，同时也是影响最大的是 SUN 公司在 1999 年推出的 Java 2 平台微型版本(Java 2 Platform Micro Edition，J2ME)。J2ME 最早在 1999 年 6 月的 JavaOne 大会被提出，是 SUN 公司专门为开发小型的资源受限的消费性电子设备的应用程序所提供新的 Java 版本，它被广泛地使用于手机、PDA 及电视机顶盒等众多小型资源受限设备中。

J2ME 实际是一系列规范的集合，由 Java Community Process(Java 社区组织，JCP)制定并发布相关的 Java 规范请求(Java Specification Request，JSR)，各个厂商按照规范在自己的产品上进行实现，但是必须要通过 TCK(Technical Compatible Kit，兼容性测试包)测试来确保兼容性。

基于 J2ME 的移动支付系统模型如图 6.10 所示。该系统由用户(手持设备 Client)、商家(Merchant)、移动支付平台(MPP)、银行端处理设备(Settlement)组成。这里移动营运商起到了传媒的作用。为了简化系统不作为移动支付的组成部分。

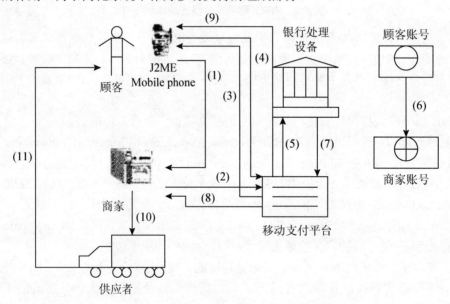

图 6.10 基于 J2ME 的移动支付系统模型

整个交易过程分为以下几个步骤。

(1) 顾客挑选商品后，由商家服务人员录入所买商品详细信息，如衬衫一件 80 元；裙子一条 60 元……小计 500 元。按照固定格式形成 Order，选择完毕后告诉商家手持设备 ID(如手机号)。

(2) 商家对该 Order 和手持设备 ID(如手机号)加密、签名后通过安全 Internet 通道，如 SSL 发送给 MPP。

(3) MPP 接到消息后确认消息的来源，如果消息确实来自指定商家，则对消息处理(如加密签名)后发送给移动用户即顾客。

(4) 顾客收到 welcome 消息后输入 PIN 码，同意使用移动支付系统，然后确认所买的商品、消费额、商家标示及消息来源，如果消息正确，则同意支付。消息处理后传送给 MPP。

(5) MPP 在确认消息后向银行发出转账请求。

(6) 银行处理支付。

(7) MPP 收到转账成功的消息。

(8) 商家收到支付成功的通知。

(9) 顾客收到电子发票或收据。

(10) 商家通知供应者向顾客提供商品或服务。

(11) 供应者将商品或服务送达顾客。

其中(3)、(4)两步是手持设备客户和支付平台间的无线环境下的通信，并且必须保证客户对此次交易支付所确认的信息的安全性。

研究前沿与探讨

一个技术方案能否为社会大众所接受，主要看它能否给使用者带来比较大的收益与便捷，如移动支付的解决方案，能否真正降低运营商的投资成本；如能否在最小程度改造手机与 POS 机的基础上，实现运营商在短时间内吸引大量用户的目的。这些都在很大程度上决定了移动支付的应用前景。

金融机构是移动支付产业的重要推动者，银联作为传统支付产业中的主导者，理所当然地希望在手机支付领域可以保持相关银行卡支付优势。商业银行还可以依靠移动支付这个新兴的支付系统，开拓新的经营业务，从而创造更多的利润，因此移动支付业务，金融机构将起着关键的作用。因为银行系统不仅拥有以现金、信用卡及电子货币为基础的安全灵活的支付系统，还拥有庞大的个人用户和商户资源。金融机构参与移动支付，将使其远程支付功能更加强大，随时通过手机上网就可以实现银行卡网上银行所具备的所有支付功能，如账户查询、转账、消费等。同时用户通过手机进行账户操作，也可以减小营业网点的运营压力，提高业务办理效率，减少网点建设，降低经营成本。

设备提供商(如手机厂商、POS 机厂商)可以作为移动支付功能的载体。手机厂商希望利用手机支付功能给自己的手机产品带来新的卖点，以此促进手机的销售。第三方移动支付服务提供商在整个支付环节中也起着至关重要的作用，是移动支付产业链的桥梁。不论银行部门还是第三方移动支付服务提供商，如果想进入手机支付市场，都需要和电信运营商及手机厂商进行合作。因为远程移动支付和近程移动支付，都离不开运营服务平台的搭建，如果说设备制造商主要是基于手机现场支付，那么运营服务平台提供商除了能够支持现场支付外，还将致力于支付平台的建设。

所以，银行与手机厂商及电信运营商之间的利益博弈及合作方式，也决定着移动支付将来的发展趋势。所以移动支付是一个涉及多领域的综合支付系统，它的前景必然是要有背后强大产业链做支持，能为用户能提供方便、快捷、安全的服务。

本 章 小 结

移动支付业务是一种新兴的产业，它蕴藏着巨大的商机，并且在全球范围内展开了广泛的应用。在国外移动支付业务已经进入发展比较成熟时期，我国国内的移动支付方行业还处于市场培育阶段，刚进入小额支付阶段，主要是因为移动支付相应的模型搭建还不是十分成熟，当前还处于安全性不高，模型业务范围比较狭窄，尚无良好的商业盈利模式的水平，再加上国内许多消费者的传统观念及对安全性的忧虑，使得移动支付业务在一段时期内处于缓慢阶段。

因此，针对移动支付业务范围狭窄、没有一个良好的商业盈利模式等问题，本章阐述了移动支付国内外发展现状，并从创新与改进运营模式的角度，论述了移动支付现有运营模式，并且结合价值网络相关理论，分析移动支付运营模式。最后从概念、原理和特点等方面阐述了常见移动支付系统及支撑技术。

每 课 一 考

一、填空题

1. 移动支付是通过(　　　)进行的财物交易的行为。
2. 从狭义上讲，移动终端就是用户具有支付功能的(　　　)。
3. 根据支付金额的大小移动支付可以分为(　　　)、(　　　)、(　　　)。
4. 按交易距离划分移动支付可以分为(　　　)和(　　　)。
5. 按资金来源移动支付可分为(　　　)、(　　　)和(　　　)3种。
6. 根据主导移动支付运营的企业不同，可将移动支付分为(　　　)、(　　　)和(　　　)3种。
7. 移动支付商业生态系统中，(　　　)、(　　　)和(　　　)是核心参与者。
8. (　　　)是移动支付价值网络最终的利益来源，是移动支付业务的最终使用者。
9. 在以(　　　)为核心的运营模式中，移动运营商会为手机用户专门地建立小额账户，用户事先向该账户充值，每次用户使用手机进行支付时，支付费用都是从这个小额账户中扣除。
10. 在以(　　　)为核心的运营模式中，金融机构处于价值网的核心，与用户直接接触，并与移动运营商、设备提供商、内容和服务提供商紧密合作。

二、选择题

1. 用公交车卡乘坐公交车属于(　　)。
   A. 微支付　　　　B. 小额支付　　　　C. 大额支付　　　　D. 巨额支付
2. 使用IC卡支付属于(　　)。
   A. 远程支付　　　B. 近场支付　　　　C. 小额支付　　　　D. 大额支付
3. 支付宝账户支付属于(　　)。
   A. 话费账户支付　B. 银行账户支付　　C. 第三方账户支付　D. 近场支付
4. 移动支付价值网络中承担监管职能的是(　　)。
   A. 金融机构　　　B. 移动运营商　　　C. 政府　　　　　　D. 设备提供商

5．起到连接移动支付各个参与者的重要桥梁作用的是(　　)。
　　A．金融机构　　　　B．移动运营商　　　　C．政府　　　　D．设备提供商
6．下列不属于移动支付价值网络特点的是(　　)。
　　A．结构复杂但更加灵活　　　　　　B．长久的合作关系难以维持
　　C．标准需要统一　　　　　　　　　D．成本低
7．以移动运营商为核心的运营模式中，处于价值网边缘的是(　　)。
　　A．金融机构　　　　B．移动运营商　　　　C．政府　　　　D．设备提供商
8．以移动运营商为主体的运营模式的特点不包括(　　)。
　　A．直接和用户发生交易关系，技术实现简便
　　B．发生大额交易时，运营商需要部分扮演金融机构的角色
　　C．无法对非话费类业务出具发票，所以税务处理复杂
　　D．渠道的铺设需要大量的资金和漫长的时间积累
9．金融机构开展移动支付的优势不包括(　　)。
　　A．它是唯一具有金融结算资质的组织，具有健全的支付体系，形成了强大的品牌效应
　　B．掌握着庞大的用户群，尤其是中高端用户
　　C．银行具有安全性方面最先进的技术，具有专门的结算通道
　　D．了解互联网用户，在利用互联网发展客户资源方面经验丰富
10．在中国，起到在各个银行之间协调的作用并且具有金融结算资质的是(　　)。
　　A．商业银行　　　　B．移动运营商　　　　C．中国银联　　　　D．第三方

三、判断题

1．第三方支付企业开展移动支付的收益只来自于移动运营商或服务提供商的利润分成或佣金。　　　　　　　　　　　　　　　　　　　　　　　　　　　　　　　(　　)
2．移动支付所使用的移动终端只能是手机。　　　　　　　　　　　　　　　(　　)
3．话费账户支付，指手机号码与手机用户的话费或积分账户绑定，用户操作话费账户进行支付，支付产生的费用计入话费账单。　　　　　　　　　　　　　　　(　　)
4．第三方支付的资金来源仍然是银行账户。　　　　　　　　　　　　　　　(　　)
5．在移动支付生态系统中，各个参与主体之间是上下游之间的链条关系。　　(　　)
6．政府的政策杠杆能实现价值网的协调分工，为制定高效的共赢商业模式奠定基础。
　　　　　　　　　　　　　　　　　　　　　　　　　　　　　　　　　　　(　　)
7．在移动支付中，金融机构的收益来自于用户在银行账户的储蓄额。　　　　(　　)
8．在移动支付业务中，移动运营商的收益仅来自于向用户收取的数据流量费。
　　　　　　　　　　　　　　　　　　　　　　　　　　　　　　　　　　　(　　)
9．以移动运营商为核心的运营模式下，移动运营商允许用户直接从手机话费账户中支付。　　　　　　　　　　　　　　　　　　　　　　　　　　　　　　　　(　　)
10．以第三方支付为核心的运营模式是目前最优的移动支付运营模式。　　　(　　)

四、问答题

1. 根据资金来源的不同对移动支付进行分类并举实例说明。
2. 试论述以移动运营商为核心的运营模式的基本原理、特点及其优劣势,并举例说明。
3. 试论述以金融机构主导的运营模式的基本原理、特点及其优劣势,并举例说明。
4. 试论述由第三方服务提供商主导的运营模式的基本原理、特点及其优劣势,并举例说明。

技 能 实 训

1. 根据你的购物经验,B2C 移动支付主要采用哪种运营模式?C2C 呢?
2. 支付宝是我国最大的第三方支付平台,使用非常广泛,支付宝的主要作用是什么?试比较美国、欧洲、日本与中国移动支付模式的差异。

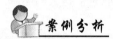

根据以下案例所提供的资料,试分析:
(1) 移动支付价值网络组成及各成员的角色与关系。
(2) 分析:移动支付逐渐成熟的条件有哪些?
(3) 查资料:3 种移动支付的运营模式区别何在?

巨头抢投移动支付:市场爆发近在眼前

1 715 亿美元,全球市场;1 000 亿人民币,中国市场。这是业界对于移动支付产业在 2012 年发展的一个基本预估。

1. 巨头蠢蠢欲动

沃尔玛等多个公司在 2012 年 8 月宣布组建了一个合资公司,以共同开发移动支付网络,吸引更多的消费者。几乎同时,星巴克投资了 2 500 万美元给移动支付公司 Square,并将 Square 的技术引入星巴克在美国的 7 000 家连锁店。引进移动支付的还不仅只有沃尔玛与星巴克。

在此之前,Google 已经与花旗集团、MasterCard 和 Sprint,以及其他金融机构和移动运营商合作,推出了 Google 钱包(Google Wallet)服务。Verizon、AT&T、T-Mobile、摩根大通、Capital One 和巴克莱 2011 年也结成联盟,共推移动支付系统 Isis。

国内的 IT 巨头也开始纷纷闯入移动支付领域,联想发布了具有移动支付功能的 ThinkPadTablet2,华为也推出了具备近距离无线通信技术的智能手机。

支付宝、财付通等一些国内支付公司也推出了各自的手机刷卡器。不论是在电子识别器前"刷手机",还是二维码的直接扫描购物,甚至聚餐时拿出手机"摇一摇",都能在消费的同时迅速完成支付。这样,移动支付市场的爆发似乎近在眼前。

2. 巨头卡位

一则来自信息技术研究和分析公司 Gartner 的预测信息表明,全球移动支付市场规模 2016 年将增至 6 170 万美元。对于智能手机逐渐被广泛应用的中国,移动支付在未来的发展也被寄予了很高的期望。

据易观数据,2011—2013 年中国的移动支付用户规模的年均复合增长率预期为 48.85%,同期移动支付市场收入规模的年均复合增长率预期将达到 100.20%。另据业内专家的分析,在 2011 年和 2012 年我国的移动支付市场规模有望达 1 000 亿和 1 500 亿元人民币。

不过,投资机构对于移动支付这一领域却显得格外冷静。"移动支付的细分领域我们一直在看,但还没有投。"盘古创富的副总经理曹征雁对《英才》记者表示,一个重要的原因就是行业壁垒的问题,"像银联要做全产业链的移动支付,其他的小公司就很难生存下来"。

移动支付业务横跨电信和金融两大行业,涉及金融机构、电信运营商、第三方支付商、移动支付平台、设备及解决方案提供商、商户和用户等多方。

"银联在移动支付跨度相对会长一些,它本身可以从事移动支付业务,掌握核心账户系统。"艾瑞咨询的分析师王维东对《英才》记者表示。银联在产业链上的强势地位让众多的投资者对这个领域望而生畏。

2012 年 8 月,银联总裁许罗德表示,移动支付标准已经基本确定为银联标准。标准的确立无疑减少了行业发展的不确定性,使得产业环节的潜在能力被释放出来。

除此之外,三大电信运营商也在积极布局,夺取移动支付的制高点。在 2008 年,中国移动便开始关注第三方支付,并尝试建立第三方支付平台。中国电信也于 2011 年 3 月成立天翼电子商务有限公司,业务涵盖移动支付。2011 年,中国联通支付公司也获得营业执照,并且取得了国内第三方支付牌照。

然而,对于投资机构可选择的项目类型却越来越少。自 2011 年 5 月央行发放首批牌照以来,第三方支付行业门槛逐渐降低。近 200 多张牌照,以支付宝、财付通、易宝支付为代表的第三方支付企业的同质化竞争使这个领域成为了一片红海。

"我们主要看中后端解决方案,这一块的附加值会大一点。"浙商创投北京分公司投资总监付恒对《英才》记者表示,虽然这个行业未来充满希望,但目前有很多不确定的因素,"一个风险就是政策上不透明的地方"。

移动支付受制于政策风险是大多数投资人最为疑虑的问题。由于移动支付在其运营过程中可能出现大量吸收存款、沉淀资金等问题,一度被市场担心其命运。另外,移动支付市场的创新速度与种类很多,是否符合央行对于支付市场的监管也是个巨大的挑战。

"支付是比较受政府关注的细分行业,到一定规模的时候,被管制的可能性比较大。所以我们观察了一年多,但目前还没有投,比较谨慎。"启明创投主管合伙人童士豪告诉《英才》记者,未来还是要看政府对这个行业的态度。

3. 抢投终端

在过去几年,国内移动支付发展较快的部分主要集中于远程支付领域。由于具有 NFC 等近场通信技术的终端普及程度低等原因,近场支付市场一直没有起来,这也在一定程度上限制了整个移动支付业务的规模。

王维东认为现在的投资机会应该会集中于一些能够提供创新型支付产品的企业中。从运营企业的角度来说，迫于技术形势他们有改造终端的需求，还有就是类似于 Square 这种类型的刷卡器也值得投资。

Square 在美国的出现极大地降低了移动信用卡支付的门槛。童士豪告诉《英才》记者"在美国 Square 做的非常好，成长速度非常快"。据悉，创立于 2009 年的支付公司 Square 在短短 3 年之内，这家公司的估值已经飙升到了 32.5 亿美元。

目前国内，已经有几家公司推出类似于 Square 模式的产品，如钱方支付、拉卡拉、乐刷等。金沙江创投合伙人朱啸虎对《英才》记者表示，在移动支付领域会投资软硬件相结合并且有一定的核心门槛企业，如金沙江创投所投资的"盒子支付"。

据了解，"盒子支付"获得了金沙江创投 1 400 万人民币的投资。盒子支付同样是类似于 Square 的一款刷卡器。用户可以通过在手机或平板计算机连接一个小盒子，就可以通过刷银行卡的方式实现支付的功能。

（资料来源：中国电子商务研究中心. 巨头抢投移动支付：市场爆发近在眼前[EB/OL]. (2012-10-10). [2012-10-12]. http://www.100ec.cn/detail--6061495.html.）

第7章 移动商务的行业发展与未来展望

知识结构

```
案例导航          移动商务在不同       移动政务         移动商务发展中       移动商务的
                行业中的应用                        的问题与策略        若干发展趋势

联通移动         1. 移动商务与制造业    1. 内涵         1. 移动商务发展中     1. 企业应用
商务行业应       2. 移动商务与金融业    2. 分类            存在的问题        2. 移动支付
用 3G 引领       3. 移动商务与娱乐业    3. 发展概况      2. 我国移动商务      3. 安全性问题
电子商务新       4. 移动商务与旅游业    4. 发展展望         发展策略         4. 设备制造商
潮流            5. 移动商务与医疗卫生服务  5. 应用                          5. 3G业务的发展
```

知识要点

1. 移动商务对制造、金融、娱乐、旅游、医疗等不同行业的影响。
2. 移动商务对政府管理的影响。
3. 我国移动商务发展中存在的问题、发展策略及若干发展趋势。

学习方法

1. 理论联系实际：移动商务的优势——移动商务在不同行业的应用。
2. 实际应用于概念理解：移动金融、移动娱乐、移动旅游、移动医疗、移动政务。
3. 应用拓展：移动商务发展需解决的问题及应对策略。

案例导航

联通移动商务行业应用 3G 引领电子商务新潮流

伴随着淘宝、易趣等网购平台的迅速崛起，电子商务在人们的生活开始扮演越来越重要的角色，而2009年12月21日国家更明确表示将要大力扶持电子商务的发展，使得电子商务的前景发展一片光明。同时，3G时代的到来也将"互联网"从笨重的计算机带到了小巧的手机中，这也快速推进着电子商务与移动互联网结合的进程。

联通沃3G自商用以来就抓住了电子商务的发展契机，凭借着成熟的WCDMA网络技术，中国联通充分挖掘企业行业应用需求，以强大的固网、宽带、3G等网络资源为保障，利用WCDMA的高速网络带宽和强大的多媒体业务支撑能力，结合公司系统集成优势、全业务经营优势，整合产业链上下游的软件、硬件、服务提供商，开发了多种丰富快捷的电子商务应用解决方案，拓展了行业用户信息化应用的深度和广度，实现了随时、随地、随身的行业信息化应用。

1. 手机航空：一站式服务带来"高效"体验

对于商务人士、记者等这类需要随时应对重大突发事件的群体来说，乘坐飞机在各地之间往返可谓是家常便饭，但传统的电子订票业务只适用于前期的机票购买，后期登机等过程依然烦琐，显然这无法满足乘客"高效"的需求。

目前中国联通正与航空公司建立合作关系，将推出一站式的手机航空解决方案。利用手机的通话、数据传输、上网等功能，提供手机终端的一站式航空服务，大大提升航空业的整体效率。手机航空业务利用Web、WAP和二维码技术，通过联通WCDMA网络和手机航空平台，航空旅客能够方便地用手机进行机票预订、机票电子支付、动态航班信息提醒、手机办理电子登机手续、机场天气查询等服务，实现手机终端的一站式航空服务。

2. 手机银行：不错过任何一笔生意

电子商务的进行离不开银行支付的业务，特别是在淘宝等网购平台的用户对网银的使用是最频繁。虽然各大银行推出手机网银已经有很长时间，但是在2G时代受限于网络速度、安全性的不足，手机网银并无法真正被大众所广泛应用。显然3G才是支撑手机银行未来发展的网络基础，因此谁在3G技术方面更具优势，谁就将可能占有手机银行市场更大的份额。而在这方面，中国联通的优势显而易见，其WCDMA技术全球漫游能力最强，技术成熟性最佳，终端也最丰富。

目前联通已经拥有比较成熟的手机网银解决方案，在易用性与功能性上也非常出色。首先，在易用性上，联通手机银行可以在目前市面上大部分主流手机上使用。其次，由于联通很早就与各大银行进行手机银行方面的深入合作，在手机银行的功能接入上基本实现了银行的各类基础业务，可基本覆盖常用的网银功能，且不受空间、时间的限制。具体来讲，手机银行用户可通过手机银行查询账户、缴费、转账、汇款、分期付款，同时还可以实现投资理财功能，如买卖基金、黄金等。而随着银行的不同，用户还能享受到更多个性化的服务。最后，网银的安全问题也是用户与银行都非常重视的问题，针对这一问题业内专家认为，手机银行的安全系数应该比传统计算机上的网络银行更加安全。

目前联通提供的手机银行服务拥有三重安全认证机制：手机有其自身的特点，就是号码的唯一性，这是手机银行的第一重认证，是安全性的一个重要保障，也就是说，只要客户身份信息与手机号码唯一绑定，实现手机号码和客户身份的对应，那么就只有在绑定的手机才可使用手机银行。其他人没法用他的手机打开你的手机银行；在开通手机银行业务时，用户和银行之间还会有设定的登录密码，这是第二重保证；用户具体使用手机银行办理业务时，刚启动后手机上会有银行的认证信息，手机屏幕上也会有随机密码，然后才能进入操作页面，这是第三重保证。有的银行，甚至在具体操作时如转账时再设一重密码。例如和联通合作推手机银行业务的工商银行，使用手机银行转账时，除了密码还需动态口令卡。

在 3G 环境下，联通电子商务行业应用将让我们重新审视未来电子商务的发展方向，"信息化随身化"将离我们不再遥远。

（资料来源：妤婕. 联通移动商务行业应用 3G引领电子商务新潮流[EB/OL]. (2009-12-21). [2012-10-7]. http://www.itxinwen.com/View/new/html/2009-12/2009-12-21-919631.html.）

通过这个案例，我们应思考 3 个问题：
1. 联通为什么要整合产业链上下游的资源？
2. 3G 对移动商务发展有什么影响？
3. 联通如何与银行合作保证网银的安全？

7.1 移动商务在不同行业中的应用

7.1.1 移动商务与制造业

我国是制造业大国，然而我国并不是制造业强国，在产品的质量、档次、技术含量及自有品牌等方面，与先进国家仍然有很大差距。如何利用先进的生产、管理技术，从劳动力密集型制造转变到技术密集型制造，成功实现产业升级是制造业面临的重要问题。当经济危机席卷全球，利用先进的技术，提高生产效率，扩大业务半径，减少经营成本尤其迫切。随着移动通信网络、无线接入网、移动卫星网络、数字集群网的宽带化，移动终端的小型化、智能化，以及移动数据业务及应用的日趋多样化，企业通信、办公及商务的模式已经被深刻影响。移动的基因正在植入行业用户商务及办公流程，使移动商务成为企业信息化中发展最快，也是最具市场前景的领域之一。

移动商务的随身移动性特点，让企业的管理实现"及时性"成为可能，越来越多的 ERP 厂商开始进入移动商务领域，开发基于无线网络和移动商务平台实现 ERP 的移动化产品(ERP Mobility)，支持用户企业的员工、合作伙伴及客户在任何地点、任何时间都能获取他们所需要的数据，并实现企业级移动业务管理。

移动商街是用友移动在移动互联网上创建的商业中心，众多的企业、商家和消费者汇聚在这里，开展移动商务活动。移动商街正在为一大批制造企业提供移动商务服务，这些企业涉及机械制造、机电制造、化工制造、材料制造等重要领域，这也使得移动商街在制造业产业升级中扮演越来越重要的角色。

e-works 通过电子邮件、电话访谈、传真等方式进行，共调查了 20 家制造业企业，调查结果分为三大部分内容：一是总体情况；二是已应用移动商务的企业情况分析；三是未应用移动商务的企业情况分析。e-works 的结论如下：①国内的制造业企业移动商务仍处于起步阶段，虽然移动商务从提出到现在已经有几年的时间了，但对国内制造业企业而言仍无太大的实质性进展，国内的移动商务厂商如用友、金蝶等仍停留在推广概念的阶段，制造业企业应用移动商务的只有少数几家，而且多是大型企业。多数制造业企业对移动商务的概念已经有了初步的认识，但深层次的问题，如怎样应用移动商务、有哪些移动商务技术、如何实施移动商务等，没有一个清晰的理解。企业认为不了解、尚未成熟是阻碍移动商务应用的两个主要因素，同时在访谈中部分企业提到没有看到实实在在的成功案例，也是阻碍其应用移动商务的一个主要原因。②目前国内移动商务的应用主要是作为企业信息系统的一个补充，而不是作为一个独立的服务来应用。国内已应用移动商务的企业多是大型企业，但应用层次相对较低，多数仅仅实现了移动办公，而且设备多是使用便携式计算机而不是手机等。有外资背景的企业应用移动商务层次明显比国内企业的要深，它们中有部分企业已经开始应用移动搜索、移动客户关系管理和移动营销。部分企业虽然已经应用了移动商务。③在未应用移动商务的企业中，多数企业尤其是中小型企业对如何应用移动商务并不了解，而且对哪些领域可以应用移动商务(如移动广告、移动客户管理、移动营销等)也不了解。但也有为数不少的企业表示将在 3 年内应用移动商务产品，这也说明了制造业移动商务领域的市场将是庞大的，将会在未来的 3 年内出现一个增长。

e-works 认为目前移动商务的推广主要是由各移动商务厂商完成的，建议各媒体、政府在这个过程中也应该起到积极的作用，从多个层面促进制造业企业移动商务的应用。国内移动商务市场仍处于市场培育期，各大厂商的优势并不明显，在这个时段，各移动商务厂商要切实推动国内制造型企业的移动商务应用，多一些实质性的动作，而不仅仅是停留在概念上。移动商务的前景是鼓舞人心的，但要得到广泛的应用，不仅仅是应用成本要低，同时还要解决实施、安全等一系列的问题，如果这些问题得不到很好的解决，移动商务将是"厂商热、企业冷"的局面。目前已购买移动商务产品的企业中，很大一部分企业应用的效果不是十分理想，制造业企业在选择移动商务产品时，虽然一个重要的因素是和应用的信息系统集成，但同时要多方考虑，而不是只使用同一品牌的移动商务系统。

7.1.2 移动商务与金融业

金融业是所有产业中收益最高也是对市场反应最敏感的产业，对于金融信息化的建设一直是国内外广大金融公司所投入的重中之重。提升内部效率、降低沟通成本，同时提供更多的渠道服务于金融客户，是金融信息化的根本出发点。移动金融正是新时期移动互联网时代金融信息化发展的必然趋势。

移动金融指使用移动智能终端及无线互联技术，处理金融企业内部管理及对外产品服务的解决方案。在这里移动终端泛指以智能手机为代表的各类移动设备，其中智能手机、平板计算机和无线 POS 机目前应用范围较广。

1. 移动金融概述

1) 金融行业实施移动商务的需求

(1) 可扩展的灵活性。对金融行业来说，其客户群非常广泛，不仅包括内部员工，同时也包括外部无数的客户群，这就要求系统除具备处理海量数据的功能外，还应该具有很强的可配置性和客户定制能力，以支持业界和市场发展的动向，通过扩展机制，实现新业务、新配置的需求。

(2) 无缝集成。在金融行业中必定已经存在商业智能系统、CRM 系统、OA 系统等，移动应用系统应该能通过标准的方法或者接口，实现众多系统的集成，真正建立起动态和无缝链接的应用平台，向客户提供更好的服务。

(3) 开放、标准的架构。由于金融行业是一个传统行业，拥有众多的客户群，因此移动应用系统建立的电子化平台具有长期适用性、扩充性和可操作性。

2) 移动金融产业链

由于采用手机作为交易终端，涉及移动通信及与手机终端适配的问题，所以移动金融产业链除银行及第三方支付外，电信运营商及手机终端和系统制造商都被纳入其中，产业链更为复杂。图 7.1 为移动金融产业链。

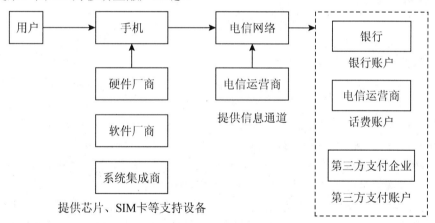

图 7.1 移动金融产业链

首先，银行是移动金融发展的主导者，银行拥有金融服务牌照，无论从提供金融服务的全面性还是安全性来说，相对电信运营商及第三方支付企业都更为突出；其次，运营商的优势是小额支付，购买商品的种类受到限制，而大额的账户管理则需由银行管理，对购买商品的种类限制较小，故能带给用户更大的效用。手机支付产业链主要角色优势对比见表 7-1。

表 7-1 手机支付产业链主要角色优势对比

手机支付产业链各方	优 势
银行	拥有金融服务牌照，金融体系完善，拥有足够在账户管理和支付等金融领域的经验，安全性佳，具备天然的用户信任优势

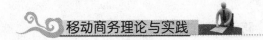

续表

手机支付产业链各方	优　势
电信运营商	庞大的手机用户基础；通过与定制终端的衔接，可直接将移动应用提供给用户，具备抢占终端优势
第三方支付企业	在网上支付运营中积累的商户及用户资源；拥有互联网企业的创新本质，创新的积极性强

2. 移动银行

移动银行简单地说就是以手机、PDA 等移动终端作为银行业务平台中的客户端完成某些银行业务。移动银行是典型的移动商务应用，它的开通大大加强了移动通信公司及银行的竞争实力。从应用角度来看移动银行的优势主要体现在功能便利、使用区域广泛、安全性好、收费低廉等方面。移动银行可以宽泛地看做移动通信业与金融业的交叉领域，现阶段移动银行的主要业务包括移动支付和手机银行两大类服务。

1) 移动支付

移动支付(Mobile Payment)，也称手机支付，就是允许用户使用其移动终端(通常是手机)对所消费的商品或服务进行账务支付的一种服务方式。整个移动支付价值链包括移动运营商、支付服务商(如银行和银联等)、应用提供商(公交、校园和公共事业等)、设备提供商(终端厂商、卡供应商和芯片提供商等)、系统集成商、商家和终端用户。

移动支付主要分为近场支付和远程支付两种。近场支付是用手机刷卡的方式坐车、买东西等，很便利；远程支付指通过发送支付指令(如网银、电话银行和手机支付等)或借助支付工具(如邮寄和汇款)进行的支付方式，如掌中付推出的掌中电商、掌中充值、掌中视频等属于远程支付。目前支付标准不统一给相关的推广工作造成了很多困惑。移动支付标准的制定工作已经持续了三年多，主要是银联和中国移动两大阵营在比赛。

移动支付业务是由移动运营商、移动应用服务提供商(MASP)和金融机构共同推出的、构建在移动运营支撑系统上的一个移动数据增值业务应用。移动支付系统将为每个移动用户建立一个与其手机号码关联的支付账户，其功能相当于电子钱包，为移动用户提供了一个通过手机进行交易支付和身份认证的途径。用户通过拨打电话、发送短信或者使用 WAP 功能接入移动支付系统，移动支付系统将此次交易的要求传送给 MASP，由 MASP 确定此次交易的金额，并通过移动支付系统通知用户，在用户确认后，付费方式可通过多种途径实现，如直接转入银行、用户电话账单或者实时在专用预付账户上借记，这些都将由移动支付系统(或与用户和 MASP 开户银行的主机系统协作)来完成。

根据艾瑞咨询《2012—2013 年中国移动支付市场研究报告》数据显示，2012 年中国移动支付市场交易规模达 1 511.4 亿元，同比增长 89.2%，预计 2016 年中国移动支付市场交易规模将突破万亿交易规模，达到 13 583.4 亿元。移动支付发展前景巨大，各开发商也大力宣传，在 2011 年 9 月金融展上，拉卡拉、快钱、掌中付等纷纷亮相，其中掌中付提出了一套完整的支付解决方案获得优秀解决方案奖。2012 年 5 月，福脉通推出的移动支付终端器，运用世界最先进的六信道技术，力求确保移动支付设备安全性能的提升。

目前也开展了多个 SIMpass 试点应用，包括中国移动集团、湖南移动、厦门移动、苏州移动、广东移动、大连移动及泰国移动 TrueGroup 等。

其中,湖南移动 2006 年下半年开始进行 SIMpass 试点工作,目前试用人数达 500 人,应用包括湖南移动办公大楼门禁、食堂消费、小卖部消费、美容美发消费及停车场缴费,已进入正常使用状态。

厦门移动已经采购两万张双界面 SIM 卡用于公交一卡通的应用,目前已经发放 500 张卡片,使用效果良好;厦门移动与厦门 e 通卡及建设银行正洽谈移动支付平台的建设。

广东移动已经确定搭建基于双界面 SIM 卡的移动支付平台,主要应用在广州的地铁项目;广东移动省公司及江门公司在一卡通内部应用上已经换卡 2 000 张。

中国移动集团总部、广东移动省公司等已将 SIMpass 用于大楼门禁、内部食堂、小卖部等,员工充分体验这项技术带来的便利。泰国移动运营商 TrueGroup 已签订 10 万张双界面 SIM 卡合同,用于麦当劳、影院的消费。

2) 手机银行

手机银行是网上银行的延伸,也是继网上银行、电话银行之后又一种方便银行用户的金融业务服务方式,有贴身"电子钱包"之称。它一方面延长了银行的服务时间,扩大了银行服务范围;另一方面无形地增加了许多银行经营业务网点,真正实现 24 小时全天候服务,大力拓展了银行的中间业务。

目前国内开通手机银行业务的银行有招商银行、中国银行、建设银行、交通银行、广东发展银行、深圳发展银行、中信银行、中国农业银行等,其业务大致可分为 3 类:①缴费业务,包括账户查询、余额查询、账户的明细、转账、银行代收的水电费、电话费等;②购物业务,指客户将手机信息与银行系统绑定后,通过手机银行平台购买商品;③理财业务,包括炒股、炒汇等。

同传统银行和网上银行相比,手机银行支付具有更方便、更广泛、更有潜力的特点,网络银行的成功在于它不仅是银行业电子化变革的手段,更是因为它迎合了电子商务的发展要求,而手机银行这方面还有很大的潜力可以发掘。

手机银行主要采用的实现方式有 STK、SMS、BREW、WAP 等。其中,STK(Sim Tool Kit)方式需要将客户手机 SIM 卡换成存有指定银行业务程序的 STK 卡,缺点是通用性差、换卡成本高;SMS(Short Message Service,短信服务)方式即利用手机短信息办理银行业务,客户容易接入,缺点是复杂业务输入不便、交互性差;BREW(Binary Runtime Environment for Wireless)方式基于 CDMA 网络,并需要安装客户端软件;WAP 方式即通过手机内嵌的 WAP 浏览器访问银行网站,即利用手机上网处理银行业务的在线服务,客户端无须安装软件,只要手机开通 WAP 服务。WAP 方式的手机银行较为方便、实用,成为该领域国际发展趋势。

目前手机银行业务推进的瓶颈主要是技术上和消费习惯上的滞后。前者必将随着手机的更新换代(如智能手机与 3G 手机的普及)、移动网络的建设与优化(手机网速的提升)、手机银行配套设施的设置(如在消费场所大量安装读取手机芯片中银行卡信息的设备)和手机银行自身技术的完善(便捷性、安全性与个性化进一步提高)得到解决,而后者将随着技术上的突破及手机银行优势的显现逐渐发生改变。

企业手机银行前景广阔,据艾瑞咨询发布的《中国企业手机银行发展前景分析报告》显示,2010 年有 65%的企业客户希望通过手机银行来处理财务。目前中国的企业手机银行还处在起步阶段,虽市场需求旺盛,但仅有极少数银行推出企业手机银行产品。企业用户使用手机银行最主要的阻碍因素有两个：一是安全性，毕竟对于企业用户而言，关系到整个企业的机密财务信息和账户资金安全，如果安全性没有保障，将直接导致企业陷入危机，危及整个企业的经营和发展；二是易用性，如果手机银行使用不方便，将极大降低用户使用的积极性。以招商银行为例，其企业手机银行涵盖全时账户管理、移动支付结算、移动投融资、全时电子商务和贴身金融助理五大业务板块，其功能见表7-2，能够实现企业支付、内部转账、代发代扣、自助贷款、外汇买卖、商务卡和黄金交易等20余项业务的移动化处理和实时查询。

表 7-2　招商银行企业手机银行五大功能

主要功能	具体业务
全时账户管理	账务查询、交易查询、历史余额查询
移动支付结算	支付业务、内部转账、集团支付、代发代扣、代理清算、国际申请、银行转账、银证转账
移动投融资	自助贷款、信用管理、公司理财、外汇买卖、定活互转、基金买卖、委托贷款、黄金交易
全时电子商务	商务支付、银关通、商务卡
贴身金融助理	业务通知、银行通知

3. 移动保险

1) 移动互联网给保险业带来机遇

巨大的移动互联网用户群预示着一个巨大的市场，这对于与广大消费者密切相关的保险业来说，充分发挥移动互联的优势将是拓展销售渠道、改善售后服务、维系客户群体的绝好机遇。

目前各大保险公司都在借助移动互联网爆发式增长的势头推出保险移动信息解决方案，主要是通过手机终端实现保险业务流程提醒、险种推荐及客户情感沟通等事项，如保单生效通知，以短信通知保单号、保险期限、客户经理姓名及联系方式；根据客户投保记录分析其保险偏好，用短信向客户推荐有针对性的新险种及查询方式；通过客户管理系统，向客户发送生日和节日祝福；通过系统自动向会员客户发送升级提醒短信，以便其享受更多、更好的服务；保单到期及续保提醒短信，并介绍有关续保的优惠活动；发送短信告知理赔结果和进程。

移动互联网与保险公司OA和业务系统等结合，还大大提高了保险公司的办公效率。目前许多保险公司都可以基于移动终端，利用移动互联网，让公司业务人员通过手机随时随地便捷地开展移动展业、承保、理赔等服务。公司业务人员在外处理业务时，借助移动终端可及时了解公司动态信息，现场针对客户需求完成各种业务流程和资讯查询等事宜。

移动互联网不仅提升了保险客户体验，更重要的是其创造的全新保险运营模式大大地降低了经营成本，为更优惠的保险服务开拓了空间。有调查数据显示，互联网销售保险的成本仅是代理人销售保险成本的1/15，是电话销售成本的1/2；其服务成本仅是代理人服务成本的1/42，是电话销售服务成本的1/17。显而易见，通过移动互联网推动保险业务发展，是一个多赢的发展保险业务的路径，对保险公司来讲，降低了开拓市场和提升服务的空间，同时带来了利润空间;对保险客户来讲,则有了更便利的投保渠道、更主动的保险产品选择、更贴身的保险服务。

移动互联网正给保险业寻求客户、定制险种、贴身服务等带来了巨大便利,保险公司与客户的距离越来越近,移动智能终端将保险服务与保险消费通过互联网绑定在一起,特别是目前保险公司集团化的发展趋势,让其通过财险、寿险、意外险、健康医疗、养老、理财、投资、银行、信用卡、救援等所涉及的业务,让保险公司第一时间获得大量客户资料,并利用智能分析系统把握客户保险体验及保险偏好,在提供客户维护的同时为客户定制新业务,从而扩大市场竞争力。

移动保险服务也面临一些困难:保险客户通过互联网享受移动保险服务的习惯还有待培育,不少客户还有顾虑,既担心自己互联网应用的能力,又担心网上支付的安全;适合网上销售的保险产品还不够丰富,如何让消费者在移动互联网上享受保险全流程服务,还需要保险企业制定新的解决方案;移动互联网保险服务是新生的保险经营模式,在这方面保险监管和相关法律还有待跟进。

2) 移动保险业务系统模型

移动保险系统主要包括两大部分:保险企业应用服务器和用户手机客户端软件。

图 7.2 中,手机客户端集成无线网络运营商数字证书应用,通过 Internet 接入(也可通过 APN 专线方式接入),实现个人身份认证、无线通道加密、核心流程签名等功能。

手机适配服务器通过应用集成接口与保险企业现有业务系统整合,实现信息系统应用向移动终端的延伸,完成用户管理、日志管理、客户端管理、数字证书管理、保险业务管理等工作。

企业内网应用服务器和数据库服务器主要包括 OA、邮件、CRM 等办公系统,需要与手机适配服务器进行对接,实现移动化应用。

移动保险业务系统可实现以下功能。

(1) 产品信息查询:远程查询最新的保险产品信息。
(2) 保单信息查询:远程查询已受理的保单信息。
(3) 移动保险行销:远程把保险产品卖给消费者,完成业务受理流程。
(4) 现场理赔:现场核实情况后,直接进行理赔的相关流程。
(5) 业务代表自助服务:业务代表登录系统进行查询和修改等操作。
(6) 团队管理:远程进行个险、团险、银保、保费、财务、营运和行政人事的管理。
(7) 客户随身服务:客户登录系统进行咨询和查询等操作。

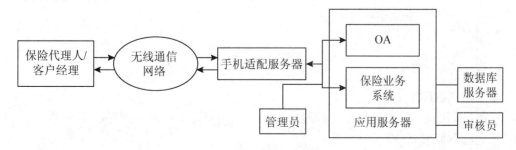

图 7.2 移动保险业务模型

4. 移动证券

移动证券是基于移动通信网的数据传输功能实现用手机进行信息查询和炒股，让一个普通手机成为综合性的处理终端。只要手机在无线网络覆盖的范围内，就能查看行情、做交易，相比电话委托的"堵单"和网上的"线路连接不上"，手机在下单速度和线路通畅的可靠性上更胜一筹。所以，目前除了柜台、电话委托和网上这3种方式外，最受股民欢迎的方式就是最快捷、最方便的手机了。炒股手机分为以下两大类：一类是软件扩展型的，即可以装置专门的炒股软件的手机，这其中又分为智能手机和Java手机两大类。另一类是无法装置第三方软件的手机，它们也有无线炒股的办法，那就是WAP炒股。WAP炒股无须下载软件，只要用手机登录专门的WAP网站，就可以进行行情查看、买入卖出等交易了。不过，这种方式的安全性、方便性稍微要差一点。

移动证券的使用分为收费和免费两种方式。免费的移动证券包括：①WAP股票网站，若使用WAP的手机，无须下载软件，只需打开手机的浏览器，在URL或书签(与手机有关)输入证券公司网址(流量费由与证券公司合作的移动运营商收取)。②免费下载移动证券，免费安装使用所注册证券公司的移动客户端软件，完成注册后即可使用。

收费的移动证券包括中国移动的"手机证券"，是中国移动、北京掌上网科技有限公司、各券商三方合作推出的手机炒股业务。为中国移动用户提供实时证券行情、资讯咨询、在线交易等证券相关服务的业务。"移动证券"的技术支持由于是第三方SP提供，客户除了要支付上网流量费，还需要支付行情、交易服务费用。

中国联通用户可以使用"掌上股市"业务，用户进入"互动视界"，选择"掌上股市交易版"，然后可以看到该栏目下的所有带交易功能的软件。在掌上股市交易版中口碑较好的是"钻石版"软件，该软件在2007年曾经创下5个月内用户数翻五倍的佳绩。目前"钻石版"所支持的机型已经达到149款，覆盖市面上几乎所有的主流机型。股民使用"钻石版"软件可以随时随地上网，实现股票的实时买卖交易、查询大盘和个股的走势、行情、K线图等。

中国电信用户可以使用"手机炒股"业务，有多款手机炒股软件，主要分为三大类，第一类是"鑫财通"系列；第二类是"同花顺"系列；第三类是"券商交易"系列。由于网络制式的原因，现在中国电信的手机用户只能通过手机下载使用手机炒股软件，不能通过互联网直接下载网上流传的软件。这是因为互联网上能够直接下载的软件大部分都是Java版本的，而绝大多数的中国电信CDMA手机不支持Java软件。而且中国电信目前所有的手机炒股软件没有全免费的。

使用移动证券需注意以下问题。

(1) 手机使用安全。在手机上一般都会保留客户交易后的账号，虽然手机属于私人用品，但登录后不及时退出，如果手机放置不当，仍会给用户带来隐患。

(2) 要防范手机病毒。

(3) 手机流量。一般使用手机炒股软件，建议都申请一个流量套餐，未选用套餐的移动或联通会以0.01元/Kb收费。

(4) 手机软件自选股不宜太多，一是增加大量流量，二是使刷新变慢。不看手机行情时，建议退出手机软件。WinCE 平台手机软件都有最小化功能，此时最小化仍会有流量产生，并不会停止。

7.1.3 移动商务与娱乐业

移动娱乐包括移动音乐、移动游戏、移动阅读、移动视频和移动社区 5 种主要应用。

1. 移动娱乐的新载体

1) 智能手机

智能手机，具有独立的操作系统，可以由用户自行安装软件、游戏等第三方服务商提供的程序，通过此类程序来不断对手机的功能进行扩充，并可以通过移动通信网络实现无线网络接入。

智能手机除了具备手机的通话功能外，还具备了便携式计算机的大部分功能，特别是个人信息管理及基于无线数据通信的浏览器、GPS 和电子邮件等功能。

作为便于携带且可进行移动互联网接入的智能手机，将朝着电视、计算机、手机屏幕"三屏合一"的方向转变，成为融合的一个突破口。"三屏合一"可以理解成三重播放的升级，从终端体验来讲，"三屏合一"更多的是强调业务的移动性和便携性。同时相对三重播放，"三屏合一"最初是将手机业务与互联网业务相结合，实现比较简单，易操作、灵活，业务下载速度快。

2) UNIGAME 手机

UNIGAME 是一款革命性手机，它包含手机及专门开发的游戏软件。UNIGAME 游戏的操控非常人性化，并经过科学的开发和严格的测试，性能稳定。

UNIGAME 手机内置陀螺仪芯片和加速度传感器芯片。手机移动时，手机 CPU 捕捉到传感器传来的信号，判断手机移动的方向、加速度、角度，并把这些信息通过蓝牙传给计算机，转化为对游戏角色的控制。

球类游戏是一个球拍，击剑游戏就是一把长剑，钓鱼游戏是一根鱼竿……普通手机只能在手机上玩游戏，UNIGAME 手机则不但在手机上玩游戏，而且还能在可连计算机的显示设备上体验 3D 游戏。

2. 移动娱乐的主要应用

1) 移动音乐

移动音乐，主要是应用在手机客户端的音乐应用，具体表现形式为彩铃、铃声、歌曲下载、在线收听 4 种主要应用。其中，彩铃因为其只有付费才能使用的特性而成为最主要的应用。

在我国，音乐是最为常见的一种大众娱乐方式，并且实现了与移动网络的成功链接，发展成较为成熟的盈利模式，现阶段也已占据了移动娱乐市场 90%以上的份额，为各主流应用中最大。但是，受 3G 网络商用和用户需求双重因素的驱动，目前的商业模式已经落后，仅仅一种彩铃服务肯定不足以满足用户日益增长的要求和维持产业的长期可持续发展，未来必定会催生围绕音乐产业消费的新型服务模式。

2) 移动游戏

由于移动游戏市场的高增长性和巨大的市场空间，参与者也逐渐多元化，除了手机游戏厂商外，中国移动、中国电信陆续通过游戏基地全面切入。此外，传统影视行业厂商、互联网游戏厂商等也均加速在手机游戏领域布局。这种多元主体参与的竞争，为移动游戏行业带来新的发展动力，同时，强力竞争者的加入将整合产业资源，利于产业的良性可持续发展。

2012年3月29日《中国2011年度移动游戏产业报告》正式发布。报告由中国移动通信联合会新媒体产业工作委员会执行理事长王鸿翼主编，联合数家企业单位，包括电信运营商、手机终端厂商、移动游戏开发商、移动游戏平台等产业链相关企业，共同编撰完成。其中用户调研数据分析部分由当乐网提供，经过在线发起为期两个月的调研活动，大量用户数据调研分析，最终收集有效问卷共计32 289份。本次调研报告针对移动游戏产业的概况、产业链构成及其分析、移动游戏用户行为分析及移动游戏产业的现在与未来4个章节，对移动游戏产业进行全方位的分析。报告显示：智能移动平台女性用户占比最高达36%；移动游戏用户分布华南地区首次超越华东地区；传统GPRS上网方式仍是用户的主要选择；IOS移动游戏用户月度流量使用需求最大；流量资费问题仍是制约移动游戏行业发展的较大因素；各移动终端平台游戏用户对游戏类型偏好存在明显差异；iOS(苹果)与Android单机游戏用户下载游戏数量最大；Android单机游戏用户付费意愿最低；Java、Android单机游戏用户较偏好于免费游戏；Java、Android单机游戏用户付费额度在5元以下所占比例高；内嵌广告、游戏免费模式及一次性下载收费的模式最受用户欢迎；移动游戏用户对游戏内嵌广告的认可度偏低；流量费用问题是流失移动网络游戏用户的重要原因；移动网络游戏用户月付费额度集中在50元以内；短信代扣与手机充值卡仍是移动网络游戏用户最为重要的支付方式。

3) 移动阅读

移动阅读指人们运用手中的手机、MP4、PSP等数码产品，在地铁或公交车里边走边读的现象。

易观国际发布的《中国手机阅读市场用户调研报告2010》称，手机阅读已经成为移动互联网用户使用频率较高的应用之一，每天阅读一次及以上的用户占比达45%。

2009年，中国移动介入手机阅读市场带动中国移动阅读市场的快速发展，电子阅读器瞬间成为数码市场的香饽饽，有近百家企业公司号称要进入这个市场。除原有的汉王、津科等老牌电子阅读器厂商外，联想、华硕、华旗、爱国者、长城、方正、惠普、戴尔、华为、长虹等IT厂商，盛大文学、龙源期刊网等内容服务提供商目前也纷纷涉足电子阅读器市场。

2010年3月中旬，华友世纪被披露正在通过猎头等方式布局手机阅读市场，以此谋求除数字音乐和无线增值之外的另一盈利点。

2011年，传统纸媒开始大量进军移动阅读市场，战领苹果iPhone、iPad和Android手机移动阅读终端。其中以京华时报为代表，京华时报2011年6月入选苹果员工最爱第一名，是前十名应用中唯一的纸媒应用，移动终端读报拉开序幕。

电子书产业若不与运营商合作就如同MP3、MP4这样的硬件厂家，产业发展规模不会太大。而电子书若与运营商合作，用户不仅可以在网上下载图书，而且还可以实现一切的上网通信功能。在手机阅读非常发达的日本，就有一条比较合理的产业链。移动运营商所占的收入只占手机阅读收入的9%，而内容和技术商获得大部分收入。运营商开展手机阅读需"用户、内容"双管齐下，而后可以相辅相成，形成在产业链中更大的掌控权，并主导建立公平开放、利益分配合理的产业链，从而更加强有力地推动移动阅读市场的发展。

移动阅读市场竞争激烈。电子阅读器终端厂商和传统出版社等内容提供商，各自推出自己产品，加入竞争。电信运营商也开始在移动阅读上发力。中国移动继2009年斥巨资建立手机阅读基地，支撑自己手机阅读业务的开展后，2010年手机阅读正式全网商用。中国电信也投资建立手机阅读基地，进军手机阅读市场。中国联通手机阅读业务也正式推向市场。三大运营商进军手机阅读市场，加大了移动阅读市场的竞争程度。由于电信运营商庞大的用户群，成熟的手机应用与服务经验，对于客户需求的敏锐觉察，使得其迅速在目前的产业链中占据主导地位。这对于整合产业链上下游的资源，促进产业的良性发展有着重要作用。但是，优质内容资源的缺乏及手机用户对于手机阅读消费习惯的培养，仍然是制约移动阅读产业发展的两大关键因素。

4) 移动视频

移动视频(统称)包括移动视频与移动电视两大部分，移动视频的欣赏通过移动终端来实现，主要是手机。手机视频业务是3G时代移动业务应用的重点之一。3G技术上的逐渐成熟，使得以往用户所反映的播放延迟、图像质量差等问题有了较大改进。用户消费体验的舒适性增强，技术上的成熟与终端上的大规模推广，加上运营商有力的营销措施，3G用户将迎来一个较大程度的增长，移动视频的市场空间将得到极大拓展，可视电话、手机电视，将成为个人用户市场上视频类业务的主要应用。无论是电信运营商、传统互联网视频网站还是电视台等内容提供商都对手机视频给予了极大的关注。土豆、优酷等国内主流视频网站纷纷开始进军手机3G视频领域，而电信运营商则更是纷纷发力，成立了专门的运营中心或是基地，培育手机视频业务。移动视频用户增长迅速。各大卫视也纷纷推出自己的手机电视业务。

5) 移动社区

移动社区指使用移动终端登录SNS网站的应用，既包括单独针对移动终端开发的SNS网站，也包括传统互联网的SNS网站在移动终端上的使用拓展。

信息时代，交流成为人们的一种渴望。于是网络社区应运而生。随着移动互联网的出现，网络社区被自然而然地移植到了移动网络上，并且成为人们关注的一个热点，因为它满足了人们对交流方式更方便更具即时性的要求。

目前中国移动SNS市场正处于市场预期快速增长阶段，用户数快速增长，计世资讯(CCW Research)数据显示，2009年中国移动SNS市场活跃用户规模约3 500万，比2008年增长34.6%。移动SNS开始受到各种产业力量关注，各大运营商、互联网和手机巨头已开始发力移动SNS市场。诺基亚、摩托罗拉等手机巨头已先后同人人网展开合作，曲线杀入移动SNS市场。各种创新专注于手机服务的交友应用和工具相应而生。但普遍存在盈利模式同质化、服务内容同质化，用户拓展不力等问题。

未来，移动 SNS 产业应该在加强信用认证服务，突出差异化优势，加强与外部资源的合作，完善多终端平台应用等方面加大力度。

7.1.4 移动商务与旅游业

世界旅游理事会(World Travel and Tourism Council，WTTC)在其报告《未来旅游业发展：营造客户中心体系》中指出："未来的旅游应向增强与客户的双向交流、改善信息服务、通过个性化服务增加附加值的方向发展。移动电子商务将在旅游信息业务中发挥作用。"

1. 移动互联网在旅游业的创新应用

移动互联网在旅游业蕴藏着巨大的发展机会，各个细分领域的应用模式和技术应用也在不断推陈出新。下文将围绕旅游的全过程(行程计划、预订、服务、用户互动和分享等方面)，介绍旅游业相关的创新应用。

1) 行程计划

作为整个旅行前期阶段，旅行信息的研究和行程的计划对于旅行者的最终购买决策起着决定性的作用。但浩如烟海的旅行信息、攻略、指南经常让旅行者不知所措，无从下手。正如 Google 旅游经理 Tom Mulders 所说，许多旅游网站对这个重要阶段关注甚少，旅行者常常为如何安排好行程而头疼。这从侧面说明了行程计划应用的市场空间之大，因为移动互联网能够让旅行者随时随地上传和分享旅程信息，所以手机行程计划应用更备受看好。

手机行程计划的应用范围大至机票和酒店查询，小至景点门票的价格，旅行者都可以通过各类手机应用，提前了解和规划行程。例如，傲天汇金旗下的航班管家都推出了手机查询机票价格趋势图功能。航班管家还在 Android 平台上推出了机舱座位参考图，使得用户预订前就可以了解到各个座位位置和舒适程度。

作为信奉"Location，location，还是 Location"这一金科玉律的酒店业，基于位置的移动应用可以说派上了大用场。国内的各类手机应用中，酒店管家、酒店达人等新型应用由于设计简约、操作方便、用户体验好，从而受到了用户的青睐，并在苹果的 Apps Store 旅游应用程序下载排行中名列前茅。例如，酒店管家就与国内多家经济型酒店(如家、7 天、汉庭)建立了系统直连，旅客进行定位查询后，地图将呈现周边酒店名称、位置、价格，同时以不同颜色标注房态，用户可以选择通话直接通过酒店集团预订。

2) 预订

用手机进行旅游产品的预订，虽然对于大多数旅行者来说还是新鲜事。但对于旅游企业来说，向在旅途中的旅行者通过手机销售旅游产品，可以说充满了巨大的想象力。

航空公司在手机应用领域一直是走在前面。除了早期的手机办理登机手续和手机登机牌外，国航、东航、南航、海航、深航、山航等航空公司及携程、艺龙等在过去两年内纷纷推出了手机预订服务。国外领先的航空公司，如亚洲航空，已经将手机作为一个重要的预订渠道来发展。

酒店预订领域的潜力同样不容小视，无论是国外连锁星级酒店，如喜达屋、洲际酒店、雅高，还是国内经济型连锁酒店，如如家、7 天酒店都推出手机预订房服务。洲际酒店在此方面更是取得了不俗的业绩，2011年上半年移动设备产生的间夜预订量同比增长约10倍，移动预订量月收入突破千万美元。

3) 服务

用户在旅途中的过程自然是手机应用大展拳脚的领域。纵观目前移动旅行服务，主要分为五大类——信息类、礼宾类、目的地导航、周边服务、娱乐类。在信息类方面，以航空业为例，航班管家提供航站楼与登机口导航、天气预报等帮助信息。在酒店业方面，国内外连锁酒店基本都提供了酒店和周边信息、用户注册和信息管理服务。对于礼宾这一项传统服务，洲际酒店更进行了创新改进——利用iPad 2为即将入住的客人提供服务。

目的地导航由于与移动应用密不可分，在移动互联网上的发展日益受到关注。例如，Touch-China、朋游风景网等发布的旅游导航软件，提供实时位置显示、景点图标和旅游路线，Touch-China同时为某些景点配有语音导游。随着休闲自助游的兴起，对这类目的地导航应用的需求也会随之增长。

4) 互动分享

随着社交媒体和移动互联网的结合，旅行者在旅程前、旅行中、旅行后都可以利用移动设备进行互动和分享。在旅行前阶段，旅客可以在随我游等旅游社交网站，互相交流行程计划，共同组织、发起旅游活动等。

2. 旅游移动商务的营销模式

过去传统互联网为旅游业赋予了生存的空间，成为了旅游行业盈利的基础。我们熟知的旅游网站携程和e龙，以及后来者芒果网，依托互联网高效和便捷的特点，通过与酒店和航空公司的紧密合作，以网站平台和呼叫中心为工具，为旅行者以酒店和机票预定为主的服务模式，为旅游业带来了一次快速发展。

1) 手机行业门户

金融危机下的旅游行业局势不容乐观，出现了上游资源供应商酒店航空公司、中游运营服务商旅行社和下游分销渠道旅客之间的产业链的断裂。旅游业继续依靠酒店和机票的预订、餐饮的打折优惠这一传统营销模式将很难支撑其发展。这就需要旅游行业不断提升"内功"——加强行业自身竞争力建设探索新的运营模式。手机行业门户恰恰正为时下旅游业突破传统营销模式而采取的全新的移动电子商务解决方案。

手机行业门户是由中国互联网新闻中心旗下投资中国、中国电子商务协会手机门户专业委员会、中科聚盟技术研究院共同发起成立的投资中国手机行业门户联合服务中心推出的基于移动互联网平台的"行业市场"，目前已经有中国旅行门户、中国快捷酒店门户、中国宾馆门户、中国机票门户、中国食品门户、中国酒店预订门户、中国票务门户、中国饮食门户、中国酒店用品门户、山东旅游门户、中国餐饮门户、青岛餐饮娱乐门户、青岛旅游门户、山东酒店门户、四川旅游门户等近40多家旅游企业建立了自己的"手机行业门户"，并通过这一新的商业模式实现了盈利。

2) 用友移动商街

移动商街(hapigo.cn)是由用友移动商务公司开发的我国首个移动电子商务平台，目前已经汇聚了一大批旅行社、酒店、餐饮、百货等旅游服务企业，这些企业利用手机平台，开设移动店铺,向顾客推荐产品和服务,发放优惠券、开展移动营销,还可以进行会员管理、在线预订、交易支付,使消费者出行更便利。

目前已经有不少游客,从景点选择,机票、酒店预订,到接受旅游服务、餐饮、购物、交易支付,旅游全程都通过手机上网来辅助完成。越来越多的商家、游客汇聚在手机平台上,一个"旅游商圈"逐渐形成。

7.1.5 移动商务与医疗卫生服务

1. 移动医疗的含义、范围

国际医疗卫生会员组织(Healthcare Information and Management System Society,HIMSS)给出的定义为,mHealth,就是通过使用移动通信技术(如 PDA、移动电话和卫星通信)提供医疗服务和信息。它为发展中国家的医疗卫生服务提供了一种有效方法,在医疗人力资源短缺的情况下,通过移动医疗可解决发展中国家的医疗问题。

移动医疗的范围非常宽,并且各种应用都还在持续不断地发展。目前,发展中国家在 mHealth 领域的关键应用主要有教育与通知、远程数据采集、远程监控、针对医疗工作者的交流与培训、疾病与流行病传播跟踪及诊断与治疗支持。

1) 教育与通知

作为低成本的通信方法,SMS 已经成为一种为各种医疗问题提供可达服务的有效方法。SMS 消息直接发送到用户手机上,提供测试与治疗方法、医疗服务和疾病管理等方面的信息。不管是正式的研究还是人们的使用感受,都认为 SMS 比起收音机和电视具有更好的作用。

SMS 同时还具有不引人注意的特点,这对保护病人隐私具有很好的作用。在发展中国家,SMS 对于那些偏远地区,缺乏医院、缺少医疗工作者、对医疗相关信息了解较少的人而言,尤其有效。另外,SMS 不仅可以作为单向的通知工具,而且还能够成为双向的交流工具。

2) 远程数据采集

各级政府与医疗机构都需要准确的数据来调整相关政策与措施。在发展中国家,采集信息更加重要,因为其中很多人都很少去医院,即使是身患严重的疾病。在病人生活的地方进行数据采集是很有必要的,并且应该保持这些信息及时更新。通过智能手机、PDA 或者移动电话,而不是手动填写和录入的纸面调查,可以让数据采集工作更加有效和可靠。

3) 远程监控

对病人实行远程监控是最适合与移动通信技术相结合的应用之一,这使得在发展中国家普遍存在的,由于医疗资源匮乏导致的不住院治疗有了更好的保证。这种应用可以是单向的,也可以是双向的,用于监控医疗条件、维护医疗服务预约、保证药物持续调整等。有的还包括对住院病人和非住院病人传感器数据的远程监控。

4) 针对医疗工作者的交流与培训

缺少医疗工作者是发展中国家在医疗卫生领域所面临的最主要问题。培训新的从业人员及加强现有工作者的能力,以便提升工作质量是至关重要的。医疗工作者通过移动通信技术访问各种信息资源，是强化其工作能力的一种有效方法。同时，这也是加强不同医疗机构间交流以便提供更有效医疗服务的紧迫要求。

5) 疾病与流行病传播跟踪

传染病通常是在小范围内爆发，但如果不能及时发现，则可能会发展为流行病，如从霍乱到结核病、从非典型性肺炎到甲型流感。随着移动设备的普及，这样的疾病信息能够快速得以反馈，这对预防和控制传染病的传播至关重要。目前，很多发展中国家已经建立了基于移动通信技术的疾病报告机制，这比之前使用的手写、卫星和无线电通信要有效和及时得多，并且能够提升报告数据的质量和可靠性，降低运行成本。

6) 诊断与治疗支持

诊断与治疗支持对于医疗极其重要，因为误诊或者无法确诊可能会导致严重，甚至是致命的后果。mHealth 在这一领域的应用主要是，让远程的医疗工作者通过无线网络访问医疗信息数据库或者与其他医疗工作者沟通，获取有效的诊断和治疗建议。有了基于 mHealth 的诊断和治疗支持，病人能够在本地接受高质量的治疗。这一应用通常要求医疗工作者的手机安装特别的工具。例如，安装内置的软件，以便引导其一步步地进行诊断。一旦这些数据进入了系统，异地的医疗工作者就可以进行疾病诊断，并进行治疗指导。

2. 移动医疗的中国机遇

1) 传统医疗行业正面临着日益增大的压力

在发达国家，医疗支出在政府财政中的负担日益加重，而由于医疗资源短缺、不平衡，公众"看病难、看病贵"已经成为困扰发展中国家的顽疾。据统计，目前中国 60 岁以上老年人有 1.8 亿，占总人口比例为 12.5%，已进入老龄化社会，且处于老龄社会边缘。实现医疗行业的可持续发展，已成为全球医疗行业共同关注的话题。

2) 移动电话的普及，为使用移动技术支持医疗服务提供了关键的基础

有数据显示，在美国有 72%的医生使用智能手机。有超过 10 000 个移动医疗软件，其中有 6 000 个在 iTunes 上。如果 20%以上的医生拥有 iPad，移动医疗保健市场将在 2012—2014 年增长 22%左右。咨询公司 Parks Associates 的数据显示，仅美国市场，与无线配件、应用等相关的移动医疗市场规模在 2011 年有望翻一番，达到 13 亿美元。

3) 移动医疗能实现经济利益和社会利益

卫生部信息办副主任高燕婕表示，未来智能医疗可实现监护工作无线化，并大幅体现医疗资源高度共享，降低公众医疗成本。依托现代信息化技术的医疗改革，对于政府来说，可提升社会人口素质、加强公众服务能力，减少"未富先老"带来的压力；对于公众来说，可以获得更廉价、更便捷的基础医疗，享受到更完善的医疗保健服务；对于医院来说，可以缓解"医患矛盾"，减轻门诊压力；对于信息产业来说，可以拓宽应用范围，更好地服务社会，实现可持续发展。

4) 有关网站和企业开始尝试移动医疗

"好大夫"医疗网站已经推出了 iPhone 客户端，供用户免费下载和使用。该网站目前已经有全国 3 100 多家正规医院、26 万余位大夫，通过手机可以检索到包括所有常见疾病

及全国各地医院、大夫的相关信息，患者可浏览检索到当地医院介绍、科室介绍等相关信息，也能查询到大夫的简历、出诊时间等，甚至可以查看患者对该医生的打分评价。

电信企业也开始着手在"移动医疗"领域的布局。贵州省与中移动共建的新型农村合作医疗信息管理系统，使全省 1 000 万农民真正实现"家门口就可以刷卡看病"的愿望；在广东，手机客户在 12580 预约挂号时，可用手机支付挂号费，在收到二维码后，到医院自助终端刷码打印挂号凭证即可就诊；在天津、江苏等地，当地医院与移动共建的"医患通"平台，整合了呼叫中心、视频探视、移动诊室等多种功能。

5) 移动医疗成为我国医疗信息化投资重点

2011 年是三年新医改的最后一年，可以说是新医改的收官之年。这一年，医疗信息化发展迅速，IT 技术正在逐步成为促进整个医疗行业向前发展的有力助推器。2012 年医卫行业信息化三大投资重点：区域医疗、远程会诊、移动医疗。

区域卫生信息平台建设将建立基于健康档案的省辖市级和县(市)级区域卫生信息平台，是国家卫生信息化发展总体规划所确定的三级平台建设总体框架中的核心和枢纽；是实现区域内医疗卫生资源整合利用、信息系统互联互通的重要基础；是为城乡居民建立规范化电子健康档案，提供系统性、连续性、全过程健康管理，使城乡居民获得便捷的医疗和公共卫生服务及医保费用及时结报的重要手段。

2012 年在"政府引导，市场推动，企业主体，联盟推广，行业突破，区域展开"的方针指引下，远程会诊中心平台也已启动，以政府、电信运营商、软件商、医疗机构共同承建的、以省级、地市为中心的远程会诊综合服务大平台，在不远的将来会出现在互联网上。

目前移动医疗已在一部分医院进行试点应用，且院方对应用效果反应良好。移动医疗将成为数字化医院的突破点，未来智能医疗可实现监护工作无线化，并大幅实现医疗资源高度共享，降低公众医疗成本。

7.2 移动政务

7.2.1 移动政务的内涵

移动政务(Mobile Government，mGov)，又称移动电子政务，主要指移动技术在政府工作中的应用，政府工作人员利用手机、PDA 或笔记本式计算机等移动终端设备通过无线网实现为观众服务或移动办公的目的。它是传统电子政务和移动通信平台相结合的产物，是移动技术在政府公共管理工作中的应用。

首先，移动政务是实践"以人为本"思想，创建和谐的信息化社会的重要创新。在实体政务中，公众需要到政府部门所在地才能获取相关信息；在传统电子政务中，公众也必须借助计算机登录到各个部门的网站才能浏览相关业务信息，即便是在一站式网站，也仍然摆脱不了物理网络的限制。例如，公众想了解交通违章信息，可以登录交通管理部门的网站，输入账号密码后浏览相关内容。这种传统的电子政务模式与实体模式一样，在一定程度上是一种被动型的服务模式，即公共部门在公众通过物理介质提出信息需求后才能提供相应的服务。但问题是，一方面，公众必须要在特殊的物理环境下才能获取信息；另一方面，公众没有也无必要养成每日登录政府网站的习惯。因此，所谓政务信息的公开和公共服务的网络化往往成为一厢情愿的美好愿景；而在移动政务中，我们更提倡政府信息和服务的主动推送。政府可以利用移动技术，将信息推送到公众的移动终端上，使得公众无须前往部门驻地或是有线网络终端就可以在第一时间了解到具有公共性质的或者是事先公布的最新信息。显然，这种主动型的服务模式与被动型模式相比，具有更为突出的人本精神。

其次，移动政务是政府管理方法的重要突破，是电子政务的深入发展。传统电子政务主要关注内部业务的协调(办公自动化)与对外服务的综合(一站式的门户网站)。虽然可以利用数据库和 Web Server 将内外业务紧密地结合起来，但却由于受到物理有线网络的限制，很难做到现场办公的随机应变。用户必须在固定的计算机上与政府部门产生交互。但是随着社会经济的发展，社会事务的复杂性日益增强，传统集权式的管理方式已不能适应新形势的需要，电子政务提倡分权化的、现场型的管理模式。正确的决策依赖完备的信息，但是由于受到物理网络的限制，现场管理者事实上很难做到当场决策，仍然沿袭着传统的纵向信息获取和处理机制。显然，移动政务将促成这样的转变，它将使得无论是决策者、管理者还是普通用户，能够在移动与变化中实现相关的业务或服务。如果说建立在固定网络上的电子政务是一种静态模式，那么移动政务则充分体现出了它的动态性。

在电子政务的发展历程中，如果说"一站式"门户平台是对"政府上网"的一次超越，那么移动政务将是电子政务发展中的第二次超越。这次超越将在传统电子政务基础上实现更为广阔的业务空间与更为灵活的管理模式。

7.2.2 移动政务的分类

同传统电子政务类似，移动政务也可以用于政府部门对政府部门(Government to Government，G2G)、政府对政府雇员(Government to Employee，G2E)、政府对企业(G2B)以及政府对公民(G2C)。这一分类同传统意义电子政务没有差别。

移动政务主要提供 3 类服务：①基于消息的服务，其典型代表是短信；②基于移动互联网的服务，将 GPRS、CDMA 和 3G 数据传输技术等应用于电子政务领域；③基于位置的服务，利用移动通信网络获得特定物体的地理位置，从而为其提供相应的服务。

1. 消息服务

短信息(包括彩信)是主要的应用方式。在 G2G 事务中，政府部门内的通知可以通过手机短信下发，比面对面和电话通知更省时省力，对于为非工作时间紧急会议和开会通知不涉及到全体人员的事务，短信通知优势明显。在 G2B 事务中，企业证照办理通知和税务缴纳通知也可通过短信而有针对性地下发，甚至可以在政府采购招标计划中对一些企业发送通知。这样不仅解决不方便上网企业信息不通畅问题，并在一定程度上提高政府采购的透明度和公平性。

在 G2C 事务中，短信预警(台风预警、地质灾害预警等)已在多个城市广泛应用)、短信公告(如广东气象局短信辟谣"湛江暴雨将引发大地震")、短信预约挂号就医(东莞已经试点短信挂号业务)已初显移动政务的优势。此外，以彩信方式发放的手机报发展速度快，潜力大。"十七大"手机报 6 期发行 1.5 亿份，收到 8 万多条读者的留言回复，是手机媒体影响力的一个最好证明。在 G2E 事务中，公务员的个人日常办公常常需要处理大批文件，而在这方面由于手机短信容量的局限性，G2E 业务受到局限。

2. 联网服务

在移动政务的互联网服务中，GPRS、CDMA 和 WAP 是主要应用技术。在 G2B 和 G2C 事务中，政府将 GPRS 远程监控应用于城市管理(北京、上海等地的"城管通")和环境保护部门(佛山的"环保通")。应用 GPRS 进行远程数据采集，不需要为监测设备专门改造已有的运行环境，省去建设无线专网的成本。其按流量计费的方式也更为经济，更适合频繁突发的小流量数据传输。同时，GPRS 网络具有覆盖范围广、数据传输快、实时性好、通信质量高、持续在线和费用低等优点，特别是在工作环境恶劣、地理位置偏僻、无人值守场所等领域，GPRS 互联网技术更是体现出传统电子政务所不能有的可及性和低成本性。在 G2E 事务中，政府 WAP 版门户网的开通在一定程度上减小了数字鸿沟。中国手机用户已超过 6.4 亿，政府 WAP 版门户网站的开通让数亿没有条件用计算机上网的人可以通过手机来享有同等的公民信息知情权。

3. 位置服务

用 CDMA 和 GPRS 定位技术或者辅助 GPS 系统在人员追踪和车辆定位上的应用也显示出移动政务的优势。在 G2B 和 G2C 中，广西就曾利用 CDMA 定位技术使海上迷航游客成功获救，江苏省也在运输烟花爆竹车辆上安装 GPS，并利用 GPRS 网络定时上传信息。

从无线数据通信技术在电子政务中的应用深度分析，移动政务可以分为两种：一种是作为传统电子政务的补充，一种是完全以移动通信技术为核心的全新应用。前者，例如，我国香港地区政府网站有针对 WAP 格式的版本，杭州市市民信箱可用短信访问。这些系统，利用移动通信的功能模块是原有系统的一个扩充，是系统多渠道服务方式之一。对于原有系统影响较小，投资少，更容易实现，大部分早期建设的移动政务系统属于这一范畴。后者，其代表包括市政基础设施 GPRS 监控系统、公共汽车距离查询系统，这些系统充分利用了移动通信系统的优势。例如，在海外度假的瑞典人可以给瑞典海关发短信，查看他所享受的免税额度。GSM 网络可以自动鉴别出手机用户所在国家，用户自己不需要通知系统自己身在何处。

7.2.3 移动政务的发展概况

移动政务技术发展经历了 3 代。

第一代移动政务系统以短讯为基础，存在着许多严重的缺陷，其中最严重的问题是实时性较差，查询请求不会立即得到回答。此外，由于短讯信息长度的限制也使得一些查询无法得到一个完整的答案。这些令用户无法忍受的严重问题也导致了一些早期使用基于短讯的移动政务系统的部门纷纷要求升级和改造现有的系统。

第二代移动政务系统采用基于 WAP 技术的方式，手机主要通过浏览器的方式访问 WAP 网页，以实现信息的查询，部分地解决了第一代移动访问技术的问题。第二代的移动访问技术的缺陷主要表现在 WAP 网页访问的交互能力差，因此极大地限制了移动电子政务系统的灵活性和方便性。

第三代移动政务系统融合了 3G 移动技术、智能移动终端、VPN、数据库同步、身份认证及 Web Service 等多种移动通信、信息处理和计算机网络的最新的前沿技术，以专网和无线通信技术为依托，使得系统的安全性和交互能力有了极大的提高，为电子政务人员提供了一种安全、快速的现代化移动执法机制。

7.2.4 移动政务发展展望

尽管目前国际、国内移动政务的发展还只是初露端倪，但这种势头已不可阻挡，技术的推动、公众的需求、两种力量交相辉映，为移动政务发展注入了强大的活力。从未来发展趋势来看，移动政务将会呈现以下几方面的趋势。

1. 将与传统电子政务活动并驾齐驱

移动政务是传统电子政务的一种新的表现形式，也是电子政务发展到一定阶段的产物。在今后很长时间内将与传统电子政务并驾齐驱，协同发展。由于移动政务可以更好地发挥移动通信用户数量多、分布面广的优势，因此，在 G2C 的电子政务发展领域内将会发挥更大的作用。另外，在政府与雇员之间 G2E 等移动办公领域，移动政务的应用将会越来越普遍，特别是移动通信技术的发展，将会使移动式办公变得更加重要，所体现的价值也会越来越明显。

2. 应用项目将更加丰富多彩

从目前国际、国内移动政务发展的现状来看，应用项目缺乏是一个普遍存在的问题，一方面由于带宽、速度、容量方面的限制，使得一些有价值的政府服务还无法通过移动方式获得；另一方面，移动政务还处于发展初期，一些相应的应用系统还没有得到有效开发。在我国，除了已有一些政府部门开通短信应用外，其他应用基本还是空白。移动政务的应用涉及政府的方方面面，它的应用开发是一个渐进过程，随着各方面的发展，移动政务将会走向成熟，相应的应用项目建会变得更加丰富多彩。

3. 政企部门之间的合作将日渐加强

移动政务的大部分业务需要通过政府、公众、移动运营商三者之间的共同参与才能运作，而且包括公众的隐私、重要的专用信息需要在移动通信网络传递，政府和运营商有责任保障公民隐私信息不被泄漏，确保系统的安全、稳定与可靠。

政企合作还包括政府与移动运营之间所开展的合作，如与移动终端设备制造商一起共同开发适合于移动电子政务需要的通信终端，与软件开发商合作共同开发专门的移动电子政务应用系统等。对于政府而言，在法律法规允许的范围内，开放信息资源供 SP(Service Provider 增值服务提供商)使用，可以获得适当的经济回报以更好地推动政府信息化项目。例如，北京开通了机动车违章短信查询系统。司机可以发送特定信息查询自己的违章信息，从而避免逾期不交导致罚款。政府在为司机及时了解违章信息、减少损失的同时，也让 SP

赚到了利润。可以说，移动政务的实施是一个复杂的系统工程，政府需要整合社会资源，才能提高移动政务的业务能力和服务水准。

4. 公众参与面越来越广

从目前国内情况来看，公众对移动政务的了解还很有限，能够参与的项目微乎其微，所以，一方面要加快移动政务应用项目的开发和建设，另一方面，也要通过有效的宣传和推广，鼓励公众关心、支持和参与移动政务活动。从国外的发展经验看，那些与人民群众息息相关、使用性强、操作简便的电子政务项目最受公众的欢迎。所以，在移动政务项目的应用开发中，必须坚持"以民为本，服务优先"原则，为公众提供真正有价值的服务。

7.2.5 我国移动政务的应用

2010年8月，北京市移动电子政务平台正式开通，为北京市政府各部门提供移动办公、移动执法、视频流媒体、移动监控等业务，同时该平台也可以提高办公效率，降低行政成本，加强城市管理，并为市民提供更便捷的公共服务，改善公共服务质量。

广东省连州市电子政务移动办公系统于2010年12月23日正式启用。连州市的移动办公系统是通过优化原有的IT系统和应用模式，为连州市政府量身打造的新型办公系统，该系统形成了多点互动、随时接触、随时传播、随时反馈的新特点，使手机也具备了和计算机一样的办公功能。连州各级部门工作人员通过手机就能查阅公文，真正实现了"无纸化"和"无址化"办公。

在智能监控方面，深圳移动利用GPS、MPS等技术结合GPRS/SMS通信，可以实现对所需位置进行实时监控，对远程设备进行数据采集、自动抄表、数据查询，对水、电、气等用量负荷进行自动预警、设备无人化自动管理等功能，从而有效降低维护成本，提高生产效率。

广州移动为广州市国税局开通12366税务信息服务平台。国税局可以通过此短信平台，向纳税人及时传达各种税务信息与政策，方便纳税人对信息的了解。同时，纳税人也可以通过发送短信的方式，查询自己所办业务的进展情况，实现了手机报税、税务信息查询、报税查询等功能。

7.3 移动商务发展中的问题与策略

7.3.1 移动商务发展中存在的问题

1. 技术方面的问题

(1) 终端设备自身的局限性。移动终端设备相比较传统的PC来说，有着待机时间短、存储空间不够大、屏幕小等劣势，这些使用户在操作中感觉很不方便。例如，搜索在传统网络应用中排名第一，但在手机上网应用中仅排名第三，达到59.5%，这种差异无疑是由于PC较好的呈现效果和手机在输入、展示方面的劣势所造成的差异。

(2) 终端设备网络不统一。我国发放了 3 个 3G 牌照,使得中国联通、中国电信、中国移动之间的用户分割开来,不能自由流动,这也在一定程度上阻碍了移动商务的发展。

(3) 我国 3G 用户数量偏低。2009 年 3G 牌照发放以来,电信运营商们都将重点放在 3G 推广上,3G 用户迅猛增长,但与传统的 2G 用户数量相比,3G 用户仍然偏少。工业和信息化部数据显示,截至 2011 年 6 月底,全国 3G 用户规模达到 8 051 万,在移动用户中的渗透率仅为 9.09%。大多数网民仍然在使用 2G 窄带移动互联网,无法流畅的使用手机视频等高流量手机上网应用。

2. 服务方面的问题

(1) 服务技术有待提高。相比有线网络,无线网络的数据传输速率比较慢,直接导致手机用户上网速度较慢;另一方面,运营商提供的手机上网流量套餐基本都是低于 100MB 的,使用户无法进行高流量业务。

(2) 服务内容单调。目前我国移动电子商务主营业务类型比较贫乏单调,内容大同小异。例如,淘宝等大型电子商务平台都仅仅以提供网上购物和电子支付服务为主。使得移动商务仅仅是将传统电子商务从计算机转移到了手机等移动设备上,缺乏新意,无法吸引用户改变长期形成的习惯,放弃操作便利的 PC,选择移动设备。

(3) 服务收费过高。3G 资费过高也成为限制移动电子商务发展的一大问题。例如,目前中国移动 150MB/月和 500MB/月的无线流量套餐价格分别为 20 元和 50 元,与中国移动 2011 年上半年用户平均 ARPU(ARPU-Average Revenue Per User,即每用户平均收入,目前是衡量电信运营商业务收入的指标)值 70 元相比,无线流量的价格仍然偏高,尤其是对低端用户来说。

3. 安全保障问题

安全问题主要表现在移动通信安全、移动终端安全、手机病毒的威胁和移动运营商的商务平台的安全等。

移动设备特有的威胁就是容易丢失和被窃,移动设备的丢失意味着别人将会看到电话、数字证书等重要数据,拿到无线设备的人就可以进行移动支付、访问内部网络和文件系统。无线信道是一个开放性的信道,给无线用户带来通信自由和灵活性的同时,也带来了诸多不安全因素,如通信内容被窃听、通信双方的身份容易被假冒以及通信内容被篡改等;无线网络中的攻击者不需要寻找攻击目标,攻击目标会漫游到攻击者所在的小区,在终端用户不知情的情况下,信息可能被窃取和篡改。

4. 诚信问题

移动电子商务的诚信问题和传统观的电子商务的诚信问题一样,主要体现在交易的安全性和不可抵赖性方面。

信用体制建立的问题在全球都没有较好的解决方案。西方通过物理上的黑名单系统、交叉认证等机制来保障。而中国又有自己的特点,所以信用是中国移动商务最大的问题。

5. 用户认知与消费习惯问题

用户的意识及消费习惯直接影响着移动电子商务的市场开拓,长期形成的消费习惯和固有的支付方式是这种快捷服务成长过程中必须逾越的一道鸿沟。

6. 移动支付机制问题

目前,移动电子商务的支付手段主要有从话费中直接扣除、手机与银行的支付业务绑定、通过预存费用的方式在移动服务商那里建立专门账户。但是,由于手机支付本身的瓶颈再加上诸多因素的影响,手机支付模式并没有达到尽善尽美的地步,手机支付将会继续困扰移动电子商务的发展。

7. 行业标准和市场机制问题

目前国内移动电子商务产业刚刚起步,没有自己的国家标准和统一管理机构。而且市场机制还不规范,移动电子商务的商业运作环境还不够完善,缺乏对移动电子商务的法律方面的思考。这些都影响了人们利用移动电子商务的积极性。

目前,几乎没有移动商务方面的法律、法规,而传统的商务和电子商务的法律、法规不能完成适用移动商务,如移动设备的实体认证、签名确认、账单、发票等,尽快完善相法的法律、法规是移动商务发展的重要工作。

7.3.2 我国移动商务发展策略

1. 移动支付要完善产业链的整合

在我国目前的情况下,产业链各环节的局限及核心优势各有不同,最为适合我国手机支付的发展模式应为,以金融机构与移动运营商的强强联手为主,第三方支付服务提供商协调支持为辅。利用全面融合的模式,充分利用各个层面的资源,最终达到共赢的效果。中国的小额支付市场并不统一,这个市场需要用发放经营牌照的方式进行规范,相关的技术和业务也需要进行统一,这是一个非常需要统一的市场。

我国移动电子商务支付模式应该走中国特色之路。其实,小额支付和微支付是一种十分典型的移动电子商务。因为手机支付适合渴了买瓶饮料、100 元电影票等这些小支付,而这种模式银行又不太愿意去做。

2. 建立网络实名制和手机实名制,完善中国的信用体制

手机支付的关键是建立完善的信用体制,而手机实名制则是重中之重。要普及手机支付就必须做到手机用户的信用账户的建立,这不仅仅需要技术的实现,也需要对中国消费者进行意识和观念的教育.这是个长期而且繁重的工作。有专家认为,可以采取一定的过渡措施。例如,对未实名登记的用户,暂时限制其单位时间内的短信发送量,或限制其他通信功能,待用户完成实名登记手续后,再取消相应的限制。

3. 加快第三方物流业的发展，完善中国移动电子商务的物流

首先，要重视和加快信息体系的建设。中国现代物流发展与发达国家和地区之间存在着相当差距，有些企业现代物流基础设施和装备具有一定规模，但其观念、体制、质量、种类、配套性及运行效率等方面需要有大的改进。其次，发展现代第三方物流，并不是一朝一夕的事情。可以利用现有的邮政网络及平台发展物流产业，是一条便捷通道。中国的邮政事业，经过几十年的发展建设，已经具有了相当的基础，在物件配送，网络渠道布设等方面具有突出的优势，已经建立起沟通城乡、覆盖全国、联通世界的庞大物流网络。尤其近十年的信息化建设及邮政储蓄业务的开通，使中国邮政变成唯一集信息流、资金流、实物流于一身的服务实体。当然，由于长时期的垄断经营，中国邮政的服务手段、服务质量还存在着种种缺陷，现代物流产业所要求的是高效率、高质量的服务，如果以目前的中国邮政状况参与现代物流产业的运作，硬件设施虽然比较完备，但服务效率和质量需要大的提高。

4. 制定相关法律法规，提供政策支持移动商务

移动商务的交易是在虚拟网络环境中完成的，完善相关的法律法规则显得更为重要。制定相关的法律法规可以更好地保障用户在移动商务活动中的合法权益，规范用户的行为，增强用户使用移动商务的信心，以确保我国移动商务健康快速发展。目前在支付、经营、监管等方面都没有制定具体的法律法规和政策，这些方面亟待加强。

7.4 移动商务的若干发展趋势

7.4.1 企业应用将成为移动电子商务领域的热点

移动商务在我国既有广泛的应用空间，又有庞大的用户群体，相关技术也已经具备一定的成熟度。移动电子商务的快速发展，必须是基于企业应用的成熟。企业应用的稳定性强、消费力大，这些特点个人用户无法与之比拟。而移动电子商务的业务范畴中，有许多业务类型可以让企业用户在收入和提高工作效率上得到很大帮助。企业应用的快速发展，将会成为推动移动电子商务的最主要力量之一。

7.4.2 移动支付将成为最有潜力的支付手段

移动商务的发展离不开完善的支付方式和支付手段。支付手段一直是令消费者和在线销售商十分关注的事情，移动支付实现了一种很好的解决方案。

7.4.3 安全性问题仍将是移动电子商务的巨大机会

由于移动电子商务依赖于安全性较差的无线通信网络，因此安全性是移动电子商务需要重点考虑的因素。基于 PC 终端的电子商务相比，移动电子商务终端运算能力和存储容量更加不足，如何保证电子交易过程的安全，成了人们最为关心的问题。

7.4.4 设备制造商中国产品牌成为主力

在 2G 时代，我们还没有看到国产品牌挤进市场前三名，放眼望去，都是洋品牌的天下。虽然国产品牌林立，但上百种品牌市场份额总量相加，都不及诺基亚一家，关键是没有外资品牌的那种影响力和由此带来的高额品牌附加值。

3G 时代的到来正在从质上改变这种状况。虽然现在下结论为时尚早，但从 2012 年国产品牌市场表现来看，在 3G 市场上，国产品牌确实是大获全胜的。虽然"三星"坐上了 3G 市场的头把交椅，但国产品牌表现十分抢眼的也不在少数，如"宇龙酷派"、"联想移动"、"华为"、"中兴"、"天宇朗通"等国产品牌在 3G 上都比较有收获。

当然，3G 时代除了比拼产品之外，更重要的是商业模式的一种竞争。将来手机企业赚钱的，并不是卖手机，而是软件应用和内容提供。苹果的 iPhone 开辟的这种商业模式正在成为将来通信产业发展的主流模式。这种发展趋势已被国产品牌捕捉到，并被群起效仿。这说明，国产品牌在把握 3G 的主流发展方向上并不落伍，除了中国移动、中国联通的在线软件商店，天宇朗通、联想移动都在朝这个方向努力。将来不是通过卖手机赚钱，而是通过提供服务的内容来实现可持续的盈利增长，谁把握了这个方向，谁就把握了 3G 的未来。

7.4.5 3G 业务的发展方向

由于 2005 年欧美国家已经进入 3G 商用时代，因此可以借鉴欧美国家的发展经验。欧美运营商的业务发展方向是主打视频类业务、力推数据卡。3G 业务发展初期，美国运营商以"内容为主"指导思想，推动数据业务的发展。2005—2006 年美国 3 家运营商纷纷投建了新的 3G 网络，覆盖了美国大部分疆土，基本具备商用条件。在初期运营阶段，3 家运营商都以内容为主的战略思想开展数据业务，以视频节目、视频会议、音乐和游戏等业务来推动 3G 的发展。欧洲运营商在 3G 业务的发展初期还大力推广数据卡业务。主要原因有，首先，终端不能充分支撑运营商的大规模发展 3G 业务；其次，与其他终端相比，数据卡终端较为便宜，操作简易，便于客户快速上手操作，体验高速的数据传输能力。3G 意味着商务的移动实现成为了现实，视频业务会逐渐发展到个人业务方面。在个人用户市场，不同种类的客户对服务的偏好不同，主要分为商用型与实用型两类。国内各家运营商对于移动支付也非常重视，有可能成为 3G 主要业务增长方向之一。

研究前沿与探讨

《大趋势》作者约翰·奈斯比特(John Naisbitt)曾预言："未来全球信息化经济将建立于全球计算机网络及网络基础上的移动商务。"移动商务，不仅在移动公交、移动交费等单纯个人消费业务领域，得到了快速发展和广泛应用，而且在银行、农业、商业、税务、电力、防灾避险等众多行业和领域，也都敞开了需求的大门，呈现出广泛渗透、规模扩张之势。

第 7 章　移动商务的行业发展与未来展望

由于拥有移动性和广域覆盖等特性，移动通信不仅是实现社会普遍服务的有效手段，而且将成为推进行业信息化建设的重要途径。如今，当短信、彩信、无线音乐等大众化的移动数据业务逐步走向普及之时，公众移动通信网络技术和业务在 GA、交通、教育、金融、石油等各行各业正得到日益广泛的应用，移动行业应用的发展步伐正在全面加快。经过移动运营企业与产业各方的共同努力，从"警务通"到"家校通"、"农信通"，从"移动政务"到"移动工商"、"移动税务"，从手机二维码到手机银行、移动支付，移动行业应用的种类日益丰富，应用的范围不断扩大，不仅有效提升了行业客户的管理效率和企业效益，而且给大众生活带来了越来越多的便利。移动通信行业应用的兴起，既是行业信息化对移动运营企业提出的要求，也是移动通信网络技术演进和业务发展的必然结果。面向未来，移动通信不仅是实现社会普遍服务的有效手段，而且将成为推进行业信息化建设的重要途径。

需求，是推动新技术发展的强大引擎。人们已经不满足听歌、下载、看电视和简单的电子邮件的收发。特别是广大中小企业家亟待用移动商务去创造财富、管理事务，移动应用已经从过去的简单应用走向深度应用。我国移动商务的快速发展，不仅具有了坚实的基础和客观环境，而且具有了市场机遇和发展可能。移动商务的成功案例越来越多，社会影响越来越大。无数成功的案例还充分地显示了移动商务整合电子商务，促进物联网发展的增值能量和增值价值。特别是，随着一些核心关键技术的突破，以及政策环境的不断优化，无论是对于电信运营商，还是银行、商务服务、交通等所有价值链相关行业的合作伙伴来说，移动电子商务都已成为一个多方争抢的战略性市场。

结合中国的实际情况，3G 条件下移动商务将呈现以下发展趋势。
(1) 基于手机的移动生活社区将成为投资的热点。
(2) 第五媒体的优势将促进手机广告与精准营销推广的发展。
(3) 移动搜索及其向相关技术将成为移动商务的一大重点产业。
(4) 手机游戏将高速发展，并注入更多企业营销推广的元素。
(5) 企业应用将成为电子商务领域的热点。
(6) 基于手机的定位和导航将快速发展。
(7) 使手机上网更为方便的二维码迅速蔓延和普及。
(8) 移动安全性将成为一个热点问题。
(9) 移动通信运营商将改变传统的数据服务策略。
(10) 在未来的 4G 时代，移动网络带宽的大幅度提升和网络融合的全面推进，将为移动行业应用开辟更加广阔的空间，我们正在逐步迈进一个"人与物"、"物与物"相互连接的无处不在的"物联网世界"。

本 章 小 结

移动商务成为企业信息化中发展最快，也是最具市场前景的领域之一。国内的制造业企业移动商务仍处于起步阶段，制造业企业应用移动商务的多是大型企业，多数仅仅是实现了移动办公，扩大制造业移动商务的应用范围，实现移动搜索、移动客户关系管理和移动营销等深层次的应用，还需要一个发展过程。

移动金融正是新时期移动互联网时代金融信息化发展的必然趋势。移动金融指使用移动智能终端及无线互联技术，处理金融企业内部管理及对外产品服务的解决方案。

银行是移动金融发展的主导者，移动银行简单地说就是以手机、PDA 等移动终端作为银行业务平台中的客户端来完成某些银行业务。移动银行是典型的移动商务应用。移动银行可以宽泛地看做移动通信业与金融业的交叉领域，主要包括手机银行和移动支付两大类服务。移动支付(Mobile Payment)，也称为手机支付，是允许用户使用其移动终端(通常是手机)对所消费的商品或服务进行账务支付的一种服务方式。移动支付主要分为近场支付和远程支付两种，手机银行是网上银行的延伸，也是继网上银行、电话银行之后又一种方便银行用户的金融业务服务方式，有贴身"电子钱包"之称。目前手机银行业务推进的瓶颈主要是技术上和消费习惯上的滞后。企业手机银行前景广阔。

移动互联网的潮流催生了移动保险服务的大趋势，移动互联网不仅提升了保险客户体验，更重要的是其创造的全新保险运营模式大大地降低了经营成本，为更优惠的保险服务开拓了空间。但移动保险服务还面临着一些困难，保险监管和相关法律还有待跟进。

移动证券是基于移动通信网的数据传输功能来实现用手机进行信息查询和的新一代无线应用炒股系统，让一个普通手机成为综合性的处理终端。只要手机在 GSM/CDMA 网络覆盖的范围内(可以收到信号)就能进行查看行情、做交易，移动证券的使用分为收费和免费两种方式。使用移动证券需注意手机安全和流量，防范手机病毒。

搭上 3G 的快车，中国移动娱乐市场迎来了一个发展的好时机，尽管存在终端支持程度、用户消费习惯培养、版权保护等问题，但是在信道、用户、终端等几方面因素的强力推动下，移动娱乐市场规模依然会有一个大幅度的增长。移动音乐、移动游戏、移动阅读、移动视频、移动社区是移动娱乐最主要的 5 种应用。

移动互联网在旅游业蕴藏着巨大的发展机会，各个细分领域的应用模式和技术应用也在不断推陈出新，移动商务在旅游的全过程(行程计划、预订、服务、用户互动和分享等方面)均有创新应用。移动商务条件下找到一种新的营销模式，成为了旅游业急需解决的首要问题。

移动医疗即 mHealth，就是通过使用移动通信技术(如 PDA、移动电话和卫星通信)提供医疗服务和信息。它为发展中国家的医疗卫生服务提供了一种有效方法，在医疗人力资源短缺的情况下，通过移动医疗可解决发展中国家的医疗问题。发展中国家在 mHealth 领域的关键应用主要有教育与通知、远程数据采集、远程监控、针对医疗工作者的交流与培训、疾病与流行病传播跟踪及诊断与治疗支持。

移动政务(Mobile Government，简称 mGov)，又称移动电子政务，主要指移动技术在政府工作中的应用，政府工作人员利用手机、PDA 或笔记本式计算机等移动终端设备通过无线网实现为观众服务或移动办公的目的。它是传统电子政务和移动通信平台相结合的产物，是移动技术在政府公共管理工作中的应用。移动政务主要提供 3 类服务：第一类是基于消息的服务，其典型代表是短信；第二类是基于移动互联网的服务，将 GPRS、CDMA 和 3G

数据传输技术等应用于电子政务领域;第三类是基于位置的服务,利用移动通信网络获得特定物体的地理位置,从而为其提供相应的服务。移动政务在针对性、可及性、覆盖率和响应速度方面较传统电子政务的优势。

从移动电子商务发展的过程来看,我国移动电子商务发展的历史比较短。因此,移动电子商务的发展对我们国家而言既是机遇,也是挑战。同移动电子商务发展比较成熟的国家而言,我们还有很长的路要走。但是,我国移动网络的规模是全球最大的,这就预示着,我国移动电子商务的发展前景是美好的。企业应用将成为移动电子商务领域的热点,移动支付将成为最有潜力的支付手段,移动安全将成为热点问题,在设备制造商中国产品牌成为主力,3G业务将不断完善。

每课一考

一、填空题

1. 手机银行的业务大致可分为3类,分别是(　　　)、(　　　)和(　　　)。
2. 移动娱乐的新载体包括(　　　)和(　　　)。
3. 移动商务发展的技术方面的问题包括(　　　)、(　　　)和(　　　)。
4. 移动互联网在旅游业的创新应用包括(　　　)、(　　　)、(　　　)、(　　　)和(　　　)等方面。
5. 移动娱乐包括5种主要应用,分别是(　　　)、(　　　)、(　　　)、(　　　)和(　　　)。
6. 移动支付的两种支付方式分别是(　　　)和(　　　)。
7. 移动商务的安全性问题主要表现在(　　　)、(　　　)、(　　　)和(　　　)等方面。
8. 移动政务主要提供3类服务,分别是(　　　)、(　　　)和(　　　)。
9. 手机银行的主要实现方式包括(　　　)、(　　　)、(　　　)和(　　　)等。
10. 移动商务发展的服务方面的问题包括(　　　)、(　　　)和(　　　)。

二、选择题

1. 以下选项中,能表示政府对公民的移动政务的是(　　)。
   A. G2C　　　　　B. G2B　　　　　C. G2E　　　　　D. G2G
2. 以下选项中,能表示政府对企业的移动政务的是(　　)。
   A. G2C　　　　　B. G2B　　　　　C. G2E　　　　　D. G2G
3. 我国首个移动电子商务平台是由用友公司开发的(　　)。
   A. 携程网　　　　B. 手机行业门户　　C. 移动商街　　　D. 芒果网

4. 第二代移动政务采用的技术是(　　)。
   A. 智能移动终端　　B. 数据库同步　　C. VPN　　D. WAP
5. 移动金融发展的主导者是(　　)。
   A. 银行　　B. 企业　　C. 电信运营商　　D. 系统制造商
6. 以下选项中,有电子钱包之称的是(　　)。
   A. 网上银行　　B. 电话银行　　C. 手机银行　　D. 传统银行
7. 手机银行较为方便、实用的实现方式是(　　)。
   A. BREW　　B. SMS　　C. STK　　D. WAP
8. 移动音乐最主要的应用是(　　)。
   A. 铃声　　B. 彩铃　　C. 歌曲下载　　D. 在线收听
9. 使用移动终端登录 SNS 网站的应用,指的是(　　)。
   A. 移动游戏　　B. 移动社区　　C. 移动阅读　　D. 移动娱乐
10. 以下选项中,影响中国移动商务发展的最大的问题是(　　)。
    A. 用户认知问题　　　　　　B. 消费习惯问题
    C. 诚信问题　　　　　　　　D. 行业标准问题

三、判断题

1. 移动政务中提供基于消息服务的典型代表是短信。　　　　　　　　　(　)
2. 手机银行业务推进的瓶颈主要是技术上和消费习惯上的滞后。　　　　(　)
3. 移动银行可以宽泛地看做移动通信业与金融业的交叉领域。　　　　　(　)
4. 企业手机银行前景广阔,但仅有少数银行推出企业手机银行产品。　　(　)
5. 移动医疗将成为数字化医院的突破点。　　　　　　　　　　　　　　(　)
6. 对病人实行远程监控最不适合与移动通信技术相结合的应用。　　　　(　)
7. 流量费用问题是制约移动游戏行业发展的较大因素。　　　　　　　　(　)
8. 短信代扣与手机充值卡仍是移动网络游戏用户最为重要的支付方式。　(　)
9. 移动电话的普及,为使用移动技术支持医疗服务提供了关键的基础。　(　)
10. 移动政务的实施是一个复杂的系统工程。　　　　　　　　　　　　　(　)

四、问答题

1. 简述移动政务对政府管理的影响。
2. 简述我国移动商务的发展策略。
3. 简述 3G 条件下我国移动商务的发展趋势。
4. 简述我国移动政务的发展趋势。

技 能 实 训

1. 试分析移动商务在制造业的应用情况。
2. 以某一银行为例,分析其移动银行的主要业务。

第7章 移动商务的行业发展与未来展望

根据以下案例所提供的资料,试分析:
(1) 什么催生惠普应用 "SDK" 移动商务?
(2) 惠普应用 "SDK" 移动商务后发生的变化?
(3) 惠普如何实现 "SDK" 移动商务的应用?

惠普 "SDK" 移动商务应用案例

中国惠普有限公司成立于1985年,是HP全球业务增长最为迅速的子公司之一,业务范围涵盖IT基础设施、全球服务、商用和家用计算及打印和成像等领域,客户遍及电信、金融、政府、交通、运输、能源、航天、电子、制造和教育等各个行业。致力于以具有竞争力的价格,为中国用户提供科技领先的产品与服务,提供最佳客户体验。

在竞争日趋激烈的发展环境下,高效而准确地为客户提供售后服务,已经成为IT企业全程销售和服务模式的重要环节。基于售后服务电话、纸质工单的传统客服系统效率低、成本高昂,特别是在客户群体庞大而又需要信息及时反馈的情况下,很难有效控制客户投诉率。这种状况如果不积极加以改进,将会对公司的良性发展产生负面影响。

在对用户售后服务需求、同业竞争者的售后服务方式等方面进行了细致的市场调查之后,惠普产生了通过移动通信技术手段来完善现有的售后服务体系的新需求,并选择了国内领先的移动商务服务商——北京亿美软通科技有限公司为其提供移动售后管理方面的服务。

北京亿美软通科技有限公司自2001年成立以来,始终致力于为国内外企业提供具备国际技术水准的移动商务平台及运营服务。目前,亿美软通已为超过35万家企业提供移动个性客服、移动数据采集、移动高效管理等方面的各类移动商务产品和通信服务,销售和服务网络已经辐射全国31个省、市、自治区,业务服务覆盖超过2.5亿手机用户,成为目前中国移动商务服务领域产品线最齐全、营销网络覆盖面积最广、服务经验最丰富、客户数量最多的企业。

惠普原有的售后服务流程主要包括以下几个步骤。
(1) 客服人员接收来自售后电话系统的服务申请,转至售后服务部门。
(2) 售后服务部门管理员整理服务申请,派发纸质工单至售后工程师。
(3) 售后工程师打电话与客户沟通,约定服务时间。
(4) 售后工程师上门服务,完成服务后,客户在工单上签字确认。
(5) 售后工程师返回公司上交工单,供系统管理员录入信息,完成售后步骤。

调查发现,流程有3个缺陷:客户响应时间长,派工效率低且流程难以控制,运营成本高。针对以上积弊,亿美软通提出了一系列基于亿美SDK短信应用引擎的解决方案,利用移动技术实现售后服务流程的无缝连接。

亿美软通为惠普量身定制的嵌入型移动管理平台,将亿美活力短信SDK系统与惠普的售后服务管理系统相结合,通过其后台服务器与售后工程师的手机进行双向数据传输,帮助工程师及时获取派工信息，并能将作业完成情况实时上传至企业售后管理平台；派工人员根据工程师的状态可以对派单路径进行调整，提高派工效率；同时整个售后流程避免了数据人工录入，提高工作效率的同时又能节省运营成本。

亿美活力短信 SDK 应用接口，是针对系统集成商和企业软件定制，为其系统提供移动商务的应用方案，具备以下优势。

(1) 全网覆盖：接入中国移动、中国联通、中国电信短信业务平台，实现多种通信方式、多种通信网络全面覆盖。

(2) 智能化短信内容：支持 500 个汉字或 1 000 个英文的提交，自动分割短信内容。

(3) 标准化开发包：支持 Asp、Net、Delphi、VB、VC++、Java 多种主流开发语言，Windows、Linux、Unix 等多种运行环境。

(4) 发送优先级：在通信结束和业务开始的中间层实现优先级算法，先处理优先级高的短信，真正做到随需应变。

(5) 标准 API 编码：采用国际标准的 API 编码方式，并提供标准的 API 开发文档，提高开发效率。

(6) 先进的系统架构：多层架构、均衡负载，保证通信效率与质量。

功能实现包括以下几个方面。

1. 派工管理

惠普任务管理系统分析服务申请类型，制订作业计划，通过 SDK 短信开发组件向售后工程师发送派工短信，包括用户的需求、约定的维修时间，另外还可以向工程师发送维修服务定时提示。

2. 作业管理

(1) 惠普任务管理系统通过 SDK 向客户发送短信，告知上门时间、服务人员信息。

(2) 售后工程师随时发送短信上报作业过程中发现的问题和作业进度，通过 SDK 反馈至管理系统。

(3) 维修结束，工程师上行发送短信至系统汇报作业完成；系统下行发送短信至客户询问完成情况，客户再通过上行发送短信确认完成售后流程。

3. 流程管理

(1) 根据售后工程师实时上报的信息，掌握作业完成进度，动态调整作业分派。

(2) 作业结束后，通过短信确认完成工作流程，工程师无须返回公司上交工单便可进行下一份维修任务。

4. 客户信息管理

SDK 系统对客户基本信息、服务申请记录、客户服务完成情况进行全面管理。

按照改进的移动客服流程，HP 售后工程师到达客户的时间缩短 2 个小时，提高了客服效率，提升了客户满意度。亿美活力短信 SDK 系统帮助了 HP 全国超过 2 万名工程师的日常工作。同时，通过在企业内部管理中使用短信对员工进行重要的工作通知、信息发布；在员工生日、节假日时发送祝福信息等方式，也使每一位惠普的员工对企业归属感和认同感不断加强，团队的凝聚力和工作积极性得到了全面的提升。

功能实现流程如图 7.3 所示。

第 7 章　移动商务的行业发展与未来展望

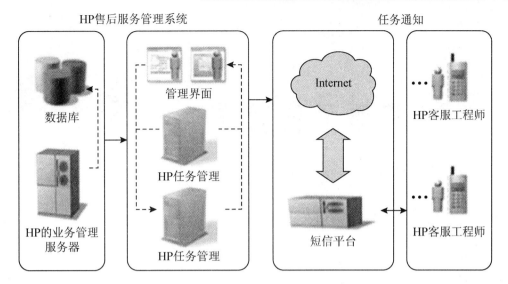

图 7.3　HP 售后服务管理及任务通知

(资料来源：亿美软通网．惠普"SDK"移动商务应用案例[EB/OL]．(2012-9-14)．[2012-10-7]．http://www.emay.cn/ApplicationCase/it/a_660.htm.)

第 8 章 移动通信技术

知识结构

- 案例导航
  - 世界上第一部移动电话
- 移动通信技术发展概述
  1. 移动通信的诞生
  2. 移动通信的基本概念
  3. 移动通信的发展阶段
- GSM和GPRS系统简介
  1. 移动通信系统的组成
  2. 蜂窝移动通信的基本概念
  3. 多址技术
  4. GSM系统简介
  5. 通用分组无线业务
- CDMA通信原理
  1. 扩频通信的基本概念
  2. CDMA技术发展的演进
  3. IS-95CDMA通信原理
  4. CDMA系统的网络结构
  5. CDMA 2000 1x 无线网络技术简介
  6. CDMA 2000 1x EX-DO 简介
- WCDMA和TD-SCDMA无线网络技术简介
  1. UMTS WCDMA
  2. UMTS系统结构
  3. WCDMA主要技术特点
  4. TD-SCDMA无线网络技术

知识要点

1. 移动通信的基本概念。
2. 蜂窝移动通信系统的组成。
3. 频分多址、时分多址、码分多址的原理。
4. UMTS 系统的结构。
5. WCDMA、CDMA 2000、TD-SCDMA3 种主流 3G 标准的基本知识。

学习方法

1. 逐级融会基本概念：复用—多址—CDMA—3G。
2. 由部分进入整体：移动终端—频率—基站—小区—移动交换中心—蜂窝。
3. 从有线 Internet 到移动数据网络：GPRS—链路速率—3 种 3G 带宽。

第 8 章 移动通信技术

> **案例导航**
>
> ## 世界上第一部移动电话
>
> 据英国《每日邮报》报道，世界上的第一部移动电话像垃圾箱盖一般大，而且信号只能覆盖半英里。与现代手机当然有太大差别。现在的手机体积非常小，可以放进衣兜内，通过它几乎能与世界上的任何一个地方取得联系。但是，移动电话发明者 Nathan Stubblefield(内森·斯塔布菲尔德)在申请无线电话专利 100 年后，才被承认是手机之父。
>
> 这位瓜农将他所有闲暇时间和每一分钱都投入到这项发明中。他在美国肯塔基州默里的乡下住宅内制成了第一个电话装置，于 1902 年推出了他的发明，如图 8.1 所示。他在自己的果园里树起一根高 120 英尺的天线，利用磁场将语音从一部手机传输到另一部手机。然而，这部电话内的线圈所需的电线总量比连接它们的线还长，不过这项发明的确具有可以移动的优点。第一部移动电话野外试验如图 8.2 所示。
>
>
>
> 图 8.1 第一部移动电话发明人
>
> 1902 年元旦，这位自学成才的电学家在该镇的公共广场上示范了他的装置。给 5 个接收器播送了音乐和语音。后来他为马车和船只等移动交通工具设计了电话新版本，并于 1908 年申请了专利。不幸的是，在他的一生中，这项无线电话发明并没有实现商业化，因此 1928 年在他去世时，仍然一贫如洗。
>
> 不过现在的一本书已经将他尊称为现代手机之父，在他的发明周年纪念日，维京移动网站(Virgin Mobile Website)用一个属于他的网页纪念他。维珍移动网的创始人理查德·布兰森(Richard Branson)爵士说："内森是手机之父，他的发明是改变世界通信方式的方法之一，能为他的发明举行 100 周年庆典，让我感到万分激动。"

图8.2　第一部移动电话野外试验

新闻学教授Bob Lauck(鲍勃·劳克)是2001年出版的《肯塔基州农民发明无线电话》(*Kentucky Farmer Invents Wireless Telephone!*)一书的作者,他表示,斯塔布菲尔德是一位移动业界的先驱,但是他的发明并没给他带来足够的荣誉。他说:"完全确定是他发明世界上第一部移动电话非常困难,但是他确实第一个申请了专利。因此他很有可能发明了第一部移动手机,只是他的发明从没投入到商业应用。那时来看,这项发明非常不切实际,当时的人根本不知道以后手机的命运将会怎样。"

斯塔布菲尔德是个好人,他只想利用移动电话帮助当地的社团与各家取得联系,因为这些住户间都隔着一段距离。可叹的是,斯塔布菲尔德一部电话也没有卖出去。因为他太保密,他不在的情况下,他的家人不能离开农场,他也不愿意让访客踏入他的农场,因为他害怕他们可能会偷走他的发明。

(资料来源:Atlas. 世界上的第一部移动电话[EB/OL]. (2009-2-10). [2012-9-29]. hhttp://bbs.instrument.com.cn/shtml/20090210/1729562/.)

从这个例子我们可以看出科技先驱者的执着、艰辛与伟大,也会引起我们思考3个问题:

1. 一个移动通信系统需要哪些设备,即移动通信系统的构成?
2. 世界上第一部商用手机是哪家公司生产的?
3. 如果世界上没有发明计算机,那么现在的手机应该是个什么样子?

第8章 移动通信技术

8.1 移动通信技术发展概述

8.1.1 移动通信的诞生

1844年5月24日，美国人Morse(莫尔斯)操纵着他自己发明的电报机，发出了人类历史上第一份电报。1876年贝尔发明了举世瞩目的用电传送声音的装置——电话。一百多年来，电报和电话经历了巨大的变化，从简单到复杂，从人工到自动，从单一功能到多种业务功能，成为全世界普遍使用的工具。

1870年，丹麦的大北电报公司在上海南京路5号正式成立了中国第一个电报局，开张营业时，《捷报》称，英商只要拍一个电报，就能在6个星期后接到本国的订货单。因此它受到了外侨的极大欢迎。但当时，上海只有租界可以拍电报，并且只能到中国香港、广州和海外。电报费也相当贵，上海到中国香港、广州、日本长崎，每十字3元，当时一张上海到长崎的船票只要6元。

1882年丹麦的大北电报公司在上海成立了中国的第一个电话局，每户话机年租费150大洋，并装有一部公用电话，这是电话发明6年后，上海第一个经营性的电话交换所，比在美国设立的世界第一家电话公司晚一年。

无论是电报还是电话，都需要有线连接，且通信双方位置都是固定的。

1887年Hertz(赫兹)在实验室里成功实现了人类历史上第一次无线信息传送，1899年和1901年Marconi(马可尼)在横跨英吉利海峡的大西洋上空成功实现了远距离无线信息传送实验，终于实现了人类无线通信的夙愿。

在20世纪最初的几十年，无线移动电话偶尔用于海军和军事通信。1946年，Saint Louis(圣·路易斯)建立起了第一个可用于汽车的电话系统，该系统使用了一个体积和功率都很大的发射器，放在一个高大建筑物顶上，该系统只有一个信道，只能实现单工通信，即发送和接收不能同时进行。为了实现对讲，用户必须按通过按钮进行切换，这样的系统称为按钮启动式通话系统(push to talk system)。这是一个典型的无线移动单工通信系统。20世纪50年代后期，有几个城市安装了这样的系统，用于出租车、警车等领域。

虽然这个按钮启动式通话系统只能实现单向的消息传送，且通信设备笨重，通信范围极为有限，但它却是通信领域革命性发展的开始，这种公用汽车无线电话系统被看做移动通信发展的第一个阶段。

8.1.2 移动通信的基本概念

移动通信指两个通信体有一方是移动体。即可以是两个移动体之间的通信，如两个人用手机通话，也可以是移动体与固定体之间的通信，如车辆、船舶、飞机与固定体之间的通信。

移动通信为人们提供了便捷的通信手段，使人们在生活工作中可以更有效地利用时间，这是它快速发展的主要原因。移动通信技术的发展和可靠性不断提高，使它成为现代通信中不可或缺的手段，是一种理想的通信方式。

移动通信系统的类型很多，可以按以下不同的方法进行分类。

(1) 按使用对象分：军用、民用通信系统。

(2) 按用途和区域分：陆上、海上、空中移动通信系统。

(3) 按经营方式分：专用移动通信系统和公用移动通信系统。

(4) 按信号性质分：模拟制、数字制移动通信系统。

(5) 按无线频段工作方式分：单工、半双工、双工移动通信系统。

(6) 按网络形式分：单区制、多区制、蜂窝制移动通信系统。

(7) 按复用方式分：频分多址、时分多址、码分多址移动通信系统。

与有线通信比较，移动通信具有以下 5 个特点。

(1) 移动性：即要保持物体在移动中通信，因此它必须是无线通信，或无线通信与有线通信相结合。

(2) 电波传播条件复杂：移动体在不同环境中移动时，电磁波在传播时会产生反射、折射、绕射、多普勒效应等现象，产生多径干扰、信号传播延迟和展宽等效应。

(3) 噪声和干扰严重，特别是在城市环境中的汽车火花噪声、各种工业噪声、移动用户之间的互调干扰、临道干扰、同频干扰等。

(4) 系统和网络结构复杂，是一个多用户通信系统和网络，必须使用户之间互不干扰或尽可能互不干扰，尽可能协调一致地工作。此外，移动通信系统还应与市话网、卫星通信网、数据通信网互连，整个网络结构是非常复杂的。

(5) 要求频带利用率高，设备性能好。

8.1.3 移动通信的发展阶段

迄今为止，移动通信大致经历了 4 个发展阶段。

1. 公用汽车电话

20 世纪 80 年代以前，移动通信指公用汽车电话系统。

2. 第一代模拟蜂窝移动通信

20 世纪 80 年代初，随着蜂窝技术的引进，移动通信技术向前迈出了一大步，进入了模拟蜂窝移动通信阶段，被称为第一代蜂窝移动通信系统。

我国自 1987 年开始，曾先后引进了 TACS(Total Access Communication System，全接入通信系统)制式模拟移动电话系统和 AMPS(Advanced Mobile Phone System，高级移动电话系统)。

3. 第二代数字蜂窝移动通信

20 世纪 90 年代开始，相继出现了属于第二代数字移动通信的 D-AMPS(数字 AMPS)、GSM、CDMA，见表 8-1。较第一代频分多址蜂窝系统，它的优势有频谱效率高、系统容量大、保密性能好、语音质量好等。

表 8-1 第二代数字蜂窝移动通信系统

通信系统	GSM	IS-54	PDC	IS-95
引入年份	1990	1991	1993	1993
使用频谱/MHz	890~915(反向) 935~960(前向)	824~849(反向) 869~894(前向)	810~830 和 1429~1453(反向) 940~960 和 1477~1501(前向)	824~849(反向) 869~894(前向)
调制方式	GMSK(BT=0.3)	π=/4DQPSK	π=/4DQPSK	OQPSK(反向) QPSK 前向
载波带宽/kHz	200	30	25	1250
信道数据率/(Kb/s)	270.833	48.6	42	1228.8
语音编码方式/输出码率/(Kb/s)	RELP-LTP/13	VSELP/8	VSELP/6-7	QCELP/8
信道编码	CRC+(r=1/2; K=5 卷积码)	CRC+(r=1/2; K=6 卷积码)	CRC+卷积码	CRC+(r=1/3; K=9 卷积码)(反向) CRC+(r=1/2; K=9 卷积码)(前向)
均衡器类型	自适应	自适应	自适应	

4. 第三代蜂窝移动通信系统及其标准

随着移动通信技术的发展,各种制式并存的局面引发了一系列的问题。为了统一全球移动通信的标准及所用频段,以实现 3G 的全球漫游;为了提高通信的频谱利用率及数据业务传输速率,以满足多媒体业务的需求,1984 年,国际电信联盟就开始在世界范围内研究 3G 技术。

1) IMT-2000 计划

1992 年,ITU(国际电信联盟)发布了一份描述移动通信未来梦想的蓝图,称为 IMT-2000,其中 IMT 意为 International Mobile Telecommunications,数字 2000 代表了 3 层意思。

(1) 希望在 2000 年投入使用。

(2) 期望运行在 2GHz(2000MHz)的频率上。

(3) 期望这项服务具备 2MHz(2000kHz)带宽。

到 2000 年这个梦想并没有如期实现。ITU 建议所有的政府保留 2GHz 频段,以便这个设备可以无缝地从一个国家漫游到其他的国家。中国保留了所要求的带宽,但是没有其他一个国家这样做。最后人们意识到,对于移动性太强的用户来说,2Mb/s 带宽高了,有点不太切合实际,因为要想如此快速地完成切换过程非常困难。

比较现实一点的承诺是,对于比较固定的室内用户来说是 2Mb/s(直接与 ADSL 进行竞争),对于正在路上行走的人来说是 384Kb/s,对于汽车内的连接则是 144Kb/s。然而,整个 3G 领域是个很庞大的体系,3G 移动电话略微逊色于最初的期望,也未能按照原来预期的时间到来。

IMT-2000 网络预期给用户提供以下基本服务。

(1) 高质量的语音传输。

(2) 消息服务(代替电子邮件、传真、SMS、聊天等)。
(3) 多媒体服务(播放音乐、观看视频、电影、电视等)。
(4) Internet 访问 Web 网页，包括音频和视频的页面。

其他的服务还可能包括视频会议、远程呈现(Tele-Presence)、群组游戏以及移动商务，而且所有这些服务应该是全球性的。ITU 设想有一项全球性的 ITU 2000 技术，这样制造厂商就可以生产出能在全球销售和使用的设备，就好像 CD 播放器和计算机，而不像移动电话和电视机。

2) WCDMA 和 CDMA 2000

随后几年，世界上一些大型跨国移动通信公司向 ITU 提交了 3G 标准提案，ITU 从众多提案中筛选了两个主要提案。

(1) WCDMA(Wideband Code Division Multiple Access)，这是由瑞典的爱立信公司提出来的。该系统使用了直接序列扩频技术，它运行在一个 5MHz 的频带上，并且已经设计成可以与 GSM 网络协同工作，但是它并不与 GSM 向后兼容。然而它具备一种良好的特性，即呼叫者在离开一个 WCDMA 蜂窝单元并进入另一个蜂窝单元时不会丢掉当前的呼叫。该协议由欧盟推进，欧盟称它为全球通用移动通信系统(Universal Mobile Telecommunications System，UMTS)。

(2) CDMA 2000，由美国加州的 Qualcomm(高通)公司提出，也是一种直接序列扩频设计方案，基本上是 IS-95 的一个扩展，并且与 IS-95 向后兼容，它也使用了一段 5MHz 的带宽，但是不能与 GSM 协同工作，而且也不能将一个呼叫交给一个 GSM 蜂窝单元(或者一个 D-AMPS 蜂窝单元)。与 WCDMA 的其他技术区别主要表现在使用不同的时间片率、不同的帧时间、不同的频谱及不同的时间同步机制。

这两个提案系统的基本原理都是 5MHz 信道中的 CDMA，主要区别在于时间片，这个问题从技术看不难解决，但是实际的问题并非工程性的。欧洲希望有一个能与 GSM 协同工作的系统，而美国则希望要一个能与美国当前已经广泛使用的系统(IS-95)相互兼容的系统，每一方都支持自己本地的公司。最后两家公司都涉及大量的有关 CDMA 的诉讼案。

1993 年 3 月，爱立信公司同意购买 Qualcomm 公司的基本方案，这两家公司终于解决了这些诉讼案。它们也同意遵守同一个 3G 标准，但它是一个有许多不兼容选项的标准，所以需要对技术的差异做出大量的书面说明。

3) 与第二代通信技术相比，第三代通信技术的特点

(1) 具有全球范围设计的，与固定网络业务及用户互连，无线接口的类型尽可能少和高度兼容性。

(2) 具有与固定通信网络相比拟的高话音质量和高安全性。

(3) 具有在本地采用2Mb/s 高速率接入和在广域网采用384Kb/s 接入速率的数据率分段使用功能。

(4) 具有在 2GHz 左右的高效频谱利用率，且能最大程度地利用有限带宽。

(5) 移动终端可连接地面网和卫星网，可移动使用和固定使用，可与卫星业务共存和互连。

(6) 能够处理包括国际互联网和视频会议、高数据率通信和非对称数据传输的分组和电路交换业务。

(7) 支持分层小区结构，也支持包括用户向不同地点通信时浏览国际互联网的多种同步连接。

(8) 语音只占移动通信业务的一部分，大部分业务是非语音数据和视频信息。

(9) 一个共用的基础设施，可支持同一地方的多个公共的和专用的运营公司。

(10) 手机体积小、重量轻，具有真正的全球漫游能力。

(11) 具有根据数据量、服务质量和使用时间为收费参数，而不是以距离为收费参数的新收费机制。

8.2 GSM 和 GPRS 系统简介

8.2.1 移动通信系统的组成

移动通信系统一般由移动站(Mobile Station，MS，手机是移动站的一种，也称移动台)、基站(Base Station，BS)、移动交换中心(Mobile Switching Center，MSC)及与公用电话交换网(Public Switched Telephone Network，PSTN)相连接的中继线等组成，图 8.3 给出了一个移动通信系统的最基本的结构。

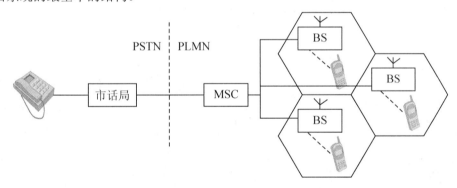

图 8.3 移动通信系统的组成

图中 PLMN 是 Public Land Mobile Network 的缩写，意为公共陆地移动网络；实线表示有线连接，虚线表示无线连接。

基站与移动台都设有收、发信机和天线等设备。每个基站都有一个可靠的服务覆盖范围，称为无线小区，无线小区的大小，主要由发射功率和基站天线的高度决定，基站天线越高，发射功率越大，则无线覆盖区也越大。移动交换中心主要用来处理信息交换和整个系统的集中控制管理。

大容量移动通信系统可以由多个基站构成一个移动通信网，如图 8.3 所示。每个基站的覆盖区域实际上是一个圆形的，相邻基站覆盖区域一般有重叠，为方便画图，将基站的覆盖区域画成正六边形，多个基站的覆盖区域就有多个正六边形，画在一起形似蜂窝，这就是蜂窝通信中"蜂窝"一词的由来。

从图 8.3 可以看出，所有基站都通过有线连接到移动交换("交换"可理解为动态分配、获取传输线路资源的方式，完成这项工作的设备就是交换机)中心，通过基站和移动交换中心可以实现在整个服务区内任意两个移动用户之间的通信；也可以经过中继线与市话局连接，实现移动用户与市话用户之间的通信，从而构成一个有线、无线相结合的通信系统。但是，移动用户中间不能直接进行通信，必须通过基站和移动交换中心转接。

在任何一个时刻，每个移动台逻辑上属于某一个蜂窝单元，并只受该单元基站的控制。当一个移动台在物理上离开一个蜂窝单元时，它的基站注意到该电话的信号越来越弱，于是询问周围的基站，它们从该移动台上得到多大的功率，然后该基站将控制权交给获得最强信号的那个蜂窝单元，即该移动站当前所在的那个蜂窝单元。最后该移动台就会接到通知，它有新的控制基站了。如果当时正在通话，则该电话会被切换到一个新的信道(因为原来的信道不会被任何一个相邻的蜂窝单元重用)，这个过程称为切换，信道分配是由移动交换中心控制的。

在实际的移动通信系统中，直接影响系统容量、性能的因素主要有 3 个：组网方式、区域结构和交换控制技术。

移动通信网络的结构可根据服务覆盖区的大小分成大区制和小区制两种。

大区制指在一个服务区内只有一个基站负责移动通信的联络和控制，如图 8.4 所示，基站的覆盖范围为 30～50km，发射功率一般为 50～200W。大区制设备简单，技术较容易实现，但频谱利用率低，用户容量小，只适用于业务量不大的城市。

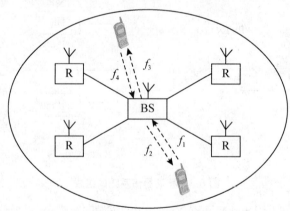

图 8.4　大区制示意图

图中 f_1、f_2、f_3、f_4 表示频率，即每个移动台上行频率和下行频率不同，不同移动台的频率也不同。

小区制是将整个服务区分成若干个小无线区，每个小无线区分别设置一个基站负责本区移动通信的联络和控制，同时又可在 MSC 的统一控制下，实现小区间移动通信的转接及与市话网的连接，小区制如图 8.5 所示。随着用户数目的增加，小区还可以继续划小，即实现"小区分裂"，以适应用户数的增加。小区制解决了大区制中存在的频道数有限而用户数不断增加的矛盾，可使用户容量大大增加。

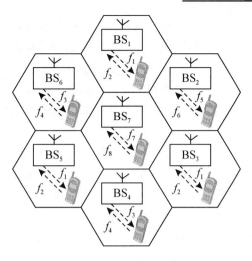

图 8.5 小区制示意图

8.2.2 蜂窝移动通信的基本概念

现代陆上移动通信系统广泛应用正六边形小区构成服务区,因该小区状似蜂窝,故名蜂窝移动通信,这个概念在前面已经讲过。

蜂窝移动通信必须解决频率复用、小区分裂、越区切换等关键技术。

1. 频率复用

通常相邻小区不允许使用相同的频段,否则会发生相互干扰(称为同道干扰),但由于小区在通信时所使用的功率较小,小区基站信号传输距离有限,因而任意两个小区之间空间距离大于某一数值时,即使使用相同的频段,也不会产生显著的同道干扰,为此把相邻的小区(Cell)按一定数目(通常是 3 个、4 个或者 7 个)组成区群(Cluster),并把可供使用的无线频段相应地分成若干个频率组,区群内各小区使用不同的频率组,而任一区群中使用的频率组,在其他区群相应的小区中可以再用,这就是频率复用,如图 8.6 所示。频率复用是蜂窝通信网络解决用户增多而频谱有限的重大突破。

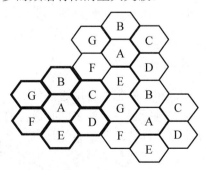

图 8.6 三区群频率复用

2. 小区分裂

在频率组不变的条件下,小区越小,单位面积可容纳的用户数就越多,即系统的频率利用率越高。由此可以设想,当用户数增加并达到每个小区所能提供服务的最大数量时,如果把小区分割成更小的蜂窝状小区域,并使用相同的频率复用模式,那么分裂后的新小区能支持和原小区同样数量的用户,也就提高了系统单位面积可服务的用户数。而且一旦新的小区所能支持的用户数量又达到饱和,还可将这些小区进一步分裂,以适应继续增长的业务需求,这种过程称为小区分裂,是蜂窝移动通信系统在运行过程中为适应用户数持续增长而逐步提高其容量的一种方式。

小区分裂后基站数量随之增加,系统成本增加,但因为该成本是因为付费用户数量的增加而增加的,从经济上说这样的代价是值得的,可保证对系统的持续投资,也能保证收入的增加。当然小区分裂也是有限度的,只有在通信业务高度密集的大城市才需将小区逐步分裂,而在业务密集度较低的郊区,小区的直径可以较大。一般来说,小区直径越小,数量越多,系统容量越大。目前,在用户密集的大城市,系统多采用微蜂窝,或称微小区,其直径在 1km 以内,容量大,但结构更为复杂。

小区分裂对用户的直观感觉就是,人口密集的地方,移动通信基站较密集,人口稀疏的地方,移动基站也稀疏。

3. 越区切换

越区切换(Handover)是蜂窝移动通信系统的另一关键技术。将服务区域划分成小区所带来的一个很自然的问题是,并非所有的移动中通话都能在单个小区内完成。例如,一辆快速行驶的汽车在一次通话中可能经过若干个小区。移动站在小区内所分配频率与基站建立无线连接,通过基站连接到移动交换中心,再通过移动交换中心连接到有线电话或其他小区的移动用户。当移动站从一个小区进入相邻小区时,由于工作频率和接续服务改变,需要在通话过程中将移动站的工作频率和接续控制自其离开的小区交给正在进入的小区,这个过程称为越区切换。

越区切换是在系统控制下完成的。当需要进行越区切换时,系统就发出相应的指令,正在越过边界的移动站就将工作频率和无线连接切入到进入的小区,整个过程是自动完成的,用户并不知道,也不影响通话进行。越区切换必须准确可靠,且不影响通信中的语言质量,是蜂窝移动通信系统中的关键技术,是移动通信系统里有多小区实现大面积覆盖的必要条件。

8.2.3 无线信道共享技术——多址技术

无线通信网络中,每个移动台和基站都要占用通信频率,蜂窝系统中以信道区分通信对象,一个信道只能容纳一个用户进行通话,许多同时通话的用户,要占用不同的频率范围,即占用不同的信道,这就是多址。移动通信系统是一个多信道同时工作的系统,具有广播信道和大面积覆盖的特点,在无线通信环境的电波覆盖范围内,如何建立用户之间无线信道的连接,是多址接入方式的问题。解决多址接入问题的技术称多址技术。

多址技术指射频信道的复用(共享)技术,对于不同的移动台和基站发出的信号赋予不同的特征,使基站能从众多的移动台发出的信号中区分出是哪个移动台的信号,移动台也能识别基站发出的信号中哪一个是发给自己的。信号特征的差异可表现在某些特征上,如工作频率、出现时间、编码序列等，在带宽资源一定的条件下，多址技术直接关系到蜂窝移动系统的容量。

蜂窝系统中常用的多址方式有频分多址、时分多址、码分多址等，简要原理如图 8.7 所示。

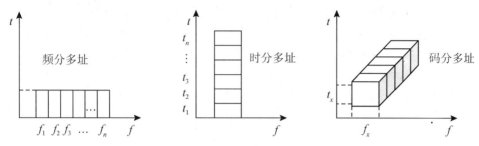

图 8.7　FDMA、TDMA、CDMA 示意图

1．频分多址方式

频分多址(FDMA)为每个用户分配一个特定频率的信道(类似于无线广播的一个电台)，在呼叫的整个过程中，其他用户不能使用这一频段。在模拟蜂窝移动通信系统中，采用 FDMA 方式是唯一选择，在数字蜂窝移动通信中，很少采用纯 FDMA 方式。

FDMA 具有以下特点。

(1) 每个信道一对(上行和下行)频率，只可传送一路语音，频率利用率低，系统容量有限。

(2) 信息连续传输。当系统分配给移动台和基站一个 FDMA 信道，移动台和基站间连续传输信息，直到通话结束，信道收回。

(3) FDMA 不需要复杂的成帧、同步和突发脉冲序列的传输，移动台设备相对简单，技术成熟，易实现，但系统中有多个频率信号，易相互干扰，且保密性差。

(4) 基站的公用设备成本高且数量大，每个信道就需要一套收发信机。

(5) 越区切换时，只能在语音信道中传输数字信令，要抹掉一部分语音而传输突发脉冲系列(如同步信号)。

2．时分多址方式

时分多址(TDMA)用于数字信号通信系统，是在一个宽带的无线载波上，把时间分成周期性的帧(可理解为时间段)，每一帧再分成若干时隙(更小的时间段)，无论帧或时隙都是互不重叠的，每个时隙就是一个信道，分配给一个用户使用，通俗地说，即使不同的用户分时使用信道。

TDMA 帧是 TDMA 系统的基本单元，由时隙组成，在时隙内传送的信号称突发(Burst)，各个用户的发射时隙相互连成一个 TDMA 帧，为保证相邻时隙中的突发不发生重叠，时隙间设有保护时间间隔。

同步(理解为用户信号之间的一种严格的时序关系)和定时是 TDMA 移动通信系统正常

工作的前提。TDMA 通信双方只允许在规定的时隙中发送信号和接收信号，必须在严格的帧同步、时隙同步和位同步的条件下进行工作。TDMA 系统具有以下特点。

(1) TDMA 基站只用少量的发射机，可避免多个不同频率的发射机同时工作而产生相互干扰，抗干扰能力强，保密性好。

(2) TDMA 系统不存在频率分配问题，对时隙的管理和分配通常要比对频率的管理和分配简单而经济。对时隙动态分配，有利于提高容量，系统容量较 FDMA 大。

(3) 在一帧中的空闲时隙，可用来检测信号强度或传送控制信息，有利于提高网络的功能和保证移动台的越区切换。

(4) TDMA 系统，因为信道时延不固定，需要严格的定时与同步，以避免信号重叠或混淆。

(5) TDMA 方式可提高频谱利用率，减少基站工作频道数，从而降低基站造价，还可方便非语音业务的传输。

3. 码分多址方式

码分多址(CDMA)系统为每个用户分配一个特定的地址码(信号编码)，利用公共信道传输信息。用户地址码频率相同，发送时间不需要定时与同步，但码型(信号波形)不同，且用户地址码相互正交，这是 CDMA 区别不同地址的核心技术。所以，CDMA 系统中各站的信号在频率、时间和空间上都可以重叠，系统的接收端必须有与发送端完全一致的本地地址码，用来对接收的信号进行检测过滤。

正交序列的定义如下。

如果两个序列 x 和 y 的互相关值为 0，称这两个序列为正交序列，即序列 x 和 y 具有正交性，用公式表示即：

$$R_{xy}(0)=\sum_{i=1}^{n}x_i y_i=0$$

例，$x=\{-1\ +1\ -1\ +1\}$，$y=\{-1\ -1\ +1\ +1\}$
$R_{xy}(0)=(-1)(-1)+(+1)(-1)+(-1)(+1)+(+1)(+1)=0$

8.2.4 GSM 系统简介

1. GSM 形成

为了解决全欧移动电话自动漫游，采用统一制式得到了欧洲邮电主管部门会议成员国的一致赞成，为了推动这项工作的进行，1982 年欧洲成立了移动通信特别小组(Group Special Mobile，GSM)，着手进行泛欧蜂窝移动通信系统的标准制定工作。1985 年提出了移动通信的全数字化，并对泛欧数字蜂窝移动通信系统提出了具体要求，根据目标提出了两项主要设计原则：语音和信令都采用数字信号传输，数字语音的传输速率降低到 16Kb/s 或更低；采用时分多址接入方式。

在 GSM 协调下，1986 年，欧洲国家的有关厂家向 GSM 提出了 8 个系统的建议，并在法国巴黎进行移动实验的基础上对系统进行了论证比较。1987 年，就泛欧数字蜂窝移动通信采用时分多址、规则脉冲激励-长期线性预测编码(RPE-LTP)、高斯滤波最小移频键控调制方式(GMSK)等技术，取得一致意见，并提出了以下主要参数。

(1) 频段：(935～960)MHz(基站发，移动台收)；(890～915)MHz(移动台发，基站收)。
(2) 频带宽度：25 MHz。
(3) 通信方式：全双工。
(4) 载频间隔：200 kHz。
(5) 信道分配：每载频 8 时隙；全速信道 8 个，半速信道 16 个(TDMA)。
(6) 信道总速率：270.8Kb/s。
(7) 调制方式：GSMK，带宽时间乘积 BT＝0.3。
(8) 语音编码：RPE-LTP，输出速率为 13Kb/s。
(9) 数据传输速率：9.6Kb/s。

……

1988 年 18 个国家签署了一份理解备忘录，在这份文件中，签署备忘录的国家致力于将规范付诸实现。由于 GSM 提供了一种公共标准，因此能在 GSM 系统覆盖的所有国家之间实现全自动漫游。除了语音服务，GSM 标准还提供了一些新的用户业务，如高速数据通信、传真和短消息业务等。1990 年起，GSM 标准在德国、英国和北欧许多国家投入试运行，GSM 系统在更多的国家得到采用后，欧洲的专家将 GSM 重新命名为"全球移动通信系统"(Global System for Mobile Communication，GSM)。

全球移动通信系统 GSM 实际上就是我们常说的数字蜂窝移动通信系统，作为一种开放式结构和面向未来设计的系统，GSM 具有以下优点。

(1) 频谱利用率更高，进一步提高了系统容量。
(2) GSM 提供了一种公共标准，在 GSM 覆盖的地区，可以实现全自动漫游。
(3) 能提供新型非语音业务。
(4) 用户信息传输时保密性好，不易被窃听；用户入网资料安全性好，无非法并机现象，数字加密实用技术已成熟，用户入网信息存在用户识别模块(SIM)卡中，而 SIM 卡很难仿造。
(5) 数字无线传输技术抗衰减性能较强，传输质量高，语音质量好。
(6) 可降低成本费用，减小设备体积，电池有效使用时间较长。

当前 GSM 已成为最为广泛的移动电话标准，全球 200 多个国家和地区超过 10 亿人正在使用 GSM 电话，我们现在使用的 GSM 频段有 4 个标准。

(1) GSM900 ：上行(MHz)890～915；下行(MHz)935～960。
(2) GSM900E ：上行(MHz)880～915；下行(MHz)925～960。
(3) GSM1800 ：上行(MHz)1710～1785；下行(MHz)1805～1880。
(4) GSM1900 ：上行(MHz)1850～1910；下行(MHz)1930～1990。

2. GSM 系统的组成

GSM 系统的典型结构由 4 部分构成：网络子系统(Network Subsystem，NSS)(或交换子系统)、基站子系统(Base Station Subsystem，BSS)、操作子系统(Operation Subsystem，OSS)和移动台。

网络子系统主要包括 GSM 系统的交换功能和用于用户数据管理、移动性管理、安全性管理所需的数据库功能，对 GSM 移动用户间和 GSM 移动用户与其他通信网用户间通信起着管理作用。

GSM 网络无线覆盖区域根据其接续、覆盖方式，分成多重结构，如图 8.8 所示。

图 8.8　无线覆盖区域结构

(1) 小区：一个基站或基站的一部分(扇形天线)所覆盖的区域。

(2) 基站区：一个基站的所有小区所覆盖的区域。

在采用全向天线结构的模拟网中，小区即为基站区；在采用 120°天线结构的 GSM 数字蜂窝移动网中，小区是每个 120°的天线所覆盖的正六边形区域的 1/3。

所以一个基站区可包含一个或多个小区，不是所有的小区都设有一个专有的基站，但必须为一个特定的基站所覆盖。

(3) 位置区：移动台可以任意移动而不需要进行位置更新的区域。位置区可由一个或若干个基站小区组成。

设置位置区的作用是使移动交换机或移动交换中心能及时知道移动台的位置，当呼叫移动台时，移动交换中心就在该移动台的位置区中的所有小区进行搜索，能快速、准确地找到移动台。

位置区存储在用户手机的用户识别卡(即 SIM 卡)中，当移动手机在网络中漫游时，如发现 SIM 卡中的位置区与移动网络的位置区不一致时，就向网络发送位置更新的消息。

(4) MSC 区：一个 MSC 所管辖的所有小区共同覆盖的区域。一个 MSC 可由一个或若干个位置区组成。

(5) PLMN 服务区：若干个 MSC 区组成。

(6) GSM 服务区：移动台可获得服务的区域，无需知道移动台的实际位置而可马上通信的区域。它由若干个公用电话网组成。

8.2.5 通用分组无线业务

为了提供中高速数据业务，并使 GSM 能向 3G 平滑过渡，人们在 GSM 的基础上提出了通用分组无线业务(General Packet Radio Service，GPRS)。

由于无线网络带宽使用效率较低、链路设置时间较长、链路容量低等原因，导致在无线环境中，Internet 的应用性能很差，为了实现中高速数据传输的目标，GPRS 网络就要改进这些缺点，具体就是要减少连接建立时间，支持 IP 协议，提供资源的优化使用。

1. GPRS 的网络结构

要实现 GPRS 网络，需要在 GSM 网络中引入新的网络接口和通信协议，在移动用户和远端的数据网络(如 TCP/IP 网络)之间提供一种连接，从而为用户提供中高速无线 IP 业务。

目前 GPRS 网络是通过在 GSM 网络结构中引入两个新的网络结点实现的，这两个结点是 GPRS 网关支持结点 GGSN(Gateway GPRS Support Node)和服务 GPRS 业务支持(Service GPRS Support Node，SGSN)，移动台操作系统必须支持 GPRS。

GPRS 网络基本结构如图 8.9 所示。

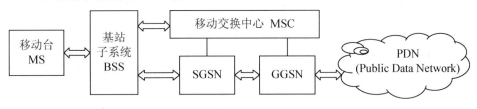

图 8.9　GRPS 系统基本结构图

2. GPRS 系统中各部分的作用

(1) MS：当移动台使用 GPRS 时，移动台已是一个数据终端，将数据发给与之连接的计算机或从计算机下载数据。

(2) BSS：在 GPRS 网络中负责分配空中的信道资源，并在移动台和 SGSN 之间转发信息。

(3) SGSN：对移动终端进行鉴权和移动性管理，记录移动台的当前位置信息，建立移动终端到 GGSN 的传输通道，接收从 BSS 送来的移动台的分组数据，通过 GPRS 骨干网传送给 GGSN 或者将其分组发送到同一服务区内的移动台。SGSN 还可集成计费网关、边缘网关(负责实现不同的 GPRS 网络之间的互连)和防火墙的功能。

(4) GGSN：连接 GPRS 网络与外部数据网络的结点，主要起网关作用，它可以和多种不同的数据网络连接，如 ISDN、PSPDN 和 LAN 等。对于外部数据网络来说，它就是一个路由器，负责存储已激活的 GPRS 用户的路由信息。GGSN 接收移动台发送来的数据，进行协议转换，并转发至相应的外部网络，或接收来自外部网络的数据，传送给相应的 SGSN。另外，GGSN 还可具有地址分配、计费、防火墙功能。

SGSN 和 GGSN 可分可合，即它们的功能可以由一个物理节点全部实现，也可以由不同的物理节点实现。它们都有 IP 路由的功能，并能与 IP 路由器互连。

3. GPRS 如何提高带宽利用率

GPRS 网络是通过在 GSM 网络结构中增添两个新的网络结点(GPRS 业务支持结点、GPRS 网关支持节点)和一个软件,将现有的网络进行升级,将分组交换功能加到 GSM 网络,形成 GSM 和 GPRS 双模空中接口,把电路交换和分组交换结合在一起操作,其移动数据的格式与 GSM 技术兼容,由于实现了分组交换,故能高效地与分组交换网连接。

分组交换意味着大量的 GPRS 用户可以共享相同的带宽,而且由同一单元提供服务。

4. GPRS 承载的业务

GPRS 承载的业务主要有两种类型:点到点(Point to Point,PTP)业务和点到多点(Point to Multi-Point Group Call,PTM)业务。点到点业务在两个用户之间提供一个或多个分组的传输,由服务请求者请求服务,服务提供者接受请求并提供服务。点到多点业务是将单一信息传送到多个用户。这种业务分为 3 类:PTM 广播业务、PTM 群呼业务、IP 多播业务。

5. GPRS 的缺点

(1) 在实际应用中速率比理论值要低得多。要达到 GPRS 传输速率的理论值最大可达 171.2Kb/s 是有条件的,即要求用户占用 8 个时隙且没有防错保护。一个网络运营商不可能把 8 个时隙全部给一个用户使用,因此,用户使用的带宽也将受到限制。所以,理论上的 GPRS 带宽最大速率受到网络和终端现实条件的制约。

(2) 转接时延。GPRS 分组通过不同方向发送数据,最终达到相同的目的地。这样,数据在通过无线链路传输过程中可能发生分组丢失,或发生错误。有关标准组织意识到了无线分组技术这一固有特性,引入了数据完整性鉴别和重发策略,由此也产生了转接时延。

(3) 在实际应用中,不同业务会互相干扰。对于不同用途而言只有有限的无线资源可供使用。例如,语音和 GPRS 数据都使用相同的网络资源,这势必会造成一些相互干扰。

8.3 CDMA 通信原理

8.3.1 扩频通信的基本概念

扩频技术是将原始信号的带宽变换为比原始带宽宽得多的传输信号,以此达到提高通信系统抗干扰能力的目的。

扩频原理如图 8.10 所示。

发送端将发出的基带数据流信号被扩频序列调制后形成宽屏信号(展宽信号),发射到空中,在接收端,需要具备正确的定时和相同的扩频序列码,将展宽信号还原成基带信号。

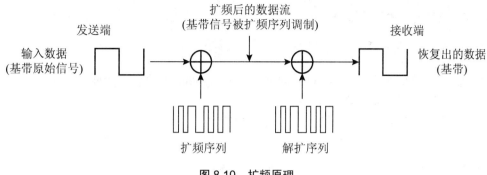

图 8.10 扩频原理

扩频通信具有以下特点。

1. 抗干扰能力强

扩频通信系统展开的频谱越宽，处理增益越高，抗干扰能力就越强。简单地说，如果信号频谱展宽 10 倍，那么干扰方面需要在更宽的频带上去进行干扰，分散了干扰功率，从而在总功率不变的条件下，其干扰强度只有原来的 1/10。此外，接收端由于采用扩频码序列进行相关检测，即使空中有同类信号进行干扰，如果不能检测出有用信号的码序列，干扰也起不了太大作用，因此抗干扰能力强是扩频通信最突出的优点。

2. 信息保密性好

由于扩频信号在很宽的频带上被扩展了，单位频带内的功率就很小，即信号的功率谱密度很低，所以应用扩频码序列扩展频谱的直接序列扩频系统，可在信道噪声和热噪声的背景下，在很低的信号功率谱密度上进行通信，信号被湮没在噪声里，很不容易被发现，想进一步检测出信号的参数就更加困难。

3. 易于实现码分多址

由于扩频通信中存在扩频码序列的扩频调制，可充分利用各种不同码型扩频序列之间优良的自相关特性和互相关性，在接收端利用相关检测技术进行解扩，则在分配给不同用户不同码型的情况下，系统可以区分不同用户的信息，这样在同一频带上许多用户可以同时通话而互不干扰。

4. 抗多径干扰

在无线电通信中的各个频段——短波、超短波、微波和光波中存在大量的多径干扰(多径是无线电信号从发射天线经过多个路径抵达接收天线的传播现象。大气层对电波的散射、电离层对电波的反射和折射，以及山峦、建筑等地表物体对电波的反射都会造成多径传播)。一般方法是采用分集接收技术，或设法把不同路径的不同延迟信号在接收端从时间上对齐相加，合并成较强的有用信号，这两种基本方法在扩频通信中都是很容易实现的。

8.3.2 CDMA 技术的发展演进

1. IS-95A 和 IS-95B——第二代 CDMA 技术标准

IS-95A 是 1995 年美国 TIA(Telecommunications Industry Association，电信工业协会)正式颁布的窄带 CDMA(N-CDMA)标准。

IS-95B 是 IS-95A 的进一步发展，于 1998 年制定的标准。主要目的是能满足更高比特速率业务的需求，IS-95B 可提供的理论最大比特速率为 115Kb/s，实际只能实现 64Kb/s。

IS-95A 和 IS-95B 均有一系列标准，其总称为 IS-95。

2. CDMA one——第二代 CDMA 技术标准

CDMA one 是基于 IS-95 标准的各种 CDMA 产品的总称，即所有基于 CDMA one 技术的产品，其核心技术均以 IS-95 作为标准。

3. CDMA 2000 和 IS-2000——第三代 CDMA 技术

CDMA 2000 是美国向 ITU(International Telecommunications Union，国际电信联盟)提出的第三代移动通信空中接口标准的建议，是 IS-95 标准向第三代演进的技术体制方案，这是一种宽带 CDMA 技术。CDMA 2000 室内最高数据速率为 2Mb/s 以上，步行环境时为 384Kb/s，车载环境时为 144Kb/s 以上。

IS-2000 则是采用 CDMA 2000 技术的正式标准总称。IS-2000 系列标准有 6 部分，定义了 MS 和基站系统之间的各种接口。

4. CDMA 2000-1X/CDMA 2000-3X/CDMA 2000-1XEV

CDMA 2000-1X 原意指 CDMA 2000 的第一阶段(速率高于 IS-95，低于 2Mb/s)，可支持 307.2Kb/s 的数据传输、网络部分引入分组交换，可支持移动 IP 业务。

CDMA 2000-3X 有人称为 CDMA 2000 第二阶段，实际上并不准确。它与 CDMA 2000-1X 的主要区别是前向 CDMA 信道采用 3 载波方式，而 CDMA 2000-1X 用单载波方式。因此它的优势在于能提供更高的速率数据，但占用频谱资源也较宽，在较长时间内运营商未必会考虑 CDMA 2000-3X，而会考虑 CDMA 2000-1XEV。

CDMA 2000-1XEV 是在 CDMA 2000-1X 基础上进一步提高增强的速率体制，采用高速率数据技术，能在 1.25MHz(同 CDMA 2000-1X 带宽)内提供 2Mb/s 以上的数据业务，是 CDMA 2000-1X 的边缘技术。3GPP(The 3rd Generation Partnership Project)已开始制定 CDMA 2000-1XEV 的技术标准，其中用高通公司技术的称为 HDR，用摩托罗拉和诺基亚公司联合开发的技术称为 1XTREME，中国的 LAS-CDMA 也属此列。

与 GSM 不同，由 GSM 演进的 GPRS 为第二代半产品，CDMA 并无第二代半产品。

IS-95 为第二代，IS-2000(包括 CDMA 2000-1X、CDMA 2000-3X、CDMA 2000-1XEV 等)均属第三代产品。当然，各系列产品之间的业务性能、功能还是有明显的差别的。

CDMA 的商用网络主要分布在北美、亚太、南亚和非洲，代表的主流营运商有 Verizon、

Sprint、KDDI、SKT、中国电信、Reliance，主要的设备供应商为：中兴通讯、阿朗、摩托罗拉、北电、华为。

CDMA 终端的供应商为 TCL、诺基亚、三星、摩托罗拉、LG、Kyocera、Sanyo、SKT、AirLink、AnyDATA 及海信、海尔、联想、华为、中兴通讯等，整个终端产业发展迅速，终端的商用款式也很丰富。

8.3.3 IS-95CDMA 通信原理

IS-95CDMA 采用直接序列扩频通信，在发送端，待传语音通过模→数转换，将模拟语音转换成 9.6Kb/s 的二进制数据信息，通过 1.228Mchip/s(chip：码片，CDMA 的扩频单位)高速率的码序列扩频调制，使信道中传输信号的带宽远远大于原始信号本身的带宽。在接收端，接收机不仅接收到有用信号，同时还接收到各种干扰噪声，利用本地产生的码序列进行相关解扩，本地码序列与扩频信号中码序列一致，因此可还原出原始窄带信号，再通过数→模转换，恢复为原始语音。

CDMA 移动通信系统主要由调制、扩频、解扩、解调等构成。为保证相关检测，接收端除了实现载波同步外，还必须保证地址码的同步。码分多址通信系统中是以地址码码型区分用户的，因此，码型正交性要好，码的数量要多，以容纳更多用户。

在 CDMA 移动通信系统中，基站发往移动台的信号链路，称为下行链路(或前向链路)，由移动台发往基站的信号链路，称为上行链路(或反向链路)。图 8.11 为简化的 CDMA 系统下行链路组成框图，图 8.12 为简化的 CDMA 系统上行链路组成框图。

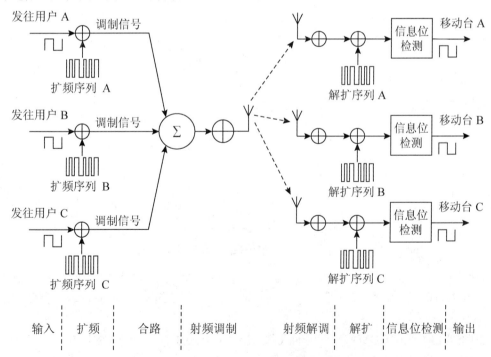

图 8.11 简化的 CDMA 系统下行链路组成

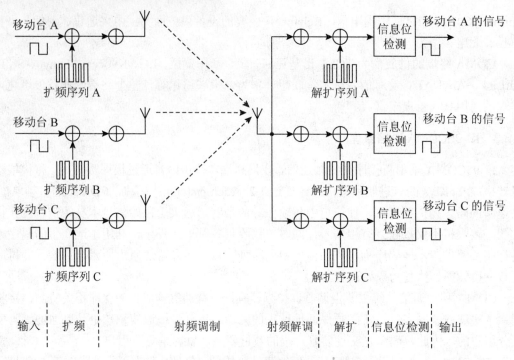

图 8.12 简化的 CDMA 系统上行链路组成

8.3.4 CDMA 系统的网络结构

IS95CDMA 与 GSM 同属第二代数字移动通信，它们的网络结构基本相同。但由于 CDMA 采用的技术与 GSM 不同，因此其功能结构与信道结构差别较大。

CDMA 的网络结构符合典型的数字蜂窝移动通信的网络结构，如图 8.13 所示。

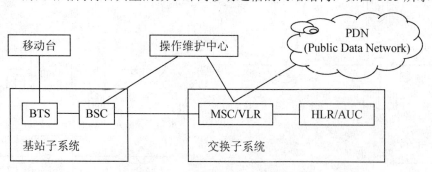

图 8.13 CDMA 系统的网络结构

图中 BTS 为基站收发信台，BSC 为基站控制器，MSC 为移动交换中心，VLR(Visitor Location Register，拜访位置寄存器)，HLR(Home Location Register，归属位置寄存器)，AUC 为鉴权中心。

由图 8.13 可知，CDMA 系统由四大部分组成：基站子系统(含 BTS 和 BSC)、交换子系统(含 MSC、VLR、HLR、AUC)、操作维护子系统和移动台。交换子系统各部分的功能简要介绍如下。

①MSC 是完成对位于它所服务的区域中的移动台进行控制、交换的功能实体,也是蜂窝网与其他公用交换网或其他 MSC 之间的用户话务的自动设备。②VLR 是 MSC 作为检索信息用的位置寄存器。例如,它可以处理发至或来自一个拜访用户的呼叫信息。③HLR 是为了记录注册用户身份特征的位置寄存器,登记的内容是用户信息、服务项目信息、当前位置、批准有效时间段等。④AUC 是一个管理与移动台相关的鉴权信息的功能实体。

8.3.5 CDMA 2000 1x 无线网络技术简介

CDMA 2000 技术体制的正式标准名称为 IS-2000,由美国电信工业协会(Telecommunications Industry Association,TIA)制定,并经 3GPP2 批准成为一种第三代移动通信的空中接口标准,是为了满足 3G 无线通信系统的要求而提出来的,是 IMT 2000 系统的主要模式之一。按照标准规定,CDMA 2000 系统的一个载波带宽为 1.25MHz,如果系统分别独立使用每个载波(单载波),则被称为 CDMA 2000 1x 系统,如果系统将 3 个载波捆绑使用(3 载波),则被称为 CDMA 2000 3x 系统。

CDMA 2000 1x 系统使用一个 1.25MHz 带宽的载波,前向信道和反向信道均用码片速率为 1.228MHz chip/s 的单载波直接序列扩频方式,可以与现有的 IS-95 后向兼容。在相同的条件下,其语音容量为 IS-95 系统的 2 倍,数据业务容量是 IS-95 系统的 3.2 倍。CDMA 2000 1x 还引入了快速寻呼信道,减少了移动台功耗,提高了移动台待机时间。此外,系统在无线信道类型、物理信道调制方面,都有很大的增强。在网络部分,根据数据传输的特点,引入了分组交换机制,可以支持移动 IP 也和 QoS(Quality of Service,服务质量)功能,能适应更多、更复杂的第三代业务。

CDMA 2000 1x 的网络体系结构如图 8.14 所示。

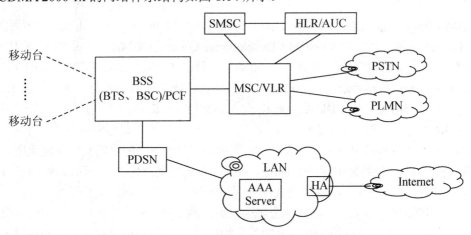

图 8.14 CDMA 2000 1x 系统的网络结构

图中各组成部分说明如下。

(1) BSS:包括基站收发信机和基站控制器,一个 BSC 可以控制多个 BTS。

(2) PCF(Packet Control Function):CDMA 2000 1x 新增物理实体,其作用主要是对移动用户所进行的分组数据业务进行转换、管理与控制。

(3) SMSC(Short Message Service Center，短信息服务中心)：负责在基站和移动台之间中继、储存或转发短消息。

(4) MSC、VLR、HLR、AUC：这 4 部分的作用前面已阐述过，这里只是增加了对分组数据业务的支持与控制。

(5) PDSN(Packet Data Serving Node，分组数据服务节点)：CDMA 2000 1x 新增物理实体，为 CDMA 2000 1x 移动通信网络系统中的移动台提供接入 Internet、Intranet 和 WAP 的能力，类似于接入服务器。

(6) HA(Home Agent，归属代理)：CDMA 2000 1x 新增物理实体，移动台在归属网络上的路由器，负责维护移动台的当前位置信息，完成"移动 IP"的登记功能。当移动台离开归属网络时，将数据包发送到 FA(Foreign Agent，外地代理)，由 FA 转发给移动台。只有使用"移动 IP"时才需要 HA，功能上类似于部分归属位置寄存器。

(7) AAA Server(Authentication，Authorization，Accounting Server，认证、鉴权、计费服务器)：CDMA 2000 1x 新增物理实体，主要作用是对分组数据用户进行鉴权，判断用户的合法性，保存用户的业务配置信息，完成分组数据的计费功能。功能上类似于鉴权中心和部分归属位置寄存器。

8.3.6　CDMA 2000 1x EV-DO 简介

CDMA 2000 1xEV-DO 的简称是 EVDO，EVDO(EV-DO)实际上是 3 个单词的缩写：Evolution(演进)、Data(数据)、Only(仅仅)。1xEV 的意思是"'Evolution"，也表示标准的发展，DO 的意思为 Data Only(后来有为了能够更好地表达此技术的含义，把 Data Only 改为 Data Optimized，表示 EV-DO 技术是对 CDMA 2000 1X 网络在提供数据业务方面的一个有效的增强手段)。

CDMA 2000 1x EV-DO 标准最早起源于高通公司的 HDR(High Data Rate，高速率数据)技术，1997 年，高通就向 CDG(CDMA Development Group，CDMA 开发组)提出了 HDR 的概念，此后经过不断地完善和实验在 2000 年 3 月以 CDMA 2000 1x EV-DO 的名称向 3GPP2(3rd Generation Partnership Project 2，第三代合作伙伴计划 2)提交了正式的技术方案。CDMA 2000 1xEV-DO，是 CDMA 2000 1x 向 3G 演进的一条路径的一个阶段。这一路径有两个发展阶段，第一阶段为 1xEV-DO，即"Data Only"，可以使运营商利用一个与 IS-95 或 CDMA 2000 相同频宽的 CDMA 载频就可实现高达 2.4Mb/s 的前向数据传输速率，目前已被国际电联 ITU 接纳为国际 3G 标准，并已具备商用化条件。第二阶段称 1xEV-DV。1xEV-DV 意为"Data and Voice"，可以在一个 CDMA 载频上同时支持话音和数据。2001 年 10 月 3GPP2 决定以朗讯、高通等公司为主提出的 L3NQS 标准为框架，同时吸收摩托罗拉、诺基亚等提出的 1xTREME 标准的部分特点，来制定 1xEV-DV 标准。2002 年 6 月，该标准最终确定下来，其可提供 6Mb/s 甚至更高的数据传输速率。

1x EV-DO 是一种专为高速分组数据传送而优化设计的 CDMA 2000 空中接口技术，已经发展出 Release 0 和 Release A 等两个版本。其中，Release 0 版本可以支持非实时、非对称的高速分组数据业务；Release A 版本可以同时支持实时、对称的高速分组数据业务传送。

一方面 1x EV-DO 的市场份额在不断扩大；另一方面 1x EV-DV 的发展前途越发不明朗。可以认为，1x EV-DO 作为 CDMA 2000 1x 的比较现实的演进技术，在 CDMA 2000 1x 的进一步发展中将占据重要的地位。

1. CDMA 2000 1x EV-DO 设计思想

1x EV-DO 系统最初是针对非实时、非对称的高速分组数据业务而设计的。高速传送是对 1x EV-DO 系统设计的核心功能要求，高速意味着需要基于有限的带宽资源，利用蜂窝网络向移动用户提供类似于有线网络(如 ADSL)那样的高速数据业务。最初设计 1x EV-DO 系统时，主要是为了提供网页浏览、文件下载等无线 Internet 业务，它们要么具有非实时的特点，对业务的 QoS 没有严格的要求；要么具有非对称的特点，要求前向(下行)链路的传送速率和吞吐量明显高于反向(上行)链路。显然，随着业务的发展，对 1x EV-DO 系统功能要求也将随之提高。在 CDMA 2000 1x 系统中，中低速数据业务和语音业务是码分复用的，共享基站发射功率、扩频码和频率资源。基站通过快速闭环功率控制技术补偿因信道衰落带来的影响，从而获得较高的频谱利用效率，对于中低速数据及语音业务而言，这是最佳的选择。但是，对于高速分组数据业务，这种快速功率控制并不能保证系统具有很高的频谱利用效率，尤其是当高速分组数据业务与传统的语音业务采用码分方式共享频率和基站功率资源时，系统效率会较低。

1x EV-DO 系统的基本设计思想是将高速分组数据业务与低速语音及数据业务分离开来，利用单独载波提供高速分组数据业务，而传统的语音业务和中低速分组数据业务由 CDMA 2000 1x 系统提供，这样可以获得更高的频谱利用效率，网络设计也比较灵活。在具体设计时，应充分考虑到 1x EV-DO 系统与 CDMA 2000 1x 系统的兼容性，并利用 CDMA 2000 1x/1x EV-DO 双模终端或混合终端(Hybrid Access Terminal)的互操作，来实现低速语音业务与高速分组数据业务的共同服务。

2. CDMA 2000 1x EV-DO 的特点

CDMA 2000 1x EV-DO 系统与 CDMA 2000 1x 系统相比，具有以下特点。
1) 前向链路采用时分复用

CDMA 2000 1x EV-DO 系统充分利用了数据通信业务的不对称性和数据业务对实时性要求不高的特征，前向链路设计为时分多址方式。在给定的某一时隙，某一用户接收服务，不同用户在不同时刻接受服务。当用户没有数据传输时，就不必给用户分配信道。在反向链路上，采取类似于 CDMA 2000 1x 的码分多址方式。而 CDMA 2000 1x 前向、反向均采用码分多址技术。

2) 速率控制

在 1x EV-DO 网络中，前向链路的发射功率不变，即没有功率控制机制，这是因为在某一时刻，只有一个用户将得到前向载波的全部功率。但是，它采用了速率控制机制，速率随着前向射频链路质量而变化。基站不决定前向链路的速率，而是由移动终端根据测得的 C/I(Carrier/Interference，载波干扰比，指收到的希望电平与非希望电平的比值)请求最佳的数据速率，此所谓自适应速率控制。

3) 自适应调制编码技术

根据前向射频链路的传输质量，移动终端可以要求 9 种数据速率，最低为 38.4Kb/s，最高为 2 457.6Kb/s。在 1.25MHz 的载波上能传输如此高速的数据，其原因是采用了高阶调制解调并结合了纠错编码技术。

4) 调度程序使射频资源发挥最大效能

在基站中有一个调度程序决定下一个时隙给哪一个用户使用。对于 1x EV-DO，当移动终端处于衰落(电磁波在传播过程中，由于传播媒介及传播途径随时间的变化而引起的接收信号强弱变化的现象称为衰落。例如，在收话时，声音一会儿强，一会儿弱，这就是衰落现象。移动通信中信号随接收机与发射机之间的距离不断变化即产生了衰落)状态时，基站的调度程序就不给它分配传输时间或少分配传输时间。调度程序向某一用户分配时隙是根据移动终端请求的速率与其平均吞吐量之比最高的原则。这就是 1x EV-DO 的多用户分集增益，从而增加网络的容量。

5) 反向链路数据速率控制

在 1x EV-DO 系统中，对反向链路移动终端使用的数据速率没有直接的控制，移动终端传送的分组中携带了数据速率的信息。

基站向移动终端广播反向链路的占用情况比特(RAB)，以此向移动终端指示反向链路是否满载。如果反向链路满载，RAB 就置成"忙"。此时，移动终端将根据基本试验的随机数，降低反向链路传送的数据速率或保持速率不变。如果随机数高于某一特定数据速率的阈值，该数据速率则降低，所以，数据速率越高，速率降低的可能性就越大。

6) 虚拟软切换

在软切换状态时，移动台同时与两个或两个以上的基站联系，所以软切换会占用多个基站的资源，IS-95A 和 CDMA 1x 前向和反向链路均支持软切换、更软切换与硬切换。在 CDMA 1x EV-DO 系统中，由于前向链路速率高、功率大和实时数据业务等特点，前向链路的业务信道上没有采用软切换技术，而是采用虚拟软切换，是最快速小区交换技术。而在前向链路的控制信道上以及反向链路上，系统仍旧采用软切换技术，以保证较好的通信质量。

以下是硬切换、软切换和更软切换的概念。

(1) 硬切换：不同频率的基站或扇区之间的切换，在切换过程中，移动台必须在一指定时间内，先中断与原基站的联系，调谐到新的频率上，再与新基站取得联系。因此，硬切换是"先断开，后切换"，切换时，要在原话音信道上送切换指令，移动台需要暂时停止通话，然后调谐到新的信道频率上。

(2) 软切换：软切换是同一频率不同基站之间的切换，在切换过程中，移动台同时与原基站和新基站都保持着通信链路，一直到与新基站通信稳定后，才断开与原基站的连接。因此，软切换是"先切换，后断开"，在切换过程中，移动台并不中断与原基站的联系，真正实现了"无缝"切换。

(3) 更软切换：同一小区内的不同扇区(Sector)之间的切换称之为更软切换，对于移动台来说，软切换和更软切换的过程相同。

7) 引入了广播和组播业务

为了使类似于电视节目的广播服务更有效地在移动通信网络中传输，CDMA 2000 1x

EV-DO 引入了广播和多播业务,多播 IP 流在空中只传播一份备份,多个用户就可以接收,从而大大节省空间链路资源,降低了用户费用。

8) 继承性

与 IS-95A、CDMA 2000 1x 具有相同的射频特性、码片速率、功率要求、覆盖区域等。CDMA 2000 1x EV-DO 相同基站可以共享 CDMA 2000 1x 基站的射频发射设备、放大器和滤波器,但 CDMA 2000 1x EV-DO 与 IS-95A、CDMA 2000 1x 采用不同的频点(频率点),需要增加相应的 CDMA 2000 1x EV-DO 专用载频。CDMA 2000 1x EV-DO 能平滑地从 CDMA 2000 1x 升级,最大限度地保护了运营商的现有投资。

9) 核心网采用 IP

CDMA 2000 1x EV-DO 基于无线 IP 网络结构,支持与 CDMA 2000 1x 之间的切换。

8.4 WCDMA 和 TD-SCDMA 无线网络技术简介

8.4.1 UMTS 与 WCDMA

20 世纪 90 年代初期,欧洲电信标准协会(European Telecommunications Standards Institute,ETSI)就开始为 3G 标准征求技术方案,并把 3G 技术统称为 UMTS(Universal Mobile Telecommunications System),意为通用移动通信系统,其中 WCDMA(带宽 5MHz)建议是其多种方案之一。其后,日本的积极参与极大地推动了 3G 标准的全球化步伐。1998 年,日本和欧洲在宽带 CDMA 建议的关键参数上取得一致,使之正式成为 UMTS 体系中 FDD(Frequency Division Duplexing,频分双工)频段的空中接口的入选技术方案,并由此通称为 WCDMA。W 即宽带,以有别于源于北美的窄带 CDMA(带宽 1.25MHz)标准。

顺理成章,UMTS 进一步成为国际标准化组织 3GPP 制订的全球 3G 标准之一。作为一个完整的 3G 移动通信技术标准,UMTS 并不仅限于定义空中接口。它的主体包括 CDMA 接入网络和分组化的核心网络等一系列技术规范和接口协议。

为了既保护现有网络投资,又可灵活应用最先进的技术创新,3G 标准的指导思想是网元可分别独立演进,网络要实现平滑过渡。其总体目标是最终实现全 IP 化的全球宽带移动通信网络。具体讲,就是无线接入网技术和核心交换网技术各有自己的演进路线。在接入技术方面,特别是空中接口,3GPP 致力于不断提高频谱利用率,除 WCDMA 作为首选空中接口技术获得不断完善外,UMTS 还相继引入了 TD-SCDMA 和 HSDPA(High Speed Downlink Packet Access,高速下行分组接入)技术。前者是中国的技术提案,中国的提案首次成为国际主流通信标准。后者是引入了利于超高速数据传送的速率控制技术,使下行链路无线数据传输速率达到 10Mb/s。在核心网技术方面,则引入了分组软交换技术,为顺应 IP 多媒体应用的发展趋势,引入了 IP 多媒体域,也就是 IMS(IP Multimedia Subsystem,IP 多媒体子系统),以实现全 IP 多业务移动网络的最终发展目标。

上述技术标准的持续发展,体现为 3GPP 的 UMTS 标准的 4 个版本:R99、R4、R5、R6(见表 8-2),形成了一个庞大的而内部又相对独立的标准体系。WCDMA 是其中最早也是最完善的首选空中接口技术,并为欧洲、亚洲和美洲的 3G 运营商所广泛选用。

表 8-2　3GPP 规范的演进版本

3GPP 发布的版本	冻结时间	要　点
3GPP R99	2000	频分双工和时分双工通用地面无线接入网络的诞生； 移动网增强逻辑的客户化应用(CAMEL)第三阶段； 位置服务(LCS)； 引入新的编解码算法(窄带自适应多速率)
3GPP R4	2001	引入 GSM/EDGE 无线接入网(GERAN)概念； 与承载无关的电路交换(CS)域将移动交换中心(MSC)分为 MSC 服务器和媒体网关； 引入流媒体； 多媒体消息业务
3GPP R5	2002 年 3 月～6 月	引入 IP 多媒体子系统(IMS)； 在分组交换(PS)域引入 IPv6； 在通用地面无线接入网络(UTRAN)中传输 IP 分组； 引入高速下行链路数据分组接入(HSPDA)； 引入新的编解码算法(宽带 AMR)； 移动网增强逻辑的客户化应用(CAMEL)第四阶段； 增强的开放业务结构
3GPP R6	2004 年 12 月	多输入多输出(MIMO)天线； IP 多媒体子系统(IMS)第二阶段； 无线局域网(WLAN)与 UMTS 互通； 多媒体广播和组播(MBMS)

例如，如果一个 3G 运营商采用 R99 定义的 WCDMA 接入网和 R4 规范中引入的软交换核心网，他可以说是基于 UMTS 的 R4 版本。当然，如果采用 TD-SCDMA 和 R99 定义的电路交换核心网，也可以称为部署了 R4 的 UMTS 网络。

8.4.2　UMTS 的系统结构

1．UMTS 单元结构

由于 WCDMA 是最早也是最成熟的 UMTS 系统空中接口规范，所以有时也把 UMTS 系统称为 WCDMA 通信系统。UMTS 系统由核心网(Core Network，CN)、UMTS 陆地无线接入网(UMTS Radio Access Network，UTRAN)和用户装置(User Equipment，UE)组成。UMTS 网络在设计时遵循无线接入网与核心网的功能尽量分离的原则，即对无线资源的管理功能集中在无线接入网完成，而与业务和应用有关的功能在核心网执行。UMTS 网络单元构成如图 8-15 所示。

图中，UE 包括两部分，即移动设备(Mobile Equipment，ME)和 USIM。

UTRAN 负责处理所有与无线通信有关的功能，包括两部分，即 Node B 和 RNC(Radio Network Controller，无线网络控制器)。Node B 是 WCDMA 系统的基站，包括无线收发信机和基带处理部件，主要功能是扩频、调制、信道编码及解扩、解调、信道解码，还包括基带信号和射频信号的相互转换等功能；同时，Node B 也参与无线资源管理。RNC 是 UTRAN 提供给 CN 所有业务的业务接入点，拥有和控制它管辖内的无线资源。

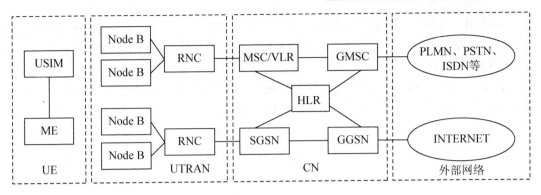

图 8.15 UMTS 网络单元构成示意图

CN 负责对语音及数据业务进行交换和路由查找，以便将业务连接至外部网络。CN 中的主要网络单元包括移动交换中心/访问位置寄存器(MSC/VLR)、网关移动交换中心(Gateway Mobile Switching Centre，GMSC)、服务 GPRS 支持节点(Serving GPRS Supporting Node，SGSN)、网关 GPRS 支持节点和归属位置寄存器等。

外部网络也可以分成两类，即电路交换网络(语音网络)和分组交换网络(数据网络)。

2．UTRAN 陆地无线接入网

UTRAN 的结构如图 8.16 所示。

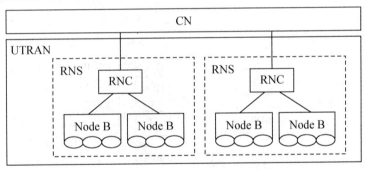

图 8.16 UTRAN 的结构

UTRAN 的主要功能包括：①系统的接入控制；②无线信号的收发和无线信道的加密、解密；③与移动相关的功能；④无线资源的管理与应用。

UTRAN 包含一个或几个无线网络子系统(RNS)。一个 RNS 由一个无线网络控制器和一个或多个基站(Node B)组成。RNC 用来分配和控制与之相连的 Node B 的无线资源。Node B 则完成用户与 RNC 之间的数据流转换，同时也参与一部分无线资源管理。

RNS 是用户与核心网 MSC 和 SGSN 的连接枢纽，是一个逻辑概念，RNS 把语音信息送往 MSC，数据信息送往 SGSN。

每个 RNS 管理一组小区的资源。通常 UE 和 UTRAN 的扇区连接时，只涉及一个 RNS，此时这个 RNS 称为 SRNS(服务 RNS)；但是由于软切换的出现，可能会发生一个 UE 与 UTRAN 的连接使用多个 RNS 资源的情况，这时就引入了 DRNS(漂移 RNS)的概念，DRNS 通过提供自己的无线资源支持 SRNS。

Node B 是 UMTS 系统无线收发信机,与 RNC 互连,主要功能是信道编码和交织、速率匹配、调制和扩频,还包括基带信号和射频信号的相互转换等功能,同时它还完成一些无线资源管理功能。

RNC 用来支持和管理它下面所带的 Node B,控制它所带 Node B 的无线资源,为 Node B 提供相应的服务。它还用于控制 UTRAN 的无线资源,并与 CN 相连。RNC 的具体功能包括执行系统信息广播与系统接入控制功能,切换和 RNC 迁移等移动性管理功能,宏分集合并、功率控制、无线承载分配等无线资源管理和控制功能。

3. 用户设备

UE 是用户终端设备,它与无线网络设备进行数据交互,为用户提供电路交换域和分组交换域内的各种业务功能,包括普通语音、数据通信、移动多媒体、Internet 应用等。UE 中的移动设备(ME)用于完成语音或数据信号在空中的接收和发送,USIM 用于识别唯一的移动台使用者。

4. 核心网

核心网 CN 负责与其他网络的连接和对 UE 的通信和管理,其功能包括:①呼叫的处理和控制;②信道的分配和管理;③越区切换和漫游的控制;④用户位置信息的登记与管理;⑤用户号码和移动设备号的登记和管理;⑥对用户实施鉴权、互连功能;⑦计费功能。

CN 的结构如图 8.17 所示。

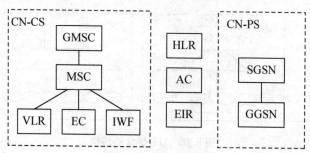

图 8.17 CN 的结构

CN 由 3 部分组成:核心网-电路交换网(Core Network-Circuit Switched,CN-CS)、核心网-分组交换(Core Network-Packet Switched,CN-PS)及两者公有的部分。

其中,CN-CS 主要处理语音信息,包括网关移动交换中心、移动交换中心、访问位置寄存器、互通设备(Inter Working Facility,IWF)和回声消除(Echo Cancellation,EC)等功能设备;CN-PS 主要处理数据信息,包括 GGSN 和 SGSN;CN-CS 与 CN-PS 的公共部分主要完成注册、鉴权功能,包括归属位置寄存器、鉴权中心(Authentication Center,AC)、设备识别寄存器(Equipment Identity Register,EIR)。

8.4.3 WCDMA 的主要技术特点

从字面上看，WCDMA 就是宽带 CDMA 的意思。宽带是指 WCDMA 的频点带宽为 5MHz，有别于源于北美的窄带 CDMA 技术，如 CDMA 2000 1x，其频点带宽 1.25 MHz。当然，后来宽带又演绎为用户可以获得类似于固定宽带(如 ADSL)般的业务体验，即 WCDMA 技术可以用来承载移动宽带业务。

WCDMA 是一种空中接口技术，应用于移动通信系统的无线网络及终端用户。与其他 3G 的空中接口技术相比，尤其是与 CDMA 2000 1x 空中接口相比，WCDMA 技术在无线方面具有两个鲜明的特点。

1. 频点更宽

WCDMA 采用了 5MHz 的频点带宽，是 CDMA 2000 频点带宽的 4 倍，因此可以采用高达 3.84 Mchip/s 的码率，是 CDMA 2000 码率 1.2288 Mchip/s 的 3 倍以上。这样 WCDMA 就可以提供数倍于 CDMA 2000 的上、下行业务速率，这对提高数据业务的用户体验非常有帮助。

2. 复用更充分

复用更充分来源以下两个方面的要求。

(1) WCDMA 是 3G 技术，因此需要支持多媒体业务，业务种类自然很多，如常用的业务有语音业务、视频电话业务、分组数据业务和高速分组数据业务等。另外，每个用户还可以同时进行多项业务，如语音业务与数据业务的组合，需要支持并发的业务。

(2) 由"频点更宽"带来的。由于 WCDMA 频点带宽很大，充分利用这些带宽就很关键，需要尽量减少浪费。

因此，WCDMA 采用了各种复用技术，例如，将语音和数据等混合在一起进行信道编码，同时在一个物理信道上传递；又如采用功率复用技术，实现 R99 业务与 HSPA 业务混合在同一载频上传送。

此外，WCDMA 还具有基站同步方式可选、可变速率传输、同步码捕获、多种切换方式等优点，由于涉及太强的技术型，此处不一一赘述。

8.4.4 TD-SCDMA 无线网络技术

1. TD-SCDMA 技术概述

3G 的数据传输业务包括对称的电路交换业务、非对称的分组交换业务和数据率高达 2Mb/s 的 Internet 业务。

对称语音业务和非对称 Internet 业务具有最高优先级。基于频分双工的 3G 提案(如 WCDMA 和 CDMA 2000)是在成对载波频带上的对称传输模式，它们能使对称的语音和多媒体业务很好地被优化，但是，对于非对称业务，由于一个链路方向的传输速率低于另一个链路方向的传输速率，总的频谱利用率将大大降低。Internet 和移动业务日益融合发展的趋势需要更新的传输模式来适应。由中国信息产业部电信科学研究院(China Academy of

Telecommunications Technology，CATT)和以大唐移动通信设备有限公司首席科学家李世鹤为首的团队主持制定的时分同步码分多址 TD-SCDMA(Time Division Synchronous CDMA) 标准适应了 3G 这一要求。

  2001 年 3 月 16 日 TD-SCDMA 被 3GPP 列为 3G 采用的 5 种技术中三大主流技术之一，与 UTMS 和 IMT-2000 的建议完全融合，其标准包含在 3GPP 的 R4 中。归属在该标准中的还有 UTRA-TDD，但 UTRA-TDD 的技术研究已处于停顿状态，只有 TD-SCDMA 成功走向商用，成为 TDD 方式的唯一代表，肩负着 TDD 方式技术继续发展的国际重任。TD-SCDMA、WCDMA 和 CDMA 2000 主要空中接口参数见表 8-3。

表 8-3 TD-SCDMA、WCDMA 和 CDMA 2000 主要空中接口参数对照表

主要空中接口	TD-SCDMA	WCDMA	CDMA 2000
载波带宽	上下行共享一个频带，共 1.6MHz	成对频带，单向 5MHz	成对频带，单向 1.25 MHz(1x) 成对频带，单向 3.75 MHz(3x)
多址方式	TDMA/DS-CDMA(1.6 MHz) FDMA/TDMA/DS-CDMA (5 MHz，3 个载波)	DS-CDMA(5 MHz)	DS-CDMA(1.25 MHz) MC-CDMA(3.75 MHz)
双工模式	TDD	FDD	FDD
码片速率 (Mchip/s)	1.28	3.84	1.2288(1x) 3.6864(3x)
时隙数	10 个时隙/子帧	15 个时隙/帧	—
同步要求	基站间同步 多用户同步	基站间同步或异步	基站间 GPS 同步

  TD-SCDMA 的目标是要确立一个具有高频谱效率和高经济效益的先进的移动通信系统。TD-SCDMA 被设计成不管是对于对称业务还是非对称业务，都能表现出最佳性能的系统。在 TDD 模式下，在周期性重复的时间帧中传输基本的 TDMA 突发脉冲的工作模式(和 GSM 相同)。通过周期性地转换传输方向，TDD 允许在同一个载波上交替地进行上下行链路传输。TDD 方案的优势在于可以改变上下行链路间转换点的位置，当进行对称业务时，选择对称的转换点位置；当进行非对称业务时，可在一个适当的范围内选择转换点位置。这样，对于对称业务和非对称两种业务，TDD 模式都可以提供最佳的频谱利用率和最佳的业务容量。

  TD-SCDMA 是目前唯一明确地将智能天线和高速数字调制技术设计在 3G 系统标准中的技术，也是唯一采用 FDMA、TDMA、CDMA 和 SDMA 4 种多址接入方式组合的技术，一方面和 WCDMA 及 CDMA 2000 共存，与时俱进；另一方面，它也在创造一条差异化竞争和发展的新路。

  2. TD-SCDMA 系统的网络结构与关键技术

  TD-SCDMA 系统的网络结构与 UMTS 的网络结构是一样的，如图 8.15 所示，在 8.4.2 节已对其进行了较详细的介绍，所以这里只讨论 TD-SCDMA 的关键技术。

  TD-SCDMA 率先采用了许多先进和特色技术，包括 TDD 的非对称业务技术、智能天线技术、多用户联合检测技术、动态信道分配技术、上行同步技术、软件无线电技术、接

力切换技术、高速分组数据传输技术、低码片速率接入技术等关键技术等，这些技术都符合移动通信未来的发展方向。

1) TDD 技术

(1) TDD 能使用各种频率资源，不需要特定双工间隔的成对频率。

(2) TDD 适用于不对称的上下行数据传输速率，特别适用于 IP 型的数据业务。

(3) TDD 上下行工作于同一频率，对称的电波传播特性使之便于使用诸如智能天线等新技术，达到提高性能、降低成本的目的。

(4) TDD 系统设备成本较低，比 FDD 系统低 20%～50%。

可见，移动通信一定是以 FDD 为主流的传统论点已受到挑战，TDD 系统在第三代移动通信中的位置已不可动摇。

(5) 需要更复杂的网络规划与优化技术。

2) 智能天线技术

TD-SCDMA 是 TDD/CDMA，其上下行互易性使智能天线能产生最大的载波干扰比(C/I)，由于不使用智能天线的 CDMA 小区内，所有移动终端均相互干扰，这是 CDMA 容量受限制的主要原因，也是 CDMA 干扰受限系统，因此干扰的降低就等效于容量的增加。

此外，智能天线还提高了基站接收机的灵敏度，扩大了小区的覆盖范围，降低了无线基站的成本。

3) 多用户联合检测技术

CDMA 系统(包括 TDD/CDMA)由于采用正交码性能不理想，在空中传输的信号存在两种主要干扰：即同一用户数据的信号间干扰和不同用户数据之间的多址干扰。在 TD-SCDMA 系统中，克服这两类干扰的主要手段是采用联合检测技术。

4) 低码片速率接入技术

TD-SCDMA 的多址接入方式为直接扩频码分多址 DS-CDMA，扩频后的带宽为 1.6MHz，因此被称为低码片速率，其双工方式采用 TDD 方式。在 TD-SCDMA 低码片速率接入方式中，除了直接扩频码分多址外，还包括了时分多址方式的部分，可以看作 TDMA/CDMA 相结合的产物，而且还可以进一步做 FDMA 划分。正是由于这一特点，它比同样采用 TDD 方式的 UTRA TDD 占用带宽窄，而且效率更高。

5) 软件无线电技术

比其他 3G 系统更多、更早地使用软件无线电技术，为今后发展建立无缝连接网络、解决多频、多模式和多业务的终端和基站问题打下了良好的基础。

6) 接力切换

采用接力切换，降低了掉话率，提高了切换的效率。

研究前沿与探讨

1. 第三代移动通信的局限

(1) 难以达到高的通信速率。第三代移动通信采用的是 CDMA 技术，CDMA 本身是一个自扰系统，所有的移动用户都占用相同的带宽和频率，因此在系统容量有限的情况下，用户数越多，越难以达到高的通信速率，不能满足用户对高速多媒体业务的需求。

(2) 难以提高动态范围多速率业务。由于第三代移动通信空中接口标准对核心网有所限制，因此第三代移动通信难以提供具有多种 QoS 及性能的各种速率的业务。

(3) 难以实现不同频段的不同业务环境间的无缝漫游。由于采用不同频段具有不同业务环境，因此需要移动终端配置相应不同的软、硬件模块，而第三代移动终端目前尚不能实现多业务环境的不同配置。

(4) 第三代移动通信仍是基于地面、标准不统一的区域性通信系统。

由于上述种种原因，第三代移动通信对无线多媒体业务的提供能力及质量仍然无法满足人们参与网络、享受网络生活的通信要求，并且网络的智能化仍有待提高。这些应用需求不是当前哪一种网络技术、哪一种系统单独能够满足的。

2. 4G 的概念

目前业界对第四代移动通信(4TH Generation，4G)的定义从不同的角度给出了多种提法，以下是普遍认可的一种解释。

4G 可称为宽带接入和分布式网络，具有非对称的超过 100Mb/S 的室外数据传输能力和 1Gb/s 的室内数据传输能力；包括宽带无线固定接入、宽带无线局域网、移动宽带系统和互操作的广播网络(基于地面和卫星系统)等。此外，4G 是多功能集成的宽带移动通信系统，也是宽带接入的 IP 系统。

4G 应满足以下 6 个基本期望。

(1) 需要具有很高的传输速率和传输质量。未来的移动通信网络应该能够承载大量的多媒体信息，因此要具备 100Mb/s 的室外最大数据传输速率和 1Gb/s 的室内最大数据传输速率的非对称上下行链路速率、地区的连续覆盖、QoS 机制、很低的比特开销等功能。

(2) 灵活多样的业务功能。未来的移动通信网络应能使各类媒体、通信主机及网络之间进行无缝连接，使得用户能够自由地在各种网络环境间漫游，并不会察觉到业务质量上的变化，因此，新的移动通信网络要具备内体转换、网络之间移动管理及鉴权、AD Hoc(自组网)、代理等功能。

(3) 高度智能化的无线网络、未来的无线网络将是一个高度自治、自适应的网络，具有很好的重构性、可变性、自组织性等，以便于满足不同用户在不同环境下的通信需求。

(4) 核心网是一个基于 IP 的网络。核心网独立于各种具体的无线接入方案，能提供端到端的 IP 业务，能够和已有的核心网和 PSTN 等兼容。核心网具有开放的结构，允许各种空中接口接入核心网；同时核心网能把业务、控制和传输分离。

(5) 开放的平台。未来的移动通信网络应在移动终端、业务节点及无线网络机制上具有开放性，使得用户能够自由的选择协议、应用和网络；应用业务提供商和内容提供商能够提供独立于操作的业务及内容；使定位信息和计费信息能够在各个网络和各类应用之间共享。

(6) 高度可靠的鉴权及安全机制，能够作用于广泛的功能范围。未来的移动通信网络是一个基于分组的数据网络，如何保证数据的安全可靠将直接影响到整个网络的生存力，也会影响到用户对整个网络的信任程度。

本 章 小 结

移动通信指两个通信体有一方是移动体，即可以是两个移动体之间的通信，如两个人用手机通话，也可以是移动体与固定体之间的通信，如车辆、船舶、飞机与固定体之间的通信。

移动通信为人们提供了便捷的通信手段，使人们在生活工作中可以更有效地利用时间，这是它快速发展的主要原因。移动通信技术的发展和可靠性的不断提高，使它成为现代通信中不可或缺的手段，是一种理想的通信方式。

移动通信系统一般由移动站(Mobile Station，MS，手机是移动站的一种，也称移动台)、基站(Base Station，BS)、移动交换中心(Mobile Switching Center，MSC)及与公用电话交换网(Public Switched Telephone Network，PSTN)相连接的中继线等组成。大容量移动通信系统可以由多个基站构成一个移动通信网。每个基站的覆盖区域实际上是一个圆形的，相邻基站覆盖区域一般有重叠，为方便画图，将基站的覆盖区域画成正六边形，多个基站的覆盖区域就有多个正六边形，画在一起形似蜂窝，这就是蜂窝通信中"蜂窝"一词的由来。

无线通信网络中，每个移动台和基站都要占用通信频率，蜂窝系统中以信道区分通信对象，一个信道只能容纳一个用户进行通话，许多同时通话的用户，要占用不同的频率范围，即占用不同的信道，这就是多址。移动通信系统是一个多信道同时工作的系统，具有广播信道和大面积覆盖的特点，在无线通信环境的电波覆盖范围内，如何建立用户之间无线信道的连接，是多址接入方式的问题。解决多址接入问题的技术称多址技术。

多址技术指射频信道的复用(共享)技术，对于不同的移动台和基站发出的信号赋予不同的特征，使基站能从众多的移动台发出的信号中区分出是哪个移动台的信号，移动台也能识别基站发出的信号中哪一个是发给自己的。信号特征的差异可表现在某些特征上，如工作频率、出现时间、编码序列等，在带宽资源一定的条件下，多址技术直接关系到蜂窝移动系统的容量。蜂窝系统中常用的多址方式有频分多址(FDMA)、时分多址(TDMA)、码分多址(CDMA)等。

GSM 是第二代移动通信系统，为了提供中高速数据业务，并使 GSM 能向 3G 平滑过渡，人们在 GSM 的基础上提出了通用分组无线业务(General Packet Radio Service，GPRS)，GPRS 承载的业务主要有两种类型：点到点(PTP)业务和点到多点(PTM)业务。点到点业务在两个用户之间提供一个或多个分组的传输：由服务请求者请求服务，服务提供者接受请求并提供服务。点到多点业务是将单一信息传送到多个用户。这种业务分为 3 类：PTM 广播业务、PTM 群呼业务、IP 多播业务。

扩频技术是 CDMA 的技术基础，所谓扩频技术，就是将原始信号的带宽变换为比原始带宽宽得多的传输信号，以此来达到提高通信系统抗干扰能力的目的。

3G 的数据传输业务包括对称的电路交换业务、非对称的分组交换业务和数据率高达 2Mb/S 的 Internet 业务。

WCDMA 和 CDMA 2000 是基于基于频分双工(FDD)的空中接口技术，而 TD-SCDMA 是时分与频分相结合的空中接口技术。3 种 3G 标准的差别主要表现在链路复用方式、速率控制方式、自适应调制编码技术、切换方式、天线技术等。3 种空中接口技术各自有各自的演进路线。

4G 是一种宽带接入和分布式网络，具有非对称的超过 100Mb/S 的室外数据传输能力和 1Gb/s 的室内数据传输能力；包括宽带无线固定接入、宽带无线局域网、移动宽带系统和互操作的广播网络(基于地面和卫星系统)等。此外，4G 是多功能集成的宽带移动通信系统，也是宽带接入的 IP 系统。

每 课 一 考

一、填空题

1. 移动通信系统按使用对象分类，可分为(　　　　)和(　　　　)；按信号性质可分为(　　　　)和(　　　　)。
2. IMT-2000 网络预期给用户提供的基本服务包括(　　　　)、(　　　　)、(　　　　)和(　　　　)。
3. 移动通信系统一般由(　　　　)、(　　　　)、(　　　　)及(　　　　)等组成。
4. 基站的覆盖范围称为(　　　　)，它的大小，主要由(　　　　)和(　　　　)决定。
5. 移动交换中心的功能主要是(　　　　)和(　　　　)。
6. 在实际的移动通信系统中，直接影响系统容量、性能的因素主要有 3 个(　　　　)、(　　　　)和(　　　　)。
7. 频分多址用于传输(　　　　)信号，时分多址只用于传输(　　　　)信号。
8. GPRS 网络是通过在 GSM 网络结构中引入两个新的网络结点实现的，这两个结点是(　　　　)和(　　　　)。
9. GPRS 承载的业务主要有两种类型：(　　　　)和(　　　　)。
10. IS95 属于第(　　　　)代 CDMA 技术，CDMA 2000 属于第(　　　　)代 CDMA 技术。

二、选择题

1. IMT-2000 计划的带宽是(　　)Mb/s。
   A．1.5　　　　B．2　　　　C．3　　　　D．5
2. CDMA 2000 提案由(　　)公司提出。
   A．爱立信　　　B．摩托罗拉　　　C．高通　　　D．三星
3. TDMA 的含义是(　　)。
   A．频分多址　　B．码分多址　　　C．波分多址　　D．时分多址
4. 信号扩频的主要目的是(　　)。
   A．提高带宽　　　　　　　　　　　B．减小误码率
   C．提高抗干扰能力　　　　　　　　D．适应数字传输特点

5．现阶段，欧洲的 3G 标准是( )。
   A．WCDMA　　　　B．CDMA 2000　　　　C．TD-SCDMA　　　　D．GSM
6．我国提出的 3G 标准是( )。
   A．WCDMA　　　　B．CDMA 2000　　　　C．TD-SCDMA　　　　D．GSM
7．无线电信号从发射天线经过多个路径抵达接收天线的传播现象称为( )。
   A．多径　　　　　　B．绕射　　　　　　C．反射　　　　　　D．展宽
8．GSM 系统采用( )通信方式。
   A．码分　　　　　　B．单工　　　　　　C．双工　　　　　　D．全双工
9．在 CDMA 移动通信系统中，从基站侧来看，基站到移动台的链路称为( )链路。
   A．反行　　　　　　B．前行　　　　　　C．下行　　　　　　D．上行
10．欧洲电信标准协会把 3G 技术统称为( )。
   A．CDMA 2000　　　B．UMTS　　　　　　C．WCDMA　　　　D．LTE

三、判断题

1．WCDMA 提案是摩托罗拉公司提出的。　　　　　　　　　　　　　　　　( )
2．CDMA 系统中，任意两个用户的地址码正交。　　　　　　　　　　　　　( )
3．硬切换是"先断开，后切换"。　　　　　　　　　　　　　　　　　　　( )
4．软切换是"先切换，后断开"。　　　　　　　　　　　　　　　　　　　( )
5．WCDMA 允许在同一个载波上交替地进行上下行链路传输。　　　　　　　( )
6．我国现行使用的 3 种 3G 标准中，需要使用智能天线技术的是 CDMA 2000。( )
7．蜂窝系统中，人口密集的城市地方，单个小区的覆盖范围更大。　　　　( )
8．GSM 的频带宽度是 25MHz。　　　　　　　　　　　　　　　　　　　　　( )
9．GSM 系统不能提供非语音业务。　　　　　　　　　　　　　　　　　　　( )
10．CDMA 2000 系统的一个载波带宽为 1.25MHz。　　　　　　　　　　　　　( )

四、问答题

1．简述小区分裂的概念及其作用。
2．简述码分多址(CDMA)原理。
3．简述现阶段 GSM 系统使用的 4 个频段。
4．简述蜂窝系统中频率复用原理。

技 能 实 训

1．您使用的是哪种制式的手机，通过查看手机设置和资料，弄清您的上网带宽。
2．通过查资料，比较一下中国移动、中国联通、中国电信 3 家运营商，哪家的网络设备更为复杂。
3．查资料，即将实施的 4G 标准主要指标有哪些？

案例分析

根据以下案例所提供的资料，试分析：

(1) 查资料：比较 TD-LTE 与 FDD-LTE 两种 4G 标准。

(2) 查资料：TD-LTE 的基带芯片生产商有哪几家？

(3) 中国在 4G 上要完全与世界同步，技术上还要做哪些工作？

4G，离我们有多远？

□ 目前，国际上 4G 通信标准有 TD—LTE 和 FDD—LTE 两种。FDD—LTE 标准已于去年年初在欧美国家正式商用。

□ 作为我国主导开发的新一代宽带移动通信技术，TD—LTE 已于 2010 年 10 月被国际电信联盟定为 4G 技术标准。除杭州外，上海、南京、广州、深圳、厦门 5 个城市也将开展 4G 网络体验。

2012 年 4 月，杭州 B1 快速公交线免费开放了 4G 网络，使杭州成为我国第一个开放 4G 体验网络的城市。

1. 4G 到底有多快

在杭州乘坐 B1 快速公交车的乘客，只要带上具备 Wi-Fi 功能的智能手机、平板计算机，就能免费体验 4G 网络的畅快速度。在 B1 的车头车尾及公交站台上，都安装了无线路由器，将 4G 网络转化成 Wi-Fi 信号。杭州率先在公交线路上开放 4G 体验网络，这是移动 4G 网络在国内首次尝试向社会开放。

4G 网络到底有多快？在 B1 车上用手机打开在线视频播放软件，随机点开一部电影，两三秒便完成缓冲后即可流畅播放。下载一首 4M 大小的歌曲，单击"下载"按钮，就会听到"叮"的一声，下载完成。

在网络信号良好的情况下，4G 网络下载一首 7M 大小的高品质歌曲只需 1s；下载一张 700M 的 CD 文件只需 2min；下载一部 2.8G 的大英百科全书，8min 可完成；下载一部 40G 容量的蓝光 3D 影片，需两个小时。

不过，在 B1 车上下载高清电影时速度并不理想，平均速率在 450KB/s 左右。目前在 B1 公交上，4G 测试网速最高可达 70M，一般稳定在 40M 左右。如果车上多人同时在观看或下载高清视频，会出现网络压力过大的情况。

B1 快速公交车是杭州目前载客量最大、线路最长的公交车之一。选择在这一公交线路上率先开放 4G 体验网络，旨在让更多普通市民"零门槛"亲密接触 4G，充分体现其"快速"和"移动"的特性。

2. 平滑演进加速 4G 网络建设，预计资费不比 3G 贵

据了解，目前杭州已有近 100 个 TD-LTE 基站。到 2012 年年底将建成 2 000 个基站，预计可覆盖杭州主城区及萧山、余杭主城区。目前除 B1 公交车之外，杭州紫荆家园小区也作为试点率先享受 4G 网络。

作为我国主导开发的新一代宽带移动通信技术，TD-LTE 已于 2010 年 10 月被国际电信联盟定为 4G 技术标准。据了解，除了杭州，上海、南京、广州、深圳、厦门 5 个城市也将开展 4G 网络体验。

值得一提的是，中国移动浙江分公司与华为公司共同研发的 3G 向 4G 网络的平滑演进技术，使 4G 建网成本下降了 90%，也使单个基站的建设时间从 2 个月左右缩减到了 3 天。

"按原有的独立建网的建设方式，要增加天线和其他设备。现在这种方式，原来的天线及网络设备均可以共用，只要更换电路板，在电路板和天线之间布放少量的光纤，就能实现网络升级。"中国移动浙江公司总经理钟天华说。

对于网友关心的 4G 资费问题，移动公司表示，由于目前杭州的 4G 网络还处于体验阶段，收费政策还没有制订，但肯定不会比 3G 贵。

据了解，目前国际上的 4G 通信标准有 TD-LTE 和 FDD-LTE 两种。FDD-LTE 标准已于 2011 年年初在欧美国家正式商用。截至 2011 年 10 月，全球有 248 家运营商已确定了部署 LTE 商用网络计划，其中，35 家的网络已正式商用，还有 150 家公司的商用网络正在部署。

3. 技术和国外几乎同步，专家建议尽快推进 4G 商用

有网友发出疑问，还没有完全进入 3G 时代，为什么就要用 4G 呢？通信专家项立刚告诉记者，3G 和 4G 不是一个取代和被取代的关系。很多手机是多频多模的，支持 4G 的手机肯定可以支持 3G，也支持 2G。发展 4G 就是为了让大家在有可能的情况下享受到更快的网速。

"4G 技术的很多东西和现有技术兼容，核心网、传输网、管理平台等都可以共用。"项立刚说，现有基站可以实现平滑过渡，只有一部分比较老的基站可能需要升级。

项立刚说，总体上看，现在的 4G 技术已经比较成熟了，技术上没有问题。因为牌照发放等问题，我国 4G 的应用相对滞后一点，但在技术上和国外相比几乎同步。

虽然 TD-LTE 已受到了国际认可，但 4G 在我国的商用进程却远远落后于日本、印度等国家。"目前国际上的格局是，FDD 技术已商用近一年，掌握 TD 技术和控制装备生产的企业主要是中国企业，但这些企业忙于承接国外订单。"全球网总裁方兴东说，"国内的 4G 网络马上需要主管部门'吹哨子'，否则这个市场是不会启动的。"

有专家认为，鉴于中国移动现有的 3G 升级到 4G 网络的费用可以大幅缩减，而联通的 WCDMA 网络和电信的 CDMA 2000 网络本身就可以以极少的代价向 4G 平滑演进，我国将 4G 进行大规模商业化应用的时机已经成熟。

除了让用户享受更快的速度以外，4G 还会带来哪些变革？项立刚认为，在速度越来越快的情况下，网络终端也会发生一些变化，如云计算，在没有高速网络的情况下，云计算没有意义。网速对云计算等相关技术的发展具有重要的提升作用，随之而来的还有计算能力、存储能力的变化等。

(资料来源：人民日报. 4G，离我们有多远 [EB/OL]. (2012-4-5). [2012-9-29]. http://zj.people.com.cn/n/2012/0405/c186327-16907042.html.)

第9章 移动定位技术

知识结构

```
案例导航 — 移动定位技术概述 — 移动定位技术的分类 — 室内定位技术 — 定位技术的应用

美国GPS系统真会崩溃吗?

1. 物理位置与抽象位置
2. 相对位置与绝对位置
3. 定位精度与准确度

1. 定位原理与策略
2. 基于移动网络的定位技术
3. 基于移动终端的定位技术
4. 移动定位技术的比较

1. GPS定位技术
2. 无线定位技术

1. 基于移动蜂窝网络定位系统的应用
2. GPS的主要应用
```

知识要点

1. 各种移动定位技术的基本原理。
2. GPS 系统的构成与原理。
3. 移动定位技术的主要应用领域。

学习方法

1. 由一般到具体：移动定位技术分类—各类定位技术基本原理—具体的定位技术。
2. 核心知识掌握：距离测量方法、角度测量方法、位置计算方法。
3. 空间想象模拟：GPS 卫星想象、差分 GPS 及辅助 GPS 想象。

案例导航

美国的 GPS 系统真的会崩溃吗？

美国政府 2009 年的报告警告称，由美国空军管理的 GPS 已经不再可靠并"接近崩溃"，2010 年年初可能开始失效。2009 年 5 月 20 日美国《空军时报》披露了更多相关内容，GPS 的遭遇并非特例，从军用通信、导航到导弹预警等几乎所有美国卫星系统都存在类似情况。

《空军时报》的报道称，审计办公室提交美国国会的一份调查报告显示，由于五角大楼太空计划规划失当和采用一些过于激进、未经验证的技术，导致预算严重超支和进度拖延，甚至可能造成军用卫星性能方面的空白。该报告称，美国部分卫星项目至少拖延了 7 年之久，这让美国在保密军用通信、导航设备和导弹预警系统及其他领域内都出现漏洞。

如图 9.1 所示为 GPS 制导卫星。

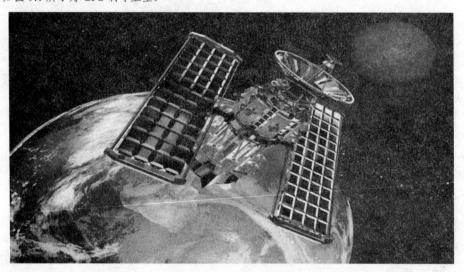

图 9.1　GPS 制导卫星

政府审计处主管采购的官员克里斯蒂娜·查普伦说："2009 年这种形势更为明显，太空计划采购方面的问题造成我们在一些重要的防卫能力上出现欠缺。"在对 GPS、通信卫星等 7 个重大太空计划进行检查后发现，这些项目比最初预算增加 109 亿美元。查普伦认为，造成这种现象的原因是五角大楼提出的标准太高，同时要求采用新的未经验证的先进技术，而另一方面又低估了研制费用，造成预算严重超支和进度拖延。

审计处特别警告说，美国可能无法按时获得新的卫星作为军用和民用 GPS 发生故障时的替补，因此原来的 GPS 可能在 2010 年将无法使用。报告称，"最近数年，空军希望在支出和计划限期之内完成维修任务，但遇到极大技术问题"。结果空军在管理 GPS 系统上超支约 8.7 亿美元，更换新一代卫星的时间也延迟到 2009 年 11 月。原来美国当局本来希望在 2013 年之前，投资逾 58 亿美元，为现有的 GPS 卫星群进行更新及补给，但"目前仍未知空军是否能及时将新卫星送上太空，以维持现行 GPS 系统不受干扰"。报告警告，若到 2010 年初仍无法顺利完成更新行动，将对全球所有 GPS 使用者造成广泛冲击。目前 GPS 系统广泛应用于飞机、船只、汽车导航以及各种商业活动，同时它在军用领域更具有无可替代的地位,大批精确制导武器都依靠 GPS 提供引导,一旦 GPS 失效,将造成灾难性的后果。

一名中国航天专家在接受《环球时报》记者采访时表示,作为掌握最先进太空技术的美国,GPS 等重要卫星系统并没有那么容易崩溃。由于 GPS 卫星的设备复杂程度高于"铱星",更不是小型卫星可比拟的,因此它发射前的准备工作需要一个月以上,不可能像小型卫星那样一旦有损坏能立刻填补。但目前在轨的 GPS 卫星有 31 颗,而只需要 24 颗即可实现全球精确定位,因此目前 GPS 系统仍有相当数量的备份卫星可以随时替换故障卫星。同时仅 2008 年全球的 GPS 市场产值就高达 300 亿美元,即使只从经济方面考虑,美国也绝不会放任 GPS 系统失效。

(资料来源:司古,马俊. 美称若 GPS 崩溃后美军大批精确制导武器成废铁[EB/OL]. (2009-5-24). [2012-9-22]. http://mil.news.sina.com.cn/2009-05-24/1001552730.html.)

通过这个案例,我们应思考 3 个问题:
1. GPS 是怎样实现全球定位的?
2. 除美国的 GPS 外,世界上还有哪些国家有 GPS?
3. GPS 的应用领域有哪些,市场产值如何高达数百亿美元?

9.1 移动定位技术概述

移动定位服务是从美国开始启动和发展起来的。1996,美国联邦通信委员会(Federal Communications Commission,FCC)强制要求所有无线业务提供商,在移动用户发出紧急呼叫时,必须向公共安全服务系统提供用户的位置信息和终端号码,以便对用户实施紧急救援工作,并要求到 2001 年 10 月,67%的呼叫定位精度达到 125m。此后,日本、德国、法国、瑞典、芬兰等国家纷纷推出各种各具特色的商用定位服务。

随着无线通信系统的发展和移动用户的不断增加,对定位业务的需求也与日俱增,如公共安全、紧急救援服务、基于位置的计费、资产管理、欺诈检测和路由向导等业务,而不同的定位业务对定位精度的要求不相同,相应地,所需的定位技术也不同,如基于位置的计费要求的定位精度不高,使用 CELL-ID(小区识别)定位技术即可实现;而路由向导要求比较高的定位精度,只能使用 GPS(Global Positioning System,全球定位系统)定位技术和混合定位技术才能实现。

这些需求大大推动了定位技术的发展,经过多年对无线定位的研究,现已开发出了多种定位技术,并在此基础上,各种各样的定位业务和应用也蓬勃发展起来。

移动定位涉及计算机科学技术、数学和移动无线通信技术等多个学科的知识,一些有关移动定位的基本概念比较容易混淆,因此先介绍一些基本概念。

9.1.1 物理位置信息和抽象位置信息

定位系统提供的位置信息可以分为两类:物理意义上的位置信息和抽象意义上的位置信息。物理意义上的位置信息指被定位物体具体的物理或数学层面上的位置数据。例如,

GPS 可以测得一幢建筑位于北纬 50°47'21"，东经 110°56'49"，海拔 20.3。相对而言，抽象的位置信息可以表达为，这栋建筑物位于公园的小树丛中或校园的主教学楼附近等。

从应用的角度讲，不同的应用需要的位置信息抽象层次也不尽相同，有些只需要物理位置信息；而有些则需要抽象意义上的位置信息，单纯的物理位置信息对它们来说是透明的，或是没有意义的。当然，物理位置信息可以在附加信息库的帮助下，转换并映射为抽象层次的位置信息，这里附加的信息库往往是外部提供的数据源。不同的定位系统可以提供的位置信息抽象层次也不同。GPS 是一种典型的可以提供物理位置信息的定位系统；而移动通信网络中普遍使用的 Cell-ID 定位只能告诉确定被定位物体当前所在的蜂窝小区 ID 号。

9.1.2 相对位置和绝对位置

定位系统提供的位置数据还有相对和绝对之分。相对和绝对的概念与物理学中的相对和绝对的概念类似。绝对位置指在同一个参照系前提下的位置。例如，所有的 GPS 接收设备所提供的经度、纬度、海拔等数据都是基于同一个参照系的，在同一地理位置的两个 GPS 接收设备显示的位置信息是相同的。

而相对位置是在不同的参照系中得出的，每一个物体都可能有自己的参照物。处于相同地理位置的物体因为对应的参照物不同，位置数据也可能不同。

9.1.3 定位精度和定位准确度

定位精度和定位准确度是两个紧密联系的概念，如一个射击运动员，他的成绩有可能是 9~10.9 环，可以这样描述他的成绩，90%的情况下成绩是 10.1 环，90%就相当于定位准确度，10.1 环相当于定位精度。孤立的指出某个定位系统的定位精度或定位准确度，都是没有意义的。典型的正确描述应该是，A 定位系统可以在 95%的概率下达到 10m 的定位精度。其中，"95%"描述的是定位准确度，10m 描述的是定位精度。定位精度越高，相应的定位准确度就越低，反之亦然。

不同的应用对定位精度往往有着自己特殊的、明确的要求而忽略或含糊其辞对定位准确度的要求。例如，老人或儿童监护需要的定位精度为 500m 以内，而某些室内的应用则可能需要厘米级的定位精度。美国 FCC 要求在 2001 年 10 月 1 号前所有的"911"呼叫定位服务需要精确到 125m，而且准确率要达到 67%，则是同时对定位精度和准确度作出了明确的规定。

通过增加定位设备的密度或综合使用多种不同的定位技术，可以同时提高定位系统的精度和准确度。一般说来，室内应用需要的定位精度要比室外应用高。

9.2 移动定位技术的分类

9.2.1 定位原理与策略

无线定位技术通过对无线电波的一些参数进行测量，根据特定的算法判断被测物体的位置。测量参数一般包括无线电波的传输时间、幅度、相位和到达角等。定位精度取决于测量的方法。从定位原理的角度来看，定位技术大致可以分为 3 种类型：基于三角关系和运算的定位技术、基于场景分析的定位技术和基于临近关系的定位技术。

1. 三角/双曲线关系

三角/双曲线关系的定位技术根据测量得出的数据，利用几何三角或双曲线关系计算被测物体的位置，它是最主要的、也是应用最为广泛的一种定位技术。基于三角或双曲线关系的定位技术可以细分为两种：基于距离测量的定位技术和基于角度测量的定位技术。

1) 基于距离测量的定位技术

这种定位技术先要测量已知位置的参考点(A、B、C 三点)与被测物体之间的距离(R_1、R_2、R_3)，然后利用三角知识计算被测物体的位置。有 3 种测量距离的方法。

(1) 直接测量。这种方法通过物理动作和移动来测量参考点与被测物体之间的距离。例如，机器人移动自己的探针，直到触到障碍物，并把探针移动的距离作为自己与障碍物之间的一个距离参数，显然这种方法只适合于短距离测量。

(2) 传播时间。在已知传播速度的情况下，无线电波传播的距离与它传播的时间成正比。这种测量方法需要注意的问题有：①无线电波的传播特性。因为无线电波在传播的过程中可能会发生反射，而测量端无法区分直接到达的无线电波和经过反射到达的无线电波，所以容易造成测量的误差。一般的解决方法是多测几次，求出统计意义上的测量值。②时钟精度。因为无线电波的传播速度很快，所以为了减小测量误差必须使用高精度的时钟。③时钟同步。参与同一个定位过程的参考点之间必须保证时钟的同步，这样才能保证测量结果的正确性和精度。如果由被测物体自己进行测量，那么被测物体和参与同一个定位过程的参考点必须保证时钟的同步；如果采用测量往返时间的方法，那么只要测量端保证足够的时钟精度即可。

(3) 无线电波能量衰减。已知发射电波的强度，在接收方测量收到的电波强度，以此估计出发射端距离接收端之间的距离。例如，在理想传播环境下，无线电波的衰减与 $1/r^2$ 成正比(r 为传播距离)。实际上，无线电波在空间传播时能量的衰减受多种因素影响，相比传播时间测量方法没有优势。

2) 基于角度测量的定位技术

基于角度的定位技术与基于距离测量的定位技术在原理上是相似的。两者主要的不同在于前者测量的主要是角度，而后者测量的是距离。一般来说，如果要计算被测物体的平面位置(即二维位置)，那么则需要测量两个角度和一个距离。同理，如果要计算被测物体的立体位置(即三维位置)，那么则需要测量三个角度和一个距离。基于角度测量的定位技术需要使用方向性天线，如智能天线阵列等。

2. 基于场景分析的定位技术

基于场景(信号指纹)分析的定位技术对定位的特定环境进行抽象和形式化，用一些具体的、量化的参数描述定位环境中的各个位置，并用一个数据库把这些信息集成在一起。业界习惯上将上述量化后的位置特征信息形象地称为信号"指纹"。观察者根据待定位物体所在位置的"指纹"特征查询数据库，并根据特定的匹配规则确定物体的位置。由此可以看出，这种定位技术的核心是位置特征数据库和匹配规则，本质上是一种模式识别方法。Microsoft 的 RADAR 无线局域网定位系统就是一个典型的基于场景分析的定位系统。

3. 基于临近关系的定位技术

基于临近关系进行定位的技术原理是，根据待定位物体与一个或多个已知位置参考点的临近关系来定位。这种定位技术通常需要标志系统的辅助，以唯一的标示来确定已知的各个位置。这种定位技术最常见的例子是移动蜂窝通信网络中的 CELL-ID。假设待定位物体分别位于 3 个 CELL 中。由于各个 CELL 中参考点的位置已知，所以根据待定位物体所在 CELL 可以粗略确定其位置。

4. 定位策略

从定位策略的角度来看，定位技术可以分为基于移动终端的定位和基于网络的定位两种。基于移动终端的定位指定位计算由移动终端自主完成，移动终端能够自行确定自身当前的位置。基于网络的定位主要由网络系统收集待定位移动终端的信息并计算移动终端的当前位置。如果再对以上两种定位策略进行细分，前一种定位策略又可以分为基于移动终端的定位和网络辅助定位两种；而后一种定位策略又可以分为基于网络的定位和移动终端辅助定位两种。

9.2.2 基于移动网络的定位技术

1. 基于 CELL-ID 的定位技术

基于 CELL-ID 的定位技术是目前最简单的定位技术，它的原理是通过获取目标手机所在的蜂窝小区 ID 来确定其所在的位置，提供给定位用户。目标手机可能处在不同的状态，当核心网发出 LCS(Location Services，位置服务)的请求后，SRNC(Serving Radio Network Controller，服务无线网络控制器)要查询 UE(由 Mobile Equipment，ME 和 USIM，即移动设备组成)的状态，如果目前 UE 处在其他状态，SRNC 对 UE 进行寻呼，以确定蜂窝的 ID。为了提高精度，SRNC 还采用 RTT(用于频分双工 FDD 中)或 Rx 时间偏差(用于时分双工 TDD 中)测量方法。当 UE 处于软切换状态时，它可能与附近的几个蜂窝都处在连接状态，通常用以下几种方法确定蜂窝 ID。

(1) 选择信号质量最好的蜂窝。

(2) 选择 UE 和 B 接口(定义为用户位置寄存器 VLR 与移动交换中心 MSC 之间的内部接口，用于 MSC 与 VLR 之间交换移动台位置信息)连接使用的蜂窝。

(3) 选择最近与 UE 有关的蜂窝。

(4) 选择 UE 上一个使用的，而且还没有准备切换的蜂窝。

(5) 选择到 B 接口距离最短的蜂窝。

(6) 选择在收到 SRNC 请求时与 UE 处在连接状态的蜂窝。

对蜂窝的选择可以基于 RTT 的测量或者 UE、B 接口收到的信号的功率强度,在选定好蜂窝的 ID 后,还需要将其转换成地理坐标或服务区。

这是一种最基本的定位技术,适用于所有的蜂窝网络。它不需要移动台提供任何定位测量信息,也无须对现网进行改动,只需要在网络侧增加简单的定位流程处理即可,因而最容易实现,目前这种定位技术已经在各移动网络中广泛使用。

显而易见,这种定位方法的精度完全取决于移动台所处蜂窝小区的大小,网络根据移动台当前的服务基站的位置和小区覆盖定位移动台。若小区为全向小区,则移动台的位置是以服务基站为中心的一个圆内;若小区分扇区,则可以进一步确定移动台处于某扇区覆盖的范围内。从几百米到几十公里不等。在农村地区,小区的覆盖范围很大,所以 CELL-ID 的定位精度很差。而城区环境的小区覆盖范围较小,一般小区半径在 1~2km,对于繁华的城区,有可能采用微蜂窝,小区半径可能到几百米,此时 CELL-ID 的定位精度将相应提高为几百米。

由于 CELL-ID 定位不需要移动台的定位测量,并且空中接口的定位信令传输很少,所以定位响应时间较短,一般在 3s 以内。

2. 到达时间 TOA 定位技术

TOA(Time of Arrival,达到时间)和 TDOA(Time Difference of Arrival,达到时间差)都是基于电波传播时间的距离测量定位技术,都需要同时至少有 3 个位置已知的基站合作才能完成,如图 9.2 所示。

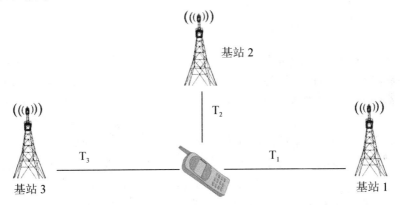

图 9.2 TOA 定位信号传播

Location＝GetLocation([Position1,T_1], [Position2,T_2], [Position3,T_3])

TOA 电波达到时间定位基本原理是,由基站 $i(i=1,2,3)$ 测量得到 T_i,由 $T_i \times c$(信号传播速度)得到设备到基站之间的距离 R_i,然后根据几何知识建立方程组并求解,从而得到 Location 值,如图 9.3 所示。

R_1,R_2 和 R_3 分别表示 MS 和 3 个 BS 之间的距离,利用平面几何知识,可以列出 3 个圆方程;可以得到关于距离组合(R_1,R_2,R_3)的一个方程组:

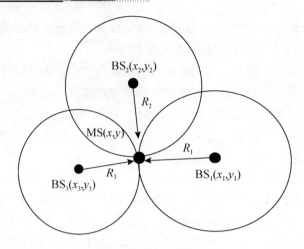

图 9.3　TOA 定位原理图

$$\begin{cases} R_1^2=(x_1-x)^2+(y_1-y)^2 \\ R_2^2=(x_2-x)^2+(y_2-y)^2 \\ R_3^2=(x_3-x)^2+(y_3-y)^2 \end{cases}$$

解这个方程组求出 x，y，即是 MS 的当前坐标。

图中距离的计算完全依赖于时间，因此 TOA 算法对系统的时间同步要求很高，任何很小的时间误差都会被放大很多倍，同时由于多径效应的影响又会带来很大的误差，因而单纯的 TOA 很少在实际中应用。

3. 到达时间差 TDOA 定位技术

到达时间差 TDOA 定位技术是通过检测信号到达两个基站的时间差，而不是到达的绝对时间来确定移动台位置的，这降低了对时间的同步要求。移动台定位于以两个基站为焦点的双曲线方程上。确定移动台的二维位置坐标需要建立两个以上双曲线方程，两条双曲线即为移动台的二维位置坐标。在实际应用中，通常可以采用一些简化的方法来计算移动台位置。由于这种定位技术不要求移动台和基站之间的同步，因此在误差环境下性能相对优越，在蜂窝通信系统的定位技术中备受关注。它也是基于距离测量的定位技术，优点是精度较高，实现容易。缺点是为了保证定时精度，需要改造基站设备。

下面介绍一种简单的 TDOA 定位方法。图 9.4 所示是 TDOA 定位平面示意图。

设有 m 个基站(图 9.4 中圆点表示)BS 对移动台 MS 进行二维定位，如图 9.3 所示，设 m 个基站分布在二维平面上，(x, y) 为 MS 的待估计位置，(x_i, y_i) 为第 i 个 BS 的已知位置。MS 和第 i 个基站的距离为：

$$R_i=\sqrt{(x_i-x)^2+(y_i-y)^2}$$

展开：

$$R_i^2=(x_i-x)^2+(y_i-y)^2=K_i-2x_ix-2y_iy+x^2+y^2$$

其中：

$$K_i=x_i^2+y_i^2$$

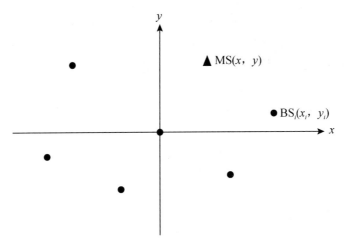

图 9.4 TDOA 定位平面示意图

令 $R_{i,1}$ 表示 MS 与基站 $i(i\neq 1)$ 和基站 1(服务基站)之间的距离差，则：

$$R_{i,1}=cd_{i,1}=R_i-R_1=\sqrt{(x_i-x)^2+(y_i-y)^2}-\sqrt{(x_1-x)^2+(y_1-y)^2} \tag{9.1}$$

其中，c 为电波传播速度，$d_{i,1}$ 为 TDOA 测量值。为求解方程组(9.1)，先进行优化处理。由于：

$$R_i^2=(R_{i,1}+R_1)^2 \tag{9.2}$$

展开可表示为：

$$R_{i,1}^2+2R_{i,1}R_1+R_1^2=K_i-2x_ix-2y_iy+x^2+y^2 \tag{9.3}$$

当 $i=1$ 时，式(9.3)为：

$$R_1^2=K_1-2x_1x-2y_1y+x^2+y^2 \tag{9.4}$$

式(9.3)－式(9.4)可得：

$$R_{i,1}^2+2R_{i,1}R_1=K_i-2x_{i,1}x-2y_{i,1}y-K_1 \tag{9.5}$$

其中：

$$x_{i,1}=x_i-x_1 \tag{9.6}$$

$$y_{i,1}=y_i-y_1 \tag{9.7}$$

将 x，y，R_1 视为未知数，则式(9.5)成为线性方程组，求解该方程组便可以得到 MS 的坐标位置。

4. 增强型观测时间差 E-OTD 定位技术

增强型观测时间差(Enhanced-ObservedTimeDifference，E-OTD)定位技术的基本原理是，在无线网络中放置若干位置接收器或参考点作为位置测量单元 LMU，参考点都有一个精确的定时源，当具有 E-OTD 功能的手机和 LMU 接收到 3 个以上的基站信号时，每个基站信号到达两者的时间差将被算出来，利用这些时间差值产生的交叉双曲线就可以估计出移动终端的位置。这项定位技术定位精度较高但硬件实现也较复杂。

增强型观察时间差 E-OTD 在终端上实现定位，因此，终端必须有足够的处理能力和存储容量。

与 E-OTD 相关的基本量有 3 个：观察时间差 *OTD*、真实时间差 *RTD* 和地理位置时间差 *GTD*。*OTD* 是移动终端实际观察到的两个基站信号到达的时间差；*RTD* 是两个基站之间的系统时间差；*GTD* 是两个基站到移动终端由于距离差而引起的传输时间差。

设 d_1 为基站 1 与 MS 之间的距离，d_2 为基站 2 与 MS 之间的距离，则：

$$GTD = \frac{|d_2 - d_1|}{c}$$

式中的 c 为无线电波的传播速度。上述 3 个量之间关系为：

$$OTD = RTD + GTD$$

当基站都同步时，则 *RTD*=0。

E-OTD 要取得正确的定位结果，必须具备至少 3 个分别位于不同地理位置的基站。另外，参与定位的基站之间必须实现时钟同步。最常用的同步方法是在基站上安装固定的 GPS 接收机。E-OTD 还会受到市区中多径效应的影响。这时，多径效应将扭曲信号的波形并加入延迟，影响 E-OTD 定位精度。

E-OTD 方案可以提供比 CELL-ID 高得多的定位精度——50～125m。但是它的定位响应速度较慢，往往需要约 5s。另外，它需要对移动终端进行改进，这意味着现存的移动用户无法通过该技术获得基于位置的服务。

5．角度达到 AOA 定位技术

信号到达角(Angle of Arrival，AOA)定位方法是由两个或更多基站通过测量接收信号的到达角来估计移动终端的位置，如图 9.5 所示。AOA 方法通常用来确定一个二维位置。

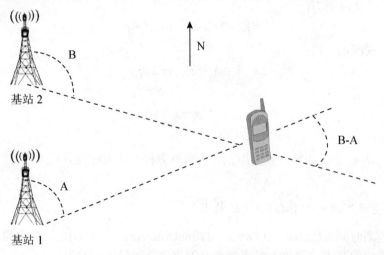

图 9.5　AOA 定位原理图

移动终端发信号，基站 1 接收，测量可得一条基站 1 到移动终端的连线；移动终端发信号，基站 2 接收，测量得到另一直线，两直线相交产生定位角。通信系统基站位置是基本固定的，所以基站 1 和基站 2 坐标位置已知，以正北为参考方向，顺时针为＋0°～＋360°，

逆时针为 $-0°\sim-360°$，由此可获得以移动终端、基站 1 和基站 2 为三点的三角关系。AOA 方法在障碍物较少的地区可以获得较高的定位精度，但在障碍物较多的环境中，由于无线传输存在多径效应，则误差增大。另外，AOA 技术必须使用智能方向天线。

9.2.3 基于移动终端的定位技术

1. 前向链路观测达到时间差 OTDOA 定位技术

TOA 是一种基于反向链路的定位方法，通过测量移动台信号到达多个基站的传播时间来确定移动用户的位置。只需 3 个以上的基站接收到移动台的信号，就可以利用三角定位算法计算出移动台的位置。

TDOA 是另一种基于反向链路的定位方法，通过检测移动台信号到达两个基站的时间差来确定移动台的位置。由于移动台定位于以两个基站为焦点的双曲线方程上，确定移动台的二维位置坐标需要建立两个以上双曲线方程，即至少需要 3 个以上的基站接收到移动台信号。两个双曲线的交点即为移动台的二维位置坐标。TDOA 方法不要求知道信号传播的具体时间，通常情况下定位精度高于 TOA 方法。但由于功率控制造成离服务基站近的移动台发射功率小，使得相邻基站接收到的功率非常小，造成比较大的测量误差(即相邻基站的信噪比太小带来的测量误差)。针对这种情况目前已有了一些解决办法，如在紧急求援呼叫时将移动台发射功率瞬间调到最大，可以提高定位精度(但会对 CDMA 网络的容量有一定程度的影响)。

OTDOA 是一种基于前向链路的定位技术，即测量工作由移动终端完成，根据 3 个基站与移动终端信号传播的时间差值进行定位。OTDOA 3 点定位系统如图 9.6 所示。实际上该定位系统是三维的，但由于在一般情况下垂直方向上的差别与小区半径相比非常小，因此通常忽略不计。移动终端向网络发送 OTDOA 测量值。测量值包含测得的服务小区和邻近小区的定时差值。由于网络(基站)已知到移动终端的传播时延，因此可以将移动终端提供的 OTDOA 测量值转换为 OTOA，从而估算出基站到移动终端的距离，构成一个以基站为圆心的圆，多个基站就有多个圆，它们的交点就是移动终端的位置。由于存在测量误差，实际定位中，这些圆的交点可能不在同一点上。

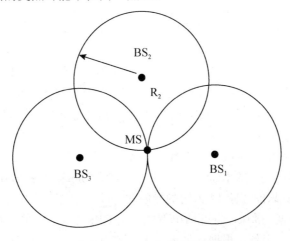

图 9.6　OTDOA3 点定位原理

2. 基于 GPS 的定位技术

1) 概述

GPS 是全球定位系统(Navigation Satellite Timing and Ranging/Global Positioning System，NAVSTAR/GPS)的英文缩写，它的含义是利用卫星的测时和测距进行导航，以构成全球定位系统。国际上公认将这一全球定位系统简称为 GPS。它是美国国防部为满足军事部门对海上、陆地和空中设施进行高精度导航和定位的要求而建立的，该系统自 1973 年开始设计、研制，历时 20 年，于 1993 年全部建成。

GPS 是目前世界上最先进、最完善的卫星导航系统与定位系统，不仅具有全球性、全天候、实时高精度，三维导航与定位能力，而且具有良好的抗干扰和保密性。因此引起世界各国军事部门和广大民用部门的普遍关注。近几年，GPS 定位技术在应用基础的研究、新应用领域的开拓、软件和硬件的开发等方面都取得了迅速的发展，广泛的科学实验活动也为这一新技术的应用展现极为广阔的前景。

目前，GPS 精密定位技术已广泛地渗透到经济建设和科学技术的许多领域，尤其是在大地测量学及相关学科领域，如地球动力学、海洋大地测量学、地球物理勘探、资源勘察、航空与卫星遥感、工程测量学等方面的广泛应用，充分地显示了这一卫星定位技术的高精度和高效益。

GPS 卫星定位技术与上述依靠移动网络的定位技术相比，具有以下优点。

(1) 定位精度高。单 GPS 定位精度优于 25m。

(2) 定位速度快。目前的手机定位软件初次定位在 1min 以下。

(3) 功能齐全。GPS 测量可同时测定目标的平面位置和高度。

(4) 操作简便。通过使用导航软件，GPS 定位的自动化程度很高。

(5) 全天候、全球性作业。由于 GPS 卫星有 24 颗而且分布合理，在地球任何地点、任何时间均可连续同步观测到 4 颗以上的卫星，因此在任何地点，任何时间均可进行 GPS 定位。GPS 测量一般不受天气况的影响。

2) GPS 的开发过程

GPS 的开发过程主要有以下 3 个阶段。

第一阶段为方案论证和初步设计阶段，1973—1979 年，共发射了 4 颗试验卫星，研制了地面接收机及建立地面跟踪网，从硬件到软件进行了试验，结果令人满意。

第二阶段为全面研制和试验阶段，1979—1984 年，又陆续地发射了 7 颗试验卫星。这一阶段称之为 Block Ⅰ。与此同时，研制了各种用途的接收机，主要是导航型接收机，同时测地型接收机也相继问世，试验表明，GPS 的定位精度远远超过设计标准，达到 14m。由此证明 GPS 计划是成功的。

第三阶段为实用网组网阶段。1989 年 2 月 4 日，第一颗 GPS 工作卫星发射成功，宣告了 GPS 系统进入了工程建设阶段，这种工作卫星称为 Block Ⅱ和 Block ⅡA 型卫星。这两种卫星差别是 Block Ⅱ只能存储 14 天用的导航数据(每天更新 3 次)；而 Block ⅡA 卫星能存储 180 天用的导航数据，确保在特殊情况下能使用 GPS 卫星。实用的 GPS 网即(21＋3)GPS 星座逐步建立，以后的工作是根据计划更换失效的卫星。

3) GPS 系统的组成

GPS 系统由 3 部分组成，即空间部分，地面监控部分和用户设备部分

(1) 空间部分。GPS 系统的空间部分指 GPS 工作卫星。GPS 工作卫星有 24 颗，其中 21 颗工作卫星和 3 颗备用卫星，均匀分布在 6 个轨道上。卫星轨道平面相对地球赤道的倾角为 55°，各个轨道平面之间交角为 60°，轨道平均高度 20 200km，卫星运行周期为 11 小时 58 分，同一轨道上各卫星之间的交角为 90°，GPS 卫星的上述时空配置，保证了地球上任意地点，在任何时刻均至少可以同时观测到 4 颗卫星，因而满足精密导航和定位的需要。GPS 卫星的主体呈圆柱形，直径约为 1.5m，重约 774kg(其中包括 310kg 燃料)，两侧各安装两块双叶太阳能电池板，能自动对日定向，以保证卫星正常工作的用电，每颗 GPS 卫星上装有 4 台高精度的原子钟。原子钟为 GPS 定位提供高精度的时间标准。

GPS 卫星的基本功能是，①执行地面监控站的控制指令，接收和储存由地面监控站发来的导航信息。②向 GPS 用户发送导航信息。③通过高精度原子钟向用户提供精密的时间标准。

GPS 卫星上设有微处理机，可进行必要的数据处理工作。并可根据地面监控站指令，调整卫星姿态、启动备用卫星。

(2) 地面监控部分。GPS 地面监控部分目前由 5 个地面站组成，包括主控站、信息注入站和监测站，主控站设在美国本土科罗拉多(Colorado Springs)的联合空间执行中心 CSOC，主控站除协调、管理所有的地面监控系统的工作外，其主要任务还有：①根据各监测站提供的观测资料推算编制各颗卫星的星历，卫星钟差和大气层修正参数等，并把这数据传送到注入站。②提供全球定位系统的时间差。监测站和 GPS 卫星的原子钟，均应与主控站的原子钟同步，或测出其间的钟差，并将钟差信息编入导航电文送到注入站。③调整偏离轨道的卫星，使之沿预定的轨道运行。④启用备用卫星以取代失效的工作卫星。

注入站现有 3 个，分别设在印度洋的迭哥加西亚(Diego Garcia)、大西洋的阿松森岛(Ascension)、南太平洋的卡瓦加兰(Kwajalein)。注入站的主要任务是在主控站的控制下，将主控站推算出的卫星星历、钟差、导航电文和其他控制指令等注入到相应卫星的存储系统。并监测注入信息的正确性。

监测站的主要任务是为主控站编算导航电文提供观测数据，监测站现有 5 个，一个控制站、3 个注入站兼做监测站，另外一个监测站设在夏威夷。每个监测站均设有 GPS 接收机，对每颗可见卫星进行连续观测，并采集气象要素等数据。

整个 GPS 地面监控部分，除主控站外均无人值守。各站间用现代化的通讯系统联系在一起，在原子钟和计算机的驱动和精确控制下，各项工作实现了高度的自动化和标准化。

(3) 用户设备部分。GPS 系统的用户设备部分由 GPS 接收机硬件和相应的数据处理软件组成，GPS 接收机硬件包括接收机主机、天线和电源，它的主要功能是接收 GPS 卫星发射的信号，以获得必要的导航和定位信息，并经简单数据处理而实现实时导航和定位。GPS 软件指各种后处理软件包，它通常由厂家提供，其主要作用是对卫星数据进行精加工，以便获得精密定位结果。

4) GPS 定位原理

GPS 定位的基本原理是根据高速运动的卫星瞬间位置作为已知的起算数据，采用空间

距离后方交会的方法，确定待测点的位置。图9.7所示的是4颗卫星定位图。

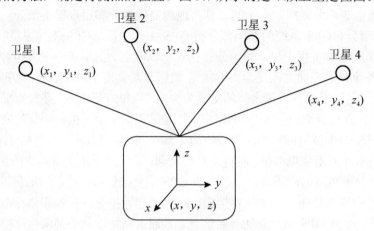

图9.7　GPS 4颗卫星定位图

假设 t 时刻在地面待测点上安置GPS接收机，可以测定GPS信号到达接收机的时间 Δt，再加上接收机所接收到的卫星星历等其他数据可以确定以下4个方程式。

$$[(x_1-x)^2+(y_1-y)^2+(z_1-z)^2]^{1/2}+c(v_{t_1}-v_{t_0})=d_1$$
$$[(x_2-x)^2+(y_2-y)^2+(z_2-z)^2]^{1/2}+c(v_{t_2}-v_{t_0})=d_2$$
$$[(x_3-x)^2+(y_3-y)^2+(z_3-z)^2]^{1/2}+c(v_{t_3}-v_{t_0})=d_3$$
$$[(x_4-x)^2+(y_4-y)^2+(z_4-z)^2]^{1/2}+c(v_{t_4}-v_{t_0})=d_4$$

上述4个方程式中待测点坐标 x、y、z 和 v_{t_0} 为未知参数，其中

$$d_i=c\Delta t_i (i=1,2,3,4)$$

式中，$d_i(i=1,2,3,4)$ 分别为卫星1、卫星2、卫星3、卫星4到接收机之间的距离；

$\Delta t_i(i=1,2,3,4)$ 分别为卫星1、卫星2、卫星3、卫星4的信号到达接收机所经历的时间；

c 为GPS信号的传播速度（即光速）。

4个方程式中各个参数意义如下：

x、y、z 为待测点坐标的空间直角坐标；

x_i、y_i、$z_i(i=1,2,3,4)$ 分别为卫星1、卫星2、卫星3、卫星4在 t 时刻的空间直角坐标，可由卫星导航数据求得；

$v_{t_i}(i=1,2,3,4)$ 分别为卫星1、卫星2、卫星3、卫星4的卫星钟的钟差，由卫星星历提供；

v_{t_0} 为接收机的钟差。

由以上4个方程即可解算出待测点的坐标 x、y、z 和接收机的钟差 v_{t_0}。

3. 差分GPS(D-GPS)

差分技术很早就被人们所应用。它实际上是将一个测站对两个目标的观测量、两个测

站对一个目标的观测量或一个测站对一个目标的两次观测量进行求差。其目的在于消除公共项,包括公共误差和公共参数。在以前的无线电定位系统中已被广泛地应用。

1) 差分 GPS 的工作原理

差分 GPS 的目标是为了得到更高的定位精度,通常的做法是,将一台 GPS 接收机安置在基准站上进行观测。根据基准站已知精密坐标,计算出基准站到卫星的距离改正数,并由基准站实时将这一数据发送出去。用户接收机在进行 GPS 观测的同时,也接收到基准站发出的改正数,并对其定位结果进行改正,从而提高定位精度。

2) 差分 GPS 分类

根据差分 GPS 基准站发送的信息方式可将差分 GPS 定位技术分为 3 类,即:位置差分、伪距差分和相位差分。这三类差分方式的工作原理是相同的,即都是由基准站发送改正数,由用户站接收并对其测量结果进行改正,以获得精确的定位结果。所不同的是,发送改正数的具体内容不一样,其差分定位精度也不同。

(1) 位置差分原理。这是一种最简单的差分方法,任何一种 GPS 接收机均可改装和组成这种差分系统。

安装在基准站上的 GPS 接收机观测 4 颗卫星后便可进行三维定位,解算出基准站的坐标。由于存在着轨道误差、时钟误差、大气影响、多径效应及其他误差,解算出的坐标与基准站的已知坐标存在误差。基准站利用数据链将此改正数发送出去,由用户站接收,并且对其解算的用户站坐标进行改正。

最后得到的改正后的用户坐标已消去了基准站和用户站的共同误差,提高了定位精度。以上先决条件是基准站和用户站观测同一组卫星的情况。位置差分法适用于用户与基准站间距离在 100km 以内的情况。

(2) 伪距差分原理。伪距差分是目前用途最广的一种技术。几乎所有的商用差分 GPS 接收机均采用这种技术。国际海事无线电委员会推荐的 RTCM SC-104 也采用了这种技术。

在基准站上的接收机观测它至所有可见卫星的距离,根据基准站已知坐标和各卫星的坐标,求出每颗卫星每一时刻到基准站的真实距离。再与测得的伪距比较,得出伪距改正数,将其传输至用户接收机,用户利用改正后的伪距来解出本身的位置,就可消去公共误差,提高定位精度。

与位置差分相似,伪距差分能将两站公共误差抵消,但随着用户到基准站距离的增加又出现了系统误差,这种误差用任何差分法都是不能消除的,所以用户和基准站之间的距离对精度有决定性影响。

(3) 载波相位差分原理。载波相位差分技术又称为 RTK(Real Time Kinematic)技术,是建立在实时处理两个测站的载波相位基础上的。它能实时提供观测点的三维坐标,并达到厘米级的高精度。

与伪距差分原理相同,由基准站通过数据链实时将其载波观测量及站坐标信息一同传送给用户站。用户站接收 GPS 卫星的载波相位,与来自基准站的载波相位,并组成相位差分观测值进行实时处理,能实时给出厘米级的定位结果。

实现载波相位差分 GPS 的方法分为两类:修正法和差分法。前者与伪距差分相同,基准站将载波相位修正量发送给用户站,以改正其载波相位,然后求解坐标。后者将基准站采集的载波相位发送给用户台进行求差解算坐标。前者为准 RTK 技术，后者为真正的 RTK 技术。

4. 辅助 GPS(A-GPS)

A-GPS 技术是一种结合了网络基站信息和 GPS 信息对移动台进行定位的技术，可以在 GSM/GPRS、WCDMA 和 CDMA 2000 网络中使用。该技术需要在手机内增加 GPS 接收机模块，并改造手机天线，同时要在移动网络上加建位置服务器、差分 GPS 基准站等设备。如果要提高该方案在室内等 GPS 信号屏蔽地区的定位有效性，该方案还提出需要增添类似于 EOTD 方案中的位测量单元(图 9.7 中的位置服务器)。A-GPS 的具体工作原理如图 9.8 所示。

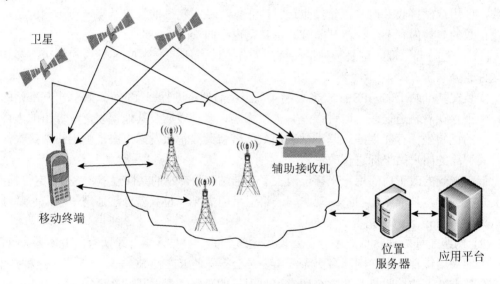

图 9.8　A-GPS 工作原理

(1) 移动终端首先将本身的基站地址通过网络传输到位置服务器。

(2) 位置服务器根据该终端的大概位置传输与该位置相关的 GPS 辅助信息(GPS 捕获辅助信息、GPS 定位辅助信息、GPS 灵敏度辅助信息、GPS 卫星工作状况信息等)和移动终端位置计算的辅助信息(GPS 历书及修正数据、GPS 星历、GPS 导航电文等)。利用这些信息，终端的 A-GPS 模块可以很快捕获卫星，以提升 GPS 信号的首次定位时间能力，并接收 GPS 原始信号。

(3) 终端在接收到 GPS 原始信号后解调信号，计算终端到卫星的伪距(伪距即受各种 GPS 误差影响的距离)。

(4) 若采用网络侧计算，终端将测得的 GPS 伪距信息通过网络传输到位置服务器，位置服务器根据传来的 GPS 伪距信息和来自其他定位设备(如差分 GPS 基准站等)的辅助信息完成对 GPS 信息的计算，并估算该终端的位置；若采用终端侧计算，终端根据测得的 GPS 伪距信息和网络传来的其他定位设备的辅助信息完成对 GPS 信息的计算，把估算的终端位置信息传给位置服务器。

(5) 位置服务器将该终端的位置通过网络传输到应用平台。

A-GPS 整个方案以移动通信网络为传输数据方式。辅助接收机实时地从卫星处获得参考数据(时钟、星历表、可用星座、参考位置等)，通过网络提供给位置服务器。当移动终端需要定位数据时，位置定位服务器通过无线网络给终端提供 A-GPS 辅助数据，以增强其首次定位能力，从而大大提高 A-GPS 接收模块的灵敏度。

9.2.4 移动定位技术的比较

从定位精度、覆盖率、抗干扰性、技术实现成本及对整个无线网络的影响 5 个方面比较上述定位技术，见表 9-1。

表 9-1 移动定位技术的比较

定位技术	定位精度	覆盖率	抗干扰性	技术实现成本	对无线网络的影响
CELL-ID	很低	高	好	低	无
TOA	高于 CELL-ID	高	易受多输和 NLOS 干扰	低	无
TDOA	高于前两种	高	好于 TOA 弱于 CELL-ID	需 TDOA 测量和计算，成本高于前两种	伪切换会影响无线系统容量
EOTD	高于 TDOA	高	同 TDOA	对手机极端能力和存储容量要求较高	需 LMU
AOA	同 TDOA	高于 TDOA	易受多径和 NLOS 干扰测量角误差有时较大	需安装阵列天线	对系统容量有微弱影响
OTDOA	同 TDOA	高	好于 TOA 弱于 CELL-ID	用户手机需升级	对系统容量有微弱影响
GPS	高	高	易受气候及建筑物影响	基站和手机都需安装 GPS 接收机	降低网络容量
D-GPA	高于 GPS	高	同上		
A-GPS	最高	高	同上		

9.3 室内定位技术

随着数据业务和多媒体业务的快速增加，人们对定位与导航的需求日益增大，尤其在复杂的室内环境，如机场大厅、展厅、仓库、超市、图书馆、地下停车场、矿井等环境中，常常需要确定移动终端或其持有者、设施与物品在室内的位置信息。但是受定位时间、定位精度及复杂室内环境等条件的限制，比较完善的定位技术目前还无法很好地利用。因此，专家学者提出了许多室内定位技术解决方案，如 A-GPS 定位技术、超声波定位技术、蓝牙技术、红外线技术、射频识别技术、超宽带技术、无线局域网络、光跟踪定位技术及图像分析、信标定位、计算机视觉定位技术等。这些室内定位技术从总体上可归纳为几类，即 GNSS(Global Navigation Satellite System)技术(如伪卫星等)，无线定位技术(无线通信信号、射频无线标签、超声波、光跟踪、无线传感器定位技术等），其他定位技术(计算机视觉、航位推算等)，以及 GNSS 和无线定位组合的定位技术(A-GPS 或 A-GNSS)。

9.3.1 室内 GPS 定位技术

GPS 是目前应用最为广泛的定位技术。当 GPS 接收机在室内工作时，由于信号受建筑物的影响而大大衰减，定位精度也很低，要想达到室外一样直接从卫星广播中提取导航数据和时间信息是不可能的。为了得到较高的信号灵敏度，就需要延长在每个码延迟上的停留时间，A-GPS 技术为这个问题的解决提供了可能性。室内 GPS 技术采用大量的相关器并行地搜索可能的延迟码，同时也有助于实现快速定位。

利用 GPS 进行定位的优点是卫星有效覆盖范围大，且定位导航信号免费。缺点是定位信号到达地面时较弱，不能穿透建筑物，而且定位器终端的成本较高。

9.3.2 室内无线定位技术

随着无线通信技术的发展，新兴的无线网络技术，如 Wi-Fi、ZigBee、蓝牙和超宽带等，在办公室、家庭、工厂等得到了广泛应用。

1. 红外线室内定位技术

红外线室内定位技术定位的原理是，红外线 IR 标示发射调制的红外射线，通过安装在室内的光学传感器接收进行定位。虽然红外线具有相对较高的室内定位精度，但是由于光线不能穿过障碍物，使得红外射线仅能视距传播。直线视距和传输距离较短这两大主要缺点使其室内定位的效果很差。当标示放在口袋里或者有墙壁及其他遮挡时就不能正常工作，需要在每个房间、走廊安装接收天线，造价较高。因此，红外线只适合短距离传播，而且容易被荧光灯或者房间内的灯光干扰，在精确定位上有局限性。

2. 超声波定位技术

超声波测距主要采用反射式测距法，通过三角定位等算法确定物体的位置，即发射超声波并接收由被测物产生的回波，根据回波与发射波的时间差计算出待测距离，有的则采用单向测距法。超声波定位系统可由若干个应答器和一个主测距器组成，主测距器放置在被测物体上，在微机指令信号的作用下向位置固定的应答器发射同频率的无线电信号，应答器在收到无线电信号后同时向主测距器发射超声波信号，得到主测距器与各个应答器之间的距离。当同时有 3 个或 3 个以上不在同一直线上的应答器做出回应时，可以根据相关计算确定出被测物体所在的二维坐标系下的位置。

超声波定位整体定位精度较高，结构简单，但超声波受多径效应和非视距传播影响很大，同时需要大量的底层硬件设施投资，成本较高。

3. 蓝牙技术

蓝牙技术通过测量信号强度进行定位。这是一种短距离低功耗的无线传输技术，在室内安装适当的蓝牙局域网接入点，把网络配置成基于多用户的基础网络连接模式，并保证蓝牙局域网接入点始终是这个微微网(Piconet)的主设备，就可以获得用户的位置信息。蓝牙技术主要应用于小范围定位，如单层大厅或仓库。

蓝牙室内定位技术最大的优点是设备体积小、易于集成在 PC 及手机中，因此很容易推广普及。理论上，对于持有集成了蓝牙功能移动终端设备的用户，只要蓝牙设备功能开启，蓝牙室内定位系统就能够对其进行位置判断。采用该技术作室内短距离定位时容易发现设备且信号传输不受视距的影响。其不足在于蓝牙器件和设备的价格比较昂贵，而且对于复杂的空间环境，蓝牙系统的稳定性稍差，受噪声信号干扰大。

4. 射频识别技术

射频识别技术利用射频方式进行非接触式双向通信交换数据以达到识别和定位的目的。这种技术作用距离短，一般最长为几十米。但它可以在几毫秒内得到厘米级定位精度的信息，且传输范围很大，成本较低。同时由于其非接触和非视距等优点，可望成为优选的室内定位技术。目前，射频识别研究的热点和难点在于理论传播模型的建立、用户的安全隐私和国际标准化等问题。优点是标示的体积比较小，造价比较低，但是作用距离近，不具有通信能力，而且不便于整合到其他系统之中。

5. 超宽带技术

超宽带技术是一种全新的、与传统通信技术有极大差异的通信新技术。它不需要使用传统通信体制中的载波，而是通过发送和接收具有纳秒或纳秒级以下的极窄脉冲来传输数据，从而具有 GHz 量级的带宽。超宽带可用于室内精确定位，如战场士兵的位置发现、机器人运动跟踪等。

超宽带系统与传统的窄带系统相比，具有穿透力强、功耗低、抗多径效果好、安全性高、系统复杂度低、能提供精确定位精度等优点。因此，超宽带技术可以应用于室内静止或者移动物体及人的定位跟踪与导航，且能提供十分精确的定位精度。

6. Wi-Fi 技术

无线局域网络是一种非常有发展前景的信息获取平台，可以在广泛的应用领域内实现复杂的大范围定位、监测和追踪任务，而网络结点自身定位是大多数应用的基础和前提。当前比较流行的 Wi-Fi 定位是无线局域网络系列标准之 IEEE 802.11 的一种定位解决方案。该系统采用经验测试和信号传播模型相结合的方式，易于安装，需要很少基站，能采用相同的底层无线网络结构，系统总精度高。

芬兰的 Ekahau 公司开发了能够利用 Wi-Fi 进行室内定位的软件。Wi-Fi 绘图的精确度大约在 1~20m，总体而言，它比蜂窝网络三角测量定位方法更精确。但是，如果定位的测算仅仅依赖于哪个 Wi-Fi 的接入点最近，而不是依赖于合成的信号强度图，那么在楼层定位上很容易出错。目前，它应用于小范围的室内定位，成本较低。但无论是用于室内还是室外定位，Wi-Fi 收发器都只能覆盖半径 90m 以内的区域，而且很容易受到其他信号的干扰，从而影响其精度，定位器的能耗也较高。

7. ZigBee 技术

ZigBee 是一种新兴的短距离、低速率无线网络技术,它介于射频识别和蓝牙之间,也可以用于室内定位。它有自己的无线电标准,在数千个微小的传感器之间相互协调通信以实现定位。这些传感器只需要很少的能量,以接力的方式通过无线电波将数据从一个传感器传到另一个传感器,所以它们的通信效率非常高。ZigBee 最显著的技术特点是它的低功耗和低成本。

除了以上提及的定位技术,还有基于计算机视觉、光跟踪定位、基于图像分析、磁场及信标定位等。此外,还有基于图像分析的定位技术、信标定位、三角定位等。目前很多技术还处于研究试验阶段,如基于磁场压力感应进行的定位技术。

不管是 GPS 定位技术还是利用无线传感器网络或其他定位手段进行定位都有其局限性。未来室内定位技术的趋势是卫星导航技术与无线定位技术相结合,将 GPS 定位技术与无线定位技术有机结合,发挥各自的优长,则既可以提供较好的精度和响应速度,又可以覆盖较广的范围,实现无缝的、精确的定位。

9.4 定位技术的应用

9.4.1 基于移动蜂窝网络定位系统的应用

基于移动蜂窝网络的定位系统指的是以基站设备和移动站为平台的定位系统,除 GPS 外,我们现在使用的手机定位技术均属于此类,这类定位系统的主要应用有以下几方面。

1. 为紧急呼叫定位服务

移动用户的流动性使得很多情况下用户对周围环境并不熟悉,因此紧急呼叫时很难准确描述其所处的地理位置,这对处警十分不利甚至贻误时机。如果移动用户发出紧急呼叫(如 110、119、120、122 等)的同时,能自动地将 MS 的确切定位值提供给有关部门,并与 GIS 及其他的调度管理应用系统配合构成高度智能化的计算机辅助决策系统,将为快速、准确、科学合理地接警处警打下坚实的基础,极大地提高社会联动公众紧急服务的现代化水平。

2. 个人定位服务

在旅行时,可以通过有关的服务中心获得就近的宾馆信息等;可以利用特制的 MS 对需要限制活动范围的移动目标进行定位跟踪监视,如某些老年病患者或处于假释期的犯人等。

3. 打击针对蜂窝电话的犯罪活动

对失窃电话或逃避巨额话费的蜂窝电话进行定位追踪,可以有效地打击针对蜂窝电话的犯罪。

4. 智能交通系统

自动车辆定位系统(AVLS)是智能交通系统(ITS)的核心，如 ITS 交通控制系统中的动态交通流分配、集成信息服务系统中的定位导航、安全保障系统中的事故应急/安全防范/车辆追踪、运输管理系统中的车辆调度管理等都离不开它。利用蜂窝定位系统实现的 AVLS 将定位、通信、计算机信息处理与控制等构成一个有机整体，更有利于多种信息的融合。并且，与其他的 AVLS 相比具有更好的城市覆盖和灵活方便的漫游管理功能等。

5. 蜂窝系统设计与资源管理

对蜂窝电话进行准确定位有利于蜂窝系统资源和移动性管理；从长远来说，通过对 MS 的长期定位观察可以为系统蜂窝的合理布局与构建及系统资源配置等提供重要的实践数据，促进蜂窝系统的逐步完善和高效运行。

9.4.2 GPS 的主要应用

1. 陆地应用

陆地应用主要包括车辆导航、应急反应、大气物理观测、地球物理资源勘探、工程测量、变形监测、地壳运动监测、市政规划控制等。

2. 海洋应用

海洋应用包括远洋船最佳航程航线测定、船只实时调度和导航、海洋救援、海洋探宝、水文地质测量及海洋平台定位、海平面升降监测等。

3. 航空航天应用

航空航天应用包括飞机导航、航空遥感姿态控制、低轨卫星定轨、导弹制导、航空救援和载人航天器防护探测等。

研究前沿与探讨

1. UWB 无线定位技术

1) UWB 的定义

UWB(Ultra Wideband，超带宽)是无线通信技术的一种，是一种不用载波，而采用时间间隔极短(小于 1ns)的脉冲进行通信的方式，也称为脉冲无线电(Impulse Radio)、时域(Time Domain)或无载波(Carrier Free)通信。与普通二进制移相键控(BPSK)信号波形相比，UWB 方式不利用余弦波进行载波调制而发送许多小于 1ns 的脉冲，因此这种通信方式占用带宽非常之宽，且由于频谱的功率密度极小，它具有通常扩频通信的特点。

UWB 能在 10m 左右的范围内实现数百 Mb/s 至数 Gb/s 的数据传输速率。UWB 具有抗干扰性能强、传输速率高、带宽极宽、消耗电能小、发送功率小等诸多优势，主要应用于室内通信、高速无线 LAN、家庭网络、无绳电话、安全检测、位置测定、雷达等领域。

2) UWB 定位技术的优势

无线定位技术和方案很多，常用的定位技术包括红外线、超声波、射频信号等，但都不适合室内定位。红外线只适合短距离传播，而且容易被荧光灯或者房间内的灯光干扰，在精确定位上有局限性；超声波受多径效应和非视距传播影响很大，不能用于室内环境；而射频信号普遍用在室外定位系统中，应用于室内定位存在局限。

GPS 是目前应用最为广泛的室外定位技术，它的缺点是定位信号到达地面较弱，不能穿透建筑物，因此不适合室内定位，此外定位器终端的成本较高。GPS 所能达到的定位精度范围在 5～20m。

当前比较流行的 Wi-Fi 定位是 IEEE 802.11 的一种定位解决方案。目前，它应用于小范围的室内定位，成本较低，但 Wi-Fi 收发器只能覆盖半径 90m 以内的地理区域，很容易受到其他信号干扰，从而影响定位精度，并不十分可靠，而且定位器的能耗较高。

蓝牙技术应用于定位，与 Wi-Fi 有很多相似之处，主要应用于小范围定位，如单层大厅或仓库；同样有定位误差不稳定，受噪声信号干扰大的缺点。

由此可见，随着定位技术的发展和定位服务需求的不断增加，无线定位技术必须克服现有技术的缺点，满足以下几个条件：①高抗干扰能力；②高精度定位；③低生产成本；④低运营成本；⑤高信息安全性；⑥低能耗及低发射功率；⑦小的收发器体积。

以上几种技术方案，都不可能完全满足这些要求。而 UWB 用在无线定位上，能够基本满足上述要求，因此成为未来无线定位的首选。UWB 是一种高速、低成本和低功耗新兴无线通信技术。UWB 信号是带宽大于 500MHz 或基带带宽和载波频率的比值大于 0.2 的脉冲信号(UWBWG, 2001)，具有很宽的频带范围，FCC 规定 UWB 的频带 3.1～10.6GHz，并限制信号的发射功率在 −41dBm 以下。由此可见，UWB 聚焦在两个领域的应用上，一是符合 IEEE 802.15.3a 标准的短距离高速数据通信，即无线无延迟地传播大量多媒体数据，速率可达到 100～500Mb/s；另一个是符合 IEEE 802.15.4a 的低速低功率传输，用于室内精确定位，如战场士兵的位置发现、工业自动化、传感器网络、家庭/办公自动化、机器人运动跟踪等。UWB 信号的特点说明它在定位上具有低成本、抗多径干扰、穿透能力强的优势，所以可以应用于静止或者移动物体及人的定位跟踪，能提供十分精确的定位精度。

3) UWB 定位原理

UWB 定位技术属于无线定位技术的一种，主要思想是基于下述方程的。根据定位的基本物理和几何条件，如果要定位一个三维坐标，至少需要4个参考点，建立4个方程进行直接计算：

$$\sqrt{(x-x_i)^2+(y-y_i)^2+(z-z_i)^2}=c(t_i-t_0) \quad i=1,2,3$$

其中，(x, y, z) 和 (x_i, y_i, z_i) 分别表示需要定位的位置和参考点位置的坐标，t_0 表示需要定位的位置发送信号的时间，是未知数，t_i 表示参考点位置的到达时间。利用时间差 $\Delta t_{ij}=t_i-t_j$，经过一系列代换，可以减小参考点和需定位坐标之间由于不同步带来的误差，实现差分的时间到达算法(TDOA)，从而简化方程组求解。

4) 前景展望

采用 UWB 进行无线定位，可以满足未来无线定位的需求，在众多无线定位技术中有相当大的优势，目前的研究表明超宽带定位的精度在实验室环境已经可以达到十几厘米。此外，超宽带无线电定位，很容易将定位与通信结合，快速发展的短距离超宽带通信无疑将带动 UWB 在定位技术的发展，而常规无线电难以做到这一点。虽然无线精确定位技术已有了多年发展,但目前超宽带技术正处于发展初级阶段,精确定位技术的商业化正在进行之中,定位算法还有待改进。随着超宽带技术的不断成熟和发展,市场需求的不断增加,相信不久超宽带定位技术就可以完全实现商业化,精确的超宽带定位系统将会得到广泛应用。

2. WLAN 定位技术

移动通信运营商为了分流 3G 数据流量,建立了越来越多的 WLAN 热点,为 WLAN 定位提供了良好的条件。笔记本式计算机、平板式计算机、手机等移动终端设备越来越多,用户对信息的即时性和就地性需求越来越强烈,这些都为 WLAN 定位的研究提出了紧迫的需求。

GPS 定位在市区及室内效果不理想,WLAN 定位可以克服这个问题。

WLAN 定位研究的热点内容有两点。

(1) 研究 WLAN 定位的组网方案,在不改动或轻微改动现有网元的前提下,实现 WLAN 定位功能。

(2) 研究 WLAN 定位关键技术,包括 AP 信息的搜集、WLAN 定位算法、WLAN 定位方案、客户端软件的开发等。

本 章 小 结

移动定位服务是从美国开始启动和发展起来的,最初主要应用于紧急救援。随着无线通信系统的发展和移动用户的不断增加,对定位业务的需求也与日俱增,移动定位很快被应用于公共安全、紧急救援服务、基于位置的计费、资产管理、欺诈检测和路由向导等业务,并且其应用领域还在扩展。

定位系统提供的位置信息可以分为两类:物理意义上的位置信息和抽象意义上的位置信息。物理意义上的位置信息指被定位物体具体的物理或数学层面上的位置数据,抽象的位置信息可以表达为,这栋建筑物位于公园的小树丛中或校园的主教学楼附近等。

定位精度和定位准确度是衡量定位技术的两个主要标准,孤立的指出某个定位系统的定位精度或定位准确度,都是没有意义的,一般正确的是,A 定位系统可以在 95%的概率下达到 10m 的定位精度。"95%"描述的是定位准确度,10m 描述的是定位精度。定位精度越高,相应的定位准确度就越低,反之亦然。

无线定位技术通过对无线电波的一些参数进行测量,根据特定的算法来判断被测物体的位置。测量参数一般包括无线电波的传输时间、幅度、相位和到达角等。定位精度取决于测量的方法。从定位原理的角度来看,定位技术大致可以分为 3 种类型:基于三角关系和运算的定位技术、基于场景分析的定位技术和基于临近关系的定位技术。

基于三角/双曲线关系基本原理是,根据测量得出的数据,利用几何三角或双曲线关系计算被测物体的位置,它是最主要的、也是应用最为广泛的一种定位技术。基于三角或双曲线关系的定位技术可以细分为两种:基于距离测量的定位技术和基于角度测量的定位技术。

测量距离的方法有 3 种:直接测量、传播时间测量和无线电波能量衰减测量。前两种在已投入使用的定位技术中都得到应用,无线电波在空间传播时能量的衰减受多种因素影响，相比传播时间测量方法没有优势，所以第三种方法基本没有使用。

基于角度测量的定位技术与基于距离测量的定位技术在原理上是相似的。两者主要的不同在于前者测量的主要是角度，而后者测量的是距离。基于角度测量的定位技术需要使用方向性天线，如智能天线阵列等。

基于场景分析的定位技术的基本原理是，用一些具体的、量化的参数描述定位环境中的各个位置，并用一个数据库把这些信息集成在一起。业界习惯上将量化后的位置特征信息形象地称为信号"指纹"。观察者根据待定位物体所在位置的"指纹"特征查询数据库，并根据特定的匹配规则确定物体的位置。这种定位技术的核心是位置特征数据库和匹配规则，本质上是一种模式识别方法。

基于临近关系进行定位技术的基本原理是，根据待定位物体与一个或多个已知位置参考点的临近关系来定位。这种定位技术通常需要标志系统的辅助，以唯一的标示来确定已知的各个位置。

从定位策略的角度来看，定位技术/系统可以分为基于移动终端的定位和基于网络的定位两种。基于移动终端的定位指定位计算由移动终端自主完成，移动终端能够自行确定自身当前的位置。基于网络的定位主要由网络系统收集待定位移动终端的信息并计算移动终端的当前位置。如果再对以上两种定位策略进行细分，前一种定位策略又可以分为基于移动终端的定位和网络辅助定位两种；而后一种定位策略又可以分为基于网络的定位和移动终端辅助定位两种。

基于移动网络的定位技术主要有基于 CELL-ID 的定位技术、到达时间 TOA 定位技术、到达时间差 TDOA 定位技术、增强型观测时间差 E-OTD 定位技术、角度达到 AOA 定位技术；基于移动终端的定位技术主要有前向链路观测达到时间差 OTDOA 定位技术、基于 GPS 的定位技术。

从定位精度和准确度来看，最优的是 GPS 定位技术，最差的是 CELL-ID 定位技术。

定位技术的主要用途有为紧急呼叫提供定位服务、个人定位服务、打击针对蜂窝电话的犯罪活动、智能交通系统、蜂窝系统设计与资源管理。此外 GPS 定位系统在航空与卫星遥感方面都有应用。

UWB 是一种不用载波，而采用时间间隔极短(小于 1ns)的脉冲进行通信的方式，也称脉冲无线电(Impulse Radio)、时域(Time Domain)或无载波(Carrier Free)通信，U 发送许多小于 1ns 的脉冲，因此这种通信方式占用带宽非常之宽，且由于频谱的功率密度极小，它具有通常扩频通信的特点。

UWB 能在 10m 左右的范围内实现数百 Mb/s 至数 Gb/s 的数据传输速率。UWB 具有抗干扰性能强、传输速率高、带宽极宽、消耗电能小、发送功率小等诸多优势，主要应用于室内通信、高速无线 LAN、家庭网络、无绳电话、安全检测、位置测定、雷达等领域。

基于 UWB 的定位技术具有高抗干扰能力、高精度定位、低生产成本、低运营成本、高信息安全性、低能耗及低发射功率、收发器体积小等优点。

UWB 技术正处于发展初级阶段，精确定位技术的商业化正在进行之中，定位算法还有待改进，但它的优势显示了这是一种极有前景的定位技术。

移动通信运营商为了分流 3G 数据流量，建立了越来越多的 WLAN 热点，为 WLAN

定位提供了良好的条件，也使得 WLAN 定位技术成为研究热点，包括组网方案、关键技术、定位算法、软件等。

每 课 一 考

一、填空题

1．物理意义上的位置信息指被定位物体具体的物理或数学层面上的位置数据，一般有 3 部分的数据，分别是(　　　　)、(　　　　)和(　　　　)。

2．准确描述一种定位系统的性能，应该有(　　　　)和(　　　　)两个性能指标。

3．测量距离的方法有(　　　　)、(　　　　)和(　　　　)，其中第(　　　　)种方法可靠性最差。

4．基于移动网络的定位技术包括(　　　　)、(　　　　)、(　　　　)、(　　　　)和(　　　　)。

5．室内无线定位技术包括(　　　　)、(　　　　)、(　　　　)、(　　　　)、(　　　　)、(　　　　)和(　　　　)。

6．从定位策略的角度来看，定位技术可以分为(　　　　)和(　　　　)两种。

7．GPS 工作卫星有(　　　　)颗，其中(　　　　)颗工作卫星和(　　　　)颗备用卫星，均匀分布在(　　　　)个轨道上。卫星轨道平面相对地球赤道的倾角为(　　　　)度，各个轨道平面之间交角为(　　　　)度。

8．GPS 卫星轨道平均高度(　　　　)km，卫星运行周期为(　　　　)小时(　　　　)分钟，同一轨道上各卫星之间的交角为(　　　　)度。

9．CELL-ID 定位方法的精度取决于(　　　　)，若小区为全向小区，则移动台的位置是(　　　　)；若小区分扇区，则可以进一步确定(　　　　)。

10．TOA 定位技术需要同时至少有(　　　　)个位置已知的基站合作才能完成。

二、选择题

1．室内定位测量距离常用的方法是(　　)。
　　A．直接测量　　B．传播时间　　C．无线电波能量衰减　　D．GPS

2．室外定位测量距离常用的方法是(　　)。
　　A．直接测量　　B．传播时间　　C．无线电波能量衰减　　D．GPS

3．下列哪种定位技术的精度较差？(　　)
　　A．CELL-ID　　B．TOA　　C．AOA　　D．E-OTD

4．下列哪种定位技术的精度较高？(　　)
　　A．CELL-ID　　B．TOA　　C．AOA　　D．E-OTD

5. 下列哪种定位技术不需要精确时钟同步？（　　）
   A. CELL-ID　　　　B. TOA　　　　　C. GPS　　　　　　D. AOA
6. 下列哪种定位技术需要使用智能方向天线？（　　）
   A. CELL-ID　　　　B. TOA　　　　　C. GPS　　　　　　D. AOA
7. 下列哪种定位技术精度较高？（　　）
   A. GPS　　　　　　B. A-GPS　　　　C. 载波相位差分 GPS　D. 伪差分 GPS
8. 下列哪种定位技术精度较低？（　　）
   A. GPS　　　　　　B. A-GPS　　　　C. 载波相位差分 GPS　D. 伪差分 GPS
9. 下列在指纹数据库基础上计算位置的定位技术是（　　）。
   A. TOA　　　　　　B. GPS　　　　　C. Wi-Fi 电波能量衰减　D. AOA
10. UWB 的含义是（　　）。
    A. 无线定位　　　　　　　　　　　B. 时间测距定位
    C. 超带宽　　　　　　　　　　　　D. 超视距

三、判断题

1. 一般说来，室内应用需要的定位精度要比室外应用高。（　　）
2. CELL-ID 定位技术属于基于场景的定位技术。（　　）
3. AOA 定位方法需要测量 3 个距离。（　　）
4. GPS 不适合室内定位。（　　）
5. GPS 监测站的主要任务是为主控站编算导航电文提供观测数据。（　　）
6. GPS 不能定位海拔高度。（　　）
7. TOA 是一种基于前向链路的定位方法。（　　）
8. 在空气中，无线电波的传播速度与光速相等。（　　）
9. E-OTD 定位技术比 CELL-ID 定位技术硬件要求更简单。（　　）
10. 前向链路的定位技术，测量工作由移动终端完成。（　　）

四、问答题

1. 简述到达时间 TOA 定位技术的基本原理。
2. 简述 A-GPS 的基本原理。
3. 简述 GPS 系统地面监控部分的任务。
4. 简述定位技术的主要应用领域。

技 能 实 训

1. 试试在一栋高楼内能否使用 GPS 定位，如果不能，思考原因；如果能，看看定位准确吗？这个准确是指定位精度还是准确度？

第9章 移动定位技术

2. 您的手机使用 GPS 软件是哪家公司的,查查资料,它使用的是哪种 GPS:普通 GPS? D-GPS? 还是 A-GPS?

3. 在一个已知有 3 个以上 WLAN 热点的地方,使用笔记本式计算机(需下载一个检测 WLAN 热点信号强度的软件)选定若干个位置,测量信号强度和离 AP 的距离,记录下来,形成信号指纹库,设计方程,然后利用方程求解计算任意信号强度位置的坐标。

根据以下案例所提供的资料,试分析:

(1) 中国北斗卫星导航系统最终由多少颗卫星组成?

(2) 查资料:相比美国的 GPS,中国的 BeiDou 有哪些优势?

(3) 查资料:BeiDou 的定位精度是多少?

中国北斗卫星导航系统

中国北斗卫星导航系统(COMPASS,中文音译名称 BeiDou),作为中国独立发展、自主运行的全球卫星导航系统,是国家正在建设的重要空间信息基础设施,可广泛用于经济社会的各个领域。利用卫星导航系统的运载火箭如图 9.9 所示,

图 9.9 运载火箭

北斗卫星导航系统能够提供高精度、高可靠的定位、导航和授时服务,具有导航和通信相结合的服务特色。通过 19 年的发展,这一系统在测绘、渔业、交通运输、电信、水利、森林防火、减灾救灾和国家

安全等诸多领域得到应用,产生了显著的经济效益和社会效益,特别是在四川汶川、青海玉树抗震救灾中发挥了非常重要的作用。

中国北斗卫星导航系统是继美国GPS、俄罗斯格洛纳斯、欧洲伽利略之后,全球第四大卫星导航系统。北斗卫星导航系统2012年将覆盖亚太区域,2020年将形成由30多颗卫星组网具有覆盖全球的能力。高精度的北斗卫星导航系统实现自主创新,既具备GPS和伽利略系统的功能,又具备短报文通信功能。

北斗卫星导航系统的建设目标是,建成独立自主、开放兼容、技术先进、稳定可靠的覆盖全球的北斗卫星导航系统,促进卫星导航产业链形成,形成完善的国家卫星导航应用产业支撑、推广和保障体系,推动卫星导航在国民经济社会各行业的广泛应用。北斗卫星导航系统由空间段、地面段和用户段3部分组成,空间段包括5颗静止轨道卫星和30颗非静止轨道卫星,地面段包括主控站、注入站和监测站等若干个地面站,用户段包括北斗用户终端以及与其他卫星导航系统兼容的终端。

按照"三步走"的发展战略,北斗卫星导航系统将于2012年前具备亚太地区区域服务能力,2020年左右建成由30余颗卫星、地面段和各类用户终端构成的、覆盖全球的大型航天系统。

1. "三步走"计划

第一步即区域性导航系统,已由北斗一号卫星定位系统完成,这是中国自主研发,利用地球同步卫星为用户提供全天候、覆盖中国和周边地区的卫星定位系统。中国先后在2000年10月31日、2000年12月21日和2003年5月25日发射了3颗"北斗"静止轨道试验导航卫星,组成了"北斗"区域卫星导航系统。北斗一号卫星在汶川地震发生后发挥了重要作用。

第二步,即在"十二五"前期完成发射12~14颗卫星任务,组成区域性、可以自主导航的定位系统。

第三步,即在2020年前,有30多颗卫星覆盖全球。北斗二号将为中国及周边地区的军民用户提供陆、海、空导航定位服务,促进卫星定位、导航、授时服务功能的应用,为航天用户提供定位和轨道测定手段,满足导航定位信息交换的需要等。

截至2011年12月27日,中国北斗系统北斗系统已发射10颗卫星,建成了基本系统,开始提供定位、导航、授时等试运行服务。2012年我国将发射6颗北斗组网卫星,北斗系统将形成覆盖亚太大部分地区的服务能力。

2. 中国北斗导航卫星发射大事记

2007年2月3日,我国在西昌成功发射一颗北斗导航试验卫星,卫星准确入轨。

2007年4月14日4时11分,我国在西昌卫星发射中心用"长征三号甲"运载火箭,成功将一颗北斗导航卫星送入太空。卫星飞行在高度为21 500km的中圆轨道。这颗卫星的发射成功,标志着我国自行研制的北斗卫星导航系统进入新的发展建设阶段。

2009年4月15日零时16分,我国在西昌卫星发射中心用"长征三号丙"运载火箭,成功将第二颗北斗导航卫星送入预定轨道。

2010年1月17日0时12分,第三颗北斗导航卫星发射。

2010年6月2日23时53分,第四颗北斗导航卫星发射。

2010年8月1日5时30分,第五颗北斗导航卫星发射。

2010年11月1日0时26分,第六颗北斗导航卫星发射。

2010年12月18日4时20分,第七颗北斗导航卫星发射。

2011年4月10日4时47分,第八颗北斗导航卫星发射。
2011年7月27日5时44分,第九颗北斗导航卫星发射。
2011年12月2日5时7分,第十颗北斗导航卫星发射。
2012年2月25日0时12分,第十一颗北斗导航卫星发射。

2012年4月30日4时50分,我国在西昌卫星发射中心用"长征三号乙"运载火箭,成功发射第十二、第十三颗北斗导航卫星,卫星顺利进入预定转移轨道。这是我国北斗卫星导航系统首次采用"一箭双星"方式发射导航卫星,也是我国首次采用"一箭双星"方式发射两颗地球中高轨道卫星。

2012年9月19日3时10分,我国在西昌卫星发射中心用"长征三号乙"运载火箭,采用一箭双星方式,成功将第十四颗和第十五颗北斗导航卫星发射升空并送入预定转移轨道。

(资料来源:刘强. 中国北斗卫星导航系统 [EB/OL]. (2012-9-20). [2012-9-25]. http://news.xinhuanet.com/ziliao/2010-08/02/content_13951719.htm.)

第10章 移动中间件技术

知识结构

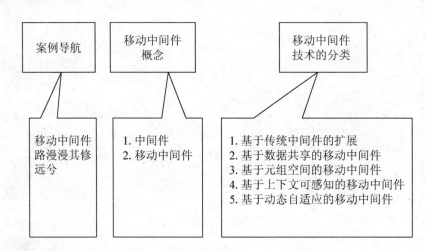

知识要点

1. 移动中间件的概念。
2. 移动中间件的分类。
3. 各种中间件的原理。

学习方法

1. 由一般到具体：移动中间件分类—各类移动中间件基本原理—具体的中间件技术。
2. 核心知识掌握：移动中间件概念、作用、分类。
3. 理论联系实际：手机上网用到的中间件。

第 10 章 移动中间件技术

案例导航

移动中间件 路漫漫其修远兮

目前，随着移动应用市场的不断扩大，移动开发的市场得到长足的发展。移动中间件发展前景看好，海比研究预测，未来五年中国企业级移动应用市场规模的复合增长率为 42%，预计 2016 年中国市场规模将达到 327.4 亿元；移动中间件市场规模将达到 46.5 亿元，未来五年复合增长率将达到 50%。

虽然大多数企业在涉足移动领域时，都会先尝试无线中间件产品，中间件领域的产业也已经经过多年研发，具有较强的技术实力，无论对底层还是应用层都有着深入的理解，在技术和业务上都具备迈向移动互联网领域的能力。但传统的移动中间件仍存在跨平台、标准化、文档解析、性能等方面的问题，加之当前移动中间件的领导品牌仍未出现，移动中间件的发展还有很长的路要走。

随着移动应用涉及的领域不断拓展，移动中间件在移动应用中的作用越来越重要。目前国外的产品比较知名的非 PhoneGap 莫属，它拥有兼容性、标准化、用 JavaScript＋HTML5 的特点。而国内也有 Rexsee EMS、MKey、xMobi 等不同的产品，其中 Rexsee 应该是目前唯一支持 HTML5 的开源的、免费的移动中间件，MKey 最大的特点则是跨平台。图 10.1 所示为 MKey 无线云。

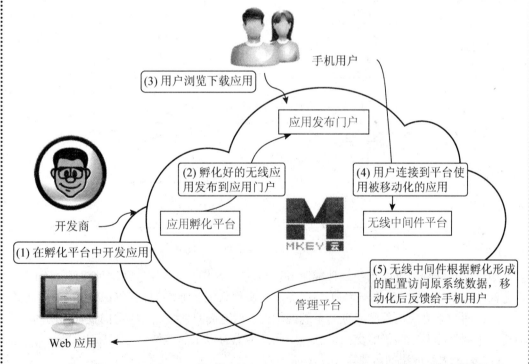

图 10.1 MKey 无线云

与传统软件类似，移动中间件的发展也呈现两大趋势：一种是作为大型厂商软件系列中的一个部门存在；另一种则是作为单一的移动中间件产品而存在。从未来发展的主导性考虑，移动中间件厂商应考虑和应用整合，或者自己构建自己的供应商店和开放平台。否则，未来的发展空间会受到制约，在竞争中也会变得十分被动。

(资料来源：罗信. 移动中间件 路漫漫其修远兮[EB/OL]. (2011-11-25).
[2012-10-3]. http://www.vsharing.com/k/mdw/2011-11/A652826.html.)

通过这个案例，我们应思考 3 个问题：
1. 移动中间件的作用何在？为何发展势头良好？
2. 移动中间件要解决的核心问题有哪些？
3. 移动中间件未来发展趋势如何？

10.1 移动中间件概念

10.1.1 中间件

为解决分布异构问题，人们提出了中间件(Middleware)的概念。中间件是位于平台(硬件和操作系统)和应用之间的通用服务，如图 10.2 所示，这些服务具有标准的程序接口和协议。针对不同的操作系统和硬件平台，它们可以有符合接口和协议规范的多种实现。

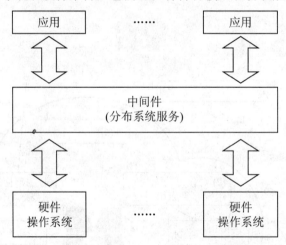

图 10.2 中间件

中间件是一种独立的系统软件或服务程序，分布式应用软件借助这种软件在不同的技术之间共享资源。中间件位于客户机/服务器的操作系统之上，管理计算机资源和网络通信。它是连接两个独立应用程序或独立系统的软件。相连接的系统，即使它们具有不同的接口，但通过中间件相互之间仍能交换信息。中间件应具有以下一些特点。

(1) 满足大量应用的需要。
(2) 运行于多种硬件和 OS 平台。
(3) 支持分布计算，提供跨网络、硬件和 OS 平台的透明性的应用或服务的交互。
(4) 支持标准的协议。

(5) 支持标准的接口。

由于标准接口对于可移植性和标准协议对于互操作性的重要性，中间件已成为许多标准化工作的主要部分。对于应用软件开发，中间件远比操作系统和网络服务更为重要，中间件提供的程序接口定义了一个相对稳定的高层应用环境，不管底层的计算机硬件和系统软件怎样更新换代，只要将中间件升级更新，并保持中间件对外的接口定义不变，应用软件几乎不需任何修改，从而保护了企业在应用软件开发和维护中的重大投资。

具体地说，中间件屏蔽了底层操作系统的复杂性，使程序开发人员面对一个简单而统一的开发环境，减少程序设计的复杂性，将注意力集中在自己的业务上，不必再为程序在不同系统软件上的移植而重复工作，从而大大减少了技术上的负担。中间件带给应用系统的，不只是开发的简便、开发周期的缩短，也减少了系统的维护、运行和管理的工作量，还减少了计算机总体费用的投入。

由于中间件需要屏蔽分布环境中异构的操作系统和网络协议，它必须能够提供分布环境下的通信服务，这种通信服务称为平台。中间件可向上提供不同形式的通信服务，包括同步、排队、订阅发布、广播等，在这些基本的通信平台之上，可构筑各种框架，为应用程序提供不同领域内的服务，如事务处理监控器、分布数据访问、对象事务管理器 OTM 等。平台为上层应用屏蔽了异构平台的差异，而其上的框架又定义了相应领域内应用的系统结构、标准的服务组件等，用户只需告诉框架所关心的事件，然后提供处理这些事件的代码。当事件发生时，框架则会调用用户的代码。用户代码不用调用框架，用户程序也不必关心框架结构、执行流程、对系统级 API 的调用等，所有这些由框架负责完成。因此，基于中间件开发的应用具有良好的可扩充性、易管理性、高可用性和可移植性。

基于目的和实现机制的不同，将平台分为以下主要几类。

1. 远程过程调用

远程过程调用(Remote Procedure Call)是一种广泛使用的分布式应用程序处理方法。一个应用程序使用 RPC "远程"执行一个位于不同地址空间的过程，并且从效果上看和执行本地调用相同。事实上，一个 RPC 应用分为两个部分：Server 和 Client。Server 提供一个或多个远程过程；Client 向 Server 发出远程调用。Server 和 Client 可以位于同一台计算机，也可以位于不同的计算机，甚至运行在不同的操作系统之上。它们通过网络进行通信。相应的 View Stub 和运行支持提供数据转换和通信服务，从而屏蔽不同的操作系统和网络协议。这里的 RPC 通信是同步的。采用线程可以进行异步调用。

在 RPC 模型中，Client 和 Server 只要具备了相应的 RPC 接口，并且具有 RPC 运行支持，就可以完成相应的互操作，而不必限制于特定的 Server。因此，RPC 为 Client/Server 分布式计算提供了有力的支持。同时，远程过程调用 RPC 所提供的是基于过程的服务访问，Client 与 Server 进行直接连接，没有中间机构处理请求，因此也具有一定的局限性。例如，RPC 通常需要一些网络细节以定位 Server；在 Client 发出请求的同时，要求 Server 必须是活动的等。

2. 面向消息的中间件

面向消息的中间件(Message-Oriented Middleware,MOM)指的是利用高效可靠的消息传递机制进行平台无关的数据交流,并基于数据通信进行分布式系统的集成。通过提供消息传递和消息排队模型,可在分布环境下扩展进程间的通信,并支持多通信协议、语言、应用程序、硬件和软件平台。目前流行的 MOM 中间件产品有 IBM 的 MQSeries、BEA 的 MessageQ 等。消息传递和排队技术有以下 3 个。

1) 主要特点

通信程序可在不同的时间运行程序不在网络上直接相互通话,而是间接地将消息放入消息队列,因为程序间没有直接的联系。所以它们不必同时运行。消息放入适当的队列时,目标程序甚至根本不需要正在运行;即使目标程序在运行,也不意味着要立即处理该消息。

对应用程序的结构没有约束,在复杂的应用场合中,通信程序之间不仅可以是一对一的关系,还可以进行一对多和多对一方式,甚至是上述多种方式的组合。多种通信方式的构造并没有增加应用程序的复杂性。

2) 程序与网络复杂性相隔离

程序将消息放入消息队列或从消息队列中取出消息进行通信,与此关联的全部活动,如维护消息队列、维护程序和队列之间的关系、处理网络的重新启动和在网络中移动消息等是 MOM 的任务,程序不直接与其他程序通话,并且它们不涉及网络通信的复杂性。

3. 对象请求代理

随着对象技术与分布式计算技术的发展,两者相互结合形成了分布对象计算,并发展为当今软件技术的主流方向。1990 年年底,对象管理集团 OMG 首次推出对象管理结构(Object Management Architecture,OMA),对象请求代理(Object Request Broker,ORB)是这个模型的核心组件。它的作用在于提供一个通信框架,透明地在异构的分布计算环境中传递对象请求。CORBA 规范包括了 ORB 的所有标准接口。1991 年推出的 CORBA 1.1 定义了接口描述语言 OMG IDL 和支持 Client/Server 对象在具体的 ORB 上进行互操作的 API。CORBA 2.0 规范描述的是不同厂商提供的 ORB 之间的互操作。

对象请求代理是对象总线,在 CORBA 规范中处于核心地位,定义异构环境下对象透明地发送请求和接收响应的基本机制,是建立对象之间 Client/Server 关系的中间件。ORB 使得对象可以透明地向其他对象发出请求或接受其他对象的响应,这些对象可以位于本地也可以位于远程机器。ORB 拦截请求调用,并负责找到可以实现请求的对象、传送参数、调用相应的方法、返回结果等。Client 对象并不知道同 Server 对象通信、激活或存储 Server 对象的机制,也不必知道 Server 对象位于何处、它是用何种语言实现的、使用什么操作系统或其他不属于对象接口的系统成分。

值得指出的是 Client 和 Server 角色只是用来协调对象之间的相互作用,根据相应的场合,ORB 上的对象可以是 Client,也可以是 Server,甚至兼有两者。当对象发出一个请求时,是处于 Client 角色;当它在接收请求时,就处于 Server 角色。大部分的对象都是既扮演 Client 角色又扮演 Server 角色。另外由于 ORB 负责对象请求的传送和 Server 的管理,

Client 和 Server 之间并不直接连接，因此，与 RPC 所支持的单纯的 Client/Server 结构相比，ORB 可以支持更加复杂的结构。

4. 事务处理监控

事务处理监控(Transaction Processing Monitors)最早出现在大型机上，为其提供支持大规模事务处理的可靠运行环境。随着分布计算技术的发展，分布应用系统对大规模的事务处理提出了需求，如商业活动中大量的关键事务处理。事务处理监控界于 Client 和 Server 之间，进行事务管理与协调、负载平衡、失败恢复等，以提高系统的整体性能。它可以被看做事务处理应用程序的"操作系统"。总体上来说，事务处理监控有以下功能。

(1) 进程管理，包括启动 Server 进程、为其分配任务、监控其执行并对负载进行平衡。
(2) 事务管理，即保证在其监控下的事务处理的原子性、一致性、独立性和持久性。
(3) 通信管理，为 Client 和 Server 之间提供了多种通信机制，包括请求响应、会话、排队、订阅发布和广播等。

事务处理监控能够为大量的 Client 提供服务，如飞机订票系统。如果 Server 为每一个 Client 都分配其所需要的资源的话，那 Server 将不堪重负。但实际上，在同一时刻并不是所有的 Client 都需要请求服务，而一旦某个 Client 请求了服务，希望得到快速的响应。事务处理监控在操作系统之上提供一组服务，对 Client 请求进行管理并为其分配相应的服务进程，使 Server 在有限的系统资源下能够高效地为大规模的客户提供服务。

10.1.2 移动中间件

移动中间件是伴随着网络技术、通信技术、嵌入式操作系统和中间件技术的发展和融合而出现的新兴技术，是当前移动数据业务、未来 3G 业务及广大智能终端增值业务的关键共性技术。移动中间件为使包括计算机、笔记本式计算机、手机、便携式计算机、电话、家电、汽车等在内的广大终端具有增值应用能力带来了革命性的推动力量。它使广大终端具有了越来越强的智能处理能力，在彻底改变传统以计算机为主的计算体系的基础上，全面提升终端价值，创造更多的终端增值应用。

移动中间件位置如图 10.3 所示，移动中间件介于操作系统与移动应用的中间位置，屏蔽了底层网络的复杂性，为移动应用提供了一个完全支撑环境。不同的移动网络对应用开发者似乎为一个无缝的同构的通信媒质。这些网络对应用(或用户)的差别只是 QoS 的变化。

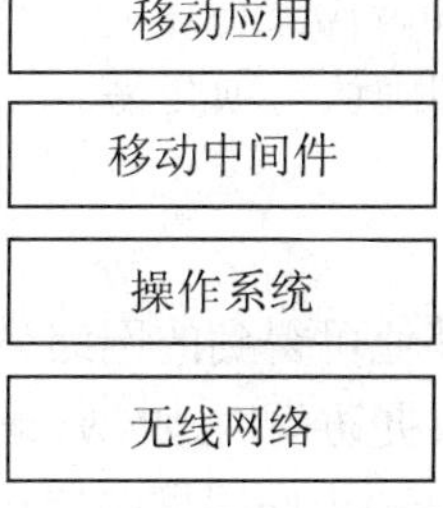

```
移动应用
移动中间件
操作系统
无线网络
```

图 10.3　移动中间件

此外，移动中间件能够使应用知道用户位置，传输路径性质，传输和内容开销，用户参数选择和终端性质。移动中间件也负责使信息适应网络和终端属性并确保应用在各种网络中的移动。移动中间件结构如图 10.4 所示，WAP 的模型与此相似。

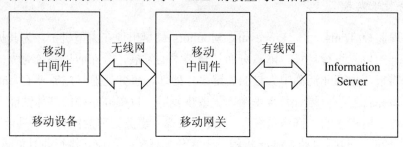

图 10.4　移动中间件结构

移动中间件为移动应用提供一系列特有的服务。

1. 内容适配服务

内容适配服务(Content Adaptation)负责使传输内容适宜于访问设备的带宽和终端特性。移动中间件结构的移动网关部分基于用户、终端和可得到的网络配置信息来完成内容适配。适配服务是一种在转换时间、对象大小和传输时间 3 方面之间的优化过程。一个移动中间件系统使用内容适配服务来实现更快更好的信息访问。

2. 位置信息服务

移动中间件系统使像城市向导这样的移动应用从如 GPS、GSM 位置信息服务(Location Based Information)群等地理位置设备得到位置信息成为可能。移动中间件对应用隐藏了怎样得到位置信息的机制。

3. 警报和电子商务服务(Alerting and Electronic Commerce)

移动中间件追踪移动用户并决定可用来警报用户的机制。在移动中间件提供的统一的警报方案中，用户不必担心出现在一定网络中特定终端上的警报。今后，用户将能使用各种访问设备和网络，移动中间件将追踪用户向适当设备发送警报。

电子商务是当今 Internet 世界最重要的事物之一。随着移动电子银行和电子贸易的普及，移动商务将很快变成一个主要的市场驱动力。移动中间件通过支持分布式事务处理(Transaction Processing)使电子商务和应用变得便利。移动网关代表移动用户以一个安全的方式完成交易。移动用户有权发起和确认一项交易。

4. 会话管理

移动中间件处理网络断开并用其他可得到的网络访问机制自动恢复网络连接。移动中间件提供网络适配层以实现在各种数据访问网(如 WLAN、GSM、GPRS 和 UMTS 等)上建立连接。会话管理(Session Management)为应用屏蔽底层连接断开。应用的逻辑会话在网络连接丢失和传输断开中被保护。会话管理也提供在单个或多个数据访问网上数据流的复用。

10.2 移动中间件技术的分类

移动商务的兴起对于移动中间件系统的设计和实现提出了诸多新的困难和挑战，为了迎接这些挑战和困难，国内外众多研究者已经提出了大量的移动中间件解决方案。其中有一部分方案是在传统移动中间件系统的基础上进行改进和扩展，用以适应无线移动计算这种动态的环境，而其他大多数系统都是专门针对移动计算环境而设计的。根据研究的侧重点和针对移动中间件需求的不同，大致可以把移动中间件分为了如下几个类型：基于传统中间件的扩展；基于数据共享的移动中间件；基于元组空间(Tuple Spaces)的协调中间件；上下文可感知的移动中间件系统和动态自适应的中间件。

10.2.1 基于传统中间件的扩展

移动中间件顾名思义，是要适应于移动计算。但是，究其本质，它依然与传统意义上的中间件系统并无太大的区别。众所周知，传统中间件技术在经历了多年的发展和演化后已经变得相当成熟，并且出现了以 CORBA 和 J2EE 等工业界共同认可的标准和规范。但是，面对移动计算的新需求，人们自然想到如果能通过在传统中间件中增加或修改部分功能或部件，使其能够适应无线移动计算环境的新需求。这样在原有成熟中间件技术的基础上满足移动计算的要求，一定能保护已有投资，极大地降低开发移动中间件的风险和难度，同时也有利于移动中间件的移植与推广。因此，扩展传统中间件成为构建移动中间件优先考虑的方式之一，从而出现了如下几个有代表性的中间件系统。

1. ALICE

ALICE(The Architecture for Location Independent CORBA Environments)是一个位置独立的 CORBA 环境架构。它允许在移动设备上运行的 CORBA 对象，并且可以透明地与固定主机上的 CORBA 对象进行良好的交互通信。ALICE 架构由在固定主机上运行的移动网关构成，而移动网关则实现了完整的 CORBA ORB 所需要的所有功能。同时它也扮演了代理的角色，它可以通过移动网关实现移动主机与固定主机之间的对象调用。其实，移动主机上并不需要实现完整的 ORB，只需实现 ORB 的一个子集 IIOP 即可。ALICE 能够保证当移动主机在不同网关之间迁移时，通信连接从一个网关切换到另一个网关并对应用是透明的。这样大大降低了开发者的难度和开发周期。对于地址迁移、连接中断及移动终端的内存受限等问题，ALICE 系统在一定程度上解决了这些针对移动环境的问题，但是 ALICE 架构依赖于固定主机上运行的移动网关，所以对于大多数无线移动计算环境来说，它的适应性相对较弱。

2. OpenORB

OpenORB 是一种以基于反射作为基础的开放式的代理中间件系统，它的设计思路如下：即关注与如何将对象做什么(基层)和对象怎么做(元层)区分开来。另外需要值得关注的是，对象在基层表现为类(Class)，它很好地描述了类究竟在执行什么样的操作；而当它处于在元层的时候，自然也就表现为了元类(Meta Class)。元类能够在运行中动态改变，同时属性也可以增加或减少，但是不需要重新对代码进行编译。由此，这样的设计思路就很好地实现了在运行过程中根据策略的变化而变化，也就是所谓的动态自适应，实现了一个可配置的中间件系统。但该系统没有提供特别的机制来支持移动计算应用。OpenORB 组件组合使用组件图来表示复杂的组件绑定间的关系。它是一个通用而灵活的模型，模型要求仔细地处理和管理组件架构。OpenORB 设计为一个通用的中间件支持系统，它通过允许应用检查(通过反射)和适应(通过具体化)下面系统组件的行为来支持系统重新配置。因为如果不进行有效的约束，它极可能导致一些异常情况的发生，如绑定的不一致、潜在的操作死锁。虽然增加了自适应的能力，实验表明采用 OpenORB 的系统其效率还不及 CORBA。并且由于增加了元类和基类层次的分离，OpenORB 比 CORBA 更加复杂，因而 Open ORB 作为移动中间件的解决方案并未取得成功。但其反射思想的应用对于移动中间件的研究具有借鉴作用。

10.2.2 基于数据共享的移动中间件

应用于分布式系统通信模式的另外一种方式称为数据共享。这种通信模式存在的最大的问题莫过于不能通过某种复制算法来维护不同主机间数据的一致性。

事实上，服务器作为数据存储的中心存储了所有共享数据的复制，而客户端拥有自己的私有的数据缓存。客户端若想向服务器请求所需数据的复制，只需要在本地缓存中访问和更新数据即可。数据共享的移动中间件可以在某种程度上克服无线移动计算环境下的各种问题和缺陷：消除耦合的本质特性适用于连接不稳定和位置动态变化的移动网络环境；采用不同的复制策略可以克服带宽下降、存储空间有限和电池电量较低等资源受到限制的问题。数据共享的移动中间件非常适用于协作的和信息共享的应用场景。比较有代表性的基于数据共享的移动中间件系统有以下几个。

1. AdHocFS

AdHocFS 是一种专门为在不异构网络中移动终端间进行协作而设计的中间件系统。它采用了数据共享模式。在不同的网络环境下，移动终端首先通过 SLP 协议发现其他终端，然后通过第三方发行的数字证书认证彼此的身份信息，验证通过后，即可形成协同工作组。而工作组中的终端共享是通过加密协议来对共享数据空间进行有效加密的。为了很好的维护数据的一致性，AdHocFS 采用一种令牌机制。在这种机制中，只有当终端获得令牌时，它才可以更新数据。而更新后的数据只有在终端发出访问请求时才能进行同步的处理。这样做的好处在于，它可以减轻通信的负担，当然也就节约了电池电量。此外 AdHocFS 还采用了一种自适应的复制策略，每个终端通过配置文件(Profile)声明自己的资源状况等信息，中间件则根据配置文件来决定哪些数据复制到哪些终端上。

2. XMIDDLE

XMIDDLE 中间件系统采用了基于 XML 的方式来描述数据，是一种极好的针对异构环境下数据共享的中间件协调方案。在此中间件系统中，每个移动设备都可以将数据存储在本地的 XML 树形结构中，从而有利于支持复杂的数据结构。

移动设备可以通过树的访问接入点(Access Point)访问其他移动设备上的数据，并下载自己所需要的数据信息。多个移动设备之间的数据一致性就是通过树的差异性算法来进行协调和实现的。

XMIDDLE 提供的共享机制不仅可以共享数据，也可以共享上下文等系统信息。但是由于其采用 XML 树的形式存储和管理数据，因此对存储空间和通信带宽的要求相对比较高，所以自然不太适用于资源受限的移动开发环境。

3. Coda

在较早的无线网络环境，人们首先提出了 Coda 中间件系统。值得关注的是，Coda 中间件能在网络断开的情况下处理文件访问的问题。在无线网络断开的情况下，Coda 能利用数据缓存(Cache)来为应用提供数据，然后对其进行相应的操作；以缓存中的内容为文件请求提供服务。当网络链接重新进行建立时，中间件负责进行数据同步并将相关的修改传递到服务器。Coda 是一个大规模分布式计算环境下的文件系统。它通过服务器复制和非连接操作这两个机制为服务器和网络的故障提供可恢复能力。它们虽然彼此不同，但是却能彼此提供很好的互补性。

服务器复制指在多个服务器中储存文件的副本；非连接操作可以临时缓存站点的内容，在网络非连接状态作为复制的站点。Coda 支持固定或游牧式(Nomadic)的网络。Coda 中复制的单元是卷，是若干文件集合，储存在一台服务器内。Coda 基于 3 个状态之间的转换来支持非连接操作，这 3 个状态分别是模拟、数据预取和整合状态。在预取状态下将文件数据提前取回到客户本地；在网络非连接期间，也就是平时所说的模拟状态下，客户可以访问本地缓存的文件数据；当非连接结束后，系统就进入整合状态，在非连接期间修改了的文件和目录将被传播到服务器，系统将处理文件数据的同步并进行冲突检测处理。对与上层应用的开发，Coda 中间件系统屏蔽了上面所提到的各种复杂的处理，因此它不支持应用根据不同应用环境和上下文变化来进行动态的自适应调整。所以它只适合于固定网络或者变化比较小的移动网络环境。

10.2.3 基于元组空间的移动中间件

元组空间是一种应用广泛的异步通信模式，基于分布在主机上的共享存储空间来实现交互与协调。学术界通常将 Tuple 称之为元组，元组其实就是一个有类型的域的名称和相应值的序列。Tuple Space 表示大量元组存储空间，俗称为元组空间。基于 Tuple Spaces 的移动中间件大多采用是采用了经典的 Linda 协调模型。在协调模型中，元组空间中的资源可以被所有主机所共享，每个主机都可以把自己的元组发布或者写入到这个共有的全局空间中，除非显式的被移走，元组会一直存在于这个全局空间之中。对元组的修改首先需要将元组暂时移开，修改完毕才能将元组发布上去。应用程序提取元组时，需要给出一个模板，实际上就是给出希望哪些域上是哪些值的一个说明。元组空间在时间和空间上去除了耦合度，主机间通过元组空间进行通信时不需要同时在线或者显式地进行绑定连接，因而可以适应移动计算多变的要求。典型的基于元组空间的移动中间件如下。

1. TuCSoN

TuCSoN 是一种基于 Linda 模型进行扩展的中间件系统，在对元组空间的访问方面，采用与 Linda 相同的原语。在 TuCSoN 中，它引入了多个元组空间的概念，在 TuCSoN 中，我们把它称为元组中心。所以普通 Linda 中的元组操作，如 op(Tuple)在 TuCSoN 中就相应的变成了 tcop(Tuple)，其中 tc 代表的是元组中心。当代理要访问某个元组空间时，它必须通过所要访问的元组空间的基于策略的验证。因此，元组中心也就变成了代理进行本地交互时所需要的可编程介质。TuCSoN 中也引入了反应(Reaction)概念，表示为 Reaction (Operation，Body)。TuCSoN 中的反应作为第一顺序的逻辑元组可以用来编程。反应中的逻辑编程的开发使得 TuCSoN 能够很好地适用于大规模信息系统的开发和分布式管理。

2. JavaSpaces

SUN 公司开发了一款名为 JavaSpaces 的分布网络服务框架，可以提供信息的分布存取。在 JavaSpaces 中，它存储空间的方式与 Linda 的元组空间有着极大的相似。但是，对于不同类型的信息服务，JavaSpaces 却可以向用户提供了统一服务端接口。这一点较此前的系统有了较大的改进，同时这也极大地简化了分布式系统的设计和开发。JavaSpaces 实际上是 Java 元组空间，而元组空间中的元组是在 JavaSpaces 中其实就是一个标准的 Java 对象。换句话说，它就是对于 Entry 接口类的一个标准的实现。JavaSpaces 包含了传统分布式应用中的元组空间。但是，在 JavaSpaces 中，只有遵循 Entry 接口才能够访问元组空间。事实上，元组空间中的元组是以序列化的形式进行存储的，元组中的对象的每一个字段都进行了单独的序列化，都成为了独立的对象。所以元组的匹配机制实际上在很大程度上依赖和取决于元组自身的序列化形式。另外，通过有效地定义 Java 方法即可以实现对元组空间的访问。

与传统中间件技术所不同的是，JavaSpaces 提供了通知服务。在通知服务中，当把某个元组写入到元组空间时，JavaSpaces 可以通知对这个元组有兴趣的外部对象。当然前提条件是，此外部对象必须提前注册。这个外部对象其实就是一个监听器，可以事先给出感兴趣的元组模板。当特定的元组写入到 JavaSpaces 的元组空间时，外部监听器就可以捕获这个事件然后根据这个事件触发相应的操作。

3. TSpaces

TSpaces 是 IBM 公司开发的一款中间件产品。此中间件是一个基于协调的全局通信中间件组件，将事务、查询、持久数据(Persistent Data)及 XML 等数据库特性有机地结合在一起。与 Linda 相似的是，TSpaces 定义了一个可以相互作用空间，采用了基于 Java 的元组空间服务器的方式，可以被远程的基于 Java 的客户端访问。在 TSpaces 中，元组与模板的匹配必须满足 3 个条件：首先，匹配元组可以是模板的子类，但是必须具有相同数目的字段；其次，每个字段是相应模板字段类型的实例；最后，对非形式参数的模板字段，取值必须得到匹配。除此之外，客户端可以通过指定主机名或端口号来访问相应服务器上的资源，如元组空间。当然，它也可以采用类似 Linda 的操作原语的方式去访问远程的元组空间。TSpaces 中还提供了多重读取的功能，即它在对元组空间进行访问的同时，还能够给出所需要的元组模板。最终得到的结果就是元组空间中满足条件的所有元组。但是与 Linda 所不同时，也只能返回其中的一个元组。

同时，TSpaces 也是一个构造分布式系统的优秀的工具。因为它在多个客户和服务之间提供了一个异步和匿名的链。有了这种链的存在，TSpaces 就可被应用于一个较大范围的软件结构中，小到嵌入式软件，大到大规模的分布式系统。

特别需要指出的是，TSpaces 的终极目标在于，能够为访问像数据库这样大信息量的操作提供一个强大的和标准的接口实现。由于传统的 Linda 模型在此方面存在限制，TSpaces 将可编程的一种特殊的形式集成于元组空间中，通过使用这种新的操作，将操作添加到元组空间。因此，移动 Agent 便可在给定的元组空间中进行操作，或者能以某种方式动态地获取相关资源和信息。

TSpaces 还可用于游牧式的开发环境。元组库存储在服务器上，而服务器是固定的而且功能强大，移动设备环绕在服务器周围。另外，需要注意的是，TSpaces 采用了基于 Java 的元组空间集中服务器，它要求应用 Agent 要么能在一个给定的元组空间内感知到可用的操作，要么能从某种程度上获取这些知识。这使得 TSpaces 难以应用于移动环境的开发。

4. TOTA

TOTA(Tuples on the Air)是一个基于元组空间的中间件，可以用来支持不同网络的自适应的上下文感知应用。TOTA 中元组用来表示上下文的信息，而且支持分布式应用组件之间的去耦合交互。TOTA 与以往的中间件不同的地方在于元组不是固定于某个结点，而是联入这个网络环境的。另外，它可以根据应用定义模式的不同进行自动的复制和传播。TOTA 的体系架构由点到点网络的移动结点构成，每个移动结点运行一个特定版本的 TOTA 中间件。TOTA 元组定义为 T=(C，P)。其中，内容 C 代表元组携带的信息，复制规则 P 决定元组如何被传播。元组插入某一个结点上的系统，并根据复制规则按照跳数进行传播。这可以说明元组经过的物理距离，也描述传送是如何影响当前其他元组的。此外，这个规则描述了在主机之间进行移动时，内容应该如何改变。

TOTA 能比较好的处理系统的动态重新配置和应用的自适应，但这种基于数据结构变化的重新配置却让这个系统付出很高的性能代价，另外元组在 TOTA 中是唯一标记的，TOTA 中元组的查询可能涉及大量的传播搜寻，因而它不适用于大规模的查询。

5. MARS

MARS(Mobile Agent Reaction Spaces)是一个基于 Java 实现的可移植、可编程的移动 Agent 系统协调结构。它的开发基于 Linda 的通信机制。MARS 为 Agent 之间的协作提供了很好的协调机制。MARS 假定每个移动 Agent 系统在本地环境中都存储有一个元组空间（XML 格式的元组空间），移动 Agent 与本地执行环境和其他 Agent 可以在元组空间上进行交互和协调。当一个 Agent 迁移到某个节点时，由本地服务器给这个 Agent 提供一个指向本地 MARS 元组空间的引用，移动 Agent 根据这个引用就可以去访问元组空间。在 MARS 中，元组空间是可以反应编程的，Agent 访问元组空间的方式与 Linda 极为类似，这些操作行为可以通过指定一些反应规则来进行动态改变。

采用的元组空间是可编程反应式的元组空间。除此之外，还可以将多个 MARS 节点联合起来，用以创建共享数据空间。而对与数据空间的访问和操作则是通过 Read，Take，Write 这样的操作接口来实现的。

另外，MARS 系统架构必须运行在固定的主机上，当然这里所说的固定指的是物理位置上的固定。MARS 只能够支持移动 Agent 在网络中的逻辑移动，但不支持主机之间的物理移动。

6. LIME

LIME 是一个标准的移动中间件系统。LIME 的设计思想与众不同，首先提出了一个基于逻辑移动和物理移动并且将两者有机整合在一起的一个统一的协调模型。LIME 支持基于主机的物理移动或者移动 Agent 的逻辑移动的应用开发。

LIME 的全称是 Linda in a Mobile Environment。所以顾名思义，它的开发是基于 Linda 通信协调模型。在 LIME 中，它提供了简单的移动协调抽象层，这就使得移动应用的开发者和设计者们能够以一种清楚的视角简单地将计算与主机之间的通信分离开来。另外，LIME 系统中每个移动的实体，无论是移动 Agent 还是运行在其上的主机设备都与一个接口元组空间(ITS)相关。这就便于将此元组空间当做私有的元组空间来进行操作，如存储操作或者检索操作。当然，让开发者们耳目一新的是，LIME 率先提出了"瞬间共享元组空间"(Transiently Shared Tuplespaces)的概念。也就是说，当若干个移动 Agent 相遇时，它们各自的 ITS 会自动地融合在一起，于是移动 Agent 之间便可暂时共享相应的元组空间，由此就完成了数据通信和协调的目的。LIME 最大的好处在于支持 Ad Hoc 网络环境，它提供了比较强的原子保证。但是 LIME 的规范相对较为庞杂，因而实现起来难度较高。

另外，它对于传输协议的封装也显得非常的有限。它将过多的传输细节暴露给了移动应用的开发者，这一方面增加了开发的难度和周期，另一方面也使得系统极其的不稳定，当然也就无法保证所谓的可靠消息传递。

7. KLAIM

KLAIM 的全称是 a Kernel Language for Agent Interaction and Mobility。它是代理交互和移动的核心语言，它支持进程和数据在不同的计算环境中进行移动和交互。KLAIM 使用了显式的位置概念，即 KLAIM 元组空间和进程分布在不同的位置空间中。其中位置信息被视为是第一类数据(First-Class Data)，它可以和其他数据一样进行操作。而协调语言操作必须以它们所访问的元组空间的位置作为索引，如 op@l 表示的是，在位置 l 上执行 op 操作。这样做的好处是移动应用的开发着们就可以直接从不同的节点上分配和获取相应数据或进程，而且也极大地提升了效率。在 KLAIM 中，移动应用的开发着们与协调者(Coordinator)一起共享数据。协调单元描述了管理进程的策略分配情况、物理名称、进程移动等必要的分布式体系结构信息。除此之外，KLAIM 还为控制进程之间能够交互提供了协调机制。

10.2.4 基于上下文可感知的移动中间件

移动开发环境中充满着动态性和不确定性，如主机型号的不同、网络的异构和动态可变性。而所有的这些都需要移动中间件系统能够为移动应用提供感知它们所处环境上下文的能力。同时，系统还需要通过上下文感知来使移动应用自动适应环境的动态变化，以此才能达到资源的有效利用和系统的动态平衡。通常情况下，所谓的上下文主要指的是位置信息、设备参数、物理环境、用户的行为等方面的信息。事实上，上下文感知已经不是一个新的范畴。从它十年前第一次被提出开始，研究工作者就在上下文信息的获取和自适应改变等方面做了很多有益的工作和探索。Context 策略所面对的是游牧式的移动计算环境。它为移动计算环境提供了一个支持上下文感知的计算模型。该策略的好处在于，它可以保证服务质量。除了 Context 策略之外，Solar 也为在游牧式移动无线网络环境下获取上下文提供机制及相关的操作。而另外两种策略，Context ToolKit 和 Context Fabric 都支持在移动计算环境下上下文感知的移动应用开发。其中 Context ToolKit 提出了一个上下文窗口的概念。通过上下文窗口可以收集底层的传感器信息并将这些信息聚合成为一个高层的信息，从而便于应用开发者的使用。而面对此问题，Context Fabric 使用一个架构来支持。但所不足的是，以上两个系统都没有强调动态的上下文改变及操作和动态的发现问题。也就是说，它们依然不能为 ad hoc 网络环境下的应用开发提供很好的支持。

XMIDDLE 是一个基于反射来解决上下文感知的系统模型，它将元数据从核心中的分离。但是，此系统对反射的控制能力相对有限，另外它缺乏对行为反射有效的支持。所以，这个系统的核心模块只能作相对较为简单的定制。而对于复杂的动态自适应它却很难达到系统的要求。

CARISMA 是一种基于策略的反射式软件架构，能够为应用开发者们提供对底层中间件行为和操作的自适应调整的接口。CARISMA 在实现中采用了 XMIDDLE 技术，并将此技术用于底层中间件平台的开发。当然除了开发底层平台之外，该架构同时支持其他中间件的开发和应用。CARISMA 研究范畴主要集中于以下几个方面，例如：影响移动应用的性能的指标，上下文信息获取的能力。另外，它也致力于解决当上下文发生改变时，移动中间件系统如何自适应地维持系统最好的性能。在 CARISMA 中，他所采取的自适应策略是通过策略描述文件来实现的。它运用策略描述语言分别描述了应用和客户的信息。在系统处于初始化状态时，系统将相关描述信息自动提交至底层中间件。而当上下文发生改变时，根据预先设定的相应的策略驱动来进行相应的操作和服务。此外，CARISMA 也提供一组反射接口和函数，通过这些接口和函数，应用本身可以在运行时动态重新配置自己的策略定义。另外，对于不同终端因为对资源需求而产生冲突的问题，CARISMA 还提供了基于服务质量的资源冲突协调机制。这种机制是通过一种基于拍卖协议(Auction Protocol)的算法来实现和解决的。CARISMA 提供了一个通用的高层框架，将反射和基于策略的自适应中间件这两者的功能完美地结合在一起。但它依然不能被归类为反射中间件或者基于策略的自适应中间件，因为 CARISMA 只是一个处于中间件之上的高层架构，并不是一种移动中间件的最终解决方案。此外，在 CARISMA 中对上下文的定义范围也过于狭隘，它的定义只是局限在传感器可获取的上下文信息范畴之内。因此 CARISMA 的应用范围和 XMIDDLE 类似,仅适用于 Ad Hoc 网络环境中终端之间的协调工作。

10.2.5 基于动态自适应的移动中间件

传统的中间件基于固定网络的平台,而移动环境下的中间件系统必须要考虑到上下文变化的情况。而变化的上下文也就要求系统为移动计算提供系统和应用的重新配置。移动计算所面对动态变化的网络环境,其上下文的环境时刻都可能发生改变。另外,所运行平台的系统资源也同样会发生变化。而为了适应这些变化并且保持应用与系统之间的自适应,研究者们给出了一些相关的解决方案,首先提出了一些相关技术用来实现动态自适应。其中包括,反射机制(提供对系统检查和重新配置的开放式的访问)和策略机制(用于动态改变控制的支撑机制)。比较有影响的自适应中间件有以下几类。

1. DynamicTAO

DynamicTAO 是一个基于反射机制的 CORBA ORB,它在 TAO 的基础上进行了较大的扩展。TAO 原是一个可扩展和可配置的 ORB,它很好的封装了 ORB 的内部引擎。而基于对 TAO 修改和扩展,DynamicTAO 通过组件配置器实现了内部结构的具体化,支持在非运行状态下和运行状态下系统的重新配置。通过使用 ORB 的反射机制,DynamicTAO 能处理内部组件的动态配置和自适应。

在不需要重新启动应用程序的前提下,DynamicTAO 中 ORB 能够改变指定的策略。并由此通过系统提供的元界面访问平台下的服务。它能够评估、检测和更改现行的组件配置。但该系统没有特别的机制用以支持移动应用的自适应调整;系统的反射机制仅仅局限于策略、打包、拆包及并发等内容。

2. Rover toolkit

在介绍 Rover toolkit 之前,首先需要介绍的是 RDO。RDO 是一个具有清晰接口的对象。应用的开发者可以从服务器上得到 RDO,并将其动态的加载到客户端上。通过 RDO 客户和服务器之间数据移动和运算逻辑移动可以得以实现,从而达到动态部署计算能力。QRPC 允许应用在网络处于断开的情况下进行远程调用,它可以通过查询机制具体调用链接已获得重新的建立和连接。Rover 则是通过 RDO 和 QRPC 这两项关键技术支持移动计算。在 Rover 中,应用必须通过移动感知的方式来编写。因为只有这样,应用才能够支持资源的动态改变,但这种自适应必须嵌入在移动应用的源代码之中,因此它实际上缺少了对与运行过程中的动态性支持。

3. 其他自适应中间件

Bayou 采用了一种不同于其他系统的策略和反射的自适应机制,适用于网络带宽下降的情况。在网络不沟通常的情况下,Bayou 架构可以通过暴露有效的旧数据给应用来为系统提供动态自适应的解决方案。Odyssey 的自适应主要体现在应用感知的自适应上。Open ORB 基于反射机制技术,通过让应用检查并适应系统组件的行为来支持系统重新配置,但

第10章 移动中间件技术

美中不足的是，该系统没有特别的机制来支持移动应用的自适应。另外，之前介绍的 CARISMA 也可以算是一种基于反射和策略技术的自适应中间件框架。

研究前沿与探讨

在分布式计算中，传统的中间件技术对分布式应用的开发、运行及广泛的使用都起到了极大的推动作用。但随着分布式计算向 Internet 及移动应用方面的发展，寻求新的中间件技术以处理移动计算的需求变得越来越迫切。因此从某种意义上说，我们正进入一个以移动中间件的研究、设计、开发和应用的新阶段。毋庸置疑的是，身处这样的阶段，移动应用开发需要的是一种新型的、可靠的、标准的及具有前瞻性的分布式系统技术。

近些年来，移动中间件是一个极为热门的研究方向。然而，随着研究的进行，诸多的挑战也如影随形。主要的挑战集中在以下 4 个方面。

(1) 在整个移动环境下，无论是移动应用还是移动在移动主机上的移动代理，他们都有可能是移动的。也就是说所谓的移动环境其实是一个充满着高度动态性和不确定性的环境。

(2) 在不确定的网络环境下，网络的连接状态自然也是充满着动态性和不确定性。它常常会面临意想不到的变化，如网络连接中断、网络带宽降低等。

(3) 纷繁复杂的移动应用设备也带给了研究人员极大的挑战。

(4) 移动设备的自身能力也有限，如内存容量较小、电池容量较少及计算能力较为的低下。这些都成为了移动中间件开发和研究的瓶颈。

为了能够很好地应对如上所述的挑战，国内外学者提出了标准化的移动中间件系统所需要满足的五个基本要素。

1. 上下文感知

移动系统中的上下文主要包括位置、物理环境、设备特性、用户的行为等方面的信息。传统意义上的典型分布式系统应用与环境的交互较为有限，而现今的移动计算中的应用与它们所处上下文环境的交互无论是在范围上还是在深度上都有了极大的增加。在移动应用系统中，由于网络环境在时间和空间上的动态性和不确定性、移动设备功能的受限性及设备的移动性，移动计算所面临的环境和交互对象都在发生着不断的变化。为了响应这些随时可能发生改变的外部环境，移动应用必须在感知上下文的前提下对其行为作出自适应的调整，因而上下文对移动应用本身有着相当大的影响。也就是说，它需要移动中间件系统支持移动应用感知上下文并根据上下文发生的变化随时做出相应的调整和反应。

2. 动态自适应性

因为移动计算处在一个复杂而动态的网络环境下，因此移动环境具有不可预测性。另外移动设备的资源也有着较大的局限性。这就导致系统和应用都不太可能提前知道或事先准备好所有可能的和需要的资源或服务。除此之外，现有的服务和资源也可能是暂时的。也就是说，它们可以随时加入所处的移动环境，使得资源可用；当然它们也可能随时离开应用所处的移动环境，这也就会造成资源或者服务的失效和不可用；另外，移动应用本身具有高度的动态性和不确定性，它可能随时离开或者到达一个完全不同的环境，因此也就极有可能随时要求移动系统对其新的需求提供支持。所以，一方面，为了很好的支持移动应用的运行，系统需要动态自适应随时可能发生变化的环境；另外一方面，移动应用自身也需要能够以极端的时间和极快的速度来适应移动运行环境的变化，以确保继续为用户提供尽可能高效的服务和尽可能准确的信息。因此，移动中间件系统所面临的主要挑战之一就是，在上下文感知的基础上支持移动应用并对于随时可能发生变化的上下文环境进行极为迅速的响应和调整。

3. 异步交互与协调

运行在主机上的移动设备需要通过互相的协作来共同完成相关任务。但是，移动环境中移动设备存在着诸多问题，如所需资源受到限制、设备功能受限、网络连接不稳定及网络端到端的自然特性。这些问题都增强了移动设备之间相互的依赖性。在无线的移动网络环境下，一个移动主机通常只允许访问在它网络链接范围之内的主机。可是由于这种网络连接还存在着高度的动态性和不确定性，因此它们之间的通信常常是短暂的、随机的、并且充满着动态性。而在移动环境下，这种所谓的动态性和不确定性不单单是限定了移动应用之间、移动主机之间的交互能力，也影响并约束着移动应用的行为。所以，移动中间件系统面临着如下挑战：即如何为移动应用提供异步交互与协调的支持，如何将移动应用实体的内部细节与周围的上下文信息进行有效地分离，并使用协调机制来刻画移动的动态行为。

4. 轻量级的移动中间件

作为一个能够为移动应用提供支持的移动中间件系统，不仅要能够满足移动应用对中间件服务不断增长的需求，同时也要让移动中间件本身变得尽可能的"轻量"，以应对动态的环境。所以这就成为了移动中间件研究的一个主要方向。

5. 移动消息传输的可靠性

如何为移动 Agent 提供一个可靠消息传递的基础组件至今仍然是一个争论甚广的话题。当然，在这里所指的可靠消息传递剔除了网络设备出现的故障的情况。也就是说，这里所讨论的是在网络设施无任何故障的情况下由于纯移动性所导致的消息的丢失。这种消息的丢失自然使得消息传递的可靠性大打折扣。因此，如何保证消息传递的可靠性也是移动中间件系统的设计过程中所面临的一个极为严峻的挑战。

本 章 小 结

随着移动应用市场的不断扩大，移动开发的市场得到长足的发展。移动中间件发展前景看好，海比研究预测，未来五年中国企业级移动应用市场规模的复合增长率为42%，预计2016年中国市场规模将达到327.4亿元；移动中间件市场规模将达到46.5亿元，未来五年复合增长率将达到50%。虽然大多数企业在涉足移动领域时，都会先尝试无线中间件产品，中间件领域的产业也已经经过多年研发，具有较强的技术实力，无论对底层还是应用层都有着深入的理解，在技术和业务上都具备迈向移动互联网领域的能力。但传统的移动中间件仍然存在跨平台、标准化、文档解析、性能等方面的问题，加之当前移动中间件的领导品牌仍未出现，移动中间件的发展还有很长的路要走。

第10章 移动中间件技术

每 课 一 考

一、填空题

1．中间件是一种独立的(　　　　　　)，分布式应用软件借助这种软件在不同的技术之间共享资源。

2．基于中间件开发的应用具有良好的(　　　　)、(　　　　)、(　　　　)和(　　　　)。

3．基于目的和实现机制的不同，中间件平台主要分为(　　　　)、(　　　　)、(　　　　)、(　　　　)4类。

4．移动中间件为移动应用提供的服务主要包括(　　　　)、(　　　　)、(　　　　)、(　　　　)等。

5．ALICE 是一种(　　　　　　)的扩展的移动中间件。

6．XMIDDLE 是一种(　　　　)的移动中间件。

7．JavaSpaces 是一种(　　　　)的移动中间件。

8．CARISMA 是一种(　　　　)的反射式软件架构，能够为应用开发者们提供对底层中间件行为和操作的自适应调整的接口。

9．DynamicTAO 是一种(　　　　　)的移动中间件。

10．中间件应具有一些特点，包括(　　　　)、(　　　　)、(　　　　)、(　　　　)、(　　　　)等。

二、选择题

1．中间件是位于(　　)之间的通用服务。
　　A．平台(硬件和操作系统)和应用　　B．硬件和软件
　　C．不同应用　　　　　　　　　　　D．硬件和操作系统

2．中间件是一种(　　)。
　　A．系统软件　　B．应用软件　　C．硬件　　D．操作系统

3．MQSeries 属于(　　)的中间件。
　　A．远程过程调用　B．面向消息　C．对象请求代理　D．事务处理监控

4．事务处理监控不包括(　　)功能。
　　A．进程管理　　B．事务管理　　C．通讯管理　　D．配置管理

5．移动中间件位于(　　)的中间位置。
　　A．操作系统与移动应用　　　　　B．硬件和软件
　　C．不同应用　　　　　　　　　　D．硬件和操作系统

6．城市向导这样的移动应用需要用到移动中间件的(　　)服务。
　　A．内容适配　　B．位置信息　　C．警报和电子商务　　D．会话管理

7．OpenORB 是一种(　　)的移动中间件。
　　A．基于传统中间件的扩展　　　　B．基于数据共享
　　C．基于元组空间　　　　　　　　D．基于上下文感知

8. MARS 是一种（　　）的移动中间件。
   A．基于传统中间件的扩展　　　　B．基于数据共享
   C．基于元组空间　　　　　　　　D．基于上下文感知
9. XMIDDLE 是一种（　　）的移动中间件。
   A．基于传统中间件的扩展　　　　B．基于数据共享
   C．基于元组空间　　　　　　　　D．基于上下文感知
10. Rover toolkit 是一种（　　）的移动中间件。
    A．基于传统中间件的扩展　　　　B．基于数据共享
    C．基于元组空间　　　　　　　　D．基于动态自适应

三、判断题

1．中间件是一种独立的应用软件，分布式应用软件借助这种软件在不同的技术之间共享资源。（　　）
2．中间件的作用仅限于屏蔽底层操作系统的复杂性，使程序开发人员面对一个简单而统一的开发环境。（　　）
3．移动中间件介于操作系统与移动应用的中间位置。（　　）
4．移动中间件的内容适配服务负责使传输内容适宜于访问设备的带宽和终端特性。（　　）
5．传统的中间件基于固定网络的平台，而移动环境下的中间件系统必须要考虑到上下文变化的情况。
6．中间件需要屏蔽分布环境中异构的操作系统和网络协议。（　　）
7．DynamicTAO 是一个对象。（　　）
8．TSpaces 是 SAP 公司开发的中间件。（　　）
9．移动中间件不能提供位置信息服务。（　　）
10．移动中间件必须在操作系统支持下才能运行。（　　）

四、问答题

1．试论述中间件的原理和作用，并举例说明。
2．试论述移动中间件的原理和作用，并举例说明。
3．试论述移动中间件提供的服务内容。
4．简述 DynamicTAO 的特点。

技 能 实 训

1．如果你使用的是安卓智能手机，当你使用 UC 浏览器接入 Internet 时，有哪些中间件在为你服务？
2．企业要使已经使用的 ERP 系统延伸到智能移动终端，需要有哪些中间件支持？

第10章 移动中间件技术

案例分析

根据以下案例所提供的资料,试分析:
(1) 查资料: MKey 的基本原理、结构和功能如何?
(2) 查资料: 相比市面上其他的移动中间件,MKey 有哪些优势?
(3) 查资料: 现在使用了哪些主要公司的中间件?

数字天堂发布 MKey 无线中间件 启动合作伙伴计划

2008 年 10 月 28 日,数字天堂发布了名为 MKey 的无线中间件产品套件,它可以帮助 ISV 软件开发商和个人开发者实现软件系统或互联网站的快速移动化,解决了移动化应用面临的"手机终端各异、通信通道复杂、移动化数据交互困难"等突出难题,在信息化与移动通信的结合之路上架起了一条快速通道,意味着具有规模效应的移动信息化时代已正式到来。

MKey 无线中间件是位于平台(包括手机和计算机等在内的硬件和操作系统)和应用之间的通用服务,配套有开发工具、语言、接口及管理维护界面。使用该中间件产品,开发者可以在 2~3 周内完成一个业务系统的移动化,并且只需要开发一次,系统会自动创建出可以在各个手机平台上运行的软件包。MKey 抽象了典型的应用模式,应用软件制造者可以基于标准的中间件进行再开发,使得开发者可大幅降低开发成本,加快产品上市周期。比对自行开发,利用 MKey 无线中间件的应用开发费用可节省 70%以上,并缩短开发周期 80%~95%。

作为一款套装型产品,MKey 包括有 MSC 移动智能客户端、MDP 多通道数据平台、WG 无线网关这 3 款不同的无线中间件产品,分别用以实现"PC 软件在不同手机平台上的统一应用"、"获取任意 PC 业务系统数据并实现移动化"及"对不同无线通信资源的整合利用"。MKey 对各种硬件平台、操作系统、网络数据库产品及 Client 端实现了兼容和开放,并且实现了对信息交互的一致性和完整性的保护,有效地提高了系统的可靠性;同时,MKey 还保持了平台的透明性,开发者不用忧心操作系统的问题,只需专注于自己的业务所长。

虽然是首次发布,但 MKey 的相关应用却已十分成熟。据数字天堂介绍,基于 MKey 的成型应用案例已经超过了 4 000 例,广泛涉及各类不同行业,不但包括移动 OA、移动 ERP、移动 CRM 等移动办公类产品,也包括专门针对某行业业务系统的移动化应用,如移动商务、移动政务、移动销售、移动稽查等。MKey 无线中间件使得这些信息化系统可以随时随地在手机上使用,打破了原有信息化必须依赖固定的场所、设备和网络才能进行的束缚,实现了"人守着信息化用"到"信息化跟着人走"的巨大跃变。

在发布 MKey 无线中间件的同时,数字天堂还宣布开始正式启动合作伙伴计划,初期主要面向各行业的 ISV 软件开发商。数字天堂将为其提供从 MKey 无线中间件产品、运营合作平台、到技术、市场、服务等全方位的支持,帮助他们跨越移动化的各类门槛,成为移动化应用蓝海的领航者;并将组建具有强大生命力的、相互依存、共同发展的无线应用产业联盟,为用户提供从通用手机端软件,到深层次插件式的移动化应用解决方案和集成服务,实现基于合作伙伴生态链的移动信息化大市场、大产品、大同盟。

(资料来源: CC. 数字天堂发布 MKey 无线中间件 启动合作伙伴计划 [EB/OL]. (2008-10-28).
[2012-10-5]. http://mobilecomputing.ctocio.com.cn/news/125/8549625.shtml.)

第 11 章 移动应用平台

知识结构

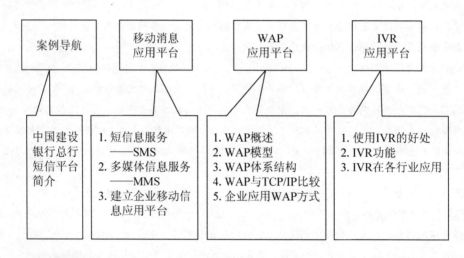

知识要点

1. SMS、MMS 的通信过程。
2. WAP 体系结构与应用模式。
3. IVR 的作用。

学习方法

1. 由前台功能思考后台技术：SMS 后台系统、WAP 后台系统、IVR 后台系统。
2. 归纳日常应用，提炼知识点：收发短信—SMS 原理、手机上网—WAP 体系、呼叫中心—IVR 功能。
3. 比较体系结构，理解难点：WAP 体系结构和 TCP/IP 体系结构。

第 11 章 移动应用平台

中国建设银行总行短信平台简介

1. 总体情况

目前，手机短信已成为国内各大商业银行向客户提供金融服务的重要电子渠道之一。银行通过双向的短信平台，不仅能向客户发送主动通知类短信，也能接受由客户发起的查询、转账等多种服务请求，从而为客户提供更加方便、快捷、贴身的金融服务，丰富银行的服务渠道，提高银行竞争力。中国建设银行总行经过广泛的市场调研和技术比较后，选用了东方通科技公司的企业短信门户平台产品 SMS_Portal 来构建总行级的短信平台，作为建总行电子渠道系列产品的重要组成部分。

企业短信门户平台 SMS_Portal 一方面可以方便地接入建行各种业务系统，使这些业务系统可以利用短信平台快速开通短信服务；另一方面能够灵活地连接多个移动运营商，支持网关分离部署到一级分行，构造出服务号码统一、高并发、大流量、高速率、稳定可靠的短信通道；并能够为使用其他移动通信技术的系统提供支撑，如为手机银行提供 WAP PUSH 服务等。

2. 系统结构和功能

1) 网络拓扑结构

网络拓扑结构说明如图 11.1 所示。

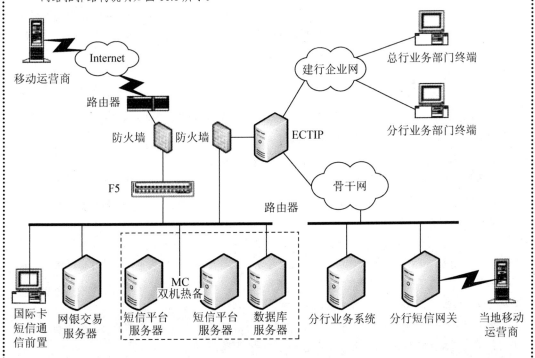

图 11.1　网络拓扑结构

2) 系统模块结构和主要功能说明

系统模块结构和主要功能说明如图 11.2 所示。

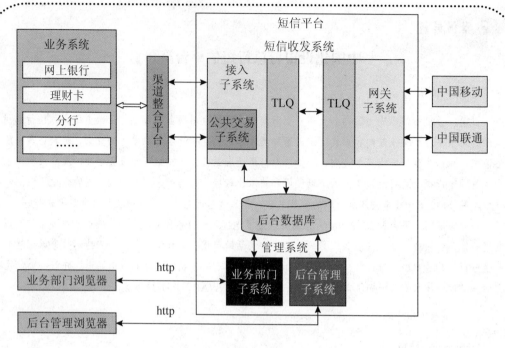

图 11.2　系统模块及主要功能说明

短信平台分为收发系统(包含接入子系统、网关子系统、公共交易子系统)、管理系统(包含后台管理子系统、业务部门子系统)两大部分。收发系统采用线程、队列、传输中间件等提高性能的技术，实现高效、稳定的收发核心。管理系统采用 JSP/Servlet 技术、MVC 框架，用浏览器方式实现友好、易用的管理功能。

短信平台各部分与业务系统、业务部门、移动运营商的关系如图 11.2 所示。

(1) 收发系统。负责将来自各个业务系统的短信转发给移动运营商，将来自移动运营商的短信转发给各个业务系统，同时对其转发的短信进行检查、路由、协议转换等操作，监控短信平台运行状况。

收发系统分为 3 部分：接入子系统、网关子系统、公共交易子系统。

接入子系统负责通过渠道整合平台与总行业务系统/分行业务系统进行内部短信报文的接收和发送，包括报文格式转换、访问数据库、管理优先级队列、解析批量文件、长号码/短信命令路由、过滤信息比对、重发等操作。

网关子系统负责与移动运营商通信，进行短信协议报文的接收和发送，支持与中国联通、中国移动的短信互通。通过实现内部重发、下行流量控制、上行缓冲处理、线程池、多种运行模式、异常捕获等机制构造了稳定、高速的短信网关。网关子系统采用模块化功能设计，能够适应以后接入新的运营商和采用新的移动通信技术的扩展要求。

接入子系统与网关子系统之间使用传输中间件 TongLINK/Q 进行通信，二者可分离部署，便于将网关子系统部署到各个一级分行，实现总行短信分行发送。

公共交易子系统调用公共交易接口直接处理上行短信所要求的交易(如查询余额、查询明细、口头挂失等)并根据短信模板构造应答短信，不再将其路由到业务系统进行处理，实现银行业务功能快速接入短信平台。

(2) 管理系统。管理系统以浏览器页面方式为后台管理员和业务操作员提供后台管理、业务操作的功能。

管理系统分为两部分：后台管理子系统和业务部门子系统。

后台管理子系统由后台管理员使用，提供用户部门管理、业务系统管理、运营商管理、上行短信类型管理、下行短信类型管理、短信发送状态查询、报表管理等功能。

业务部门子系统由总行各业务部门、各一级分行的业务操作员使用，制作本部门/分行的批量短信文件，监控短信发送状态、查询打印报表等功能。

3. 系统运行环境

(1) 基础平台：HP rp 4440 双机、HP_UX 11.11。
(2) 支撑软件：WebLogic 8 应用服务器。
(3) Oracle 9i 数据库系统。
(4) 网络环境：与移动运营商的网络连接，SDH(10M)。
(5) 与其他业务系统的网连接：中心局域网(1 000M)。

4. 系统性能

(1) 短信收发处理能力：>100 条短信/秒。
(2) 平均无故障处理时间(MTBF)：60 000 小时。
(3) 平均故障恢复时间(MTTR)：<1 小时业务系统接入数(并发连接数)>100 个(与主机系统性能有关)。

5. 系统主要特点

(1) 采用业界最流行的 J2EE 架构设计，技术先进、可扩展性强。
(2) 适应于银行等大型企业的机构设置和业务处理的特点，功能完备、配置灵活，处理能力和安全性能高。
(3) 将移动数据通信技术与业务处理逻辑隔离，屏蔽了移动通信技术的特殊性，提供简单一致的开发接口，便于快速开发业务系统的短信服务功能。
(4) 作为一个统一接入平台，便于实现一点接入、全行共用。
(5) 方便地连接各种主要的移动运营商短信网关。
(6) 方便地扩展将来可能发展的移动通信技术。
(7) 方便银行提供集中或分布式的短信服务。

(资料来源：中小企业 IT 网．中国建设银行总行短信平台简介 [EB/OL]．(2008-10-10)．
[2012-9-29]．http://www.cbismb.com/casehtml/2525.htm.)

这个案例是一个简要的系统设计方案，引起我们应该思考 3 个问题：
1. 企业短信平台系统的构成。是否所有企业的短信平台都需这么复杂的结构？
2. 如果不需要连接数据库，那么一般企业短信平台的功能有哪些？
3. 企业短信平台与企业其他应用系统集成时可能会出现什么问题？

11.1 移动消息应用平台

11.1.1 短信息服务——SMS

1. SMS 通信原理

SMS 短信息服务是在手机之间发送文字信息或从个人计算机或手持设备向手机发送信息的一种方式。短信的"短"指的是文本信息的单次最大发送量为 160 个字符，可以是字母、数字或拉丁字母中的符号，对于其他字母，如中文，一条短信的最大发送量为 70 个字符。

SMS 的简要通信原理如下：

手机处于待机状态时，以某个时间为间隔周期通过控制信道与基站交换信息，以保证手机和基站都知道手机当前所处的信号区域。控制通道也用来建立呼叫，当有电话打来时，基站通过控制通道向手机发送信号，手机振铃。同时，基站为手机提供两个语音信道频率进行通话。

控制通道也为 SMS 短信提供通路，当有人发来 SMS 短信时，该条短信将以控制通道上小型数据包的形式先进入 SMSC(Short Message Service Center，短信业务中心)，然后通过基站将短信发送到手机。同理，当发送短信时，手机将通过控制通道将短信发送到基站，再由基站传送到 SMSC，最后到达接收目标。SMS 工作原理如图 11.3 所示。

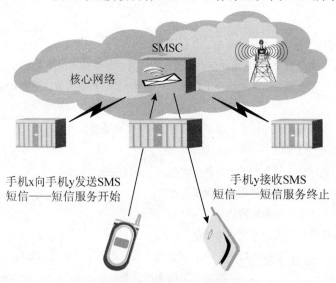

图 11.3 SMS 工作原理

为什么将手机短信最大长度限制为 160 个字符？1985 年，通信公司希望设计一种文字留言系统，供车载电话司机使用，这样他们的雇主就能像 BP 机那样留言。开发这套系统的重任落到了德国人 Friedhelm Hillebrand 的身上！究竟最大字符长度为多少才算合适？Hillebrand 研究了许多明信片和贺卡，终于发现大部分人在贺卡上写的字符很少超过 150

个。为了保险起见,最大短信长度就被定为了 160 个字符,这个长度限制一直使用到现在。现在的智能手机在书写短信时,如果超过 160 字符,自动拆成多条小于 160 字符的短信发送。

手机短信是一种存储和转发服务,这意味着,发送的短信不会直接进入对方的手机,而是存储在 SMSC 的服务器中,只有当对方开机时,才会从 SMSC 收到,而且接收的短信存放在手机内存或 SIM 卡上,事后可以查看,这种非即时的留有记录的通信方式更加灵活。

除了一人对一人的短信交流,SMS 也可以用于同时将一条短信发送给很多人,包括联系人列表或是特定区域的所有用户。这种服务称为群发,企业用它联系各组员工或通过在线服务向订阅用户发布新闻或其他信息。

2. SMS 在企业中的应用

在 SMS 的企业应用中,短信息可应用于内部管理、业务系统和客户服务系统,如企业日常工作中有大量诸如新商品信息、价格调整等业务资讯需要及时提供给所有区域经理,在应用短信息之前,主要通过电话或电子邮件来完成这些事情,需要投入大量的人力完成这些工作,并且还经常由于各种因素的影响而出现延误的现象,用短信息则可以快捷和轻松地完成这部分工作。归纳起来,SMS 在企业中有以下应用。

(1) 发送信息:如会议通知、客户信息等。
(2) 客户服务:如向客户发送生日贺电、奖励通知、旅游公司的订票结果等。
(3) 资料查询:如客户订单状况、员工工资袋信息等。
(3) 业务管理:向业务经纪发送业务信息,如保单审批结果等。

11.1.2 多媒体信息服务——MMS

1. MMS 通信原理

MMS 的英文全称是 Multimedia Messaging Service,意为多媒体信息服务,通常又称为彩信。它最大的特色就是支持多媒体功能,能够传递功能全面的内容和信息,包括文字、图像、声音、数据等各种多媒体格式的信息。彩信在技术上并不是一种短信,而是在 GPRS 网络的支持下,以 WAP 无线应用协议为载体传送图片、声音和文字等信息。彩信业务可实现即时的手机端到端、手机终端到互联网或互联网到手机终端的多媒体信息传送。

MMS 的发送过程大致如下:

首先发送者编辑要发送的消息,通过按发送按钮将消息传送至相应的信息中心,信息中心再将消息转发给接收者。当由于某些原因信息中心无法通知到接收者时,信息中心将消息保存一定时间后再次发送。若在一定时间内还是无法送达就丢弃这条消息。

图 11.4 所示为 MMS 的发送过程。MMS 发送过程解释如下。

(1) 发送方(MT1,移动终端 1)发送消息。

① 发送方在终端编辑欲发送的多媒体消息。

② 终端通过 GPRS 建立一个 WAP 连接,并按 WAP WSP(Wireless Session Botocol,无线会话协议) 协议要求对信息进行编码,将编码后的消息作为一个 WSP POST 内容发送出

去。然后 WAP 网关以 HTTP 协议将消息内容传送给 MMS 中继器，中继器再传至 MMSC (Multimedia Message Service Center，彩信中心)。

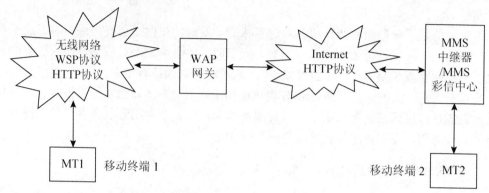

图 11.4　MMS 发送过程

③ MMSC 接收消息，将信息的内容将转换成 MIME(Multipurpose Internet Mail Extensions，多功能 Internet 邮件扩充服务，一种多用途网际邮件扩充协议)格式后存储，并进行数据分析，从而得到路由信息、用户终端信息，同时通过同一个 WAP 连接对发送方做出响应，发送方终端显示"信息已发出"。

(2) MMSC 通知接收方(MT2，移动终端 2)。

MMSC 使用 WAP PUSH 向接收方发送一条通知消息。

(3) 接收方提取消息。

① 如果接收方的终端已设置成接收 MMS 消息，它将建立一个 WAP 连接，并使用 WSP GET 从 MMSC 取回 MMS 消息。

② MMS 消息被作为一个 WSP GET RESPONSE 的内容通过同一个 WAP 连接发送至接收者。

③ 接收方终端仍通过同一个 WAP 连接用 WSP POST 消息告知接收成功。

(4) MMSC 通知发送方发送成功。

MMSC 使用 WAP PUSH 告知发送方消息已送达，发送方终端显示"消息已送达"。

从上述 MMS 发送和接收的实现过程可以看到，MMSC 并不是直接将 MMS 消息发送给接收者，而是向其发送一个通知，告诉接收方有一条消息正在等待。根据终端设置的不同，接收方的终端将尝试立即提取该消息，或者推迟一段时间提取，又或者仅仅将通知放在一边不予理会。而当用户设置成"立即提取"时，除非消息真正被送达，否则用户并不知道将收到一条消息。终端自己处理消息的提取，然后才告知用户"消息已接收"。

彩信的传输过程类似于与 Internet 上电子邮件的传输过程，MMSC 相当于电子邮件的邮箱。

2. MMS 在企业中的应用

(1) 彩信与短信相比具有以下优势。

① 内容更加丰富，除基本的文字信息以外，更配有丰富的彩色图片、声音、动画等多媒体的内容，图文并茂，生动直观。

② 形式新颖，彩信是一种全新的媒体传播形式，时尚新颖，客户新鲜感强，比起短信，彩信让接受者印象深刻，并且阅读率高。

③ 容量大，容量为 50K 的彩信，相当于 8 幅精美图片或 25 000 个汉字，这是原本只有 70 个汉字的普通短信无法比拟的，彩信可以更全面的传达信息。

(2) 彩信在企业中可有以下用途。

① 在企业管理应用中，通知类、回执类和单据类的移动商务应用都很适合使用彩信，如在信用卡账单类、贺卡、会刊和优惠券这些服务上，彩信比短信具有无可比拟的优越性。

② 彩信营销，即通过发送彩信的形式将企业的产品、服务等信息传递给手机用户，从而达到广告的目的。对企业来说，彩信媒体是目标更集中、反馈率更强大的渠道。彩信已成为更时尚、更快捷、更大范围吸引潜在目标用户的新颖媒体形式，受到商家和最终消费者的欢迎。

③ 彩信手机报，依托手机媒介，在手机上开发发送新闻、图片、广告等功能，可以为企业发送大容量的多媒体信息，包括长达 1 000 字的文章、50K 的图片。企业彩信手机报，可以使企业建设自己的手机报，发送企业内刊、行业手机报、客户手机报等。这是企业客户关系管理、企业内刊、企业内部沟通、广告传播的一种新途径。

11.1.3 建立企业移动信息应用平台

在 3G 网络越来越普及的今天，许多企业或其他性质的组织都有自己的 SMS 或 MMS 平台，也有许多专门开发移动信息平台的公司。建立移动信息平台大致分为以下 5 个步骤。

(1) 选择公司。选一家移动信息平台开发商，详细了解平台软件的功能和价格。

(2) 免费试用。一般平台开发商提供软件试用账号，试用一个时间段或试发若干条信息，让用户有亲自操作的体验。

(3) 签订协议。在成为平台开发商的正式客户前，要签订信息服务协议，保障双方的利益。

(4) 支付。企业需向平台开发商支付一定的费用。

(5) 开通。平台开发商为企业开通账号，企业即可使用。

企业移动信息平台实际上是在平台开发商那里注册了一个账号，企业只需登录平台开发商软件就可完成需要的信息发送、接收和管理工作。移动信息平台有以下功能。

(1) 短信发送。发送页面支持号码资源搜索，通讯录发送。

(2) 号码资源搜索。可按条件查询需要的号码资源发送短信。

(3) 提交记录查询。查询发送状态，并且可以选择提交数据实现重发。

(4) 短信成功明细。查询发送成功明细。

(5) 短信发送失败明细。查询发送失败明细。

(6) 通讯录管理。分类管理自己的客户，并且支持删除、修改、添加、是否生日提醒等功能。

(7) 短语管理。可根据需要分类自己经常发送的短信内容。支持分类和短语内容的删除、修改、添加等。

11.2 WAP 应用平台

11.2.1 WAP 概述

WAP——无线应用协议,它的目标是针对无线网络的低带宽、高延迟等特点进行优化设计,把 Internet 的一系列协议规范引入到无线网络中,使移动电话和其他无线设备能够访问 Internet 上的各种信息和服务。简单地说,就是手机直接上网,提供了手机访问互联网的途径。

WAP 只要求移动电话和 WAP 代理服务器的支持,不要求现有的移动通信网络协议做任何改动,因而适用于 CDMA、GSM、3G 等不同标准的移动通信系统。此外,WAP 尽可能少地占用手持设备资源,通过加强网络的功能来弥补手持设备本身的缺陷。就像 Web 对 Internet 的作用一样,WAP 在应用层上隐藏了无线网络的复杂性,留给用户友好亲切的界面。

1997 年 6 月,诺基亚、爱立信、摩托罗拉和无线星球(Unwired Planet)共同组成了 WAP 论坛,1998 年年初,WAP 规范正式公布。WAP 论坛得到了业界积极响应,目前论坛成员成员超过 100 个。

WAP 论坛的目标是:①向数字蜂窝电话和其他无线终端提供 Internet 内容和先进的数据业务。②制定出可以在各种无线网络技术上工作的全球无线协议规范。③能够在很宽的范围内(包括多种承载网络和设备类型)生成内容和应用程序。④在需要的地方,融合并扩充各种应用中已有的标准和技术。

WAP 体系结构规范旨在提出基本上满足 WAP 论坛工作目标的系统和协议体系结构,可以作为理解 WAP 技术及由此而生成的一系列规范的起点。在参考相应规范的基础上,WAP 体系结构规范还对不同的技术作了概述,并为进一步的研究作了充分的准备。

WAP 论坛对 WAP 体系结构具有以下要求。
(1) 在可能的地方推行现有的标准。
(2) 定义一个既可升级又可扩展的分层结构。
(3) 支持尽可能多的无线网络。
(4) 对窄带承载网络潜在的长时延进行优化。
(5) 优化设备资源利用率(减少存储器和 CPU 的使用、功耗等)。
(6) 提供对应用程序和通信的安全支持。
(7) 在供应商的支持下,以最大的灵活性进行人机接口的生成。
(8) 便于网络运营商和第三方提供服务。
(9) 通过强制定义规范及其可选部分,使 WAP 体系结构能够支持不同供应商间的协同操作能力。
(10) 提供电话业务和综合业务的编程模型。

11.2.2 WAP 模型

1. 万维网模型

Internet 万维网(WWW)的体系结构向我们展示了一种非常灵活且功能强大的编程模型(图 11.5)。它用标准数据格式来表示应用程序和内容，并通过 Web 浏览器进行浏览。Web 浏览器是一个网络应用程序，即向网络服务器发出数据传输请求，网络服务器则采用标准格式编码的数据作为响应。

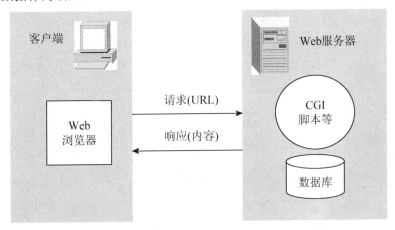

图 11.5　WWW 客户/服务器模型

图 11.5 说明了建立普通应用环境所需的必要配置，主要包括以下几个方面。

(1) 标准命名模型。WWW 上所有的服务器和内容都是通过 Internet 标准的信息指定方法进行命名的。

(2) 内容键入。主要指 URL 的键入，WWW 为此定义了若干特定的类型，允许网络浏览器在此基础上进行正确的处理。

(3) 标准内容格式。所有的网络浏览器均支持一组标准的内容格式，包括超文本标记语言 HTML、Java 描述语言及其他格式。

(4) 标准协议。标准网络协议允许任何网络浏览器连接到任何网络服务器上。WWW 体系中最常用的协议是 HTTP 协议。WWW 的这种基本结构可使用户方便地运行、获取第三方的应用软件及内容服务，并可使开发人员方便地为广大客户创建特定的应用软件和内容服务。

WWW 协议定义了 3 种类型的服务器。

(1) 源服务器，作为一种服务器，是特定资源(或称为内容)存储或被生成的地方。图 11-3 中的 Web 服务器指的就是这种。

(2) 代理(Proxy)，是一个中介程序，它必须同时满足 WWW 规范中对客户端和服务器的要求。由于它可以代表其他客户端提出请求，因而它同时扮演着服务器和客户端的角色。代理通常位于无法直接进行通信的客户端和服务器之间，如两者之间存在一个防火墙时。

客户端请求既可以由代理程序提供服务,也可以在代理程序对其经过必要的解释之后,传送到其他服务器进行处理。

(3) 网关(Gateway),是一种服务器,通常作为其他服务器的中介。与代理不同,当网关接收到请求时,就把自己看作所请求资源的源服务器,而发出请求的客户端可能并不知道它正在与网关进行通信。

2. WAP 模型

WAP 编程模型(图 11.6)与 WWW 编程模型类似,这样做可以给应用程序的开发人员带来许多好处,如编程模型是已经熟悉的,体系结构已经被证明十分有效,可以利用已有的工具(如 Web 服务器,可扩展标记语言 XML 等)作进一步的开发。

为了适应无线应用环境的特征,WAP 模型对 WWW 模型作了优化和扩展。WAP 技术都尽量使用或采纳已有的技术标准,并以这些标准作为 WAP 技术的开发起点。

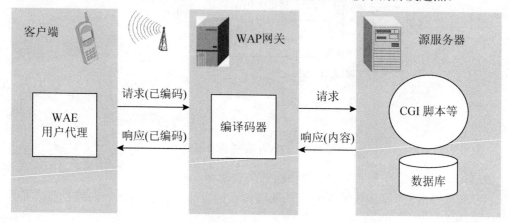

图 11.6　WAP 模型

WAP 将无线终端内的微浏览器作为普通的用户接口,这个微型浏览器与标准的 Web 浏览器很相似。

与 WWW 模型一样,WAP 也定义了一组旨在促进移动终端与 WAP 内容服务器之间通信的必要配置,主要包括以下几个方面。

(1) 标准命名模型。WAP 与 WWW 一样,其服务器和内容都是通过 Internet 标准的信息指定方法进行命名的。

(2) 内容键入。主要指 URL 的键入,WAP 建立了与 WWW 一致的内容形式和类型,允许 WAP 用户代理在此基础上进行正确的处理。

(3) 标准内容格式。WAP 基于 WWW 技术,所用微浏览器也支持一组标准的内容格式,包括 WML 及其脚本语言、图像、日历信息、电子名片等格式。

(4) 标准协议。WAP 网络协议允许手机中的微浏览器通过 WAP 网关连接到 WAP 内容服务器上,满足了移动终端与网络服务器之间传输信息的要求。

为了能应用在规模庞大的无线手持设备上,WAP 内容类型和 WAP 协议都经过了专门的优化。WAP 通过用户代理技术把 WWW 和无线领域连接起来。

WAP 网关起着"翻译"协议的作用，是联系无线网络和 Internet 的桥梁，其典型功能如下。

(1) 协议网关，把来自 WAP 协议栈(包括无线会话协议 WSP、无线事务协议 WTP、无线传输层安全 WTLS 和无线数据报协议 WDP)的请求转化成 WWW 协议栈(包括超文本传输协议 HTTP 和 TCP/IP)的请求。

(2) 内容编译码器，WAP 内容转化成紧缩的编码格式，以减少在网络上传输的数据量。

3. WAP 网络示例

图 11.7 给出了 WAP 网络的一个示例。

在这个例子中，WAP 客户端同时与无线网络中的两个服务器进行通信。WAP 代理(网关)把 WAP 请求转化成 WWW 请求，并向 Web 服务器提交请求。同时，代理还把来自 Web 服务器的响应按照能为客户端所接受的紧缩二进制格式进行编码。

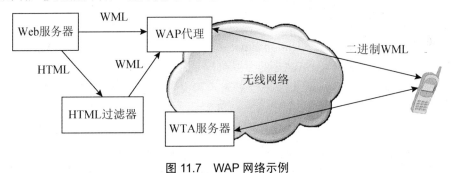

图 11.7　WAP 网络示例

如果 Web 服务器提供的是 WAP 内容(即 WML)，WAP 代理可以从 Web 服务器上直接把它取回。否则，如果 Web 服务器提供的是 WWW 内容(即 HTML)，则需要先使用过滤器，把 WWW 内容转化为 WAP 内容。

无线电话应用(Wireless Telephony Application，WTA)服务器是直接响应 WAP 客户端请求的源服务器或网关服务器的实例。WTA 服务器提供 WAP 接入，以便接入无线网络运营商的电信基础设施。

11.2.3　WAP 体系结构

网络通信的核心是协议，协议是多种标准或规范的集合，每种协议都有特定的功能，有的功能是面向传输媒体的，有的功能是面向开发者、用户的，把相近的功能放在一块作为一个层，把面向传输媒体的层作为下层，面向用户的层作为高层，把协议的所有层在一起描述，构成协议栈，称为体系结构。简单地说，网络的体系结构就是层和各层协议的集合。

WAP 体系结构如图 11.8 所示。

WAP 体系结构协议栈的各组成部分描述如下。

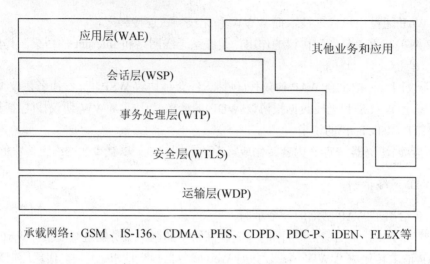

图 11.8　WAP 体系结构

1. 无线应用环境

无线应用环境(Wireless Application Environment，WAE)是一个融合了 WWW 和移动电话技术的通用的应用开发环境。WAE 的主要目标是建立一个兼容的环境，以便让运营商和服务的提供者能够在各式各样的无线平台上高效和实用地建立应用程序和服务。WAE 包括一个微浏览器环境，其具有以下功能。

(1) 无线标记语言(Wireless Markup Language，WML)是一种与超文本标记语言 HTML 相似的轻量级(Lightweight)标记语言。为了能在手持移动终端中使用，该语言经过了优化。

(2) WML 脚本语言(WMLScript)是一种轻量级的脚本语言，与 JavaScript 相似。

(3) 无线电话应用(Wireless Telephony Application，WTA，WTAI)它们是电话业务和编程接口。

(4) 内容格式(Content formats) 是一组已经定义好的数据格式，包括图像，电话簿记录(Phone Book Record)和日历信息。

2. 无线会话协议

无线会话协议(Wireless Session Protocol，WSP)为两种会话服务提供了一致的接口。第一种会话服务是面向连接的服务，工作在事务层协议 WTP 之上；第二种会话服务是无连接的服务，工作在安全或非安全的数据报服务(WDP)之上。

目前，无线会话协议由适合于浏览型应用(WSP/B)的服务构成。

WSP/B 提供以下功能。

(1) 在空中接口进行了压缩编码的 HTTP/1.1 的功能和语义。

(2) 长生存期的会话。

(3) 会话的挂起、恢复和迁移。

(4) 支持可靠或不可靠的数据推操作。

(5) 协议特征协商。

WSP 协议簇特别针对窄带和长时延的承载网络进行了优化。WSP/B 允许 WAP 代理把 WSP/B 客户端连接到标准 HTTP 服务器上。

3. 无线事务协议

无线事务协议(Wireless Transaction Protocol，WTP)运行在数据报服务之上，是一种轻量级的面向事务的协议，适合在"瘦"客户端(移动台)中实现。WTP 可以在安全的或非安全的无线数据报网络上高效地运行，它具有以下特征。

(1) 3 个级别的事务服务。
① 不可靠的单向请求。
② 可靠的单向请求。
③ 可靠的双向请求和应答事务。

(2) 可以选择的用户到用户的可靠性：WTP 用户对每一个接收信息都进行确认。
① 可选的有确认的带外数据。
② 协议数据单元(PDU)的级联和延迟确认，以减少发送消息的数量。
③ 异步事务处理。

4. 无线运输层安全

无线传输层安全(Wireless Transport Layer Security，WTLS)协议是一种基于工业标准的传输层安全(Transport Layer Security，TLS)协议。TLS 以前被称为安全套接层(Secure Sockets Layer，SSL)。WTLS 专门设计与 WAP 传输协议配套使用，并针对窄带通信信道进行了优化。

WTLS 具有以下特征。① 数据完整性(Data integrity)，WTLS 可以确保终端和应用程序服务器之间传送数据的正确性。② 私有性(Privacy)，WTLS 可以确保在终端和应用程序服务器之间传送数据的私有性，任何中途试图截获数据流的设备均无法破译。③ 鉴权(Authentication)WTLS 可以在终端和应用程序服务器之间建立鉴权机制。④ 拒绝服务保护(Denial-of-service protection) WTLS 可以检测和拒绝那些要求重传的数据或未成功检验的数据。WTLS 使许多常见的拒绝服务攻击更难以实现，从而保护了上层协议。WTLS 也可以用于终端之间的安全通信，如电子商务卡兑现时的鉴权。

根据安全需要和底层网络的特性(如当网络在底层已经提供了安全特性时，私有性就不必再使用了)，应用程序可以有选择地使用或禁用 WTLS 特征。

5. 无线数据报协议

WAP 体系结构中的传输层协议被称为无线数据报协议(Wireless Datagram Protocol，WDP)，工作在有数据承载能力的各种类型的网络之上。它作为一种通用的传输服务，WDP 向上层的 WAP 协议提供统一的服务，并对承载业务提供透明的通信能力。

由于 WDP 协议向上层的 WAP 协议提供了一个通用接口，从而使安全层、会话层和应用层与底层的无线网络无关，这就使它们能够相对独立地工作，这些功能是通过让传输层适应底层承载网络的特征而实现的。在确保传输层接口和基本特征一致性的前提下，通过网关的协议转换，可以实现全球互通。

6. 承载

WAP 协议能工作在各种不同的承载业务之上，包括短报文业务、基于电路交换的数据业务和分组数据业务。由于对吞吐量、误码率和延迟的要求不同，承载业务具有不同级别的服务质量。WAP 协议能够适应各种不同质量的服务。

WDP 规范列出了它所能支持的承载和采用的各种技术，这些技术使得 WAP 协议能够运行在各种承载之上。WDP 规范所支持的承载网络随着时间的推移可能会发生变化，也就是随着无线市场的发展，可能会添加新的承载。

11.2.4　WAP 和 TCP/IP 体系结构的比较

TCP/IP 协议和 WAP 协议的定位不同，TCP/IP 协议是一种涉及骨干网和边缘网的协议，而 WAP 网协议则是一种边缘和接入协议，只适用于无线移动网络的外围。TCP/IP 协议栈包含 ISO/OSI 体系结构中的 3～7 层的协议功能，而 WAP 协议栈则只包含 4～7 层的功能。由于在 WAP 中缺乏第三层，即网络层功能，因此 WAP 没有路由选择功能，不适合做骨干网协议。ISO/OSI、TCP/IP 和 WAP 体系结构的比较如图 11.9 所示。

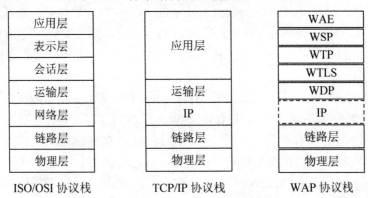

图 11.9　ISO/OSI、TCP/IP 与 WAP 体系结构比较

TCP/IP 的应用层实际上涵盖了 OSI 协议模型的高三层的功能，这在 Internet 发展初期是有益的，但是当 IP 电话、视频业务和多媒体业务的出现，并逐步成为主流 IP 业务时，并不是一种理想的协议结构模型。

WAP 协议栈实际上部分恢复了 OSI 的高三层业务，这对日趋复杂的数据应用和服务是有价值的，尤其是在无线移动电子商务环境中更是如此。

在运输层，TCP/IP 和 WAP 协议栈的差异巨大，面向连接的 TCP 是 Internet 的主体，但在 WAP 中，无连接的 WDP 才是广域无线移动数据网的关键。

WAP 协议栈还可以提供安全协议，即无线传送层安全 (WTLS)协议，TCP/IP 协议栈没有这一层。

11.2.5 企业应用 WAP 的方式

1. WAP 应用的接入方式

企业应用系统要支持 WAP 应用必须与电信运营商的移动网络建立连接。根据应用的安全性要求和数据流量,有以下两种接入方案可供选择。

1) 基于互联网的接入方案

如图 11.10 所示,本方案适用于已有基于互联网架构 Web 应用部署的中小型企业,企业只需在安装 Web 服务器的位置再设置一台 WAP 服务器即可(为了节约成本,WAP 服务器甚至可以直接部署在 Web 服务器上),并不需要改变现有网络的拓扑结构,也不用关心用户的连接方式,企业并不参与移动运营商内部数据网络与互联网的网络连接,具有投资省、部署快、易维护的特点。网络安全性依赖与互联网相连的防火墙的可靠性,安全性能中等。

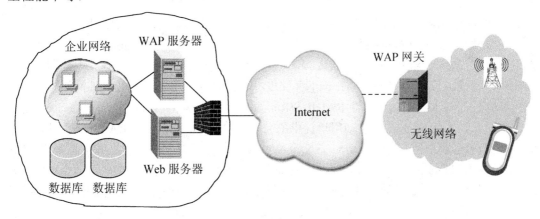

图 11.10 基于互联网的 WAP 接入方案

2) 基于专线方式的接入方案

移动通信运营商以中国移动为例,如果采用中国联通专线接入方式需做适当调整。专线接入方式还可以分成以下两类。

(1) 基于中国移动 CMWAP 方式的专线接入方案,如图 11.11 所示。本方案适用于对安全性能、访问质量要求较高的企业,企业通过数据专线与移动网络直接相连,WAP 服务器的位置既可以安装在 Web 服务器一侧,也可以采取主机托管的方式部署在中国移动一侧。如果是后者,移动侧需要增加独立的 WAP 网关,企业现有网络需做相应调整。该技术方案具有安全性能高、访问速度快的优点,缺点是需要投资购买相关的网络连接设备及承担专线电路租金,对于已经与移动网络相连的企业(如银行、邮政等)具有较强的可操作性。

由于 WAP 网关直接与企业内部网络连接,而非公共 IP 地址,因此 WAP 手机需要根据具体的应用调整相应设置。用户通过 CMWAP APN 接入点登录 GPRS 网络,便可以快速访问企业内部 WAP 资源,但由于在移动侧未设置 WAP 手机登录限制,非企业内部用户也可访问企业内部网络。

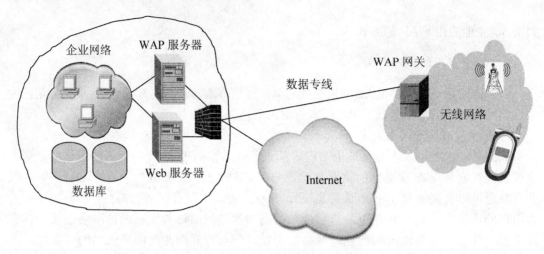

图 11.11　基于中国移动 CMWAP 方式的专线接入方案

(2) 基于中国移动专用 APN 接入点方式的专线接入方案,如图 11.12 所示。移动公司为企业分配专用的 APN,在网关 GPRS 支持节点(Gateway GPRS Support Node,GGSN)网元上为用户设置一个专用的 APN 接入点,从而在用户使用的移动设备和企业内部网络之间构成一条无线虚拟专网(Virtual Private Network,VPN)通道,解决了企业内部网络安全性及数据私密性的要求。移动运营商 RADIUS(Remote Authentication Dial In User Service,远程用户拨号认证系统)服务器对移动用户提供的公司名(APN)认证;企业 RADIUS 服务器对移动用户身份进行认证、授权。移动 GGSN 至 WAP 网关、企业接入路由器之间全程采用 GRE Tunnel(通用选路封装隧道),大大提升了系统整体的安全性和稳定性。此外根据企业的需求还可以在移动 HLR 上给手机号码和 APN 做绑定,只允许用户企业的部分手机号码能访问该企业的 APN。

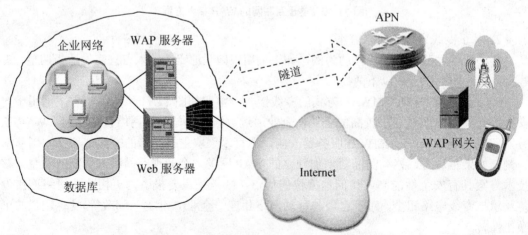

图 11.12　基于中国移动专用 APN 接入点方式的专线接入方案

本方案适用于对安全性能、访问质量要求非常高的大型企业,企业通过数据专线与移动网络相连,WAP 服务器的位置一般部署在 Web 服务器一侧,企业现有网络与移动网络要做较大调整，需要有较高的技术维护和协同处理能力，系统具有安全性能高、访问速度快、业务扩充能力强等优点，缺点是需要投资购买相关网络连接设备、RADIUS 认证服务器、承担专线电路租金、APN 使用费和专业技术维护人员，对于有移动办公(OA、MIS 等)、移动数据服务(移动 ATM、无线 POS、电力数据采集等)、集团专网接入需求的企事业单位(如政府、工商、税务、公安、环保、银行、电力、烟草等)有较强的操作性。由于通过专用的 APN，可以申请专用的 GPRS 套餐，享受较为低廉的资费标准，通过 GPRS 清单很容易区分员工上网类型(用于工作还是休闲娱乐)，对于员工工作产生的 GPRS 费用采取集团付费的方式统一支付。手机用户登录 GPRS 网络，需要经过特定的系统设置之后方可访问 WAP 服务器。用户侧设置较以上两种方案繁琐复杂，但完全杜绝了普通用户对企业内部网络的访问，在网络接入层就实现了对手机用户的认证，而前两种方案只有在业务应用层才对用户予以认证。同时由于与互联网物理上完全隔离，企业内部网络杜绝了来自互联网的病毒入侵和黑客攻击，不受互联网的影响。

2. WAP 服务器的构建

WAP 服务器在本质上与 Web 服务器软件系统配置完全一样，选择 ASP、PHP 或者 JSP 平台完全取决于用户，唯一的区别在于 Web 使用的是 HTML 语言而 WAP 使用 WML 语言，对于有 Web 开发经验的企业完全可以迅速部署 WAP 应用。与 Web 丰富的页面表现形式相比，WAP 更显得简洁与实用。WAP 技术发展至今已经拥有较多的开发工具，利用 WAP 模拟器和 WAP WML 开发工具有助于企业开发更高效、实用的 WAP 应用。由于 WAP 交互的信息量远小于 Web，因此对 WAP 服务器的硬件性能要求远远低于 Web 服务器，一台普通的 PC 就可以满足数以千计用户的访问。

由于 WAP 应用的本身的特点，在应用开发中需要采用特殊的开发工具，包括①WAP 模拟器：WAP 模拟器种类繁多，有 WinWap、CheckCom WAP Browser、M3Gate、Nokia Mobile Browser Simulator、Ericsson WapIDE 等。根据笔者的经验，建议优先使用 M3Gate，M3Gate 语法结构严谨，WAP 展示效果更贴近手机模式，经 M3Gate 测试通过的 WAP 应用一般可以直接应用于手机。②WML 开发工具：建议选择 3TL WBuilder Professional，该 Web 应用程序支持可视化创建 WML 页面并传递到互联网络可以达到的任何设备，提供发布、有效性、差错检验和预览等功能。

11.3　IVR 应用平台

"您好，欢迎致电××公司，产品销售请按 1，售后服务请按 2……"

现如今，随便拨通一家公司的电话，基本都可以听到企业的自动语音播报及语音导航，这种自动语音应答系统从专业上来说，称之为 IVR(Interactive Voice Response，交互语音应答系统)。在一体化呼叫中心平台中，IVR 是一个子系统，与其他子系统协同实现一个呼叫中心平台的标准功能；同时它又是一个可以单独运行、维护和升级的独立系统，可以在只需要 IVR 的场合单独使用。

11.3.1 使用 IVR 的好处

使用 IVR 可以使用户一天 24 小时随时都能得到信息服务，提高服务质量，以及协调用户操作过程。如果在呼叫中心装入 IVR 系统，大部分呼叫实现了自动化，相比纯人工呼叫，可以节省 60%的费用，同时还能减轻座席代理人的负担，使之仅处理确实需要人工处理的呼叫。而且 IVR 系统使得用户可以随时随地进行访问，因此得到了用户的普遍认可。目前，许多企业都安装了 IVR 系统。

11.3.2 IVR 的功能

(1) IVR 提供每周 7 天，每天 24 小时全天候服务。IVR 为企业处理大量的日常业务，无须通过业务代表。顾客通过按键或语音选择，向企业主机输入信息，在允许范围内访问各类企业数据库(通过 ODBC)，自助得到多种服务，令业务代表有更多的时间服务有特别要求的顾客。

(2) IVR 可同时处理多路会话，再加上遇忙自动处理流程，会极大降低顾客听到忙音或途中放弃的概率，提高顾客满意程度。

(3) IVR 系统可同时运行多个不同应用，如可同时为企业内部人员或企业客户提供完全相互独立的信息系统应用。当它处理一路会话时，通过询问一些相关信息，如内部 ID、供应商 ID、代理商 ID 等，就可以自动选择应该启动哪个应用系统。

(4) IVR 是呼叫中心整体流程的先导，也可以是主控者。顾客来电可以自由的在人工坐席和 IVR 之间转移，如业务代表可以要求 IVR 验证顾客 ID，或播放咨询信息，并在结束后收回控制权。在转移过程中携带顾客数据及相关信息

(5) IVR 设计的宗旨是从各个方面照顾好来电客户。在呼叫分配方面，既可按照最优算法自动分配，也可根据用户指示处理呼叫；在将来电最终转接到人工坐席之前，找出最适宜的路由转移呼叫，也就是找出最适宜的业务代表来接听电话。特定客户可安排专人接听；优先照顾重要客户，尽量缩短其等候时间。在容错方面，遇忙自动处理，以减少顾客不耐烦挂机；如遇线路故障自动报警等。

(6) IVR 的文本与语音合成(Text-to-speech Synthesis)技术以事先录制好的清晰、圆润的音声为顾客服务。IVR 的多语种支持可根据不同要求用不同语言播放语音提示或咨询信息。

11.3.3 IVR 在各行业应用

IVR 可应用于许多行业。企业顾客可在任何时间打电话获取他们希望得到的信息，无须等到上班时间或联系某个固定负责人，IVR 利用先进的 CTI 技术使电话成为与企业或机构联系的桥梁，以满足这些企业或机构日益增长的提高运营效率的需要。

(1) 银行：账户查询、各类卡激活、信用认证、基金查询、利率查询、姓名住址变更、转账等。

(2) 保险公司。客户：索赔、资格认证、投保信息查询、共同赔付信息、受益人信息、ID 卡申请、保单申请、健康咨询等。保险代理人：险种宣传、销售策略指导、佣金查询、条款咨询、奖惩信息、业务存档、续保咨询等。

(3) 医药机构：资格认证、索赔、共同赔付信息等。

(4) 航空公司：航班离港到港时间查询、固定顾客信息、订票信息、智能呼叫处理、预订机票座位确认、自动取消航线通知、货运监督、小册子发放等。

(5) 货运公司：装运申请及重量确认、装运跟踪、到货日期查询、员工司机计划表、地点查询等。

(6) 证券公司：股票电话交易、估价查询等。

(7) 电信：特种电信服务、费用查询、姓名住址变更、营业网点查询等。

其他还有高等教育及政府、公共事业等方面的应用，在此不一一赘述。

研究前沿与探讨

全球 WAP 业务视频类、娱乐类仍是热点。

视频类业务主要是依托 3G 为承载网络发展起来的多媒体业务。随着 WCDMA 向 UMTS/HSDPA 演进、CDMA 2000 1x 向 EV-DO 升级，移动传输能力的提升为更多的多媒体业务提供了良好的支撑，而且资费会更加便宜。美国 Sprint 公司 MobiTV(移动电视)服务每月仅收费 10 美元，而且可以直接从 WAP 网站上下载视频节目。移动终端的瓶颈也已经突破，大批量的生产使得价格大幅下降，普通视频手机价格已降到 150 美元。但是，手机电池的使用时间较短却大大限制了手机电视的发展，如果收看电视节目，电池一般只能持续使用 1 小时左右。因此视频业务要想真正得到普及还需要进一步的技术创新。

娱乐类业务首推音乐下载，青少年时尚用户对该类业务的需求较大。如果运营商更加注重无线数字音乐价值链打造，与内容提供商建立紧密的合作关系，那么通过 WAP 网站和增值业务平台为用户提供可定制的手机娱乐类业务将得到快速发展。欧洲的铃声下载收入占营业收入比例的 52%，整曲音乐将近 40%，个性化回铃音不到 4%。在日本，铃声业务占据半壁江山，铃声和整曲下载在整个无线数字音乐收入比例中约占 90%。从全球来看，欧洲短期内仍将主导移动音乐市场，欧洲铃声资费水平预计在未来 5 年内下降 46%，北美下降 33%。

本 章 小 结

SMS 短信息服务是在手机之间发送文字信息或从个人计算机或手持设备向手机发送信息的一种方式，在 SMS 的企业应用中，短信息可应用于内部管理、业务系统和客户服务系统，在应用短信息之前，主要通过电话或电子邮件来完成这些事情，需要投入大量的人力完成这些工作，并且还经常由于各种因素的影响而出现延误的现象，用短信息则可以快捷和轻松地完成这部分工作。

MMS 意为多媒体信息服务，通常又称为彩信。它最大的特色就是支持多媒体功能，能够传递功能全面的内容和信息，包括文字、图像、声音、数据等各种多媒体格式的信息。彩信在技术上实际并不是一种短信，而是在 GPRS 网络的支持下，以 WAP 无线应用协议为载体传送图片、声音和文字等信息。彩信业务可实现即时的手机端到端、手机终端到互联网或互联网到手机终端的多媒体信息传送。

MMS 可用于在企业管理、彩信营销、彩信手机报等。

无线应用协议 WAP 的目标是针对无线网络的低带宽、高延迟等特点进行优化设计，把 Internet 的一系列协议规范引入到无线网络中，使移动电话和其他无线设备能够访问 Internet 上的各种信息和服务。简单地说，就是手机直接上网，提供了手机访问互联网的途径。

企业可以通过互联网接入 WAP，也可以通过租用移动运营商的专线接入，后者费用更高，但更安全。

WAP 服务器在本质上与 Web 服务器软件系统配置完全一样，选择 ASP、PHP 或者 JSP 平台完全取决于用户，唯一的区别在于 Web 使用的是 HTML 语言而 WAP 使用 WML 语言，对于有 Web 开发经验的企业完全可以迅速部署 WAP 应用。

IVR(Interactive Voice Response，自动语音应答系统)，在一体化呼叫中心平台中，IVR 是一个子系统，与其他子系统协同来实现一个呼叫中心平台的标准功能；同时它又是一个可以单独运行、维护和升级的独立系统，可以在只需要 IVR 的场合单独使用。

IVR 已广泛应用于金融、运输、商业、政务、教育等领域。

每 课 一 考

一、填空题

1．从移动商务的角度和应用范围看，目前移动应用平台主要有 3 种，分别是（　　　　）、（　　　　）和（　　　　）。

2．手机短信文本信息的单次最大发送量为（　　　　）个字符，如果是中文，则一条短信的最大发送量为（　　　　）个字符。

3．WAP 协议的目的是（　　　　），相当于互联网的（　　　　）协议。

4．WWW 中，把存放资源的地方称为（　　　　），获取资源的用户称为（　　　　）。

5．WAP 网关的作用可以概括为（　　　　）和（　　　　）。

6．简单地说，网络的体系结构是（　　　　）和（　　　　）的集合。

7．WAP 协议能工作在各种不同的承载业务之上，包括（　　　　）、（　　　　）和（　　　　）。

8．从连接与否看，TCP 是（　　　　），WDP 是（　　　　）。

9．企业应用 WAP，可以通过（　　　　）或（　　　　）接入。

10．WAP 协议要求（　　　　）和（　　　　）支持，不要求现有的移动通信网络协议做任何改动。

二、选择题

1．当手机发完短信后显示"发送成功"，意味着（　　　　）。
A．手机已发出　　　B．SMSC 已收到　　　C．对方手机收到　　　D．基站已发出

2. "彩信"的意思是（   ）。
   A．短信以彩色文字显示   B．短信伴随彩铃
   C．多媒体短信   D．SMS 的又一个名称
3．万维网上标准内容格式是（   ）。
   A．图片   B．动画   C．CGI   D．HTML
4．WAP 协议主要在（   ）实现。
   A．WAP 网关   B．终端   C．WAP 链路   D．WAP 服务器
5．WAP 协议承载层相当于 TCP/IP 协议的（   ）层。
   A．应用   B．TCP   C．IP   D．网络接口
6．WAP 使用（   ）语言设计页面。
   A．HTML   B．Java   C．WML   D．VB
7．IVR（   ）。
   A．就是呼叫中心   B．包含呼叫中心
   C．可以作为呼叫中心的一部分   D．不能用于服务行业
8．无线标记语言（Wireless Markup Language，WML）属于（   ）层协议的内容。
   A．WAE   B．WSP   C．WTP   D．WTLS
9．WAP 是一种（   ）协议。
   A．骨干网   B．边缘   C．手机通信   D．TCP/IP 补充
10．如果 Web 服务器提供的是 HTML 文档，则手机浏览该网站时，实际上经过了（   ）过滤器，把 WWW 内容转化为 WAP 内容。
   A．WAP 网关   B．TCP/IP   C．HTTP   D．HTML

三、判断题

1．彩信不是短信，需要 WAP 协议支持。   （   ）
2．彩信需要接收方提取。   （   ）
3．WAP 协议是国际标准化组织制定的。   （   ）
4．WAP 协议中相当于 SSL 的层是 WTP。   （   ）
5．WAP 协议考虑了安全性，而 TCP/IP 协议没有考虑。   （   ）
6．WAP 服务器不能与 Web 服务器配置在一台计算机上。   （   ）
7．WAP 在电信运营商侧。   （   ）
8．对数据安全要求较高的企业，在布置 WAP 网络是，一般通过 Internet 接入。
                                                                  （   ）
9．WAP 协议恢复了 OSI 协议模型高三层的功能。   （   ）
10．WAP 协议不支持 2G 网络。   （   ）

四、问答题

1．SMS 在企业中有哪些主要应用？
2．简述彩信的发送过程。

3. 一般的移动信息平台具有哪些功能？
4. 简述 WAP 协议应用层 WAE 主要功能。

技 能 实 训

1. 您所在单位使用 SMS 服务了吗，如果使用了，在哪些方面？如果没有使用，应该建议在哪些方面使用？
2. UC 浏览器是否使用了 WAP 协议，为什么有的网站页面显示在手机很工整，而有些网站页面就有些乱？平板计算机上网是否使用了 WAP 协议？
3. 查资料：与 HTTP、HTML、IE、URL 对应的 WAP 概念是什么？

案例分析

根据以下案例所提供的资料，试分析：
(1) 查资料：理解 Web Apps 与 HTML5。
(2) 查资料：了解浏览器的发展历史，分析浏览器对 IT 企业的作用？
(3) 我们现在用的 Web Apps 有哪些？至少举出 3 个例子。

HTML5 浏览器大战硝烟四起

如同历史上任何一次互联网基础标准的变化都会在随后几年中带来应用创新的大爆发一样，当 HTML5 在 2011 年逐渐被主流厂商所接受之后，围绕 Web Apps 领域的创新风暴正山雨欲来。

2012 年 1 月 12 日，老牌传媒集团《金融时报》(Financial Times, FT)宣布收购为其开发移动 Web App 的研发公司 Assanka，这样，FT 将不再以外包的形式雇佣 Assanka 为其打造移动 Web App，而可以直接让它在内部进行开发。

促使 FT 与 Web App 开发公司 Assanka 合作的一个契机是几个月前 FT 与苹果 App Store 出现的一次分歧。当时，FT 的管理层拒绝接受苹果新修订的下载分成计划，App Store 随即不再提供 FT 的 iOS 版 App 下载。被逼到绝境的 FT 决定与开发公司 Assanka 合作，使用 HTML5 和相关技术开发自己基于 Web 的客户端，供移动设备和平板计算机访问。出人意料的是，这个基于 Web 的 App 拥有并不逊于传统 App 的访问体验，并且用户数在短短几个月突破百万，远远超过其 iOS 版本当初在 Apple Store 的下载量。

事实上，FT 的这次险中求胜并非出于偶然，随着 2011 年越来越多产业巨头开始旗帜鲜明的支持 HTML 5 标准并有无数创业公司在此领域探路之后，拥有更强的交互性，跨平台，富媒体开发诸多优点的 Web Apps 已经开始冲击着传统的手机应用商店模式。

当然，在这一历史性的机遇面前，最积极的莫过于浏览器厂商。

1. 硝烟弥漫的浏览器大战

在 2012 年 1 月的 CES 大展上，微软 CEO 鲍尔默(Ballmer)宣布了其与游戏开发商 ZeptoLab 共同推出的基于 IE 9 和 HTML 5 框架的割绳子游戏(Cut the rope)，这个在苹果应用商店中下载量超过 5 000 万的著名移动游戏在微软 IE9 浏览器的网页端依然能够做到流畅的体验，微软也希望借此证明，新版的 IE9 完全有潜力做成一个网页端的 APP Store。

对于浏览器厂商来说，通过游戏这种形象直观的展示来证明 Web Apps 的良好体验是一件说服性最强的事情，一直力推 Chrome 浏览器的 Google 自然也不甘寂寞。

例如，Google Web Toolkit 的创建者 Joel Webber 曾亲自率领一个 3 人的工程师团队将《愤怒的小鸟》移植到 Chrome 浏览器上，以配合 Chrome 在全球范围内的推广。

当然 Google 在推广 HTML 5 过程中更有影响的动作还是 2011 年年底开展的"谷歌会下雪"的网络传播：用户只要在 Google 中搜 "let it snow" 就会看到自己的屏幕开始下雪，雪多了出霜后还可以用鼠标画着玩，用户屏幕会被"霜冻"，点击屏幕上"除霜"按钮可以完成除霜。

制作复杂的视频、流行的游戏、轻松的娱乐应用，当它们被通过 HTML 5 技术移植到浏览器上时，所获得的口碑，都是在为 Web Apps 所能带来的良好体验和更低的开发成本背书，这不仅是 Google、微软这样的巨头，更是其他手机浏览器厂商乐见和力推的事情。

在国内，无论是腾讯、UC、还是海豚浏览器，都已经通过对 HTML 5 的大力支持来为自己的未来抢占一席之地。2011 年 12 月，UC 浏览器发布了其 8.1 版本，开始支持多点手势控制和 HTML 5，这也一改 UC 给人留下的稳健有余新锐不足的印象。而腾讯在 2011 年年中就开始其无线业务中对 HTML 5 悄悄布局，甚至在其举办的手机 QQ 浏览器高校应用创新大赛中也将 HTML 5 作为重点开发题目。而作为 Android 平台评价较高的浏览器，海豚浏览器为基于 HTML 5 的 Web Apps 提供了特别支持，其 CTO 刘铁峰表示，基于 HTML 5 的 Web Apps 会有新的开发模式，甚至不同于 App Store 的新盈利模式出现。

相对于众多厂商在手机浏览器领域借着 HTML 5 争相发力，这一标准最初的倡导者之一 Opera 则更为激进。在 2012 年 1 月的 CES 大展中，来自挪威的跨平台浏览器厂商 Opera 推出了电视应用商店，HTML 5 技术借助其多媒体、跨平台的优势，未来多屏融合的时代将带来巨大的想象空间。

一场围绕 HTML 5 的浏览器大战已经硝烟四起，事实上 Web Apps 的崛起很有可能伴随着新一轮浏览器格局争夺战的进程。

2. Web Apps 的时代

产业的大势已经将 Web Apps 推到了风口浪尖，那么具体到 Web Apps 和 Native Apps 之争，结果又会怎样呢？

在海豚浏览器 CTO 刘铁峰看来，尽管目前还存在一些不成熟的问题，Web Apps 必将在未来得到大发展。

从商业的角度来看，因为开发成本比 Native Apps 更低，这会推动 Web Apps 会赢得更多项目的订单，从而会推动更多的开发者和更多的 Web Apps 项目出现。

从技术的角度来看，HTML 5 的标准推动及硬件的处理能力会使得 Web Apps 有能力实现类似 Native Apps 的功能。

从历史的角度来看，移动互联网上最终会复制 PC 互联网上所曾经发生的事情，而今 PC 上基于 Web 的开发远胜于传统的 Native App 开发。

看来巨头争抢，开发者涌入，移动终端上对娱乐应用更便捷的需求假以时日都将推动 Web Apps 成为主流，当然谁也无法忽视当前无论在体验和规模上无人能及的苹果 App Sotre。

从 Web Apps 发展的角度，苹果扮演的是一个颇为复杂的角色。

通过明文禁止 Flash 应用到 iPad 和 iPhone 上，苹果迫使 Web 开发人员不得不放弃采用 Flash 技术。然而同时，苹果也致力于使得 HTML 5 应用得到更好的发展。这对 Safari 用户和对 Android 等 Web 平台的用户都是个好消息。如果存在一个优秀的通用在线应用平台的话，那么毫无疑问开发者都会为这个平台开发应用，因为这样才能获得最多的用户。

如今，就连 Adobe 也公开宣布 HTML 5 了，他们正准备发布高品质的 HTML 5 开发工具，以期让他们的 Flash 开发者迁移到新的平台。或许用不了多久，应该就能看到基于 Web 的移动应用如洪水般涌现。

不过，对于苹果利润丰厚的 App Store 而言，或许很快就会发现自己的业务会开始受到冲击。因为看起来 HTML 5 发展越好，Web Apps 开发者越多，传统应用的开发者就会越少，苹果应用商店就会赚得越少，而且，由于应用的跨平台性，iPhone 和 iPad 的独特之处也会变少。

意识到 HTML 5 对自己是一把双刃剑的苹果似乎处在了一个进退两难的境地。

然而，乔布斯(Jobs)在 2010 年 4 月那篇著名的《关于 Flash 的几点思考》中似乎已经给出了答案。

"苹果甚至还为网络制定开放标准。例如，苹果从一个开源的项目做起，打造了 WebKit，是一个完全开源的 HTML 5 渲染引擎，也是 Safari 浏览器的核心，WebKit 已经被广泛接受 几乎所有的智能手机浏览器都用它，苹果已经将它作为移动浏览器的标准。"

"移动时代的新开发标准，如 HTML 5，将在移动设备上必将获胜(计算机也将一样)。也许 Adobe 应该集中精力，为未来打造 HTML 5 工具，而不是成天批评苹果放弃过时的事物。"

其实，苹果真正看中的是能够参与到 HTML 5 引发的产业变局中去并成为主导者，在最基础的标准制定握有足够的话语权，这才是关乎公司长远根基的决策，而 App Store 的模式，很有可能只是当年在浏览器发展等一系列技术条件并未完全成熟时的最优选择，他可能只是一个阶段性的最佳答案，而苹果的持续增长却要源于其更加积极地面向未来。

众所周知，Web Apps 已经成为未来的趋势，谁能率先积极进入，谁就可能在接下来的竞争中占据先机。

(资料来源：王伟. Web Apps 时代来临 HTML5 浏览器大战硝烟四起[EB/OL]. (2012-3-20). [2012-10-1]. http://wireless.iresearch.cn/49/20120320/166916.shtml.)

第 12 章 移动通信终端

知识结构

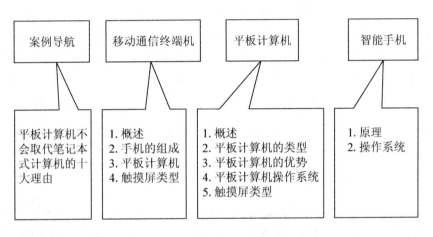

知识要点

1. 手机的组成原理。
2. 主流智能手机操作系统。
3. 平板计算机的操作系统。

学习方法

1. 知识比较：计算机组成—手机组成、计算机功能—智能手机功能、计算机操作系统—智能手机操作系统。
2. 从日常应用、见闻归纳知识：iPhone—iOS、诺基亚—MeeGo、三星/摩托罗拉/HTC—Android。
3. 从应用需求思考移动终端未来发展趋势：屏幕变化、键盘变化、功能变化、操作系统变化等。

案例导航

平板计算机不会取代笔记本式计算机的十大理由

平板计算机的成功使得一些人开始担忧笔记本式计算机的未来。传统上，笔记本式计算机是消费者和企业用户的移动伴侣，其销售历史也证明市场对此产品是非常热衷的。但是 AppleInsider 2011 年报道从"供应链"中得来消息，揭示了如今 PC 的需求相对"较弱"，同时还称这种情况的出现可能是人们转向选择平板计算机导致的。

这则报道提出了笔记本式计算机是否将寿终正寝的疑惑。然而，笔记本式计算机仍然存在。尽管诸如 iPad 的设备毫无疑问的影响到了笔记本式计算机的销量，它们却不能取代其地位。原因如下。

1. 企业用户仍旧选择笔记本式计算机

尽管越来越多的公司正在考虑为其公司网络采用 iPad 或其他平板设备，但大部分的公司意识到笔记本式计算机是绝对必要的。企业员工在办公室以外的地方还是要能够接入微软的 Windows 系统的。他们也需要有生产效率。平板计算机目前还不能做到这些。除非它们能够取代笔记本式计算机的工作效率，否则企业用户仍旧不能缺少笔记本式计算机。

2. 平板计算机输入困难

平板计算机的一大弊端就是其不易输入。iPad 的虚拟键盘毫无疑问是市面上最好的了，但它仍旧不能和传统的键盘相媲美。当然，消费者能够为 iPad 装一个外置键盘，但这也不够理想。

3. 平板计算机的操作系统不够强大

尽管 iOS 很棒，其仍旧不能和 Windows 或者 Mac OS X 相提并论。它显然没有用户所需要的那种火力。移动操作系统被设计成为轻薄的、能够进行简单任务——如收发邮件、浏览网页及观看视频，要尽可能的有效率。这种操作系统缺乏一个文档系统、更活跃的界面及其他笔记本式计算机操作系统所能够提供的东西。

4. Windows 仍旧很重要

微软的 Windows 平台在如今的科技领域仍旧有着重要的地位。微软的操作系统在全世界各种各样的电子设备上运行着。它是一个人们习惯使用的操作系统。而更重要的也许是，它是许多人每天在工作中使用的一个操作系统。除非微软 Windows 逐渐失掉 OS 市场，否则笔记本式计算机都不会消亡。

5. 笔记本式计算机价格下降

无论预算如何，消费者和企业用户如今能够挑选出一款价格合理、性能不错的笔记本式计算机。成打的笔记本式计算机如今在网上售价都低于 500 美元，更有一些过时的型号售价更低。这相对于平板计算机而言是个不错的买卖——最便宜的 iPad 2 也要 499 美元。而当消费者考虑到如何能够使他们花的钱更有价值是，他们很难选择平板计算机，因为在这一点上，笔记本式计算机价值更大。

6. 市场要求生产率

在企业界,IT 员工关注生产率。管理者通常会衡量员工利用科技能够有多少生产率。利用 iPad 等工具最大的一个问题在于它们生产率较低。人们用它来观看 Netflix 的内容、听音乐及玩游戏等。更重要的是,平板计算机的使用很难追踪轨迹。当然,这些问题也会产生在笔记本式计算机上,但是公司能够利用笔记本式计算机进行更好的管理,他们已经充分意识到了这一点。

7. 苹果并非普遍受欢迎

尽管 iPad 非常优秀,但是这单独一款设备却无法代表一整类产品。苹果在市场上并不是所向披靡的。事实上,有些人还是坚定的反苹果人士。所以,尽管 iPad 能够影响笔记本式计算机的销量,却并不能够完全取代笔记本式计算机的地位。

8. 平板计算机也并非普遍受欢迎

呈上所述,平板计算机在市场上也并非普遍被接受。在平板计算机的销售数字和 iPad 的火爆面前,人们很容易认为平板计算机抓住了每一个人的心。但是事实并非如此。事实上,全球有上百万人都尝试过使用平板计算机,最后发现它们不是他们的菜。大部分人认为他们并不需要平板计算机,而笔记本式计算机就能满足他们的移动需求。

9. 笔记本式计算机市场巨大

根据市场研究公司 IDC 的数据,2010 年第四季度 PC 出货量超过了 9 300 万台。这个数据包括了台式计算机、移动计算机及上网本,这远远超过了苹果 iPad 2010 年 1 500 万台的销量。这也超过了研究公司 Gartner 2010 年预测的 2011 年平板计算机 5 500 万台的出货量。尽管笔记本式计算机并没有占据全部 9 300 万台的出货量,但是它仍占据非常大的份额。而这仅仅是一个季度的出货量。

10. 电力、电力、还是电力

平板计算机上的操作系统并没有很强大。不仅如此,平板计算机还缺乏笔记本式计算机所能提供的电力支持。如苹果的 MacBook Pro 的设备能够支持资源密集型的任务,如编辑视频、甚至是高端游戏。iPad 2 则只能提供相对较为简单的任务支持。那些需要高端处理器、充足 RAM 及更大硬盘驱动的用户在平板计算机中都无法找到这些。除非其能改变,否则笔记本式计算机不会被取代。

(资料来源:王鹏. 平板计算机不会取代笔记本式计算机的十大理由[EB/OL]. (2011-4-6). [2012-10-2]. http://tech.ifeng.com/it/detail_2011_04/06/5571993_0.shtml.)

这是在苹果 iPad2 销售非常火爆时写的,回过头来看,现在看来平板计算机真不像人们当初想的那样有用,我们应该思考 3 个问题:

1. 平板计算机到底有什么用途?它与笔记本式计算机相比有哪些劣势?
2. 平板计算机要做哪些改进,才能逐步取代笔记本式计算机?
3. 平板计算机能取代手机吗,为什么?

12.1 移动通信终端机

12.1.1 移动通信终端机概述

什么是移动通信终端机？就是能接受移动通信服务的机器，也可以简称为移动终端。

其实就是我们平常说的手机等能够接收移动通信信号的手持终端设备，在通信领域里的全称就是移动通信终端机。

狭义上的"移动通信终端机"一般指供客户使用移动通信服务的手机、传呼机、另外还包括无线上网的计算机(含便携式计算机)、卫星定位仪、资讯查询设备等。使用者可以通过移动终端实现移动通信服务。

从无线上网应用的角度看，目前使用最广泛的移动通信终端主要有两类产品：广泛使用的智能手机和市场日渐升温的平板计算机。

据艾媒咨询发布的报告显示，2012年第一季度中国智能手机市场销量为2 895万部，较2011年同期翻了一番，比增达到103.7%。2012年可以说是智能手机再次高速发展的一年。有数据显示，中国智能手机用户2010年只有12.0%的市场占比，到2011年第三季度，这个数字已是19.5%，预计2012年第四季度占比或将达到24.0%。

国内智能手机规模的扩大，很大程度上得益于各大手机厂商及运营商对中低端智能机型的推广和普及，中国正在引领着智能手机平价时代的到来。据中国台湾资策会预估，2012年全球智能型手机市场可望达4.52亿台规模，将较2011年增长55.8%。

在外观上，介于笔记本和手机之间的平板计算机，近两年吸引了众多消费者的眼球，受到热捧。市场研究公司ABI Research 2011年秋发布的数据称，2011年夏平板计算机销量达1 360万台，以2∶1绝对优势超过笔记本式计算机市场份额。同期笔记本共计销售730万台，当然这个业绩可能跟2011年3月苹果iPad 2的上市有很大的关联。

2012年5月30日，深圳华强电子产业研究所在一份报告中指出，2012年中国国产平板计算机出货量将超过4 000万台，但出货量飞速增长的趋势在2012年下半年将会放缓，预计2012年中国国产平板计算机的出货量将稳步增长至6 500万台。

另外也有消息称，中国台湾仅存的笔记本式计算机代工大厂广达，2011年裁员近千人，其原因就是受平板计算机的冲击所致。平板计算机与智能手机让用户改变了习惯，除了特定工作上的需求外，强大的功能几乎可以替代常规的笔记本式计算机，严重冲击到了笔记本式计算机市场。

目前平板计算机有些偏重娱乐性，输入不够便捷、尺寸不够大、处理速度不够快、存储容量不够大……诸多先天性的性能短板让其在进行商务办公应用时无法从容应对。因此，平板计算机的流行可能仅仅是引爆了另一块细分市场，热潮过去后，笔记本将迎来"第二春"。

12.1.2 手机的组成

就像计算机一样，手机由软件和硬件组成。

1. 手机硬件

手机可以被看做袖珍的计算机。它有 CPU、存储器(Flash、RAM)、输入输出设备(键盘、显示屏、USB、串口)。它还有一个更重要的 I/O 通道,那就是空中接口。手机通过空中接口协议(如 GSM、CDMA、TD-SCDMA 等)和基站通信,既可以传输语音也可以传输数据。

手机的 CPU 一般不是独立的芯片,而是基带处理芯片的一个单元,称为 CPU 核。基带处理芯片是手机的核心,不仅包含 CPU 核、DSP(Digital Signal Processor,数字信号处理器)核这些比较通用的单元,还包含通信协议处理单元。通信协议处理单元和手机协议软件一起完成空中接口要求的通信功能。

随着芯片技术的不断发展,越来越多的外围电路可以被集成到基带处理芯片中,如 BAP,即基带模拟处理器。这样手机才可能越做越小、越做成本越低。

2. 单 CPU 和双 CPU

很多手机只有一个 CPU,也就是基带处理芯片中的 CPU 核。在这个 CPU 上既要跑通信协议,又要实现用户界面(User Interface,UI)。DSP 会分担一些计算量繁重的工作,如语音编解码、安全层的各种算法等。

在市场推动下,手机功能在不断发展。摄像头、MP3、蓝牙这些功能可以依靠硬件,对 CPU 的压力还不是很大,但 Java 虚拟机、嵌入式浏览器等应用软件就会对 CPU 资源有较高的要求。

单 CPU 的首要任务是完成通信协议。通信协议软件有着精确的定时要求,如果这个 CPU 还要兼顾很多应用软件的话,就难免吃力。于是双 CPU 手机应运而生。

顾名思义,双 CPU 手机就是有两个 CPU(双核)的手机,一个 CPU 专心把通信协议做好,另一个 CPU 负责 UI、Java 虚拟机、嵌入式浏览器等应用。两个 CPU 可以做在一个芯片里面,也可以分开。

市场上的实际情况是,很多手机设计公司(Design House)没有基带处理芯片的开发能力,他们购买国外公司的手机模块,在外面再加一块 CPU。模块跑通信协议,自己加的 CPU 跑 UI 和应用软件,两者通过串行口通信。当然,也有很多 Design House 购买国外方案商的开发板级方案,自己做 PCB(Printed Circuit Board,印制电路板),软件上主要是改改 UI 和外设驱动。

市场上那些智能手机基本上全是双CPU方案,什么 Windows CE、Smart Phone、Windows Mobile、Symbian、嵌入式 Linux 全是运行在第二块 CPU 上的。这些商业操作系统无法和无线通信协议软件集成到一块 CPU 上。双 CPU 的手机功能丰富,但它们一般耗电多,成本高。尽管如此,双 CPU 智能手机还是越来越多,大有后来居上之势。

3. 手机软件的组成

手机软件和 PC 软件一样从中断向量表开始,因为比较小,看上去更加清晰。中断向量表的第一个跳转指令是跳到复位的处理程序,后面是中断处理、错误处理的跳转指令。

一上电，手机就跳转到复位的处理程序，开始检查内存、初始化 C 运行环境，然后创建第一个任务。这个任务会按顺序创建、启动其他任务。绝大多数手机程序都是多任务的，但也有一些小灵通的协议栈是单任务的，没有操作系统，它们的主程序轮流调用各个软件模块的处理程序，模拟多任务环境。

手机软件可以粗略地分成启动模块、操作系统、协议栈、数据业务、本地存储、驱动程序、用户界面和其他应用。启动模块前面已经说过了，下面简单介绍其他部分。

1) 操作系统

操作系统(这里的操作系统与智能手机的操作系统不是一个概念，这里的操作系统是一个很小的固化的系统，保证手机的基本运行)在手机软件只占很小一部分。它的主要功能是提供多任务调度、通信机制。有的操作系统会提供动态内存分配，定时函数，但这些都不是必需的。例如，需要动态内存分配的模块，可以自己管理一个内存池，这样更易于隔离模块和预测内存需求。

大多数手机的操作系统都是一个很小的内核，如 REX、HIOS 等。高通 REX 的源代码连 C 代码加汇编也不过 1 000 多行，编译后不过是 2K、3K 的代码量。而完整的手机程序一般总有三四百个 C 文件，超过 100 万行的代码。

2) 协议栈

协议栈是手机软件最复杂的部分，它的复杂性在于它和基带处理芯片的设计密切相关。只有具备芯片设计能力的企业才可能开发协议栈。协议栈会使用基带处理芯片的所有资源包括 DSP 核。

3) 数据业务

数据业务主要有两种：一种是手机相当于一个调制解调器，PC 通过手机上网，网络协议全在 PC 上，手机提供数据链路。另一种是嵌入式数据业务，手机内部包含 TCP/IP/PPP 等协议，有时还要实现 HTTP 和嵌入式浏览器，不需要 PC 就可以接入 Web 或 WAP 网络。

4) 本地存储

手机都有本地存储功能，存储电话本、短信息、用户设定等。一般手机都有一个基于 Flash(闪存)的文件系统。早期的手机存储是基于 EPROM 的。

5) 驱动程序

硬件驱动一般是指外设驱动，但也有一些设备是集成在基带处理芯片中的。驱动程序包括键盘、电源管理模块、LCD、Flash、RTC、串口、USB、SIM 卡或 UIM 卡、射频驱动等。

6) 用户界面

用户界面又称作人机界面(Human Machine Interaction，HMI)，负责和用户的交互，在必要的时候调用其他模块的功能。用户界面除操作手机必备功能外，也包含一些相对独立的应用程序，如日程表、游戏等。美工设计也是用户界面设计的重要环节。

7) 其他应用

其他应用包括 Java 虚拟机、WAP 浏览器、邮件软件等，是一些比较大，又相对独立的应用模块。

4. 手机的核心技术

手机的核心技术是芯片和协议栈,两者是密不可分的。芯片设计需要协议栈来验证,协议栈必须充分发挥出芯片的功能。芯片的 CPU 核、DSP 核都可以买到现成的单元,但通信协议部分就需要自己设计了。手机比较难做好的是耗电量、恶劣信号环境的性能等。

5. 我国 3G 核心芯片研发情况

作为通信产业上游环节,芯片的研发与生产不仅能为企业"点石成金",而且在电子信息网络日益普及的今天,其也攸关国家经济、安全等诸多方面的发展。

目前英飞凌、爱立信等国际巨头在手机核心芯片上一直占据主导地位。但国内手机从业者已越来越不满足于仅仅充当"世界制造工厂"的角色,进军手机产业链上游已经成为主旋律,这些国内芯片厂商正试图从 3G 身上找到突破口,在手机行业全线发力,力图打破全球手机业生态平衡,重新划分新版图。

进入 3G 时代后,在 CDMA2000、WCDMA 两个标准领域,撼动这些巨头的市场地位并非易事。但当 TD-SCDMA 成为我国 3G 移动通信的国家标准后,由于大部分国外厂商并未制定生产 TD 芯片的计划,这也给国内厂商带来了机遇。其中包括大唐电信、展讯通信、上海凯明等,这些半导体公司已研发 TD 芯片两年有余。而中国移动出资 6 亿元作为 TD 终端专项激励基金,也催熟 TD 终端。其中大唐旗下的联芯、T3G、展讯三家中资芯片厂商共分到 2.9 亿元的 TD 芯片研发资金。而随着投资的日益加大,中国手机芯片的力量进一步增强。

据测算,每颗 3G 手机芯片的价值约为 25~50 美元,占手机成本的 50%,有些甚至高达 70%,这是手机产业价值链中利润最高的部分。

在 2013 香港春季电子产品展览会(简称 2013 香港春电展)上,深圳新岸线公司展示了基 Telink 7619 基带芯片,这是国内首款自主研发支持 GSM 及 WCDMA 网络的双模基带芯片,它具有语音、短信和高速数据业务等功能,支持 HSPA+高达 14.4 兆高速的下行速率,可以为用户提供经济型高速互联网接入和无线数据等业务,让用户在享受极速的流畅体验的同时,功耗更低,更加省电。

12.1.3 平板计算机

1. 概述

平板计算机(Tablet Personal Computer),一种小型的、方便携带的个人计算机,以触摸屏作为基本的输入设备。它拥有的触摸屏(也称为数位板技术)允许用户通过触控笔或数字笔进行作业而不是传统的键盘或鼠标。其外观和笔记本式计算机相似,但不是单纯的笔记本式计算机,可以被称为笔记本式计算机的浓缩版。

平板计算机是下一代移动商务 PC 的代表。从微软提出的平板计算机概念产品上看,平板计算机就是一款无须翻盖、没有键盘、小到足以放入女士手袋,但却功能完整的 PC。

比之笔记本式计算机,它除了拥有其所有功能外,还支持手写输入或者语音输入,移动性和便携性都更胜一筹。

用户可以通过内建的手写识别、屏幕上的软键盘、语音识别或者一个真正的键盘(如果该机型配备)。平板计算机一般还配有速记软件,该类软件可以让用户通过触控笔以打字的速度输入文字。

在20世纪60年代末,施公司乐帕洛阿尔托研究中心的艾伦•凯(Alan Kay)就提出了一种可以用笔输入信息的名为 Dynabook 的新型笔记本式计算机的构想。然而,帕洛阿尔托研究中心没有对该构想提供支持。第一台用作商业的平板计算机是1989年9月上市的GRiD Systems 制造的GRiDPad,它的操作系统基于 MS-DOS。1991年,另外一台 Go Corporation 制造的平板计算机 Momenta Pentop 上市。1992年,Go 推出了一款专用操作系统,命名为 PenPoint OS,同时微软公司也推出了 Windows for Pen Computing。跟"ThinkPad"这个词暗示的一样,IBM ThinkPad 系列的原始型号也都是平板计算机。这些早先的例子都失败了,因为其手写识别率根本就不符合用户的需求,并且高居不下的价格和重量也很成问题。例如,Momenta 重达7磅(大约3.2千克)并且价格高达5 000美元。

平板计算机自从2002年秋季因为微软公司大力推广 Windows XP Tablet PC Edition 而渐渐变得流行起来。在此之前平板计算机在工业、医学和政府等顾客群内有小型市场。现在它们的主要用户群为学生和专业人员。现在平板计算机的运行速度和输入识别率完全可以为人们所接受。

2. 平板计算机的类型

1) 平板型

只配置一个屏幕和触控笔的平板计算机称为纯平板型。它们可以通过无线技术或USB接口连接键盘、鼠标及其他外设,具有 Wi-Fi 功能,可通过 AP 接入 Internet。现在使用最广的平板计算机就是这种类型(如图12.1所示)。

图12.1 纯平板计算机

2) 旋转型

装置了键盘的平板计算机称为可旋转型。通常来说,键盘覆盖了主板并且通过一个可以水平、垂直180°前后旋转的连接点连接着屏幕。这种类型的平板计算机价格较高(如图12.2所示)。

图 12.2　旋转型平板计算机

3) 混合型

"混合型"的平板计算机跟"可旋转型"类似，但混合型平板计算机的键盘是可以分开的，因此可以把它当做纯手写型或可旋转型使用(如图 12.3 所示)。

图 12.3　混合型平板计算机

3. 平板计算机的优势

平板计算机一般采用小于 10.4 英寸(1 英寸=2.54cm)的液晶屏幕，并且都是带有触摸识别的液晶屏，可以用电磁感应笔手写输入。平板式电脑集移动商务、移动通信和移动娱乐为一体，具有手写识别和无线网络通信功能。

平板计算机按结构设计大致可分为两种类型，即集成键盘的"可变式平板计算机"和可外接键盘的"纯平板计算机"。平板式计算机本身内建了一些新的应用软件，用户只要在屏幕上书写，即可将文字或手绘图形输入计算机。

(1) 平板计算机在外观上，具有与众不同的特点。有的就像一个单独的液晶显示屏，只是比一般的显示屏要厚一些，有的外观和笔记本式计算机相似，还有的显示屏可以随意地旋转。

(2) 数字化笔记，平板计算机就像 PDA、便携式计算机一样，可以做普通的笔记本，随时记事，创建自己的文本、图表和图片。同时可集成电子"墨迹"在核心 Office XP 应用中使用墨迹，在 Office 文档中留存自己的笔迹。

(3) 扩展使用 PC 的方式，使用专用的"笔"，在计算机上操作，使其像纸和笔的使用一样简单。同时也支持键盘和鼠标，像普通计算机一样的操作。

(4) 便携移动，像笔记本式计算机一样体积小而轻，可以随时转移它的使用场所，比台式机具有移动灵活性。

(5) 个性化使用，使用 Tablet PC 和笔设置控制，可以定制个性的 Tablet PC 操作，校准您的笔，设置左手或者右手操作，设置 Table Pc 按钮来完成特定的工作，如打开应用程序或者从横向屏幕转到纵向屏幕的方位。

4. 平板计算机的操作系统

目前平板计算机的操作系统主要有苹果的 iOS、Google 的 Android(安卓)和 Chrome OS 云系统、PC 老大微软的 Win7 及遥遥无期的 Win8 系统，惠普的 webOS 和黑莓的 BB OS 系统。下面对这几个操作系统作简要介绍。

1) 苹果的 iOS

苹果的 iOS 是苹果平板设备专用的，界面华丽又不失清新，系统流畅性和触摸手感无出其右，苹果(iPad、iPad2)的工业设计非常优秀，硬件性能卓越，是平板计算机市场的领导者。iPad 系统软件和应用软件很多，质量高、很好玩、很有趣、操作也很简单，上手即会，甚至可以给幼儿园的小朋友们做玩具和早教机，然而这一优点，也是其缺点所在，苹果过于强调系统的流畅性和终端的娱乐性，为了这个流畅，他取消了对系统资源耗费巨大 Flash 的支持，在 4.1 之前的版本中，甚至不支持多任务处理，这一点曾经被很多玩家所诟病，甚至有人提出，不能执行多任务运行的操作系统并非真正意义上的操作系统，不过后来随着硬件性能的提高，苹果开放了对多任务的支持，对第三方软件的多任务的支持还是比较有局限性，而这与其他系统的封闭性不无关系。

此外，苹果的设备安装软件都要同步，这个概念及其 iTunes 的使用方法，不被许多用惯了 WINDOWS 的用户接受。

2) Google 的 Android 系统

Google 的 Android 系统是目前在平板领域唯一与苹果抗衡的系统，与苹果截然相反，开放性是最大特点。其余如系统流畅性、软件执行效率都不如 iPad，开放性使得基于 Android 的第三方应用软件非常之多，用户群更广，更加贴合国内用户的需求，加之 Google 的强大实力，使得 Android 几乎有实力继续当年塞班系统的辉煌。Android 系统的整体结构基本完整，细节方面却不完美，很多地方都有大大小小的 Bug(程序错误)，而这个也正是导致目前国产平板大多难产的原因之一，从 Android 推新版本之快也可以看出这一点。

Google 还有另外一款平板计算机操作系统 Chrome OS 系统，这是个基于云的操作系统，很有前瞻性，然而在目前的网络环境和人们的使用理念下，大多数应用仍基于本地，这个系统太显超前。

3) Win8

微软,桌面级毫无疑问的垄断级老大,开发实力不容置疑,然而就 WinXP 及 Win7 系统来说,只能用于 X86 架构的平台,其执行效率、功耗等诸多问题使之只能用于小众专业用户,Win7 的操作精细度要求也过高使之不适用于平板计算机,19 寸以上屏幕上用鼠标和在 7 寸屏幕上用手指,其触感差别可想而知。意识到平板未来的生命力之后,微软开始着手开发用于平板的 Win8 系统,开发实力不必说,号召力也不可小觑。不过上市时间却一拖再拖,最早可能 2012 下半年才会上市。

4) 黑莓的操作系统

黑莓的操作系统,一向以安全著称,安全到甚至被用于恐怖活动的通信终端而不怕被破解,在很多安全要求高的商业部门很受青睐,基于安全这一基本要求,严格的封闭性是它的基本属性,这种操作系统可能更适用于以通信为主的手机。由于对软件和系统安全要求严格,黑莓系统比较挑软件,加上软件数量比较匮乏,终端的独占性使得黑莓的 OS 系统将一直是小众用户,这是它的特点也是特色,有利有弊。

5) 惠普的 webOS

惠普的 webOS 操作系统,这个操作系统是惠普收购 Palm 之后,在原有的 Palm OS 基础上修改而来,2010 年惠普不惜花 12 亿美元收购 Palm 就是因为强大的 Palm OS 操作系统,这个系统具有很高的执行效率,优秀的进程管理,创新的卡片式软件管理器,可以同时执行多个软件。在界面上很有自己的特点,并且经过优化之后有不输于苹果的显示效果和操作流畅度。缺点也很明显,硬件独占、软件匮乏,Palm 的破产也说明了空有好的系统没有软件和硬件终端的支持是多么凄惨。被惠普收购之后如果可以建立一个友好的开发环境给软件开发者,webOS 可以说是很有前景。

5. 触摸屏类型

触控屏(Touch panel)又称为触控面板,是个可接收触头等输入讯号的感应式液晶显示装置,当接触了屏幕上的图形按钮时,屏幕上的触觉反馈系统可根据预先编好的程序驱动各种连接装置,可用以取代机械式的按钮面板,并借由液晶显示画面制造出生动的影音效果。

从技术原理来区别触摸屏,可分为 5 个基本种类:矢量压力传感技术触摸屏、电阻技术触摸屏、电容技术触摸屏、红外线技术触摸屏、表面声波技术触摸屏。目前手机和平板计算机触摸屏主要分为两类:电容触摸屏和电阻触摸屏。简单来说,支持手写笔的是电阻触摸屏;不使用手写笔的为电容触摸屏。

1) 电阻触摸屏

电阻式触摸屏是一种传感器,它将矩形区域中触摸点(X, Y)的物理位置转换为代表 X 坐标和 Y 坐标的电压。很多 LCD 模块都采用了电阻式触摸屏,这种屏幕可以用四线、五线、七线或八线来产生屏幕偏置电压,同时读回触摸点的电压。电阻式触摸屏基本上是薄膜加上玻璃的结构,薄膜和玻璃相邻的一面均涂有 ITO(Indium Tin Oxides,纳米铟锡金属氧化物)涂层，ITO 具有很好的导电性和透明性。当触摸操作时，薄膜下层的 ITO 会接触到玻璃上层的 ITO，经由感应器传出相应的电信号，经过转换电路送到处理器，通过运算转化为屏幕上的 X、Y 值，而完成点选的动作，并呈现在屏幕上。

电阻式触摸屏的优点是它的屏和控制系统都比较便宜，反应灵敏度也很好，而且不管是四线电阻触摸屏还是五线电阻触摸屏，它们都是一种对外界完全隔离的工作环境，不怕灰尘和水汽，能适应各种恶劣的环境。它可以用任何物体来触摸，稳定性能较好。缺点是电阻触摸屏的外层薄膜容易被划伤导致触摸屏不可用，多层结构会导致很大的光损失，对于手持设备通常需要加大背光源来弥补透光性不好的问题，但这样也会增加电池的消耗。

2) 电容触摸屏

电容式触摸屏的构造主要是在玻璃屏幕上镀一层透明的薄膜体层，再在导体层外加上一块保护玻璃，双玻璃设计能彻底保护导体层及感应器。

电容式触摸屏在触摸屏四边均镀上狭长的电极，在导电体内形成一个低电压交流电场。在触摸屏幕时，由于人体电场，手指与导体层间会形成一个耦合电容，四边电极发出的电流会流向触点，而电流强弱与手指到电极的距离成正比，位于触摸屏幕后的控制器便会计算电流的比例及强弱，准确算出触摸点的位置。电容触摸屏的双玻璃不但能保护导体及感应器，更有效地防止外在环境因素对触摸屏造成影响，就算屏幕沾有污秽、尘埃或油渍，电容式触摸屏依然能准确算出触摸位置。

电容式触摸屏是在玻璃表面贴上一层透明的特殊金属导电物质。当手指触摸在金属层上时，触点的电容就会发生变化，使得与之相连的振荡器频率发生变化，通过测量频率变化可以确定触摸位置获得信息。由于电容随温度、湿度或接地情况的不同而变化，故其稳定性较差，往往会产生漂移现象。该种触摸屏适用于系统开发的调试阶段。

电容式触摸屏支持多点触控，普通电阻式触摸屏只能进行单一点的触控。

12.2 智能手机

12.2.1 智能手机原理

1. 概述

智能手机是一种在手机内安装了操作系统的手机，是一台具备 CPU、内存、操作系统的小计算机。智能手机可以外插闪存卡，相当于计算机的外存，在操作系统的支持下，用户可以自行安装第三方服务商提供的软件、游戏等，智能手机除具备通信功能外，还可以上网、听音乐、看视频、办公等，总之，智能手机实际上就是具备类似于计算机体系结构的手机。

"智能手机"(Smart Phone)这个说法主要是针对"功能手机"(Feature Phone)而来的，本身并不意味着这个手机有多"智能(Smart)"；从另一个角度来讲，所谓的"智能手机"就是一台可以随意安装和卸载应用软件的手机(就像计算机那样)。"功能手机"是不能随意安装卸载软件的，Java 的出现使后来的"功能手机"具备了安装 Java 应用程序的功能，但是 Java 程序的操作友好性，运行效率都比"智能手机"差很多。

开始的智能手机同传统手机外观和操作方式类似，不仅包含触摸屏也包含非触摸屏数字键盘手机、全尺寸键盘操作的手机。但随着硬件技术的发展，主流智能手机显示屏已超过 4.0 英寸，且以电容屏为主，操作上支持多点触控，这个尺寸的显示屏和这种操作方式是传统手机所没有的。

智能手机最关键的部件是其处理器，可以简单的描述为：

智能手机的处理器＝CPU(数据处理芯片)＋GPU(图形处理芯片)＋其他

智能手机处理器的架构的底层都是 ARM 的，就像 PC 的架构是 X86 的道理相同。ARM 架构(过去称为进阶精简指令集机器 Advanced RISC Machine，更早称为 Acorn RISC Machine)是一个 32 位元精简指令集(Reduced Instruction Set Computing, RISC)中央处理器架构，其广泛地应用在许多嵌入式(Embedded)系统设计中。由于节能的特点，ARM 处理器非常适用于移动通信领域，符合其主要设计目标为低耗电的特性。

ARM 同时还是一个公司，提供各种嵌入式系统架构给一些厂商，如现在流行的 Cortex-A8 架构就是 ARM 公司推出的，目前很多高端旗舰智能机的处理器都是基于这个架构的。

常见的智能手机处理芯片厂商主要有高通(Qualcomm)、德州仪器(TI)和三星、苹果等。

2. 3G 智能手机的基本要求

(1) 高速度处理芯片。3G 手机不仅要支持打电话、发短信，还要处理音频、视频，甚至要支持多任务处理，这需要一颗功能强大、低功耗、具有多媒体处理能力的芯片。这样的芯片才能让手机不经常死机，不发热，不会让系统慢如蜗牛。

(2) 大容量存储芯片和存储扩展能力。如果要实现 3G 的大量应用功能，没有大容量存储就完全没有价值，一个完整的 GPS 导航图，要超过一个 G 的存储空间，而大量的视频、音频及多种应用都需要存储。因此要保证足够的内存存储或扩展存储，才能真正满足 3G 的应用。

(3) 面积大、标准化、可触摸的显示屏。面积大可以更好地设计界面，标准化可方便不同文化层次的用户使用，显示屏扩大后，如果全靠键盘，操作起来就不方便，所以可触摸成为大屏幕手机必不可少的功能。

(4) 支持 GPS 导航。它不但可以帮助用户很容易地找到用户想找的地方，而且 GPS 导航还可以帮助用户找到周围的兴趣点，周围的很多服务，也会和位置结合起来，这是手机特有特点。

(5) 操作系统必须支持新应用的安装。这是智能手机"智能"的基本体现。

(6) 配备大容量电池。3G 无论采用何种低功耗的技术，电量的消耗都是一个大问题，必须要配备高容量的电池，1 500mAh 应该是标准配备，随着 3G 的流行，很可能未来外接移动电源也会成为一个标准配置。

(7) 良好的人机交互界面。

3. 智能手机的基本特点

(1) 具备普通手机的全部功能，能够进行正常的通话，收发短信等手机功能的应用。

(2) 具备无线接入互联网的能力，即需要支持 GSM 网络下的 GPRS 或者 CDMA 网络下的 CDMA 1x 或者 3G 网络。

(3) 具备便携式计算机的功能，包括日程记事、任务安排、多媒体娱乐、浏览网页等。

(4) 具有开放性的操作系统，在这个操作系统平台上，可以安装更多的应用程序，从而使智能手机的功能可以得到无限的扩充。

12.2.2 智能手机操作系统

1. Wphone

在 PC 领域，Windows 的强大是不容置疑的，在手机领域要重造一个 Windows 一直是微软的梦想。所以微软投入了很大精力在手机操作系统上，从 Windows CE、Windows Mobile 到 Wphone，情况一直不太好，从来没有达到微软希望的市场份额，甚至未来有被挤垮的危险。出现这样的情况，最重要的一点，微软在手机操作系统上，一直没有形成突破性的思维，而是沿袭了 Windows 的思路，一方面这个系统臃肿，许多智能机一上就被拖慢，甚至被拖垮，用户体验不好，另一方面在 UI 的设计上，还是 Windows 多层菜单式，这完全不符合手机的特点，这方面可以说微软没有创新，只有守旧。Wphone 可圈点之处，就是和 PC 的同步非常强大，使用也比较方便。因此，随着硬件越来越强大，它还是会有一些机会，不过如果没有质的变化，是不会有太大的机会。

优点：界面和操作都和计算机上的 Windows 十分接近，用户十分熟悉，容易上手；各种保存在计算机或手机里的信息、资料可以轻松实现共享；有大量的应用软件可供用户选择。

缺点：系统占用资源高、容易崩溃。

2. Symbian OS

Symbian OS(中文译音"塞班系统")由诺基亚、索尼爱立信、摩托罗拉、西门子等几家大型移动通信设备商共同出资组建的一个合资公司，专门研发手机操作系统。而 Symbian 操作系统的前身是 EPOC，而 EPOC 是 Electronic Piece of Cheese 取第一个字母而得来的，其原意为"使用电子产品时可以像吃乳酪一样简单"，这就是它在设计时所坚持的理念。

Symbian OS 是一个实时性、多任务的纯 32 位操作系统，具有功耗低、内存占用少等特点，这个系统曾经占据了手机 60%左右的市场份额，绝大部分用户使用的手机都是这个操作系统，长期以来，Symbian 系统以人性化、操作方便著称，也有数十亿用户习惯了它的使用。在它的后面有一个强大的诺基亚。然而 Symbian 要面临一个巨大考验是，它是 2G 时代开发的系统，虽然面向智能手机时代，已经出了 S60，功能也越来越强大，但是它的底层架构还是存在一些问题，效率不是很高。同样的硬件情况下，表现并不尽如人意，基于这些原因，塞班系统退出手机操作系统舞台是迟早的事。

优点：Symbian 系统很长时间占据智能系统的市场霸主地位，网上的资源很多，可以下载安装很多软件。

缺点：反应较慢，对主流的媒体格式的支持性较差，不同版本的软件兼容性不好。

3. Google Android

Android 一词的本义指"机器人"，也是 Google 于 2007 年 11 月 5 日宣布的基于 Linux 平台开源手机操作系统的名称，该平台由操作系统、中间件、用户界面和应用软件组成，号称是首个为移动终端打造的真正开放和完整的移动软件。目前在市场上可谓如日中天，越来越受到玩家的青睐，备受摩托罗拉推崇。在 Android 发展的过程中，摩托罗拉付出的是核心代码，Google 付出的是公关和品牌效应，当然还有它的 Google App，但是 Google 掌握了 Android Market 及通过 Android Google Apps 获得的大量用户。

2008 年 9 月 22 日，美国运营商 T-Mobile USA 在纽约正式发布第一款 Google 手机——T-Mobile G1。该款手机为宏达电制造，是世界上第一部使用 Android 操作系统的手机，支持 WCDMA/HSPA 网络，理论下载速率 7.2Mb/s，并支持 Wi-Fi。

优点：具备触摸屏、高级图形显示和上网功能，界面强大，可以说是一种融入全部 Web 应用的单一平台。

缺点：使用日渐广泛，已找不出特别的缺点。

4. iPhone Os

iPhone 的创新，不止是一个外观和设计，其实它更重要的操作系统和 UI 的创新，像 Mac OS X 操作系统一样，也是以 Darwin 为基础的。iPhone 产品的硬件配置都不高，尤其是 CPU，无法和现在高端智能手机相比，但是它的稳定性和反应速度，却比许多智能手机要好。道理就是操作系统，这是一个架构简单、反应速度快、稳定性高的系统，它的出现使智能手机操作的体验和感受发生了质的变化。而它的 UI 设计却革命性地打破了菜单与层级，用平铺式的多屏设计，把每一个应用都平铺在用户的面前，让用户能用最快的速度找到自己喜欢的应用。所有用过 iPhone 的用户，都会有新的体验和感受，应该说，目前为止，对于智能手机的理解，还是 iPhone 的系统做得最好。苹果靠仅有的几款机型，已经赢得可观的市场份额。

iPhone 最大的问题，这是一个封闭的系统，只有苹果自己用这个产品，支持的手机非常少，这种情况它就缺乏了爆发力，很可能会重演 PC 的格局，东西好，但是只能在一个小的平台上，而且虽然现在 iPhone 有大量的软件，只不过起步早，其他系统采用开放的平台，有大量手机支持，假以时日，超过 iPhone 是不成问题的。

5. BlackBerry

"黑莓" BlackBerry 是美国市场占有率仅次于 iPhone 智能手机，这得益于它的制造商 RIM(Research in Motion)较早地进入移动市场并且开发出适应美国市场的邮件系统。大家都知道 BlackBerry 的经典设计就是宽大的屏幕和便于输入的 QWERTY 键盘，所以 BlackBerry 一直是移动电邮的巨无霸。正因为是正统的商务机，所以它在多媒体播放方面的功能非常孱弱，也许它在未来应该着力改善这个弱点，因为手机功能的整合是大势所趋，人们不会只满足于单一的功能。

BlackBerry 开始于 1998 年，RIM 的品牌战略顾问认为，无线电子邮件接收器挤在一起的小小的标准英文黑色键盘，看起来像是草莓表面的一粒粒种子，就起了这么一个有趣的名字。应该说，BlackBerry 与桌面 PC 同步堪称完美，它可以自动把 Outlook 邮件转寄到 Blackberry 中，不过在用 Blackberry 发邮件时，它会自动在邮件结尾加上"此邮件由 Blackberry 发出"字样。

BlackBerry 在美国之外的影响微乎其微，我国已经在广州开始与 RIM 合作进行移动电邮的推广试验，不过目前看来收效甚微。大家都知道，我国对于电子邮件的依赖并不像美国人那么强，他们在电子邮件里讨论工作、安排日程，而我们则更倾向于当面交谈。可以说 BlackBerry 在中国的影响几乎为零，除了它那经典的外形。

优点：Blackberry 与桌面 PC 同步堪称完美，经典设计是宽大的屏幕和便于输入的 QWERTY 键盘，所以 BlackBerry 一直是移动电邮的巨无霸。

缺点：在多媒体播放方面的功能非常孱弱。

6. webOS

webOS 可以简单地称之为网络操作系统，是一种基于浏览器的虚拟操作系统，用户通过浏览器可以在这个 webOS 上运用基于 Web 的在线应用，实现 PC 操作系统上的各种操作，包括文档的存储、编辑、媒体播放等。

可以说 webOS 是一种脱离了本地操作系统，可以随时随地通过网络进行操作的"云计算"的一种模式，也是未来的发展趋势。webOS 不用依赖于某种特定的本地操作系统，我们更可以把它看做一种跨平台的形式，也就是跨本地操作系统的平台。简单地说，在本地操作系统支持一个浏览器的情况下，不管用任何本地操作系统都可以正常的运行。webOS 的运行环境就是网络浏览器。

目前随着在线网络应用服务的不断发展，在线存储，在线 Office 等都为网络操作系统的发展提供了很好的基础。在现有的情况下，webOS 的应用看起来还是跟现在的 Google 网站没有什么区别，但是随着应用的跟进，相信会有越来越多的人选择这种系统的产品来使用。

实际上，webOS 现在已经出现了冒尖的趋势，Google 的 Chrome 系统就是典型的代表，设备端像惠普的平板计算机已经宣布要采用 webOS 操作系统，再加上微软、Google、苹果等巨头近期都在开发相关的应用，而且已经有了很大的成就，得到的用户反馈也很不错，还是有很大一部分消费者能够认可这个超前的概念的，毕竟数码产品发展到今天，应用才是王道。

优点：无需高端的硬件配置即可实现复杂的操作，无需固定的终端即可对同一文件随时随地进行操作。

缺点：完全依赖网络的存在，而目前国内的网络环境还无法满足需求，这么看来，webOS 在国内目前还是纸上谈兵，真正决定它能否被大家接受的是政策。

7. MeeGo

MeeGo 是诺基亚和英特尔宣布推出一个免费手机操作系统,中文昵称米狗,该操作系统可在智能手机、笔记本式计算机和电视等多种电子设备上运行,并有助于这些设备实现无缝集成。这种基于 Linux 的平台被称为 MeeGo,融合了诺基亚的 Maemo 和英特尔的 Moblin 平台。如诺基亚新品 N9 就是采用 MeeGo 1.2 系统的。

英特尔和诺基亚将新操作系统 MeeGo 定位为一个挑战苹果 APP Store 模式的开源平台,虽然他们并没有指名道姓地提到苹果的 iPhone OS,但 MeeGo 的竞争指向性非常明显。

MeeGo 操作系统意在让应用开发商一次性编写程序,随后就可以用于从智能手机到上网本等一切应用硬件平台。这一做法已经是趋势所在。虽然目前还没有实物出现,但可以预见的是,当越来越多的设备应用到 MeeGo,如车载信息系统、便携式媒体播放器、个人导航设备、数码机顶盒、笔记本式计算机等多条产品线时,那就是全方位融合的时刻。

前景虽好,不过 MeeGo 要做到这一点,还有很长的路要走,尤其是在现在这种炒作概念的阶段。而且,竞争对手也不会停步不前。

研究前沿与探讨

1. 3G 智能手机中发展的四大关键技术

无线连接技术(包括 Wi-Fi、蓝牙、FM 和 GPS)、多媒体处理技术、基于位置的服务和开放操作系统这四大技术是未来智能手机发展中的关键技术。

蓝牙技术不仅被用在耳机传输语音信号,还被用来传输文件。低功耗蓝牙可以传输速率低的数据,将用在如跑步机、便携式医疗设备上。多媒体功能则给 3G 智能手机确定了很好的应用,如照相、高清视频、高质量 3D 游戏。GPS 和 A-GPS 很好地解决了在开阔空间里的位置服务问题,但在卫星信号很弱的大楼里,则需要利用蜂窝、Wi-Fi 交叉定位。

目前 GPS 已经成了智能手机标配。事实上,在 2009 年第二季,每一款新的智能手机问世时,都搭载了 GPS。Wi-Fi 也显露出类似趋势,所有新型号都支持 Wi-Fi 功能。

在推动智能手机发展的这四大关键技术中,开放操作系统尤为重要,开放操作系统能允许第三方开发更多的应用,能给智能手机带来更多的成长。

2. 平板计算机的五大发展趋势

尚普咨询电子行业分析师指出,未来平板计算机发展有五大趋势。

(1) 当前,平板计算机产品的操作系统的基本势态是苹果 iOS 以一己之力抗衡诸强联盟的 Android 系统。进入 2012 年以后,随着微软 Win8 操作系统的正式上市,平板计算机操作系统两强相争的局面会被打破,将进入三足鼎立的状态。

(2) 随着平板计算机概念的不断普及,用户对平板计算机产品的要求也逐渐增多。平板计算机的另一个发展趋势就是"核战争"将会不断升级。若 2011 年是双核标准的确立年,那么 2012 年将是四核时代的开启元年。平板计算机市场正在加速跨入四核时代。2012 年下半年,四核平板计算机将逐渐成为平板计算机产品的主流标配。

(3) 随着产品终端的不断丰富，平板计算机的应用在游戏、影音娱乐等基础上逐渐加上商务应用。随着品终端的不断丰富，平板计算机的商用潜力将被激发。

(4) 未来，平板计算机的行业应用将更加普及，而金融、政教、医疗、能源等大型产业的平板计算机行业应用机会将集中在国际品牌端。但国内平板计算机产更适合餐饮、娱乐等服务行业。

(5) 随着云计算及移动互联网的发展，人们越来越需要一个可以实现与云计算和移动互联网应用完美对接。未来，平板计算机产品将会更完善的融合无线数据传输功能和数据处理功能，以便更好地运行云计算及移动互联网相关应用和服务，从而成为人们享用云计算和移动互联网红利的重要窗口。

本 章 小 结

移动通信终端就是能接受移动通信服务的机器，从无线上网应用的角度看，目前使用最广泛的移动通信终端主要有两类产品：广泛使用的智能手机和市场日渐升温的平板计算机。

手机可以被看做袖珍的计算机。它有 CPU、存储器(Flash、RAM)、输入输出设备(键盘、显示屏、USB、串口)。它还有一个更重要的 I/O 通道，那就是空中接口。手机通过空中接口协议(如 GSM、CDMA、TD-SCDMA 等)和基站通信，既可以传输语音、也可以传输数据。

手机的 CPU 一般是基带处理芯片的一个单元，称为 CPU 核。基带处理芯片是手机的核心，不仅包含 CPU 核、DSP(Digital Signal Processor，数字信号处理器)核这些比较通用的单元，还包含通信协议处理单元。通信协议处理单元和手机协议软件一起完成空中接口要求的通信功能。

很多手机只有一个 CPU，也就是基带处理芯片中的 CPU 核。单 CPU 的首要任务是完成通信协议。双 CPU 手机中的一个 CPU 专心把通信协议做好，另一个 CPU 负责 UI、Java 虚拟机、嵌入式浏览器等应用。两个 CPU 可以做在一个芯片里面，也可以分开。

手机软件包括操作系统、协议栈、数据业务、本地存储、驱动程序、用户界面程序及其他应用软件，如 Java 虚拟机、WAP 浏览器、邮件软件等，是一些比较大，又相对独立的应用模块。

手机的核心技术是芯片和协议栈，两者是密不可分的。芯片设计需要协议栈来验证，协议栈必须充分发挥出芯片的功能。

智能手机的操作系统有微软的 Wphone、诺基亚的 Symbian OS(塞班系统)、Google 的 Android、苹果的 iPhone OS、BlackBerry(黑莓)、webOS、诺基亚最新推出的 MeeGo，从目前的市场发展趋势看，安卓系统如日中天。

平板计算机(Tablet Personal Computer)，一种小型的、方便携带的个人计算机，以触摸屏作为基本的输入设备，其外观和笔记本式计算机相似，但不是单纯的笔记本式计算机，它可以被称为笔记本式计算机的浓缩版。平板计算机有平板型、旋转型、混合型 3 类。目前平板电脑主流的操作系统有苹果的 iOS、Google 的 Android 和 Chrome OS 云系统、PC 老大微软的 Win7 及遥遥无期的 Win8 系统，惠普的 webOS 和黑莓的 BB OS 系统。

目前的智能手机和平板计算机都流行使用触摸屏,触摸屏有电阻屏和电容屏两种类型,普通的区别方法,用笔的是电阻屏,用手的是电容屏,电容屏支持多点触控。

每课一考

一、填空题

1. 双 CPU 手机中,一个 CPU 负责(　　　　　　),另一个 CPU 负责(　　　　　　)等。

2. 手机硬件驱动一般指外设驱动,驱动程序包括(　　)、(　　)、(　　)、(　　)、(　　)、(　　)、(　　)、(　　)。

3. 手机比较难做好的是(　　)、(　　　　)的性能。

4. 第一台用作商业的平板计算机是(　　)年上市的(　　)制造的(　　),它的操作系统基于(　　)。

5. 智能手机处理器的架构的底层都是(　　),就如 PC 的架构是(　　)的道理相同。

6. 常见的智能手机处理芯片厂商主要有(　　)、(　　)、(　　)和(　　)。

7. 现阶段市场份额最多的手机操作系统是(　　),手机市场份额最大的品牌是(　　)。

8. 现阶段主流智能手机以(　　)屏为主,支持(　　)触控。

9. 一般 GPS 全套地图容量会超过(　　)G。

10. 支持 WP8 的主要智能手机品牌有(　　)和(　　)。

二、选择题

1. 下列哪项不是平板计算机的缺点?(　　)
   A. 屏幕不够大　　B. 输入较慢　　C. 处理速度较慢　　D. 携带方便
2. 与计算机相比,手机硬件里缺少(　　)。
   A. 内存　　　　　B. CPU　　　　C. 硬盘　　　　　　D. 输入输出设备
3. 与计算机相比,手机硬件里多了一个(　　)。
   A. 空中接口　　　B. 内存　　　　C. 闪存　　　　　　D. 听筒
4. 手机硬件的核心产品是(　　)。
   A. 主板　　　　　B. 基带芯片　　C. 内存　　　　　　D. 天线
5. 基带处理芯片的功能是完成(　　)。
   A. 通信协议　　　B. 内存管理　　C. 外设管理　　　　D. 语音合成
6. 手机芯片的源代码一般用(　　)语言编写。
   A. JAVA　　　　　B. HTML　　　 C. C　　　　　　　　D. VB

7．智能手机 AP 功能的意思是(　　)。
　　A．双核手机　　　　　　　　B．AP 是一种操作系统
　　C．具有数据处理能力　　　　D．可以当路由器使用
8．苹果 iOS "越狱"的目的是(　　)。
　　A．有限开放　　　　　　　　B．变"封闭"为完全开放
　　C．修补漏洞　　　　　　　　D．安装游戏
9．WP8 是(　　)开发的。
　　A．三星　　　　B．摩托罗拉　　　C．Google　　　D．微软
10．塞班系统的菜单(　　)。
　　A．是平铺式的　　　　　　　B．是层级式的
　　C．适应大屏幕　　　　　　　D．与安卓设计思想一致

三、判断题

1．GPS 接收机不属于移动终端的范畴。　　　　　　　　　　　　　　(　　)
2．双核手机两个 CPU 可以在一个芯片里面，也可以分开。　　　　　(　　)
3．双核手机比单核手机耗电量更多。　　　　　　　　　　　　　　　(　　)
4．非智能手机没有操作系统。　　　　　　　　　　　　　　　　　　(　　)
5．小灵通没有操作系统。　　　　　　　　　　　　　　　　　　　　(　　)
6．iOS 早起版本不支持多任务处理。　　　　　　　　　　　　　　　(　　)
7．iOS 不支持 Flash 功能。　　　　　　　　　　　　　　　　　　　(　　)
8．iOS 与 Windows 兼容。　　　　　　　　　　　　　　　　　　　　(　　)
9．智能手机外插的闪存卡相当于内存的扩充。　　　　　　　　　　　(　　)
10．功能手机不能安装程序。　　　　　　　　　　　　　　　　　　(　　)

四、问答题

1．平板计算机有哪几种类型？
2．触摸屏有哪两种类型，其原理是什么？
3．简要介绍 webOS 操作系统。
4．3G 智能手机发展中有哪 4 项关键技术？

技 能 实 训

1．体验一下，在平板计算机上使用 Word、Excel，不方便之处在哪里？现在的平板计算机主要用来做什么？

2．目前占据市场份额前三的智能手机操作系统是哪 3 家，哪种操作系统最有发展潜力，为什么？

3．查查手机的参数：双核还是单核、主频大小、操作系统名称、内存大小及闪存大小，且使用手机做 6 件以上的事情吗？

第 12 章　移动通信终端

案例分析

根据以下案例所提供的资料，试分析：
(1) 诺基亚为什么会没落？
(2) 哪些智能手机生产厂有专利？
(3) 国产智能手机生产厂家哪些方面需要进步？

中国智能手机市场竞争趋于白热化

后诺基亚时代的中国智能手机市场看似格局清晰，苹果与众 Android 厂商基本分享了一整块蛋糕的绝大部分，没落的诺基亚依靠微软 WP 系统也重新加入竞争行列，Android 阵营中牵头的当数 HTC，不过从目前及未来形势看，可以说是昙花一现，缺乏专利已经成为其软肋。

此后 Google 收购摩托罗拉也标志着 Android 将与摩托罗拉手机深度融合，而三星则在高端智能机市场发力，用其不断刷新硬件配置的方式挑战 iPhone，还有国产手机的迅速崛起，日系手机的强势回归，所以未来中国智能手机市场只能说很混乱，当然混乱的前提是竞争日趋白热化，以下是对未来中国智能手机市场的预测。

1. 诺基亚王者归来

采用微软 WP 系统的诺基亚相信在未来几年内能重新回到行业领先地位，能否拿回第一把交椅，这个还需考证，如果当时诺基亚选择 Android，很可能就是饮鸩止渴，所以选择 WP 是明智之举，未来 WP 系统肯定能占得一席之地，甚至有可能在移动平台大战中完胜 Android。

开源的 Android 确实给很多手机制造商带来了春天，但同时也带来了麻烦，因为 Android 不是为一家手机制造商准备的，所以竞争基本集中在不断刷新硬件配置上，诺基亚凭借 WP 和自身的优势，演绎王者归来的好戏还是很有可能的。

2. HTC 昙花一现

作为最早采用 Android 系统的手机制造商之一，HTC 在之前两年内取得的成绩是惊人的，也成功占有了中低档市场的很大份额，即使没有在高端市场和 iPhone 形成正面交锋，但是所谓树大招风，HTC 也被苹果起诉，原因也很简单，缺乏专利，这也是 HTC 的最大软肋，同时其定位也很模糊，不像 iPhone 那样主打高端市场，HTC 让人感觉到处处有其身影，但是普遍缺乏新意，当消费者的口味难以满足时，HTC 将星光黯淡。

3. 日系风暴来袭

2008 年日系手机整体在中国遭遇滑铁卢，京瓷宣布退出中国标志着日系的整体出局，但是同年夏普又悄然进入中国，随后富士通等日系老牌也慢慢地进入国内市场，据称 NEC 也即将回归，日系手机基本上完成了一次凤凰涅槃，凭借外观上的优势，日系手机将来肯定会占有一席之地。

4. 韩风依旧

可以说没有人能阻挡三星，其刷新硬件配置的速率让所有的制造商不敢有任何喘息时间，三星也在高端机市场阻击苹果，优势就是其完美的配置，就目前市场份额来看，三星和苹果难分伯仲，这种局面也会僵持一段时间，能否完胜苹果这个先且不论，不过三星在未来很长时间里将一直扮演重要角色。

5. 众多搅局者

小米不得不说是中国智能手机里的一朵奇葩，李易说过雷军还不如做 LePhone，iPhone 和 LePhone 的合体，互联网公司做手机，这也是很多人讨论的关键点，目前来看，小米依靠低价的优势也取得了不错的销售业绩，未来小米的命运如何，也许很难预测，是一场闹剧还是一种新模式的开辟？日后便知。

中兴、华为、天宇等知名国产手机制造商也在不断发力，也使用低价策略取得一定市场份额，大众风格白菜价，让智能手机成功普及，同时山寨手机大量 made in China，国产手机整体充当了未来智能手机市场的搅局者。

综合来看，未来中国智能手机市场会很混乱，虽说诺基亚会崛起，但是不会回到以前一统江湖的地位，苹果依旧保持贵族特质，三星、摩托罗拉、索爱总体会占有很大份额，HTC 趋于平庸，不过将会在 WP 和 Android 双平台操作，依然占有一定的市场，还有日系手机的强势回归，将受注重外观的消费者追捧，再加上小米、中兴、华为等国产品牌的搅局，山寨手机的继续横行，所以未来格局会很混乱。

(资料来源：ghost. 中国智能手机市场未来会极其混乱[EB/OL]. (2012-3-1). [2012-10-1]. http://www.leiphone.com/smartphone-china.html.)

第13章 移动商务解决方案

知识结构

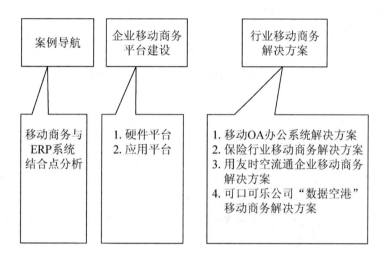

知识要点

1. 移动商务平台建设的主要内容。
2. 代表性行业移动商务解决方案的特点。

学习方法

1. 从一般到具体：移动商务平台模块—企业移动商务解决方案。
2. 由需求引出功能：企业移动商务系统功能需求—移动商务解决方案提供的一般功能。
3. 行业特点决定移动商务解决方案特点：保险、流通、快速消费品等行业特点→移动商务解决方案特点。

案例导航

移动商务与 ERP 系统结合点分析

系统整合在企业信息化建设中是一个很重要的课题。随着中间件技术的发展,越来越多的信息化服务提供商开始重视各个信息化应用之间的整合。如随着移动商务的推出,ERP 系统开始脱离传统的桌面束缚,开始向移动商务平台进军。移动商务与 ERP 系统的整合,两个应用之间有哪些可以互通的点?

1. 通过移动商务平台来审批 ERP 系统中的单据

在 ERP 系统应用中,单据的审批容易出现问题。例如,从物料的控制上来说,入库单必须审核之后,才能够通过领料单将物料发出去。在系统中可以实现负库存控制,即负库存不能够出库。但是在实际工作中,很多情况下会出现因为入库单没有及时审核,而导致物料发不出去。当然这里的原因很多,不过其中很重要的一个因素是审核的人不在计算机前,所以无法及时进行审核。

这也是传统 ERP 系统的一个弊端,离不开计算机与网络。通过移动商务平台,则可以很好地解决这个问题。简单地说,就是移动商务平台可以扩展 ERP 系统的应用范围。现在手机是很普遍的一种工具,基本上是人手一台。如果用户可以通过手机等移动平台来审核 ERP 系统中的单据,无疑可以摆脱计算机与网线的束缚,让用户随时随地都可以进行单据的审批。

其实从技术上这两者结合难度并不是很大,如单据的创建者,如果要将某个单据送交审批的话,可以发出一个审批的请求。此时如果与移动商务平台结合,系统就可以发送一条消息给审批者。审批者觉得没有问题,就可以回复一个信息。如回复 1 表示同意或者回复 2 表示不同意等。系统收到信息之后,就会采取相应的操作,如审核或者拒绝操作。

不过需要注意的是,审批者在审核单据时需要关注的内容。毕竟审核者不能够随便的审核,其需要负管理的责任。而手机终端平台与计算机毕竟有差异,屏幕比较小,不能够以图形化的方式显示丰富的内容。为此通过手机等移动商务平台来审核单据时,显示的内容就要简明扼要,同时关键的内容也不能够缺少。此时项目管理人员就应该跟企业管理者进行充分的沟通,确认哪些内容是在审核时必要考虑的事项。将一些无关紧要的内容就暂时忽略。

由于不同的企业在单据审批上可关注的内容不同。为此项目管理员在项目实施时,需要花一定的时间去跟用户确认相关的内容。这一个环节相对来说是比较重要的。

2. 通过移动平台来查询物料库存

用过移动或者联通的网络的用户,一定都会有类似的体验。只要通过手机平台发送几个数字,就可以查询出余额或者某段时间的话费清单。其实移动商务与 ERP 系统进行有机整合之后,也可以做到类似的效果。例如,一些整合的好的企业,在移动商务平台上,通过输入物料代码及命令参数,就可以从 ERP 系统中查询相关的结果。

这些查询功能,对于出差在外的用户,非常有效。例如,企业的一些销售人员,在客户那边拜访。如果客户提出需要采购某个物料,问需要什么时候交货。此时销售人员就可以现场查询物料的库存。如果有库存,并且这个库存没有被其他客户占用的话,就可以现场表态可以马上交货。这对于提高客户的满意度是很有帮助的。

在实际工作中，我们需要注意一点，就是查询的设计需要有效。在手机查询时，我们可以记住一些常用的代码。而一些复杂的代码，则需要通过多级菜单的导航才能够实现。在电子商务平台中，实现查询功能时，就需要关注一下，查询的便捷性。如果代码太长，用户也记不住。由于不同的部门用户，其关心的内容是不同的。为此最好能够根据查询结果的不同，对代码进行分类，以便于用户进行记忆。

当然对于一些比较复杂的功能，也只能够通过导航菜单，进行多次交互之后才能够得到正确的结果。不过随着3G网络的发展，以及手机终端屏幕越来越大，可以考虑以图形化的界面给用户进行导航。

3. 利用3G技术，实现图形化的移动商务

3G技术的推广，将移动商务提升到了一个新的平台。在2G时代的电子商务，可以看作操作系统中的DOS系统，主要是通过一些代码来实现，如手机话费查询的数字代码等。其优点是查询方便、响应速度快。难点在于代码记忆困难。如果查询层级比较深的话，需要通过多次交互才可以得到结果。

而3G时代的移动商务，就好像操作系统中的图形化操作系统，如Windows XP。图形化操作系统，对于带宽的要求比较高，而且对于手机的屏幕也要求比较大。传统的2G网络很难达到其要求的速度。3G时代的来临，让这个变为可能。用户可以在手机平台上，通过3G网络，以图形化的界面，访问ERP系统。这是一个很大的进步。

不过在实际项目中，在手机等移动终端上，通过图形化界面(如浏览器)访问ERP系统还是有一些限制的。如数据流量等。毕竟3G网络一般都是按流量来收费的。不过图形界面比较复杂，那么3G流量就会水涨船高。此时通信费用就会增加。

在实际项目中，一般都会给移动商务平台专门设置一个客户端，会尽量地将一些图片简化。然后会将相关的图片保存在手机等移动平台的客户端上。不用每次访问系统，都从网络上下载图片。如此的话，不仅可以减少流量，而且还可以提高访问的速度。同时，采用专业的客户端之后，安全性也会有很大的保障。

在实际工作中，建议用户采用专业的客户端。为了提高系统的整合性，现在很多ERP厂商已经发布了针对移动平台的专业客户端。用户只需要在手机等终端上安装即可。不过有一个局限性。由于现在手机等移动平台所采用的操作系统比较多，为此兼容性会比较差。只有采用Java平台并且是B/S架构的客户端，在实际工作中采用的效果才会比较好。

4. 移动商务平台与ERP系统的整合，实现实时的警报

在实际工作中，警报对于用户来说，也是很重要的。如无法按时向客户交货、客户延迟付款、新订单的录入等，都需要有及时的提醒。不过由于终端的限制，相关的信息用户可能无法及时收到。如果能够将移动商务平台与ERP系统整合，那么用户无论在什么地方，都可以准时的收到相关的信息。

在项目推进过程中，项目管理人员需要跟用户确认需要发送警告的事件。从技术角度讲，警报其实就是一个触发器。通过某个特定的事件或者时间进行触发。众所周知，如果事事都报警，那么报警的效果就会降低。为此对于事件，还是需要有所侧重。对于特定的用户，每天报警的短信，不

应该超过10条。超过的话，用户就会觉得烦。有时候甚至不会去看。从而可能会错过一些重要的信息。

（资料来源：IT168 绝地苍狼. 移动商务与 ERP 系统结合点分析[EB/OL].
(2011-9-13). [2012-10-3]. http://it.shm.com.cn/146442/550215755543.shtml.）

通过这个案例，我们应思考以下3个问题：
1. 企业实施移动商务，对现有信息系统需要做哪些改进或整合？
2. 就信息系统的终端而言，移动终端能做什么？
3. 移动商务信息系统能满足企业哪些功能需求？

13.1 企业移动商务平台建设

企业或事业单位或其他性质的组织，要规划建设兼有移动商务功能的信息系统，首先要建立兼容移动通信功能的信息平台，在此基础上才能实现移动商务的各项功能。

与各种信息系统类似，移动商务平台包括硬件平台和应用平台。硬件平台由机器设备、应用终端和无线网络构成，是底层需求，是实现移动商务的基础；应用平台由各种应用系统组成，是根据组织的业务需求而建设的，用户使用信息系统的体验如何，信息系统能否成功，应用平台是关键。

13.1.1 硬件平台

1. 企业内部网络

硬件平台以局域网为中心，局域网主要由交换机连接办公计算机构成，在局域网中增加无线路由器形成无线接入点 AP，AP 信号覆盖范围内，移动终端可以通过 AP 上网，从而增加上网的途径和灵活性。局域网再通过路由器连至 Internet。对于在同一个地域拥有多个局域网的单位，则用路由器连接这些局域网构成一个所谓的企业内部网 Intranet。考虑到单位在外人员或合作伙伴或分公司要登录网络，还要配置 VPN 网关服务器，保证外部应用人员与单位系统建立安全连接。

企业内部网络结构如图 13.1 所示。

2. 移动终端

传统的上网终端是桌面台式计算机，位置是固定的。移动电子商务对于那些工作性质经常移动的工作人员，需要配置移动终端。现阶段，移动终端主要有笔记本式计算机、平板计算机和智能手机。

笔记本式计算机的功能等同于台式计算机，但从移动应用性来说，要上网，必须有无线热点，如果业务人员出差在外，在没有无线热点的地方就不能登录互联网，这是一个最大的限制。

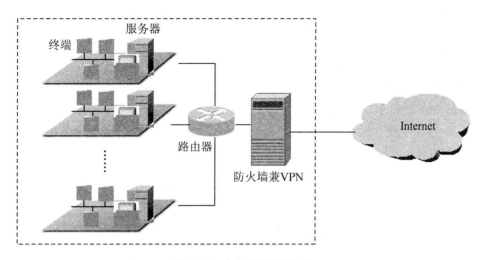

图 13.1　企业内部网络系统

平板计算机定位介于笔记本式计算机和智能手机之间，具有手机那样的通信能力，可以随时随地上网，但一般不能打电话，这是它的第一个优点；第二个优点是，它又是一个拥有 CPU 和内存的计算机，可以运行一些占空间不太大的应用程序。但它没有硬盘，操作系统也很简单，所以，对于阅读资料之类的办公工作，基本可以胜任，但要编辑资料，则显得很不方便。所以如果业务较简单，用平板计算机完全可以胜任，业务复杂了，则必须用笔记本式计算机。

智能手机也是一台小计算机，但它毕竟体积小，处理能力有限。对于简单的通信工作或较急的工作，只要手机能处理，用手机比上述两者都方便。从应用前景来看，智能手机的发展空间不可限量。

3．无线网络

无线网络就是用来传递数据的无线通信网，目前主要是移动运营商提供的 3G 网络。概括起来，移动商务硬件平台如图 13.2 所示。

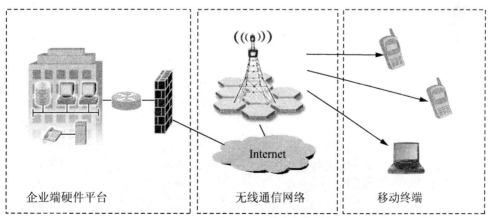

图 13.2　移动商务硬件平台

13.1.2 应用平台

1. 企业应用系统

企业应用系统是管理企业日常业务、辅助决策的信息系统，是移动商务应用的后台。目前许多企业的应用系统都以 ERP 为主，系统规模则大小不一。ERP 系统在我国大约从 2000 年开始逐渐在企业推广，经过近十年的探索与适应，企业应用已较成熟，这是实施移动商务的大前提。但目前的 ERP 系统基本上没有考虑手机这类无线终端，在移动商务应用上受到很大限制，要解决这个问题，需要对现有 ERP 系统做两方面的功能扩展。

(1) 增加移动服务接口。笔记本式计算机和平板计算机终端，没有特别的接口要求。对手机终端，移动服务接口则是必要条件。企业需要使用 WAP 网关，当接收到的请求是来自手机时，系统需要把原来基于 HTML 的 Web 界面转换成智能手机能用的 WAP 界面，以适应手机终端的技术要求。

(2) 增加移动应用功能。这个问题也主要是针对手机的，因为手机专有性很强，所以可以增加：①短信平台，及时将主要信息告知企业在外人员或客户；②系统信息推送功能，及时反馈各种事务的处理结果。还可以针对手机专有性和随身携带的特点开发其他的移动应用功能。

企业移动商务应用平台如图 13.3 所示。

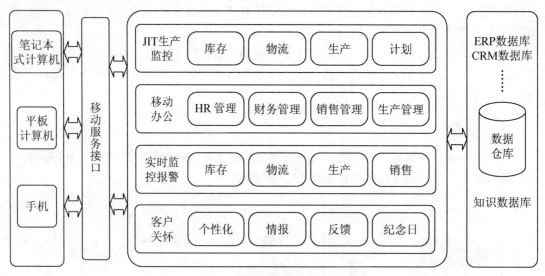

图 13.3　企业移动商务应用平台

2. 门户网站

门户网站是最重要的应用集成接口，从门户网站可以进入企业应用系统的各项功能，传统的门户网站没有考虑手机这种移动终端，要使门户网站界面能在手机上展现，如前所述，引入 WAP 网关是一种解决方式，也是较为简单经济的解决方式，WAP 网关自动将 Web 页面转换成手机能够显示的 WAP 页面。它的主要问题是，转换后的页面布局有点乱，使用起来很不方便，有些 Web 页面的特性也不能显示。所以最理想的方法是专门为手机开发各种应用页面，当然，这要详细分析手机终端的应用需求，根据需求开发相应的手机终端程序，这一步做好了，企业在外人员才会真正感受到移动商务。

13.2 行业移动商务解决方案

13.2.1 移动OA办公系统解决方案

本方案来自于C'KING网，有删改。

1. 方案概述

随着办公自动化系统的普及，电子化、数据化的办公方式已进入越来越多的企业和政府单位，信息化的办公系统在企事业内部编织起一套高效、畅通的信息互联体系，极大地推动了企事业单位生产力的发展。但与此同时，由于需要依赖固定的办公场所和固定的办公配套设备，信息化的极盛又开始凸显一些新办公模式的问题：如何才能打破这些时空上的信息束缚限制，跳出固化的信息化建设窠臼，建立一套可以随时、随地、随手使用的信息系统，使得公司管理者、业务人员不管置身何地，都能随心所欲地和企事业内部系统关联，移动办公便成为这一需求的不二之选。

移动OA(Office Automation)也就是移动办公自动化，是利用无线网络实现办公自动化的技术。它将原有OA系统上的公文、通讯录、日程、文件管理、通知公告等功能迁移到手机，支持Windows Mobile、Android、iPhone等多种手机平台，可以随时随地进行掌上办公，对于突发性事件和紧急性事件有高效和出色的支持，是管理者、市场人员等贴心的掌上办公产品。

本方案适用于大中小型企业、事业单位、政府机构等。

2. 方案内容

以Windows Phone，iPhone，iPad，Android，webOS为载体，使用无线网络与服务器系统进行连接，建立起一套可移动化应用的信息系统，通过将企业内部信息化系统扩展应用到移动终端的方式，帮助用户摆脱时间和空间的限制，可以随时随地关联企业信息化系统，使得信息化办公可以如影随形，顺心自如。

移动办公系统既可以连接客户原有的各种IT系统，包括OA、邮件、ERP及其他各类个性业务系统，也提供了一些无线环境下的新特性功能，其设计目标是成熟、先进和产品化的移动办公平台，可以将客户的各种IT系统移动化。客户今天可以连接OA实现移动公文，明天可以复用平台的众多组件建设移动ERP或任何其他业务系统，客户的整个移动信息化建设可以规划在一个统一的平台上，可以广泛适应不同客户的多样选择。

3. 技术架构

移动OA办公系统技术构架如图13.4所示。

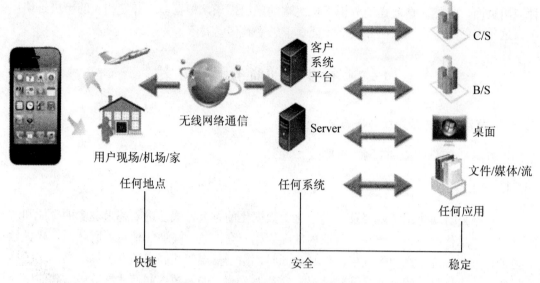

图 13.4　移动 OA 办公系统技术构架

4. 功能

(1) 公文管理：包括公文的收阅、审批、查询、催办、工作委托等。
(2) 出勤管理：包括请假、出差、外出、签卡等。
(3) 日程管理：企业级日程管理。
(4) 工作管理：包括工作日志、工作计划与进度。
(5) 通讯录：企业级通讯录

13.2.2　保险行业移动商务解决方案

本方案来自于东方般若科技发展有限公司，有删改。

随着保险市场竞争日趋激烈，保险行业面临着一个前所未有的竞争环境，保险公司要在日新月异的环境中保持不败之地，一方面，就必须适应客观形势的变化，在服务方式、产品设计、营销手段等多方面实现创新。另一方面，互联网的大潮和移动通信的巨浪席卷了我们，并且正在迅猛地改变着人们的生活方式。移动商务这个诱人的字眼撩拨着市场，推动着社会前进，并以星火燎原之势在中华大地逐渐蔓延。至 2012 年，中国已有 10 亿手机用户，智能手机用户接近 1 亿，广泛的用户基础呼唤着移动商务加快的脚步。同传统的商务相比，移动商务有着随时、随地、随身进行商务信息查询和交易的独特优势。

1. 方案概述

保险行业移动商务解决方案综合了目前移动通信领域中的短信、WAP、K-Java、BREW 及 IVR 等各项技术，将移动用户和保险公司的业务系统、网站系统、办公自动化系统、客户服务系统等有机的整合在一起，架构起一套功能强大、服务形式多样化的移动商务系统。它包括 4 个子系统：应用框架、移动接入子系统、功能子系统及外部接口子系统。

2. 主要功能模块

(1) 移动客服系统。移动客服系统是客户在整个解决方案中能够直接感受的部分，通过该系统可以支持各种形式的短信服务，以实现客户需求的各类上、下行短信服务。

系统提供的上下行服务的项目包括新单祝贺、续期交费通知、续保银行划账不成功通知、催缴费通知、保单失效告知、保单永久失效告知、代理人生日祝福、晋升查询(警告、降级、晋升、除名等)、佣金查询、短信群发、服务定制与取消、新险种介绍、所属客户保单资料查询等。

(2) E 行销系统。通过计算机、智能移动终端(手机)、互联网络、无线数据网络及相关设备销售保险产品或提供售后服务支持的一种营销手段。该行销系统包括客户关系管理、业务信息查询、业务状态提醒、投保方案书、利益演示及理财规划等功能。

该系统功能可实现客户资源的档案管理、工作日志管理、客户资源的系统分析、个人活动量分析及业务分析等；客户、保单、佣金等信息的综合查询功能；客户生日、客户缴费等事件提醒功能；强大的短信群发功能；灵活方便的邮件转发功能等。另外该系统还提供投保方案书生成、险种管理、轻松理财等，极大地提高了代理人展业效率。

(3) 移动办公系统。基于手机方式的移动办公自动化系统摆脱了以往的基于定点办公的局限性，实现办公信息以无线方式进行流转，无论人员身处何处，都可以像本地办公人员一样进行日常办公，从而实现比传统模式更加灵活、更加高效的协作方式，为企业提供信息共享和信息集成的办公平台。

移动办公主要包括无线上网远程办公、短信辅助移动办公、WAP 辅助移动办公 3 种方式。

(4) 移动电子商务。移动电子商务就是利用手机、平板计算机等无线设备进行 B2B 或 B2C 的电子商务模式。目前，在保险行业中的应用主要是 B2C 的商务模型。根据保险企业的现实需求为保险企业客户提供随时随地地购买保单的移动平台。该系统分为手机保单激活、手机投保与手机支付等模块。

(5) 移动广告。移动广告会随着时间的变化推陈出新，主要形式有短信、彩信、各种推送信息等，广告内容有企业宣传、业务推荐、险种发布、最新公告等。

3. 技术特点

(1) 便捷的操作管理。采用与 Windows 风格相同的操作方式，方便使用者快速掌握操作技巧，易学易用。

(2) 简易的开发维护。采用开放式的面向对象设计，技术实现模块化组件开发。后台通过集中的模块对象管理，结合前台模板技术，实现内容和表现形式的完全分离，帮助客户快速定制开发业务应用。

(3) 开放的体系结构。采用 Java 类代码为核心技术，提供了最大程度上的开放性，系统基于组件的软件结构，灵活可扩展，金融企业可以根据业务发展的需求，与企业现有业务系统实现无缝对接，节约企业大量资源。

(4) 严密的安全体系。为严格保证金融企业内部专网的安全性，系统采用了高强度的 RSA 非对称密钥算法、DES、MD5 算法等手段，实现方案的数据安全性和应用安全性。

4. 方案价值

(1) 提高内部沟通效率，降低业务成本。保险公司可充分利用移动商务平台的内部信息沟通功能，实现移动办公和互联网办公平台的有效对接，保证业务和管理消息的及时、快速和主动传输，使保险公司成为一个能快速适应、应对外界变化的金融企业，在市场竞争中赢得先机。同时，移动商务平台的利用，将部分改变内部业务流程，从很大程度上降低业务成本，提高业务效率。

(2) 由技术创新实现业务创新，打造保险企业市场竞争力。基于 SMS、WAP、BREW、K-Java 等移动通信技术的保险行业移动商务平台，有效权衡了功能与技术实现的关系、项目与终端客户需求发展的关系。移动商务平台整合了客户服务的信息推送、信息查询和在线交易等功能，创新的客户服务渠道和方式为保险公司构建了一个创新的业务模式，并通过创新模式赢得在保险市场竞争中的优势地位，从而打造在行业中的竞争力。

(3) 实现客户的快速拓展，为企业获得持续的经济效益与抗风险能力。为保险公司提供了一个创新的服务渠道和市场拓展渠道。通过充分发挥移动商务的便捷、快速、个性化、主动式、随时随地等优势，吸引更多的潜在客户成为保险公司的客户。通过保险公司的多种渠道如营业厅、电话、网站、移动终端等获取保险服务。这样，可实现保险公司客户的快速拓展和增长，从而带动保险公司各种业务的收入。

(4) 提高保险公司对市场的快速应变能力。有效的辅助营销业务开展，使公司通过各种报表、统计和提醒能够掌握各种保险险种的销售信息、实现销售信息的集中管理，对销售情况进行多维度分析并做出正确的决策。

(5) 个性化、多样化的服务形式极大提升保险服务的知名度、美誉度及客户忠诚度。通过移动商务平台，保险公司可享受到个性化、多样化的服务，服务覆盖能力的增强，提升了保险公司的服务认知度，服务的便捷、服务的安全、服务内容的准确高质可增强客户美誉度。最终，保险公司的客户将热衷于持续的优质服务，从而成为公司的忠实客户。

13.2.3 用友时空流通企业移动商务解决方案

本方案来自于鑫谊科技网，有删改。

1. 方案概述

随着互联网技术的发展，移动商务使企业摆脱了时间、空间的束缚，快速、便捷、随时随地地交流信息，从而增加企业的商业机会。

本方案是适用于跨地区、具有多个分支机构和销售网点的商品生产、流通领域的物流企业、商贸公司、集团公司、连锁企业，是一个具有远程采购/远程销售、远程决策、远程查询等功能的整体解决方案。

本方案移动商务的应用架构采取了基于角色的业务流程管理，规范且易于控制。整个应用架构包括 3 个层次：展现层、应用层和数据处理层。同时在前端和中心服务器上构建

VPN 网络，保证前端数据与服务器的安全交互。

(1) 前端：浏览器，也称企业门户，可通过类似浏览网页的形式登录系统，不受具体机器的限制。

(2) 中间层：具体的应用功能，包括销售、采购、仓储管理、远程审批/监控/决策等。

(3) 后台：集成了企业内部的供应链、财务、HR 等系统。

系统结构如图 13.5 所示。

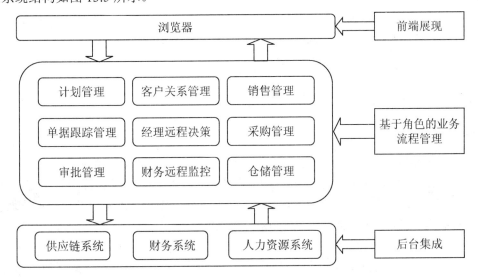

图 13.5 用友时空流通企业移动商务解决方案系统结构

2. 方案特点

(1) 无边界业务应用：实现远程业务管理(远程制单/库房)、远程审批管理、远程决策。

(2) 人性化界面设计：简单、美观、实用。

(3) 无成本集中维护：实现集中维护、远程维护，减少系统维护成本。

(4) 基于角色的管理：实现角色管理和设计，根据角色赋予权限和功能。

(5) 基于资源的决策：按照供应商、客户、商品、资金、人员、部门等资源进行分析。

(6) 架构科学先进：采用了先进的开发技术和大开发的理念。

(7) 应用模型化：采用了标准的流程、报表、打印等应用模型。

(8) 柔性设置：提供丰富的支持工具、流程、功能(表单、打印、报表、过程、字段等)。

(9) 充分利用互联网广域性、廉价性，组建企业信息网络平台。

(10) 使用 VPN 网络，通过 VPN 安全加密保证数据安全传输，安全授权用户访问企业资源。

(11) 企业总部不再需要高昂的专线，通过宽带和 VPN 设备组建廉价高效的业务平台。

(12) 网络可以在现有 VPN 网络情况下随意扩展，新增加网络结点可以随时组建各种应用。

(13) 企业信息实现双向交流传递，真正实现实时高效率的"行商"。

(14) 灵活制定各种样式及各项功能要求的单据、报表。

(15) 数据展现多样化，可以以图表、表格等形式展现。

(16) 数据深层次挖掘(报表交叉展现、多数据源展现)。

3. 方案价值

(1) 实现经营模式的突破：把异地业务操作和管理控制统一，达到业务操作远在天边，管理控制近在眼前的目标。

(2) 实现服务模式的突破：深层次服务，让客户享受到零距离、零成本的服务。

(3) 实现盈利模式的突破：把散落的利润点变成利润中心。

13.2.4 可口可乐公司"数据空港"移动商务解决方案

本方案来自于亿美软通公司网站，有删改。

1. 项目背景

可口可乐是世界家喻户晓的饮料品牌之一，自1979年返回中国市场至今，已在中国投资达20亿美元，目前中国已是可口可乐全球第三大市场，年销售额达百亿。截止2009年10月，可口可乐在中国已建有39家瓶装厂，连续5年在中国的业务以两位数速度增长。

尽管取得如此辉煌的业绩，但是市场环境已经与30年前刚刚返回中国市场时大不相同，那时中国饮料市场尚未开发，外国饮料公司基本上感受不到中国饮料企业的压力，可口可乐可以说是一家独大，十几年前中国出现的几家"可乐"型饮料，最后都无声无息地消失了。近年来，随着中国民族饮料品牌的蓬勃发展，以可口可乐为代表的外国饮料企业逐渐感受到中国饮料企业强烈的竞争威胁。

作为快速消费品行业典型代表的饮料企业，因其行业特点，在销售数据和库存管理方面往往会出现以下问题：销售数据可能滞后或失真，影响营销决策；资金挤占和坏账损失，导致财务危机；库存数据不易准确及时，导致库存成本增加、流转效率低下；跨区域窜货，扰乱了企业整体市场布局。

面对竞争日趋激烈的中国饮料市场，行业老大可口可乐公司也意识到这些普遍性的问题对公司盈利状况产生的不良影响，开始思考改变管理模式、优化管理流程来提高管理效率和控制成本的重要意义。

在借鉴了多家有代表意义的快速消费品企业的数据管理经验后，可口可乐公司的管理人员将目光聚焦到了高效且普及率高的短信服务业务上——应用移动通信技术服务进行销售数据和库存管理，成为可口可乐公司的新目标。

2. 亿美软通公司简介

北京亿美软通科技有限公司是中国领先的移动商务服务商，提供具备国际技术水准的移动商务平台及运营服务，曾于2008年、2009年连续两年为全国人大政协两会提供移动信息平台服务，合作伙伴遍及各个行业，与Google、腾讯、IBM、Cisco、Nokia、联想、招商银行等众多国内外知名企事业单位都曾有过良好合作经验。截至2010年4月，亿美软通在全国已拥有超过35万家合作伙伴和客户；产品覆盖全国200个城市的30余个行业，是目前中国移动商务服务领域客户数量最多、市场占有量最大、产品线最齐全的移动商务服务商。

针对可口可乐公司的业务需求，亿美软通为其提供了亿美"数据空港"移动商务方案，该方案是针对可口可乐公司的终端销售和库存管理需求，结合 GPRS 技术开发的销售终端数据采集系统，通过短信，可口可乐公司将及时获得下属各分公司、连锁店、代理商的实时销售、库存情况，帮助企业提高流程运转效率。

3. 亿美软通"数据空港"移动商务方案优势

(1) 不受地域、运营商、IT 环境限制，拥有不同制式及多种传输方式。
(2) 操作快捷方便，多种应用模式，满足企业不同需求。
(3) 兼容性好，实现与外部数据接口无缝对接，融合各种移动商务应用。
(4) 管理逻辑灵活，支持多终端对多表单。
(5) 安全性强，系统稳定，支持多用户吞吐，保证数据安全。
(6) 运作模式成熟，为企业量身定制移动信息化应用服务。

概括起来，可口可乐公司"数据空港"移动商务系统结构如图 13.6 所示。

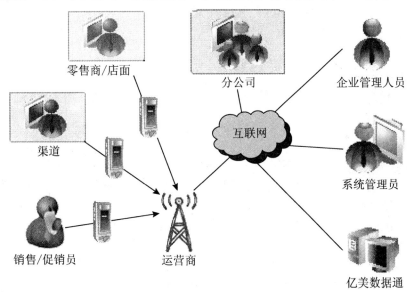

图 13.6　可口可乐公司"数据空港"移动商务系统结构

4. 系统功能

1) 销售和库存管理

(1) 销售人员编辑固定格式的短信，将当日销售金额、售出商品明细等信息上行发送至总部。
(2) 通过上行发送规定格式短信，销售人员向总部物流中心汇报库存物品的入库、出库、盘点情况并提报补货请求。

2) 工作通知

总部发送下行短信下达各种通知：商品价格调整通知、促销信息和发薪通知等。

3) 信息发布

实现总部重大事件的信息发布提醒和企业各层级人员之间的信息沟通。

4) 短信自动归档管理

对上下行短信进行归档，并保存到历史数据表，供数据统计部门进行汇总处理。

5) 人文关怀

在重大节日、员工生日时，总部行政部门发送短信，送上节日祝福和生日祝贺，为员工送上关怀，增强员工凝聚力。

系统投入使用后，可口可乐公司的各级管理者通过手机掌握各销售网点、销售地区的各时段的销售、库存情况，做出及时准确的销售分析，实现24小时的信息数据有效传达，真正做到对市场的快速响应，提高企业的管理水平和竞争实力，全面实现移动办公。

研究前沿与探讨

移动通信技术的发展决定移动商务应用系统的发展。

移动通信技术在以下几个方面会不断发展。

(1) 无线网络：包括带宽、网络互通性、小区范围等。

(2) 移动中间件。

(3) 位置服务。

(4) 安全。

(5) 移动终端设备。

移动商务应用系统是建立在移动通信技术基础上的，所以上述移动通信技术的发展必将带动移动商务应用系统的发展。举一个明显的事实来佐证：几年前在智能手机没有大规模使用的时候，移动商务应用只能以短信为主，当智能手机逐渐普及后，移动商务应用可以在WAP平台上开展了，在可以预见的未来，智能手机的CPU、内存、屏幕不断发展，手机终端的功能接近计算机了，移动商务应用系统受终端的限制将会越来越少。

本章小结

无论哪类移动商务解决方案，首先要建立硬件平台和应用平台，硬件平台由机器设备、应用终端和无线网络构成；应用平台由各种应用系统组成，是根据组织的业务需求而建设的，硬件平台是基础，应用平台是关键。

移动终端是有别于传统电子商务终端设备、体现移动商务特点的最主要终端设备，现阶段，移动终端主要有笔记本式计算机、平板计算机和智能手机。现阶段主流移动商务应用系统中，移动终端主要指的是的智能手机。

移动办公系统是移动商务最常用的系统，主要解决在手机上实现基本办公功能，包括公文管理、出勤管理、日程管理、工作管理和企业级通讯录管理等，实际上多数移动商务解决方案都包含移动办公的功能。

保险行业移动商务解决方案综合了目前移动通信领域中的短信、WAP、K-Java、BREW 及 IVR 等各项技术，将移动用户和保险公司的业务系统、网站系统、办公自动化系统、客户服务系统等有机的整合在一起，架构起一套功能强大、服务形式多样化的移动商务系统。其主要功能有移动客服系统、电子行销、移动办公系统、移动电子商务和移动广告 5 个部分，方案的主要价值在于降低成本和提高客服满意率。

用友时空流通企业移动商务解决方案主要适用于跨地区、具有多个分支机构和销售网点的商品生产、流通领域的物流企业、商贸公司、集团公司、连锁企业，是一个具有远程采购/远程销售、远程决策、远程查询等功能的整体解决方案。

该方案的特点是，应用架构采取了基于角色的业务流程管理，规范且易于控制。整个应用架构包括 3 个层次：展现层、应用层和数据处理层。同时在前端和中心服务器上构建 VPN 网络，保证前端数据与服务器的安全交互。

前端：浏览器，也称企业门户，可通过类似浏览网页的形式登录系统，不受具体机器的限制。

中间层：具体的应用功能，包括销售、采购、仓储管理、远程审批/监控/决策等。

后台：集成了企业内部的供应链、财务、HR 等系统。这是这个方案的重要特色。

可口可乐公司"数据空港"移动商务系统的特点在于：使用特定格式的手机短信解决公司管理中的各种信息传输，如销售和库存管理、工作通知、信息发布等，这个方案相对来说成本低、易实现。

每 课 一 考

一、填空题

1. 企业移动商务平台包括(　　　　)和(　　　　)。
2. 企业内部网主要由(　　　)、(　　　　)和(　　　　)设备组成。
3. 现阶段，移动终端主要有(　　　　)、(　　　　)和(　　　　)。
4. 移动 OA 是将原有 OA 系统上的(　　　)、(　　　　)、(　　　　)、(　　　　)、(　　　)等功能迁移到手机。
5. 保险行业移动商务解决方案包括 4 个子系统：(　　　　)、(　　　　)、(　　　　)和(　　　　)。
6. 保险业移动商务解决方案中，移动客服系统的功能是(　　　　　　　　　　)。
7. 保险业移动商务解决方案中，电子行销系统的功能是通过(　　　　)、(　　　　)、互联网络、无线数据网络及相关设备销售保险产品或提供售后服务支持。
8. 保险业移动电子商务主要是(　　　　　)商务模型。手机可以使用移动商务系统(　　　)、(　　　)、(　　　　)等。
9. 用友时空流通企业移动商务解决方案，整个应用架构包括 3 个层次：(　　　　)、(　　　　)和(　　　　)。

10. 可口可乐公司的"数据空港"系统本质上是一个(　　　　　　)。

二、选择题

1. 用路由器连接的内部网络，其核心协议是(　　)。
   A. TCP/IP   B. WAP   C. HTTP   D. ICMP
2. 路由器的主要功能是(　　)。
   A. 提供底层网络接口   B. 在互联网上寻址
   C. 协议转换   D. 信号变换
3. 内部网计算机配置为自动获取 IP 地址，则必须有(　　)服务器提供 IP 地址。
   A. DNS   B. WEB   C. DHCP   D. SQL
4. B/S 的意思是(　　)。
   A. 浏览器系统   B. 放黑客系统
   C. 后台系统   D. 浏览器/服务器应用模式
5. 用友时空移动商务解决方案适合(　　)企业。
   A. 制造型   B. 金融   C. 物流   D. 快速消费品
6. 几乎所有的移动商务解决方案都提供了(　　)功能。
   A. 角色管理   B. 手机终端 Web 页面
   C. 上传订单   D. 短信关怀
7. VPN 的意思是(　　)。
   A. 虚拟专用网 B. 智能手机   C. 移动终端   D. 虚拟终端
8. VPN 的目的是(　　)。
   A. 兼容异构网 B. 保证内部网安全 C. 修补漏洞   D. 应用平台通称
9. 所有解决方案，服务器端都需要(　　)。
   A. 数据库   B. WAP   C. 生产计划   D. 个性化页面
10. C/S 的意思是(　　)。
    A. 控制/服务构架   B. 客户/服务器应用模式
    C. 客户/销售模式   D. 控制/销售模式

三、判断题

1. 笔记本式计算机可以直接连接手机基站。　　　　　　　　　　　　　(　　)
2. 笔记本式计算机上网，一般需要无线热点。　　　　　　　　　　　　(　　)
3. 手机通过 AP 上网不需要 IP 地址。　　　　　　　　　　　　　　　　(　　)
4. IPv4 网络中，单位内部计算机一般使用内部 IP 地址。　　　　　　　(　　)
5. 可以把门户网站看作企业信息系统的一个集成界面。　　　　　　　　(　　)
6. 目前的移动商务解决方案，从网络技术层面看，其体系结构都是开放的。(　　)
7. 移动商务虽然会提高企业内部沟通效率，但也会提高业务成本。　　　(　　)
8. 用友时空系统的"角色"和用户是一个概念。　　　　　　　　　　　　(　　)
9. 用友时空系统需要租用专线接入。　　　　　　　　　　　　　　　　(　　)

10. 亿美软通数据空港系统中,销售人员通过编辑固定格式的短信,将销售金额、售出商品明细等信息上行发送至总部,可直接进入数据库。（   ）

四、问答题

1. ERP 系统扩展到移动终端,要解决哪两方面的问题?
2. 移动办公系统具备哪些功能?
3. 简述用友时空流通企业移动商务解决方案的特点。
4. 快速消费品行业有哪些特点?

技 能 实 训

1. 找出金融行业移动商务解决方案与其他行业移动商务解决方案主要的不同点,若能,请说明。
2. 中小企业与大企业移动商务解决方案有哪些不同?
3. 事业单位也可以借鉴移动商务解决方案用于管理,您觉得事业单位如何利用移动通信技术?

根据以下案例所提供的资料,试分析:

(1) 2003 年我国手机可以上网吗,如果不能,说明为什么?
(2) 可以说现在企业移动信息化的条件已经具备,概括一下,近十年,移动终端上网克服了哪几个技术难关?
(3) 简要说明为什么有的企业对移动信息化需求比较迫切?

2011,企业移动信息化爆发年

从 2010 年开始,已经有越来越多的企业认识到移动信息化所带来的价值,并开始将移动应用引入到企业的管理、销售等各个工作环节之中。因此,也有人将 2010 年称为是中国企业移动信息化元年,而把 2011 年称之为中国企业移动信息化爆发年。

行业应用厂商的动作似乎也印证了这一点。进入 2011 年,包括用友华表、金和软件等在内的众多企业 IT 应用厂商都推出了专门的移动版本。

从目前的发展趋势来看,企业移动应用市场未来将会有更加巨大的发展潜力。一些数据可以证明这一判断。IDC 预测,2012 年,全球将有 12 亿左右移动办公人员,并将这一数量增加的原因归结为企业面临日益增长的提供工作、生活平衡计划的压力,以及移动技术的进步。而 Forrester 也预测,2012 年,全球有 75%的工作人员将实现移动办公。该报告称,目前大量的企业都普遍低估了员工对移动办公需求的支持,企业对移动员工的定义忽略了一大部分希望在旅行过程中登入企业应用程序的员工,而这一群体的增长却非常迅速。全球领先的企业级和移动软件公司 Sybase 近日也发布了 Kelton Research 一项新调查的结果，显示在接受这项调查的 IT 经理中，有 90%的 IT 经理计划将于 2011 年实施新的移动应用，其中近一半的 IT 经理认为他们的首要任务是成功管理移动应用，因此选择一个强大的、可提供托管和预制移动解决方案的移动企业应用平台将是企业在 2011 年应该认真考虑的问题。

这样看来，企业移动信息化确实已经进入了一个前所未有的美好时代。不过，企业移动信息化并不是在最近两年横空出世的。事实上，早在 2003、2004 年时，移动信息化技术就已经被一些 IT 服务商应用于企业办公和管理等方面。但在随后的数年之中，国内企业移动信息化市场似乎一直都呈现着不温不火的态势，归纳起来，大致有以下一些原因。

(1) 当时用户对于移动信息化根本还没有清晰的认识。

(2) 硬件环境的限制，无线网络在发展初期，不仅速度慢，而且费用高。打开一个门户网站的页面，可能会花上十余元钱，这样的带宽条件，使移动办公成为一种奢望。

(3) 移动应用的安全限制，"如果把企业的重要应用和信息放在手机或移动终端上，企业的信息和数据安全怎么得到保障？万一员工的手机丢失，别人是否能够利用手机窃取到公司的重要数据？"一位企业老板说出了他的担心。实际上，这一担心并非无的放矢。在印度，就曾有四大运营商推广黑莓手机，用户达到 40 万。然而，在 2008 年 3 月，印度政府因为数据安全问题，打算清退黑莓。虽然该事件最终在政府和黑莓之间达成某种妥协，但是折射出移动办公在信息安全上存在一些问题。

(4) 手机操作系统不统一。手机不同于计算机，几乎都是 Windows 操作系统，手机上操作系统有影响力的几大厂商，微软、Google、诺基亚等，每一套操作系统都需要专业的人员去开发。一个单位，每位员工的手机操作系统不一样，如果按照统一的一套软件去推销，许多员工的手机根本就装不上移动办公软件。

(5) 当时国内企业的管理流程相对比较随意，不够规范，这也使得移动信息化很难在企业中真正应用起来。

全新的市场领域，全新的技术话题，如果没有现成的人才资源积累，在那样的情况下，每个开发商要想自己研究所有技术，解决各个技术难点，费时费力不说，研发费用也会居高不下，并且技术缺乏稳定性，项目实施所面临的风险很大。以移动 OA 为例，如果采用全自主的方式进行移动应用开发，实施一个普通的移动 OA 项目，大概将会需要耗费 5~10 人/月的人力成本，而且这些开发人员必须要熟悉各类不同的手机操作系统，并且了解几大运营商的不同通信通道和网关，这样组建起来的开发团队，成本将会高得十分可怕。此外，这种开发模式还有个问题，每次有新项目、新应用，就得从头开始开发，重复工作多，一年实施十几个无线项目就已是极限。开发完成的项目也往往是匆匆上马，技术不成熟，不可控的因素较多，项目的风险很大，一旦失败，损失将会十分严重。因此，这也使得很多传统的行业应用开发商在向移动应用转变时十分谨慎。

上述的诸多因素制约了国内企业移动信息化市场的发展，因此从 2003 年到 2007 年左右，国内的企业移动信息化市场虽然看上去很美，但实际上并没有达到预期的规模。

忽如一夜春风来到，2007 年左右，国内的一些大企业开始认识到移动信息化的价值，并开始在这方面进行探索。不过，当时率先应用移动信息化的主要是一些民营企业，如汇源、蒙牛、盼盼食品等。并没有形成很大的规模效应。到 2010 年后，这种状况发生了巨大的改变。因为，在这一年，3G 网络在中国正式开通了。3G 的到来为企业移动信息化应用的发展扫平了最大的硬件环境障碍,使得之前在 2.5G 网络下很多无法想象的应用成为现实。

在保险行业,3G 网络的开通就为行业移动应用开辟了更多新的空间和模式。目前,保险理赔业务是客户满意度相对较低的环节。一方面客户想尽快拿到赔款,另一方面保险公司其实也想尽快结案。但是由于要控制各类假赔案等道德风险的发生,产险的查勘、定损和寿险的理赔调查等都需要一步步地现场做完后再录入公司的业务系统,客户甚至需要多次往返于修理厂、医院和保险公司之间完成理赔手续,理赔周期长,客户常有"投保容易理赔难"的感慨。而利用 3G 技术缩短理赔周期、提高客户服务满意度的理赔新方式将有可能成为未来技术应用的趋势之一。以理赔案件最多的车险为例,利用 3G 技术声、图、文俱全且可以大量快速实时传送的特点,在出险的第一现场点,查勘人员利用智能手机终端设备对出险车辆进行拍照并立即上传到理赔业务系统,同时查询配件库的报价,对车辆进行定损,并录入相关信息,形成查勘、定损报告,客户只需把车开到指定修理厂维修即可。

而平板计算机及智能手机的普及又为企业移动应用的发展加了一把大火。特别是对于移动应用使用习惯的培养,事实上,随着 iPhone、平板计算机等移动终端产品的普及,越来越多的使用者,包括个人使用者,已经从使用中对这些设备产生了依赖性。而个人的应用习惯慢慢就会延伸到企业里边,这也会大大促进移动应用在企业信息化中普及的进程。

当然,硬件环境的变化只是外因,而更为重要的原因是有越来越多的企业已经看到了移动信息化所带来的价值,这种价值,不仅体现在简单的移动办公方面,更为关键的是对企业办公效率及管理水平的提升,而这些提升甚至有可能影响企业在市场上的表现和地位。最近两年,企业对于移动信息化的重视程度明显提高。随着企业对于移动办公需求的增加,就更多的要求移动办公人员能够更快速的响应企业的业务要求及客户的需求,而移动信息化无疑是解决这一问题的最有效手段。

对于用户十分关心的安全问题,也已经不再成为制约。目前确保企业移动信息化安全的解决方案越来越成熟,如针对手机丢失的问题,如果手机在一分内没有操作,就会自动上锁,然后要求使用者输入密码,如果在设定的次数内密码输入错误,那么系统会根据设定的机制启动第二套安全策略,或者先将数据传回企业数据中心,然后销毁手机;或者根据设定直接销毁手机。不仅如此,包括软件是否可以安装、存储卡的加密,甚至是电话防火墙等,在整个解决方案中都已考虑到。不仅能够保证企业的移动信息化的安全,而且能够对整个企业的移动应用安全进行全面的管理。

此外,困扰很多 ISV 及用户的多元化环境问题,也由于移动中间件的出现迎刃而解。Sybase 公司 2008 年推出的 SUP(统一移动应用)平台就是其中的代表者。SUP 平台能够帮助企业将适当的数据和业务流程移动化到任何移动设备上,而且这一过程十分简单。无论是用户或者是行业 ISV,都可以快速、简单地实现传统应用的"移动化"。

国内 IT 企业数字天堂公司所推出的移动中间件产品 MKey,最近两年也在一些中小 ISV 及用户中得到了采用。它能够帮助开发商快速、低成本地完成手机应用开发。通过 MKey 的作用,开发者可以在 2~3 周内,将一个基于 PC 的软件或网站实现移动化,并且开发一次,就能自动生成可适用不同手机平台的多个软件安装包,如果相比自行开发,那么利用无线中间件的开发费用可节省 70% 以上,而且开发周期能够缩短 80%~95%。

统一移动应用平台和移动中间件的出现,解决了许多软件企业、通信企业在移动应用上的技术难题,使得应用、资源俱备的软件企业和互联网企业可以十分快速地进入到无线领域,加快了企业移动信息化的普及进程。

诸多有利因素汇集到一起，就有了企业移动信息化市场的爆发。在过去两年中，可以看到，移动应用已经走入了各个行业之中。教育、医疗、制造业、金融、物流等，不夸张地说，现在几乎每个行业之中都可以看到移动技术的应用。那么，企业移动信息化是否已经到了"黄金盛世"了呢？

(资料来源：郭嘉凯. 企业移动信息化爆发年[EB/OL]. (2012-5-6). [2012-10-4]. http://www.spn.com.cn/m/2011/05/06/13465.html.)

参 考 文 献

[1] 张润彤，朱晓敏. 移动商务概论[M]. 2版. 北京：北京大学出版社，2008.
[2] 吕廷杰. 移动电子商务[M]. 北京：电子工业出版社，2011.
[3] 傅四保，杨兴丽，许琼来. 移动商务应用实例[M]. 北京：北京邮电大学出版社，2011.
[4] 王汝林. 移动商务理论与实务[M]. 北京：清华大学出版社，2007.
[5] [芬]Ulla Koivukoski，Dr Vilho Raisanen. 移动通信业务变革新趋势：从技术到商务管理[M]. 吕廷杰，孙道军，译. 北京：中国广播电视出版社，2007.
[6] [美]迈克尔·波特. 竞争优势[M]. 陈小悦，译. 北京：华夏出版社，2005.
[7] 梁益琳. 基于价值链的移动商务模式研究[D]. 济南：山东大学，2009.
[8] 张向国，吴应良. 移动商务价值网商业模式与运营机制研究[J]. 软科学，2005，(6)：34-37.
[9] 彭连刚. 移动商务经营模式创新研究[J]. 中国流通经济，2011，(3)：100-103.
[10] 杨林，陈炜. 移动商务基础[M]. 北京：首都经济贸易大学出版社，2008.
[11] 周苏，王文，王硕苹. 移动商务[M]. 北京：中国铁道出版社，2012.
[12] 王有为，胥正川，杨庆. 移动商务原理与应用[M]. 北京：清华大学出版社，2006.
[13] 田玲. 网络营销理论与实践[M]. 北京：清华大学出版社，2008.
[14] 陈拥军，孟晓明. 电子商务与网络营销[M]. 北京：电子工业出版社，2008.
[15] 朱海松. 无线营销[M]. 广州：广东经济出版社，2006.
[16] 冯和平，文丹枫. 移动营销[M]. 广州：广东经济出版社，2007.
[17] 廖卫红，唐春雯. 移动电子商务互动营销模式应用研究[EB/OL]. (2010-10-20). [2012-7-11]. http://www.sf168.cc/News_View.asp?NewsId=6370.
[18] 腾讯网. 赢在无线营销的整合时代[EB/OL]. (2007-8-7). [2012-7-11]. http://tech.qq.com/a/20070807/000178.htm.
[19] 济慈. 移动广告代替传统广告的5个理由[EB/OL]. (2012-6-18). [2012-8-1]. http://a.iresearch.cn/34/20120618/174714.shtml.
[20] 百度百科. 移动营销[EB/OL]. (2012-6-11). [2012-7-31]. http:baike.baidu.com/view/718094.htm.
[21] 百度百科. 无线营销[EB/OL]. (2012-7-31). [2012-7-31]. http://baike.baidu.com/view/564904.htm.
[22] IT168. 中国移动营销市场的未来[EB/OL]. (2010-8-22). [2012-7-11]. http://www.jzking.com/wlyxNews_Details_668.html.
[23] 百度百科. 无线网络营销[EB/OL]. (2010-12-7). [2012-7-11]. http://baike.baidu.com/view/2925117.
[24] 中国电信："天翼"品牌无线营销实战[EB/OL]. (2009-7-9). [2012-7-21]. http://case.iresearchad.com/html/200907/0804372213.shtml#2009-7-9.
[25] 罗顺均. 3G背景下移动营销模式创新及发展趋势分析[EB/OL]. (2012-8-3). [2012-8-11]. http://doc.mbalib.com/view/02ba79190e23e37b2f6cb4a6779dae86.html.
[26] 王广宇. 客户关系管理方法论[M]. 北京：清华大学出版社，2004.
[27] 马刚，李洪心，杨兴凯. 客户关系管理[M]. 大连：东北财经大学出版社，2005.
[28] 陈明亮，汪贵浦，邓生宇. 初始网络信任和持续网络信任形成与作用机制比较. 科研管理，2008，29(5)：187-195.
[29] 邓朝华，鲁耀斌. 基于VFT的移动商务信任构建框架研究[J]. 科技管理研究，2008，3：185-188.
[30] 潘勇，孔栋. 基于消费者网络感知风险的B2C电子商务信任分析[J]. 情报杂志，2008，4：100-102.

[31] 李沁芳, 刘仲英. 基于TAM的在线信任模型及实证研究[J]. 信息系统学报, 2008, 2(1): 48-54.

[32] 鲁耀斌, 邓朝华, 章淑婷. 基于Trust-TAM的移动服务于消费者采纳研究[J]. 信息系统学报. 2007, 1(1): 46-59.

[33] 凌鸿, 夏力, 曾凤焕. 内容传递类移动商务的用户接受模型研究[J]. 上海管理科学, 2008, 1: 31-35.

[34] 杨霖华. 个人网上银行使用意向影响因素的实证研究[J]. 科学文化评论, 2007, 5.

[35] 姚公安, 覃正. 企业声誉在电子商务消费者信任建立过程的作用机制[J]. 数理统计与管理, 2008, 27(3): 480-486.

[36] 邓朝华, 鲁耀斌, 张金隆. 基于TAM和网络外部性的移动服务使用行为研究[J]. 管理学报. 2007, 4(2): 216-221.

[37] 陈明亮, 袁泽沛, 李怀祖. 客户保持动态模型的研究[J]. 武汉大学学报(社会科学版). 2001, 54(6): 675-684.

[38] 乐承毅, 董毅明. 医药企业移动客户关系管理应用研究[J]. 价值工程. 2007, 6: 108-111.

[39] Lin Q F, Liu Z Y. *Modeling and Empirical Research Online Trust Based on TAM*[J]. *China Journal of Information Systems*, 2008, 2(1): 48-54. (in Chinese).

[40] Fred D.Davis, Richard P.Bagozzt, Pual R.Warshaw. *User Acceptance of Computer Technology: A Comparison of Two Theoretical Models*[J]. *Management Science*, 1989, 35: 982-1003.

[41] Herbjorn Nysveen, Per E.Pedersen. *Helge Thorbjornsen Intentions to Use Mobile Services: Antecedents and Cross-Service Comparisons*[J]. *Academy of Marketing Science*, 2005. 33 (3)330-346.

[42] Fishbein M, Ajzen I. *Belief, Attitude. Intention and Behavior: An Introduction to Theory and Research*[J]. *Reading*, MA: Addison-Wesley. 1975.

[43] Ajzen I. *Theory of Planned Behavior*[J]. *Organizational Behavior and Human Decision Processes*, 1991. 50: 179-211.

[44] Kleijnen, M.H.P., Wetzels, M., Ruyter, K.d. *Consumer aeeePtanee of wireless finance*[J]. *Joumal of Finaneial Serviees Marketing*, 2004. 8(3): 206-217.

[45] Margherita Pagani. *Determinants of adoption of third generation mobile multimedia services*[J]. *Joumal of Interactive Marketing*, 2004, 18(3): 46-59.

[46] CIO时代网中国信息产业网. 移动互联时代客户关系管理策略[EB/OL]. (2012-02-08). http://www.ciotimes.com/application/crm/58990.html.

[47] 邵兵家. 电子商务概论[M]. 2版. 北京: 高等教育出版社, 2006.

[48] 谢希仁. 计算机网络[M]. 5版. 北京: 电子工业出版社, 2008.

[49] 颜祥林. 网络信息安全问题的刑法控制[J]. 情报科学, 2003, 1(1): 89-92, 108.

[50] 谭毅, 李红娟. 电子商务专利法保护分析[J]. 科技与法律, 2007, 8(4): 30-33.

[51] 佚名. 电子商务中商标权[EB/OL]. (2011-1-6). [2012-8-12]. http://www.lawbox.cn/2011/0106/46815.html.

[52] 法律快车. 什么是隐私权? 隐私权的内容是什么[EB/OL]. (2010-8-15). [2012-8-13]. http://www.lawtime.cn/info/sunhai/jsshyinsiq/2010080551540.html.

[53] 找法网. 侵犯网络隐私权的表现形式[EB/OL]. (2011-3-10). [2012-8-13]. http://china.findlaw.cn/jingjifa/wangluofalv/wlysq/20110310/67965.html.

[54] 钱小平. 电子商务中隐私权保护制度研究[J]. 北京邮电大学学报(社会科学版), 2005, 4(2): 67-71.

[55] 比特网 H3C 攻防团队. 2012年信息安全研究热点分析 [EB/OL]. (2012-3-28). [2012-8-14]. http://network.chinabyte.com/22/12300022.shtml.

[56] 张剑锋．基于价值链理论的移动支付运营模式研究[D]．武汉：华中科技大学，2007．

[57] 刘磊．国内移动支付产业的协作模式[D]．北京：北京邮电大学，2008．

[58] [美]大卫·波维特，等．价值网[M]．仲伟俊，等译．北京：人民邮电出版社，2001．

[59] 申玮．NFC移动支付运营模式研究[D]．北京：北京邮电大学，2008．

[60] 李林，陈吉慧．我国移动支付商业模式发展趋势研究[J]．商业时代，2010，(30)：39-40．

[61] 杜玮，孙亚婷．中国制造业移动商务的应用情况调查报告[EB/OL]．(2007-8-3)．[2012-7-11]． http://cio.it168.com/e/2007-08-03/200708031639156_1.shtml．

[62] 赛文．移动商街助力制造业 提供移动电子商务平台[EB/OL]．(2008-11-20)．[2012-7-11]． http://news.ccidnet.com/art/955/20081120/1619697_1.html．

[63] 中兴网络有限公司．Sybase零售制造业移动商务解决方案[EB/OL]．(2007-12-11)．[2012-7-11]． http://tech.sina.com.cn/roll/2007-12-11/1038516634.shtml．

[64] 刘英魁，程鸿．金融行业实施移动商务的需求特点及难点[EB/OL]．(2007-8-10)．[2012-7-11]． http://www.soft6.com/tech/6/66640.html．

[65] 百度百科．移动支付[EB/OL]．(2012-7-5)．[2012-7-11]．http://baike.baidu.com/view/30156.htm．

[66] 百度百科．移动银行[EB/OL]．(2011-11-4)．[2012-7-11]．http://baike.baidu.com/view/4250027.htm．

[67] 百度百科．手机银行[EB/OL]．(2012-8-16)．[2012-7-11]．http://baike.baidu.com/view/427365.htm．

[68] 艾瑞咨询集团．艾瑞移动金融专题研究[EB/OL]．(2012-8-3)．[2012-8-1]．http://news.iresearch.cn/Zt/119024.shtml#．

[69] 王薇．移动互联网给保险业带来机遇[EB/OL]．(2012-2-7)．[2012-7-31]．http://finance.people.com.cn/insurance/h/2012/0207/c227929-1247565569.html．

[70] 中国联通．移动保险解决方案[EB/OL]．(2012-6-7)．[2012-7-11]．http://www.chinaunicom.com.cn/hyyy/jjfa/file2.html．

[71] 百度百科．移动证券[EB/OL]．(2011-2-20)．[2012-7-11]．http://baike.baidu.com/view/1301713.htm．

[72] 搜狐IT．移动娱乐：3G时代的宝藏[EB/OL]．(2010-10-14)．[2012-7-11]．http://it.sohu.com/20101014/n275673724.shtml．

[73] 中国信息产业网．移动娱乐[EB/OL]．(2010-10-9)．[2012-7-11]．http://www.cnii.com.cn/index/zt/2010txzdt/content/2010-10/09/content_801653.htm．

[74] 百度文库．移动音乐[EB/OL]．(2010-3-14)．[2012-7-11]．http://wenku.baidu.com/view/9b977cc35fbfc77da269b17b.html．

[75] 百度百科．移动阅读[EB/OL]．(2012-5-27)．[2012-7-11]．http://baike.baidu.com/view/1634430.htm

[76] 邹震．用友移动商街推动新营销模式[EB/OL]．(2009-12-18)．[2012-7-11]．http://tech.sina.com.cn/roll/2009-12-18/13463690662.shtml．

[77] 旅游行业业扎堆进入移动电子商务[EB/OL]．(2009-8-28)．[2012-7-11]．http://www.yuloo.com/news/0908/296176.html）．

[78] 梁淑芬．旅游业未来竞争制高点——移动互联网[EB/OL]．(2011-9-22)．[2012-7-11]．http://bbs.28tui.com/thread-296276-1-1.html．

[79] 佚名．未来移动商务应用前景展望[EB/OL]．(2009-3-17)．[2012-8-11]．http://soft.chinabyte.com/125/8754125_2.shtml．

[80] 新浪财经．太保与联想合作签约：打造智能移动保险平台[EB/OL]．(2012-8-3)．[2012-8-3]． http://finance.sina.com.cn/money/insurance/bxyx/20120803/145812752820.shtml．

[81] 中国数字医疗网. 移动医疗成为我国医疗信息化投资重点[EB/OL]. (2012-3-10). [2012-7-22]. http://cio.it168.com/.../0310/1323/000001323033.shtml.

[82] 百度文库. 移动医疗：医生们"分身大法"六大应用[EB/OL]. (2012-7-15). [2012-7-31]. http://wenku.baidu.com/view/547994c458f5f61fb7366693.html.

[83] CSDN. 移动医疗的中国机遇[EB/OL]. (2011-7-7). [2012-7-22]. http://www.csdn.net/article/2011-07-07/301266.

[84] 王冰,张静,黄慧. 移动电子政务改变政府工作模式[EB/OL]. (2012-2-27). [2012-7-22]. www.clssn.com/html/Home/report/51861-1.htm.

[85] 薛力. 移动电子政务的主要应用和前景展望[EB/OL]. (2011-11-8). [2012-7-22]. wenku.baidu.com/view/57f21e.

[86] 百度百科. 移动政务[EB/OL]. (2012-6-30). [2012-7-22]. baike.baidu.com/view/515714.htm.

[87] 王海豹. 移动电子政务发展问题分析及对策研究[EB/OL]. (2012-6-21). [2012-7-22]. http://www.e-gov.org.cn/news/news007/2012-06-21/131540.html.

[88] 黄璜. 移动电子政务的价值、应用及技术分析[EB/OL]. (2006-6-14). [2012-7-22]. http://www.enet.com.cn/article/2006/0614/A20060614106031_2.shtml.

[89] 冯源源,靳俊喜. 3G技术下我国移动商务的发展策略[J]. 中国管理信息化, 2009, (10): 122-124.

[90] 刘帅, 韦路. 移动商务发展中的问题与对策研究[J]. 电子商务, 2011, (11): 61-62.

[91] 王斯. 借鉴韩国移动商务的优势 发展我国的移动电子商务[J]. 物流科技[J], 2009, (2): 34-38.

[92] 陈志刚. 移动电子商务发展趋势分析[EB/OL]. (2011-3-3). [2012-7-22]. http://www.ctiforum.com/forum/2011/03/forum11_0309.htm.

[93] 百度文库. 移动电子商务发展策略及发展存在的问题[EB/OL]. (2012-6-18). [2012-7-22]. http://wenku.baidu.com/view/bd4f1acada38376baf1fae33.htm.

[94] 孙洪林. 移动商务现状及发展过程中存在的问题[EB/OL]. (2006-5-25). [2012-7-22]. http://www.enet.com.cn/article/2006/0525/A20060525535221_3.shtml.

[95] 王砾瑟. 中国移动电子商务的发展存在三大问题[EB/OL]. (2006-02-28). [2012-7-22]. http://publish.it168.com/2006/0228/20060228080801.shtml.

[96] 刘兴亮. 移动商务的几个发展趋势[EB/OL]. (2011-12-13). [2012-7-22]. http://blog.sina.com.cn/liuxingliang.

[97] 尹征杰. 我国移动商务现状与发展趋势[J]. 合作经济与科技, 2010, (10).

[98] 张克平. LTE-B3G/4G移动通信系统无线技术[M]. 北京：电子工业出版社, 2009.

[99] 赵晓秋. 3G/B3G网络核心技术与应用[M]. 北京：机械工业出版社, 2008.

[100] 杜滢. CDMA技术的演进与标准[EB/OL]. (2010-7-14). [2012-7-10]. http://www.elecfans.com/3g/CDMA/20100714220393.html.

[101] 任惠民,张军,蒲迎春. WCDMA标准的演进及其发展预测[J]. 中兴通讯技术, 2002, 3(3).

[102] 移动通信网. TD-SCDMA关键技术和特点分析[EB/OL]. (2010-10-20). [2012-7-11]. http://www.mscbsc.com/viewnews-36585.html.

[103] 孙巍, 王行刚. 移动定位技术综述[J]. 电子技术应用, 2003, 6(6): 6-9.

[104] 华科通迅有限公司. E-OTD手机定位精确定位技术[EB/OL]. [2012-6-20]. http://www.77756777.com/dongtai.asp?id=133.

[105] 赛微. 浅谈GPS定位系统构成及原理[EB/OL]. (2011-12-22). [2012-6-21]. http://www.srvee.com/auto/apply/qtGPSdwxtgcjyl_61203.html.

[106] 百度文库．差分GPS定位原理[EB/OL]．[2012-6-22]．http://wenku.baidu.com/view/30517cbbf121dd36a32d827f.html.

[107] 中国IT实验室收集整理．A-GPS技术原理．[EB/OL].（2012-1-21).［2012-6-23］.http://communicate.chinaitlab.com/Data/874640.html.

[108] 吴雨航,吴才聪,陈秀万．介绍几种室内定位技术[N]．中国测绘报,2008-1-29(003版).

[109] 庞艳,乔静．UWB无线定位技术探讨[J].电信快报,2005,11(11)：49-51.

[110] 曾宪权,裴洪文．支持扩展的自适应移动中间件模型及其设计[J]．计算机应用,2009,(9)：2559-2561.

[111] 周晓鸣．基于语义匹配的上下文感知移动中间件的研究[D]．上海：上海交通大学,2010.

[112] 王海国．LRMTS：一种支持可靠消息传递的移动中间件系统[D]．上海：上海交通大学,2009.

[113] 王培海,刘宴兵,肖云鹏．面向云服务的移动中间件研究[J]．电信科学,2011,27(12)：16-20.

[114] 徐浩,周德华,丁卓．面向多终端适配的移动中间件的设计与实现[J]．计算机与现代化,2011,193(9)：65-68.

[115] Jennifer Hord．手机短信(SMS)工作原理[EB/OL].（2010-8-10).［2012-8-24］.http://bbs.thmz.com/forum.php?mod=viewthread&tid=1309701&page=1&authorid=65061.

[116] 百度文库．彩信业务流程分析[EB/OL]．[2012-8-24]．http://wenku.baidu.com/view/3e0e1005cc175527072208f4.html.

[117] [美]WAP组织论坛．*Official wireless Application protocol*[M]．侯春萍,等译．北京：机械工业出版社,2000.

[118] 熊仲祥．WAP渗入企业应用[EB/OL].（2005-4-29).［2012-8-27］.http://www.ctiforum.com/forum/2005/04/forum05_0456.htm.

[119] 世界大学城．IVR技术及应用[EB/OL].（2009-10-28).［2012-8-28］.http://www.worlduc.com/blog2012.aspx?bid=2454.

[120] 阿里巴巴创业．全球WAP业务视频类、娱乐类业务仍是热点[EB/OL].(2012-2-15).[2012-8-28].http://info.china.alibaba.com/news/detail/v0-d1023360939.html.

[121] 李船戌．智能手机原理与未来发展[J]．科技与生活,2012,9(18)：30-31.

[122] 北京消费网．平板电脑的概念及分类[EB/OL]．(201-5-09)．[2012-7-15]．http://cyxf.beijing.cn/fuwu/pingbandiannao/n214110971_1.shtml.

[123] 百度文库．平板电脑的优点和缺点[EB/OL]．[2012-7-15]．http://wenku.baidu.com/view/7de7106e011ca300a6c390de.html.

[124] obwnewa．说说平板电脑的操作系统[EB/OL]．(2011-4-8)．[2012-7-16]．http://bbs.imp3.net/forum.php?mod=viewthread&tid=10241466&page=1&authorid=637060.

[125] 百度文库．触摸屏类型[EB/OL]．[2012-7-16]．http://wenku.baidu.com/view/1d46d819964bcf84b9d57b09.html.

[126] 百度文库．智能手机的功能、特点及发展[EB/OL]．[2012-7-17]．http://wenku.baidu.com/view/d68b15629b6648d7c1c74664.html.

[127] 百度百科．手机操作系统[EB/OL]．[2012-7-18]．http://baike.baidu.com/view/148382.htm.

[128] Ellie Zhan．四大技术趋势推动3G智能手机发展[EB/OL]．(2009-11-12),[2012-7-18]．http://www.eefocus.com/article/09-11/93270120711410RkX.html.

[129] C'KING网. 移动OA办公系统解决方案[EB/OL]. [2012-7-7]. http://www.cking.com/html/2012/fangan_0320/28.html.

[130] 鑫谊科技网. 用友时空移动商务解决方案[EB/OL]. [2012-7-10]. http://www.soft-xy.com/Solutions.asp?ID=9.

[131] 亿美软通公司. 可口可乐公司"数据空港"移动商务应用案例[EB/OL]. (2010-6-30). [2012-7-12]. http://www.emay.cn/ApplicationCase/list/a_661.htm.

北京大学出版社本科电子商务与信息管理类教材(已出版)

序号	标准书号	书 名	主编	定价
1	7-301-12349-2	网络营销	谷宝华	30.00
2	7-301-12351-5	数据库技术及应用教程(SQL Server版)	郭建校	34.00
3	7-301-17475-3	电子商务概论(第2版)	庞大莲	42.00
4	7-301-12348-5	管理信息系统	张彩虹	36.00
5	7-301-13633-1	电子商务概论	李洪心	30.00
6	7-301-12323-2	管理信息系统实用教程	李 松	35.00
7	7-301-14306-3	电子商务法	李 瑞	26.00
8	7-301-14313-1	数据仓库与数据挖掘	廖开际	28.00
9	7-301-12350-8	电子商务模拟与实验	喻光继	22.00
10	7-301-14455-8	ERP原理与应用教程	温雅丽	34.00
11	7-301-14080-2	电子商务原理及应用	孙 睿	36.00
12	7-301-15212-6	管理信息系统理论与应用	吴 忠	30.00
13	7-301-15284-3	网络营销实务	李蔚田	42.00
14	7-301-15474-8	电子商务实务	仲 岩	28.00
15	7-301-15480-9	电子商务网站建设	臧良运	32.00
16	7-301-23803-5	网络营销(第2版)	王宏伟	36.00
17	7-301-16557-7	网络信息采集与编辑	范生万	24.00
18	7-301-16596-6	电子商务案例分析	曹彩杰	28.00
19	7-301-16717-5	电子商务概论	杨雪雁	32.00
20	7-301-05364-5	电子商务英语	覃 正	30.00
21	7-301-16911-7	网络支付与结算	徐 勇	34.00
22	7-301-17044-1	网上支付与安全	帅青红	32.00
23	7-301-16621-5	企业信息化实务	张志荣	42.00
24	7-301-17246-9	电子化国际贸易	李辉作	28.00
25	7-301-17671-9	商务智能与数据挖掘	张公让	38.00
26	7-301-19472-0	管理信息系统教程	赵天唯	42.00
27	7-301-15163-1	电子政务	原忠虎	38.00
28	7-301-19899-5	商务智能	汪 楠	40.00
29	7-301-19978-7	电子商务与现代企业管理	吴菊华	40.00
30	7-301-20098-8	电子商务物流管理	王小宁	42.00
31	7-301-20485-6	管理信息系统实用教程	周贺来	42.00
32	7-301-21044-4	电子商务概论	苗 森	28.00
33	7-301-21245-5	管理信息系统实务教程	魏厚清	34.00
34	7-301-22125-9	网络营销	程 虹	38.00
35	7-301-22122-8	电子证券与投资分析	张德存	38.00
36	7-301-22118-1	数字图书馆	奉国和	30.00
37	7-301-22350-5	电子商务安全	蔡志文	49.00
38	7-301-22121-1	电子商务法	郭 鹏	38.00
39	7-301-22393-2	ERP沙盘模拟教程	周 菁	26.00
40	7-301-22779-4	移动商务理论与实践	柯 林	43.00
41	7-301-23071-8	电子商务项目教程	芦 阳	45.00
42	7-301-23735-9	ERP原理及应用	朱宝慧	43.00
43	7-301-25277-2	电子商务理论与实务	谭玲玲	40.00
44	7-301-24930-7	网络金融与电子支付(第2版)	李蔚田	45.00

相关教学资源如电子课件、电子教材、习题答案等可以登录www.pup6.com下载或在线阅读。

扑六知识网(www.pup6.cn)有海量的相关教学资源和电子教材供阅读及下载(包括北京大学出版社第六事业部的相关资源),同时欢迎您将教学课件、视频、教案、素材、习题、试卷、辅导材料、课改成果、设计作品、论文等教学资源上传到pup6.com,与全国高校师生分享您的教学成就与经验,并可自由设定价格,知识也能创造财富。具体情况请登录网站查询。

如您需要免费纸质样书用于教学,欢迎登录第六事业部门户网(www.pup6.com.cn)填表申请,并欢迎在线登记选题以到北京大学出版社来出版您的大作,也可下载相关表格填写后发到我们的邮箱,我们将及时与您取得联系并做好全方位的服务。

扑六知识网将打造成全国最大的教育资源共享平台,欢迎您的加入——让知识有价值,让教学无界限,让学习更轻松。

联系方式:010-62750667、dreamliu3742@163.com、lihu80@163.com,欢迎来电来信。